U0906884

广州市广百物流有限公司

中国物流与采购联合会
中国仓储与配送协会 副会长单位

中国南部物流枢纽项目占地1500亩，建筑面积约120万平方米，总投资约73亿元。按照“总体布局、总体规划、分步实施、分期开发”原则分5期推进建设，组织国际、国内知名企业共同打造具有物流基础设施集聚、物流企业集聚、商品交易集聚、信息金融集聚、生活配套完善的枢纽型、智慧化、国际化现代物流综合体。

项目一期204亩已建成，于2019年12月开园运营。

项目二期228亩于2021年7月正式开工建设，预计2023年完工。

项目三期270.72亩用地已顺利摘牌，建设广州市粮油食品产业园（广清园）项目，预计2023年年初动工。

企业定位：

建设国内一流的商贸物流与供应链服务企业

主要业务：

一主四翼

枢纽型 智慧化 国际化

岭南商旅集团
预留建设用地

高速出口

菜篮子用地

乐广高速

广清空港新城
综合服务中心

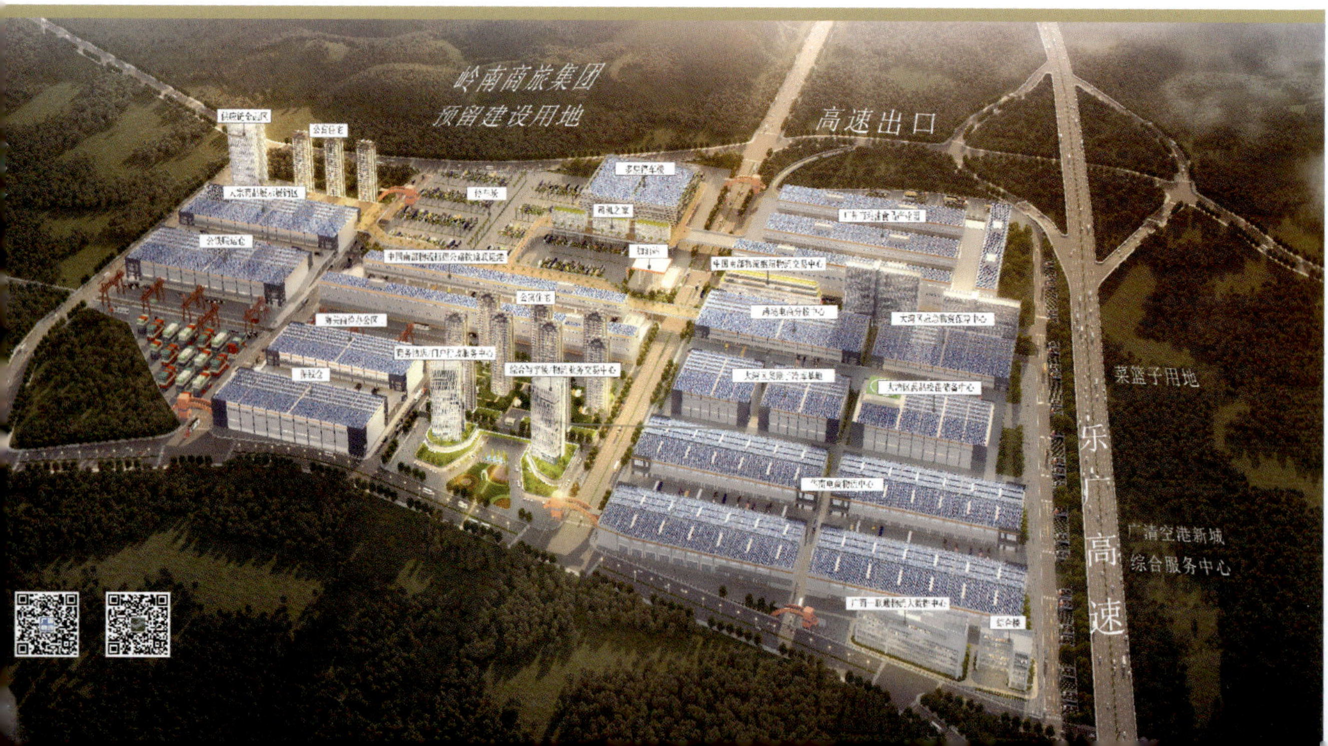

广州华恒物流有限公司成立于2013年，是一家提供汽车一体化物流供应链服务的公司，注册资金1.5亿元，拥有五家全资子公司，分别为广东佳实达物流有限公司、广东华辉龙物流有限公司、湖南华骏供应链管理有限公司、宜昌华程供应链管理有限公司、广州广骅物流有限公司。

主营业务

为汽车物流供应链提供一体化的仓储物流服务，具体为零担、整车、干线、专线运输服务，采用高位仓、智能立体仓形式提供RDC、DC的仓储服务及线边服务。

主要客户

主机厂：广汽乘用车、广汽埃安、广汽丰田、广汽本田、五羊本田、合创汽车、长城汽车、零跑汽车、长安汽车、吉利汽车、小鹏汽车等

零部件厂家：孚能科技、广汽荻原、华智汽车、提爱思等

物流服务商：广汽商贸物流、富田日捆、广汽丰通、广汽丰田物流等

公司拥有400余辆自有运输车辆，采用自有车队运营模式为客户提供汽车供应链产前、整车、售后及危险品运输服务，运输路线多达200条，覆盖全国31个省区市，设有16个主机厂驻点服务项目。

企业愿景

成为国内领先，具备核心竞争力和品牌影响力的汽车供应链服务商。

核心价值观

专注核心　精益求精
敬业务实　开拓创新
开放合作　诚信共赢

地方物流与供应链系列报告

广东省物流业发展报告

GUANGDONG LOGISTICS DEVELOPMENT REPORT

(2021—2022)

主编　广东省现代物流研究院

GUANGDONG PROVINCIAL INSTITUTE OF MODERN LOGISTICS

中国财富出版社有限公司

图书在版编目（CIP）数据

广东省物流业发展报告. 2021－2022 / 广东省现代物流研究院主编. —北京：中国财富出版社有限公司，2022.11

（地方物流与供应链系列报告）

ISBN 978－7－5047－7796－6

Ⅰ.①广…　Ⅱ.①广…　Ⅲ.①物流—经济发展—研究报告—广东—2021—2022　Ⅳ.①F259.276.5

中国版本图书馆 CIP 数据核字（2022）第 202080 号

策划编辑	王　靖	**责任编辑**	白　昕　毕伊宁	**版权编辑**	李　洋
责任印制	尚立业	**责任校对**	杨小静	**责任发行**	敬　东

出版发行	中国财富出版社有限公司		
社　　址	北京市丰台区南四环西路 188 号 5 区 20 楼	**邮政编码**	100070
电　　话	010－52227588 转 2098（发行部）		010－52227588 转 321（总编室）
	010－52227566（24 小时读者服务）		010－52227588 转 305（质检部）
网　　址	http://www.cfpress.com.cn	**排　　版**	宝蕾元
经　　销	新华书店	**印　　刷**	北京九州迅驰传媒文化有限公司
书　　号	ISBN 978－7－5047－7796－6/F·3507		
开　　本	787mm×1092mm　1/16	**版　　次**	2022 年 12 月第 1 版
印　　张	22.5　**彩　页**　10	**印　　次**	2022 年 12 月第 1 次印刷
字　　数	509 千字	**定　　价**	180.00 元

广东省物流业发展报告（2021—2022）

编 委 会

广东省物流业发展报告（2021—2022）

编写人员及支持单位

主　　编： 陈海权　曾亮兵

副 主 编： 吴乐燕　王俊柳

编辑部主任： 张艳平　朱佳蕾

主要成员： 陈梓博　罗湖桥　张嘉桀　樊鸿钰　王　锋
李　佳　杜尚霖　吴诗一　古　洋　何泳怡
梁婉婷　廖　蕾　何碧莹　李玉玲　叶　莲
汪　蓉　曾　欢

支持单位： 广东省商务厅
广东省交通运输厅
广东省工业和信息化厅
广东省各地级以上市商务主管部门
广东省各地级以上市交通主管部门

前　言

2021 年是党和国家历史上具有里程碑意义的一年。面对复杂多变的国内外形势和疫情多点散发的挑战，广东各地各部门以习近平新时代中国特色社会主义思想为指导，坚持稳中求进工作总基调，深入贯彻省委、省政府各项工作部署，科学统筹疫情防控和经济社会发展，主要经济指标虽有波动但整体处于合理区间，经济持续恢复发展，民生保障有力有效，顺利完成全年主要目标任务，实现“十四五”良好开局。根据《2021 年广东省国民经济和社会发展统计公报》数据，2021 年，广东省地区生产总值 124369.67 亿元，比上年增长 8.0%。广东省物流行业从疫情中快速复苏，实现平稳快速发展。2021 年全年广东省货物运输总量 398514 万吨，同比增长 11.9%；货物运输周转量 28388.03 亿吨公里，同比增长 2.9%；港口货物吞吐量完成 209600 万吨，同比增长 3.6%。根据广东省邮政管理局数据，2021 年广东省快递服务企业业务量累计完成 294.6 亿件，同比增长 33.4%；业务收入累计完成 2454.3 亿元，同比增长 12.5%。在 2021 年快递业务量排名中，广东省共有四个城市跻身前十，分别为广州、深圳、揭阳、东莞。

作为国民经济发展中的基础性和战略性产业，物流连接着供应、生产和消费的整个流通渠道，在实体流通中扮演着“大动脉”和“微循环”的关键角色，对实现双循环新发展格局下促进区域协调发展有着重要意义。广东省紧跟国家物流高质量发展战略要求，积极推动现代物流业发展。2021 年，广东省相关部门出台了若干推动行业高质量发展、推进城乡消费及物流建设等方面的政策文件。例如，广东省人民政府出台了《广东省人民政府印发关于推进广东省邮政快递业高质量发展实施方案的通知》（粤府〔2021〕30 号），广东省商务厅等 8 部门出台了《广东省商务厅等 8 部门关于印发广东省加快建设农村物流服务体系工作方案的通知》（粤商务建字〔2021〕2 号）等。总体来看，广东省物流业运行总体平稳，物流费用规模增速进一步减缓，运行质量有所提高，物流业降本增效效果明显，对整个国民经济的恢复发展起到基础保障的作用。

自 2010 年公开出版第一辑以来，本报告一直为读者总结和反映广东省物流业发展实际情况、广东省物流业发展最新动态、广东省物流业发展最新模式、广东省物流业发展先进理念和做法等，是读者全面、深入了解广东省物流业发展的重要读物。编者将积极顺应新的发展形势和热点，使报告题材和内容更加丰富、新颖，更符合广大读者的需求。

本书的编写得到了广东省商务厅、广东省交通运输厅、各地级以上市商务主管部门和各地级以上市交通主管部门等的大力支持，在此致以衷心的感谢！

由于时间和精力有限，书中难免存在错漏，如有不当之处，恳请各位读者批评指正，也欢迎各位读者提出宝贵意见和建议。

编　者

2022 年 8 月

目 录

第一部分 综合与专题

第二部分 区域发展

第三部分　理论探讨

第四部分　典型案例

第五部分　政策资料

附　录

第一部分 综合与专题

我国物流业发展 2021 年回顾与 2022 年展望*

2021 年，是“十四五”开局之年，也是党和国家历史上具有里程碑意义的一年。我们隆重庆祝中国共产党建党一百周年，实现第一个百年奋斗目标，开启第二个百年奋斗目标新征程，全方位推进高质量发展。我国物流业总体保持复苏态势，实现了“十四五”良好开局。

2022 年将召开中国共产党第二十次全国代表大会，是党和国家政治生活中的一件大事，对于维护产业链供应链安全稳定非常重要。我国物流业将顺势而为，围绕“十四五”规划，谋定高质量发展，以优异成绩迎接党的二十大胜利召开，开启现代物流体系建设新征程。

一、2021 年我国物流业发展回顾

2021 年，我国物流业总体实现稳步复苏，现代物流体系高质量发展取得新成效，为畅通国内大循环、促进国内国际双循环提供了有力支撑。

（一）社会物流需求保持较快恢复

2021 年，中国制造业采购经理指数（PMI）均值为 50.5%，高于前两年水平，经济复苏带动物流需求增长。全国社会物流总额 335.2 万亿元，同比增长 9.2%，高于 GDP 增速 1.1 个百分点。社会物流需求基本恢复到正常年份水平。其中，工业品物流总额、单位与居民物品物流总额、农产品物流总额同比分别增长 9.6%、10.2%、7.1%，均实现恢复性增长。全年物流业景气指数平均为 53.4%，维持在景气水平。受益于新冠肺炎疫情总体稳定和制造业较强的韧性，我国出口保持较高增速，工业生产持续增长，工业物流需求旺盛，制造业中出口相关物流以及装备制造、高新制造业物流需求高于平均水平，成为工业物流恢复的重要动力。消费物流增速有所趋缓，疫情推动网络购物成为居民消费重要渠道，实物商品网上零售额占社会消费品零售总额的比重达 24.5%，带动电商快递业务量扩张，全年快递业务量首次突破 1000 亿件，持续领跑其他细分市场。

---

* 供稿人：何黎明，中国物流与采购联合会会长，发表于《物流技术与应用》，2022 年第 3 期。

（二）社会物流需求保持较快恢复

2021 年，物流企业和个体工商户等物流市场主体超过 600 万家，就业人数超过 5000 万人。其中，A 级物流企业接近 8000 家，规模型 5A 级企业超过 400 家。全国物流业总收入 11.9 万亿元，同比增长 15.1%，持续保持较快增长速度。中国物流 50 强企业收入合计 1.4 万亿元，占总收入比重达到 12% 左右。疫情下规模型龙头企业抗风险能力显现，市场份额有所扩大，快递快运、冷链物流、航运航空物流、合同物流等细分市场集中度提升。物流资源重组整合步伐加快。经国务院批准，中国物流集团正式成立，物流国家队重组整合拉开序幕。京东物流、东航物流、中铁特货、满帮集团、安能物流等各领域龙头企业纷纷上市，资本市场助力打造具有国际竞争力的现代物流企业。

（三）物流设施网络布局力度加大

2021 年，全国物流相关固定资产投资额有望超过 3.5 万亿元，一批重大物流基础设施得到有力支持。国家发展改革委发布“十四五”首批 25 家国家物流枢纽建设名单，目前全国已经布局建设国家物流枢纽增至 70 个。以承载城市为战略支点，健全国家物流枢纽网络，重在整合存量物流设施，补齐设施短板，联动交通基础设施，促进枢纽互联成网，加快编织“通道 + 枢纽 + 网络”的物流运行体系，打造区域物流产业集聚区，为区域经济转型升级创造低物流成本的投资环境。国家发展改革委印发《国家骨干冷链物流基地建设实施方案》，提出到 2025 年布局建设 100 个左右国家骨干冷链物流基地，推动建成三级冷链物流节点设施网络。第三批示范物流园区名单发布，加强园区互联互通、联动发展。第二批多式联运示范工程通过项目验收，加快货运枢纽布局建设。

（四）国际物流呈现供需两旺

2021 年，中国出口集装箱运价综合指数迈入 3300 点大关，“一舱难求”阶段性好转，持续影响国际供应链稳定。国际物流增长较快，全年中欧班列开行约 1.5 万列，同比增长 22%，开行国际货运航班 7.4 万班，同比增长 25.8%，完成国际航线货邮运输量 241.5 万吨、国际及港澳台快递 19.3 亿件，同比分别增长 20.2%、17.4%。西部陆海新通道班列突破 6000 列，中老铁路国际货物列车开行，区域物流条件改善彰显开放新优势。受内需转变影响，进口物流下行压力趋升。2021 年进口物流量由上年的增长 8.9% 转为下降 1.0%。特别是下半年以来由增转降，主要是大宗货物/商品进口量有所趋缓。高新技术产品进口量仍然保持较快增长，有力支撑产业结构调整。

（五）科技创新引领作用深化提升

2021年，习近平总书记提出“大力发展智慧交通和智慧物流”，物流行业数字化转型提速。截至2021年年底，全国共有1968家网络货运企业，整合社会零散运力360万辆，全年完成运单量近7000万单，平台经济焕发新动力。物联网、云计算、大数据、人工智能、区块链等新一代信息技术与传统物流融合。无接触配送机器人投入疫区保障生活物资供应，自动驾驶卡车在港口、矿山等物流场景加快商业化落地，全国第一条常态化大型货运无人机专用航线开通，数字物流仓库大幅提升周转效率，海运行业“全球航运商业网络”（GSBN）区块链联盟正式运营，科技创新对物流产业升级的引领带动作用持续增强。

（六）绿色低碳物流影响程度加深

2021年，我国新能源物流车累计销量超过11万辆，较上年翻番。国家出台《新能源汽车产业发展规划（2021—2035年）》，要求重点区域新增或更新物流配送等车辆中新能源汽车比重不低于80%。首批16个绿色货运配送示范城市名单发布，各地大力出台新能源和清洁能源物流车便利通行政策，带动城配新能源物流车购销两旺。国务院印发《2030年前碳达峰行动方案》，交通运输绿色低碳行动纳入“碳达峰十大行动”之一。重型柴油货车国六排放标准正式实施，新能源汽车换电模式应用试点启动，氢能产业示范区带动燃料电池车辆商业场景打造，光伏产业推广利用仓库屋顶太阳能发电计划获得支持，绿色低碳倒逼产业转型升级。

（七）物流营商环境持续优化改善

2021年，中国物流与采购联合会发布《2021年物流企业营商环境调查报告》，超七成企业肯定物流领域审批许可等政务环境的改善。《“十四五”现代流通体系建设规划》正式发布，现代物流体系成为两大支撑之一，助力构建现代流通网络，更好服务双循环新发展格局。《“十四五”冷链物流发展规划》与商贸物流、数字经济等多项“十四五”专项规划从各自领域对现代物流进行战略部署，现代物流产业地位再上新台阶。国家出台的减税降费、规范执法、便利通行、金融信贷、纾困帮扶等多项政策措施惠及物流业，持续激发和保护市场主体活力。多部门出台文件，多措并举切实维护快递员、货车司机等从业人员的合法权益。

（八）行业基础工作支撑高质量发展

2021年，中共中央、国务院印发了《国家标准化发展纲要》，重点提到要加强现代物流等服务领域标准化。自2003年9月全国物流标准化技术委员会成立以来，已制定并发布国家标准90项、行业标准72项、团体标准27项。由中物联组织起草的我国首个食品冷链物流领域强制性国家标准《食品安全国家标准食品冷链物流卫生规范》正式实施，对于规范冷链物流服务质量具有重要作用。中物联推动国家“1 + X”证书制度试点工作，全年共完成“1 + X”证书考核近 3 万人，累计考核人数超过 9 万人，参与试点的院校 705 所。教育部开展高校一流物流专业建设、物流专业新文科建设试点。目前，全国已有 700 个本科物流类专业点、1300 多个高职物流类专业点和 560 多个中职物流类专业点。中物联科学技术奖自 2002 年国家科技部批准以来，评出获奖成果上千项。中物联设立课题研究计划，重大重点课题引导行业研究方向。物流领域产学研结合工作大力推进，产学研基地发挥重要作用，在科技攻关、专利转化、人员培养等方面取得积极成效。

二、当前我国物流业发展面临的形势

当前，我国物流运行面临的国内国际形势较为严峻，给现代物流体系建设带来一定挑战，但也存在重大机遇。我们需要从战略层面积极谋划、妥善应对，开辟一条现代物流高质量发展的道路。

（一）全球产业链供应链调整风险加剧

新冠肺炎疫情对全球产业链供应链的影响持续分化。我国凭借有效的疫情防控措施，较快恢复生产，产业链供应链韧性增强，货物进出口总额再创历史新高。但是国际航运运力紧张、电力能源供应不足等问题加剧了供应链的不确定性。随着国外疫情态势逐步转变，全球供应链呈现区域化、本土化、多元化趋势，部分生产需求将加快回流和转移，这对未来一段时间内行业适应全球供应链调整风险、提升现代物流韧性和灵活性提出了挑战。同时，随着中欧班列常态化开行，陆海新通道、中老铁路等国际大通道陆续开辟，“一带一路”国际经贸走廊承接产能转移，有助于维护区域供应链稳定。《区域全面经济伙伴关系协定》（RCEP）正式生效，带来供应链区域合作机会，为现代物流跟随产业链“走出去”带来新的机遇。

（二）要素成本价格上涨压力持续加大

2020 年下半年以来，国际大宗商品价格持续上涨。到 2021 年下半年，国内电力、煤炭、成品油等领域出现了阶段性供应紧张。全年成品油价调整出现“15 次上涨、6 次下跌、4 次搁浅”的局面，柴油累计每吨上涨超过 1400 元，物流企业不堪重负。国家大力推动中小企业普惠金融，但是企业获得感不足。主要原因是物流企业存在大量保证金和运费账期，账期普遍在 3 个月以上，由于缺乏征信数据和确权手段，无法获得信贷支持，导致资金成本高企。此外，物流企业用人难用人贵、用地难用地贵问题日益突出。《2021 年货车司机从业状况调查报告》显示，35 岁以下司机占比为 25.5%，较 2016 年调查明显减少，司机“招聘难”成为普遍现象。部分城市规定市区内不再新批物流用地，城市配送中心远离城市大幅推高配送成本。2021 年社会物流总费用 16.7 万亿元，同比增长 12.5%，运输费用、仓储费用、配送费用等上涨幅度较大，单纯依靠要素降本空间日益收窄。

（三）产业迈向价值链中高端存在瓶颈

我国作为世界第一制造业大国的地位进一步巩固。随着外部形势变化和经营成本上涨，倒逼企业向价值链中高端迈进。产业升级提速对产业链供应链的现代化程度提出更高要求。商务部、中物联等 8 部门确定了第一批 10 个全国供应链创新与应用示范城市和 94 家示范企业，各地积极制定并实施“链长制”方案，优质企业牵头制造业强链补链行动，重在推动经济循环流转和产业关联畅通，维护产业链供应链安全稳定。但是，我国物流配套能力低端化成为重要制约因素。物流业作为重要的生产性服务业，长期处于微利经营，主要是服务功能单一、专业化水平低。物流业与制造业之间更多是简单的供需关系，产业融合成熟度不够。国家发展改革委等部门推进物流业制造业深度融合创新发展，激发制造业释放服务需求带动物流业效率和效益的提升，促进物流业以专业服务助力制造业价值链攀升，有望实现产业链供应链整体跃迁。

（四）实施扩大内需战略物流短板凸显

我国具有超大规模市场的优势，扩大内需战略正在成为战略基点。2021 年，内需对经济增长的贡献率达 79.1%，是我国经济增长的第一拉动力。我国人均 GDP 超过 1.2 万美元，与高收入国家差距进一步缩小。我国城镇化率超过 60%，对内需有很大的拉动力。城乡居民收入差距继续缩小，乡村振兴带动城乡区域协调发展。新一轮扩大内需战略重在围绕做大做强国内市场，把满足国内需求作为出发点，加快构建完整的内需体系，着力打通生产、分配、流通、消费各个环节，增强经济内生动力，这对与内需相适应的物流基础设施和服务能力都提出了更高要求。当前，城市物流普遍面临限行限地问题，特别是城市末端网点短缺，不适应高时效高频次的消费物流需求。区域物流枢纽承载条件不够，不适应标准化大批量的中转物流需求。物流服务交付能力不足，不适应一体化集成式产业物流需求。多层级物流基础设施布局、高标准物流交付能力，仍是制约内需扩大的重要因素。

（五）数字经济成为经济发展的新动能

习近平总书记提出，数字经济正在成为重组全球要素资源、重塑全球经济结构、改变全球竞争格局的关键力量，发展数字经济是把握新一轮科技革命和产业变革新机遇的战略选择。数字经济是继农业经济、工业经济之后的主要经济形态，随着新一代信息技术与传统产业融合程度加深，产业边界正在消融，新兴业态的场景革命正在兴起，开放、共享、协同、去中心等特征使得资源配置效率更高，市场响应速度更短，将从根本上改变整个产业生态体系，为企业转型升级带来更多机遇。《“十四五”数字经济发展规划》明确提出，大力发展智慧物流，涉及物流新基建、新技术、新模式、新业态等。但是，在转型过程中也出现了资本无序扩张、不正当竞争、行业垄断和权益保障等问题。中小企业仍然面临数字化鸿沟，存在“不敢转”“不会转”“不能转”等问题。数字化政务等公共服务还存在短板，数据治理、平台治理能力还有待提升，制约了智慧物流健康发展。

（六）“碳达峰、碳中和”带来绿色转型机遇

习近平总书记强调，实现“碳达峰、碳中和”是一场广泛而深刻的经济社会系统性变革，要把“碳达峰、碳中和”纳入生态文明建设整体布局。目前，全球有140多个国家以各种形式提出了“碳中和”承诺，这意味着未来发展范式将发生深刻转变。过去传统的“先发展、后治理”模式被低碳发展模式取代。不过，这也是一项复杂工程和长期任务，不可能毕其功于一役。目前，一些地方出现了“碳冲锋”“一刀切”、运动式“减碳”等问题，特别是对于国四、国五排放车辆限行的区域越来越大，甚至限制柴油货车进入工矿厂区，将长期目标短期化，影响了地区经济运转和民生保障。对于传统物流业来说，绿色转型是否会增加物流成本，需要统筹考虑外部成本、隐性成本、机会成本等来“算总账”，这也将带动物流相关领域碳排放核算监测和评价体系发育。随着全国碳排放交易市场上线，交通运输绿色低碳行动开展，为物流企业绿色转型的自主变革带来重大机遇。

三、我国物流业高质量发展趋势展望

2022年是全面实施“十四五”规划的关键期，也是现代物流体系建设的攻坚期。继2021年强劲反弹后，由于新冠肺炎疫情对供应链持续、长期的挑战和通胀不断增加，全球经济将面临较大复苏压力。我国经济发展面临需求收缩、供给冲击、预期转弱三重压力，经济下行压力有所累积。但是我国经济韧性较强，长期向好的局面不会改变。国家“十四五”规划多处提到物流和供应链，涉及国民经济的方方面面，全方位、多角度勾画出现代物流体系建设蓝图，现代物流日益成为支撑实体经济发展的先导性、基础性、战略性产业。在“稳中求进”的工作总基调下，我国物流业有望延续稳中有升态势，社会物流总额增速全年预计将保持在6%左右。

（一）现代物流高质量发展将重点体现五个新变化

1. 新阶段：从粗放式规模扩张向精益化提质增效转变

我国物流业规模连续多年居世界第一位，物流业收入增速也保持了相对较高的水平，但是企业盈利能力总体不高。随着我国产业加快迈向价值链中高端，对物流交付、

时效、品质都提出更高要求，倒逼物流业转型升级，进入追求高品质、高效率、高效益的精益化新发展阶段。产业升级、结构优化、创新驱动助力提质增效，将成为现代物流高质量发展的重要特征。

2. 新任务：从单纯降低物流企业成本向降低供应链全流程物流成本转变

当前，我国社会物流总费用与 GDP 的比率维持在 14.6% 左右且已经有较长一段时期，下一步单纯依靠降低运输、仓储、配送等单环节的降本空间较小。未来，国家间的竞争就是供应链之间的竞争，现代物流贯穿第一、二、三产业，随着物流与制造业、商贸业、农业等深度融合，通过资源整合、流程优化、组织协同、生态共建来降低供应链全流程物流成本，进一步推进物流运行水平提升的潜力巨大。

3. 新模式：从传统物流模式向数字经济、枢纽经济、低碳经济新模式转变

随着新一代信息技术与物流业深度融合，推动传统物流模式向数字化、智能化、网联化为特点的智慧物流模式转变。随着区域重大战略和区域协调发展战略的实施，畅通国内大循环带动原来以沿海布局为主的物流设施向全国延伸，将加快形成内外联通、安全高效的物流网络，助力产业升级和梯度转移，构建区域经济新增长极。随着“碳达峰、碳中和”任务推进，传统高碳经济向低碳经济转变，产业绿色转型预期更加明确。

4. 新动力：从劳动力、土地等要素驱动向创新驱动转变

我国传统物流业靠投入劳动力、土地等要素，以提供单环节基础性服务为主，同质化程度高，附加价值偏低，存在“低端锁定”问题。随着产业链供应链升级，现代物流对一体化、集成化、高端化的要求日益迫切，物流业进入以创新和人力资本为主要驱动的时代，技术创新、流程创新、模式创新日益活跃。物流业将由原来的同质化低成本竞争向差异化的质量竞争、效率竞争、效益竞争转变，逐步向微笑曲线两端延伸。

5. 新机制：营商环境优化和体制机制改革是重要保障

现代物流作为以人为本的产业，与政府监管等营商环境息息相关。可以说，没有高质量的营商环境就没有高质量的物流产业。随着改革逐步进入深水区，更需要通过深层次的体制机制改革，破除阻碍高质量发展的政策瓶颈，逐步由监管缺位、越位、错位向综合监管、协同监管、数字监管转变，形成有利于现代物流高质量发展的公平竞争、规范有序、开放稳定的营商环境，充分激发起市场主体的活力，为推动现代物流供需适配、经济高效、开放协同、安全可靠和可持续发展奠定制度基础。

（二）推进现代物流高质量发展重点有五个战略路径

1. 以深度融合为主线的价值链升级路径

适应产业链升级趋势，物流业与制造业、商贸业、农业等产业将深化融合。企业主体之间、业务流程之间、信息数据之间、设施资产之间、标准规范之间融合的程度将逐步加深，逐步从简单外包向战略合作伙伴关系转变，加强客户黏性和供应链稳定性；从提供基础性服务向增值服务，再向供应链一体化服务转变，提升附加价值和企业效益；从基础服务商向物流服务商，再向物流整合商转变，增强价值创造能力，推动产业迈向价值链中高端。

2. 以智慧物流为方向的数字化、智能化、绿色化发展方式变革路径

抓住新一轮科技革命和产业变革的机遇，智慧物流发展方式将成为物流业演进的重要方向。传统线下物流将全面触网，加快向业务在线化、数据业务化和流程可视化方向转型，提升资源配置效率和物流运行质量。物流企业边界将全面打开，产业链上下游相互赋能，加快向共享化、绿色化和平台化转型，培育协同共生的物流生态圈。新一代信息技术与基础设施深化融合，新基建将带动新一代智能物流弯道超车，开辟物流竞争新赛道，万物互联的物流互联网有望形成。

3. 以做大做强和专精特新为重点的能力提升路径

现代物流高质量发展最终需要企业来推进。随着营商环境逐步改善，将充分激发大、中、小型物流市场主体的活力。一方面，物流龙头企业通过兼并重组、联盟合作等多种方式推高市场集中度，着力向标准化、品牌化、高端化转型，构建物流资源集聚平台，优化资源配置效率、发挥规模效应，将涌现一批具有国际竞争力的现代物流企业。另一方面，中小企业聚焦专业领域和细分市场，充分利用社会化平台赋能，深化专业分工合作，坚持专精特新发展道路，加快向专业化、利基化、定制化转型，提升附加价值和经营效益，仍将是最具活力和灵活性的市场主体。

4. 以网络优化为着眼点的“枢纽＋通道＋网络”的布局规划路径

一体化运作、网络化经营是物流业的基本运作规律。畅通国内大循环需要内外联通、安全高效的物流网络支撑。随着区域重大战略和区域协调战略实施，将带动物流资源向城市群、都市圈和中西部等地区集中和转移，形成以国家物流枢纽为核心，以多种运输方式为通道，以国家骨干冷链物流基地、示范物流园区、多式联运场站、城市配送中心、物流末端网点等为支撑的“枢纽＋通道＋网络”的物流运行体系。物流资源集聚逐步形成枢纽战略支点，枢纽经济将推动区域经济转型升级，打造区域新增长极。

5. 以高水平开放为支撑的全球市场拓展路径

后疫情时代，随着全球产业链供应链加快重组，国内物流网络将进一步融入全球物流网，促进国内国际双循环。我国企业全球竞争的短板是一体化全球物流交付能力，优势是区域化产业链供应链市场规模和组织能力。通过国内需求牵引全球供给，国内供给服务全球需求，开辟物流大通道和经济大走廊，将改变原有国际市场格局。通过与供应链上下游强强合作，与战略客户抱团出海，搭建全球供应链物流集成平台，提供一站式、多通道、稳定性的全球物流交付服务，推动构建自主可控、安全稳定的产业链供应链，将进一步增强产业链韧性，助力“中国制造”

扬帆出海。

2022 年，物流业面临的机遇大于危机、机会大于风险，需要我们顺应发展趋势，保持战略定力和耐心，深入围绕“十四五”规划，斟酌谋定高质量发展，开启新时代现代物流体系建设新征程。

广东省物流业发展2021年回顾与2022年展望*

一、2021年广东省经济发展总体情况

根据《2021年广东省国民经济和社会发展统计公报》数据，2021年，广东实现地区生产总值（初步核算数）124369.67亿元，比上年增长8.0%（见图1）。其中，第一产业增加值5003.66亿元，增长7.9%，对地区生产总值增长的贡献率为4.2%；第二产业增加值50219.19亿元，增长8.7%，对地区生产总值增长的贡献率为43.0%；第三产业增加值69146.82亿元，增长7.5%，对地区生产总值增长的贡献率为52.8%。三次产业结构比例为4.0：40.4：55.6，第二产业比重提高0.9个百分点。人均地区生产总值98285元，增长7.1%。分区域看，珠三角核心区地区生产总值占全省比重为80.9%，东翼、西翼、北部生态发展区分别占6.2%、7.0%、5.9%。2021年分区域主要指标如表1所示。

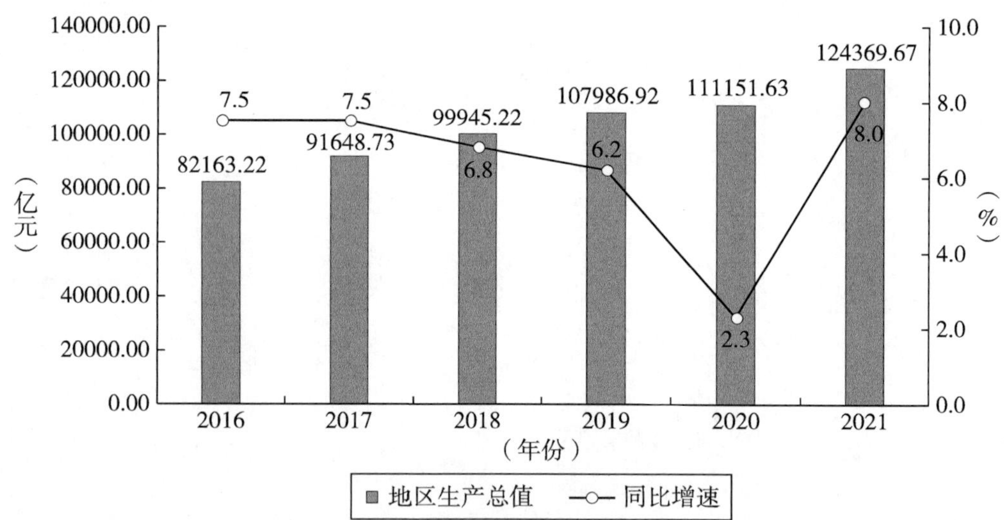

图1　2016—2021年地区生产总值及其增长速度

注：地区生产总值绝对数按现价计算，增长速度按可比价计算。

* 供稿人：张艳平，广东省现代物流研究院。

表 1　　**2021 年分区域主要指标**

区域	地区生产总值（亿元）	地区生产总值比上年增长（%）	规模以上工业增加值增长（%）	固定资产投资增长（%）	社会消费品零售总额增长（%）	地方一般公共预算收入增长（%）
珠三角核心区	100585.25	7.9	8.6	8.1	10.3	10.2
东翼	7728.20	7.7	8.1	-10.5	8.1	5.8
西翼	8773.89	8.1	13.0	16.7	9.2	11.7
北部生态发展区	7282.33	7.7	12.4	2.9	8.1	8.3

二、2021 年广东省物流业发展总体情况

（一）物流行业总体实现快速发展

2021 年，广东省物流行业从疫情中快速复苏，并实现快速发展。从货物运输量看，根据广东省统计局数据，2021 年全年广东省货物运输总量 398514 万吨（见表 2），比上年增长 11.9%。货物运输周转量 28388.03 亿吨公里，增长 2.9%。港口货物吞吐量完成 209600 万吨，增长 3.6%。其中，外贸货物吞吐量 69170 万吨，增长 10.5%；内贸货物吞吐量 140430 万吨，增长 0.6%。港口集装箱吞吐量 7078.20 万标准箱，增长 5.2%。从物流规模看，根据广东省物流行业协会数据，2021 年，全省社会物流总额达到 331925.69 亿元，占全国的 9.9%。社会物流总额继续增长。全省社会物流总费用为 17471.5 亿元，物流总费用占 GDP 比重为 14.05%，物流费用规模增速进一步减缓。全省物流业增加值为 10351.35 亿元，物流业增加值占 GDP 比重为 8.3%，物流业增加值占第三产业增加值比重为 14.9%。

表 2　　**2021 年各种运输方式完成货物运输量及其增长速度**

指标	单位	绝对数	比上年增长（%）
货物运输总量	万吨	398514	11.9
铁路	万吨	9919	26.4
公路	万吨	267489	15.7
水路	万吨	107206	3.3
民航	万吨	241	1.4
管道	万吨	13658	3.4
货物运输周转量	亿吨公里	28388.03	2.9
铁路	亿吨公里	356.53	28.0

续　表

指标	单位	绝对数	比上年增长（%）
公路	亿吨公里	2980. 46	18. 1
水路	亿吨公里	24688. 52	1. 2
民航	亿吨公里	92. 29	7. 4
管道	亿吨公里	270. 22	-4. 1

（二）货物运输结构持续优化

广东省一直致力于运输结构优化工作，根据国务院办公厅印发的《推进运输结构调整三年行动计划（2018—2020 年）》，2019 年广东省人民政府办公厅印发《广东省推进运输结构调整实施方案》，不断推进升级水运系统、提升铁路运能、发展多式联运、推进开展绿色配送以及加强货运治理工作。至 2021 年，铁路货运量占比达到 2. 49%，比 2017 年增长 0. 68 个百分点；水路货运量占比为 26. 90%，比 2017 年增长 3. 22 个百分点；公路货运量占比为 67. 12%，比 2017 年下降 5. 00 个百分点。2017—2021 年广东省铁路、公路、水路货运量占总货运量比值情况如图 2 所示。

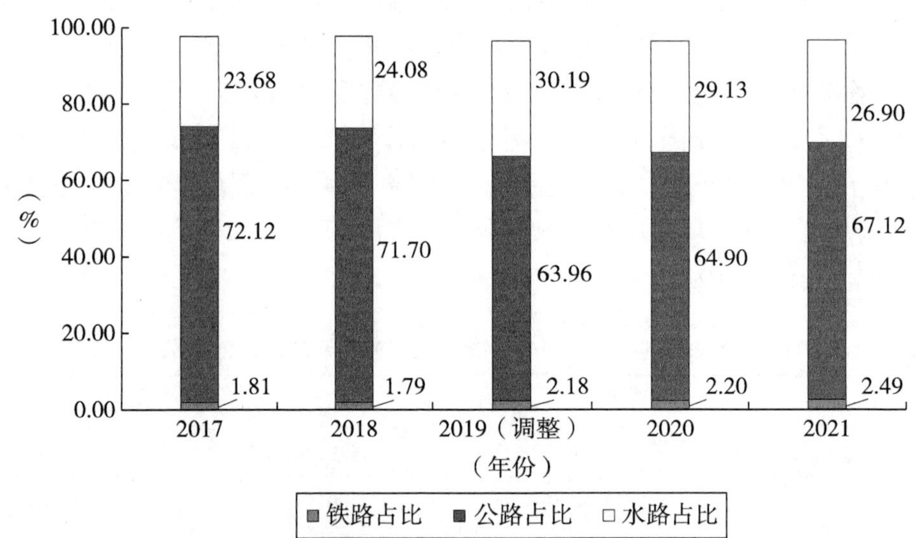

图 2　2017—2021 年广东省铁路、公路、水路货运量占总货运量比值情况

（三）快递业务实现快速增长

根据广东省邮政管理局数据，2021 年，全省快递服务企业业务量累计完成 294. 6 亿件，同比增长 33. 4%（见图 3）；业务收入累计完成 2454. 3 亿元，同比增长 12. 5%。快递业务收入在全省邮政行业中占比继续提升。快递业务收入占全省邮政行业总收入的比重为92.5%，比上年提高1.6个百分点。同城快递业务小幅增长，全年同城快递业务量完成38.9亿件，同比增长15.8%；实现业务收入201.7亿元，同比增长0.6%。异地快递业务快速增长，全年异地快递业务量完成244.0亿件，同比增长38.2%；实现业务收入1440.8亿元，同比增长11.5%。国际/港澳台快递业务持续增长，全年国际/港澳台快递业务量完成11.6亿件，同比增长9.9%；实现业务收入517.3亿元，同比增长10.4%。异地业务占比提升，同城、异地、国际/港澳台快递业务量占全部业务量比重分别为13.2%、82.9%和3.9%，业务收入占全部业务收入的比重分别为8.2%、58.7%和21.1%。珠三角、粤东、粤西、粤北地区各项快递业务均保持了持续稳定的增长势头，全年珠三角地区完成快递业务量224.9亿件，实现业务收入2087.9亿元。粤东地区完成快递业务量64.2亿件，实现业务收入306.4亿元。粤西地区完成快递业务量3.5亿件，实现业务收入29.3亿元。粤北地区完成快递业务量1.9亿件，实现业务收入30.7亿元。珠三角、粤东、粤西、粤北地区快递业务量比重分别为76.4%、21.8%、1.2%、0.6%，业务收入比重分别为85.1%、12.5%、1.2%、1.3%。快递业务量排名前十位的城市依次是广州、深圳、揭阳、东莞、汕头、佛山、中山、潮州、惠州、阳江，其快递业务量合计占全部快递业务量的比重达到96.9%。快递业务收入排名前十位的城市依次是广州、深圳、东莞、揭阳、佛山、汕头、中山、惠州、潮州、珠海，其快递业务收入合计占全部快递业务收入的比重达到95.6%。快递与包裹服务品牌集中度指数CR8为70.8。2021年广东省快递业务量排名前十位城市及其业务量如图4所示。

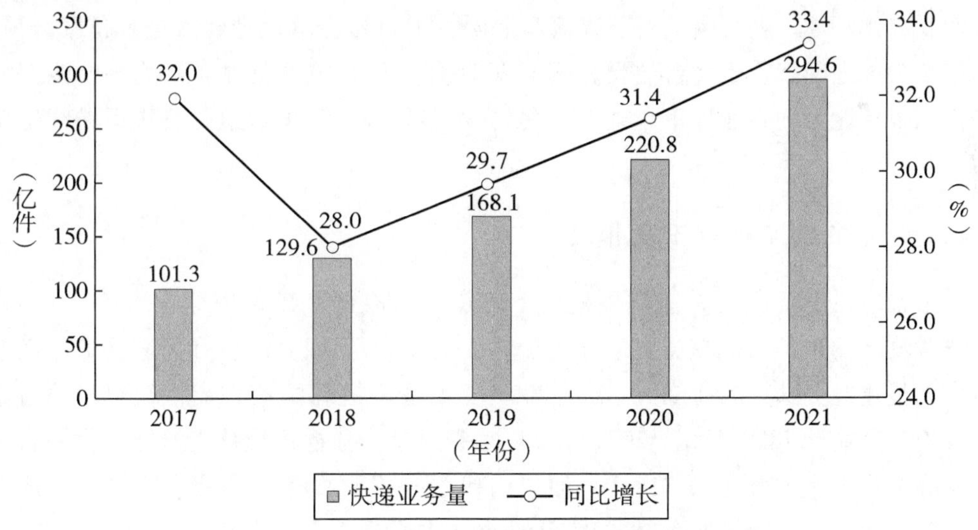

图3　2017—2021年广东省快递业务量及增长情况

（四）智慧物流建设进度加快

随着广东省人民政府办公厅印发《广东省推进新型基础设施建设三年实施方案

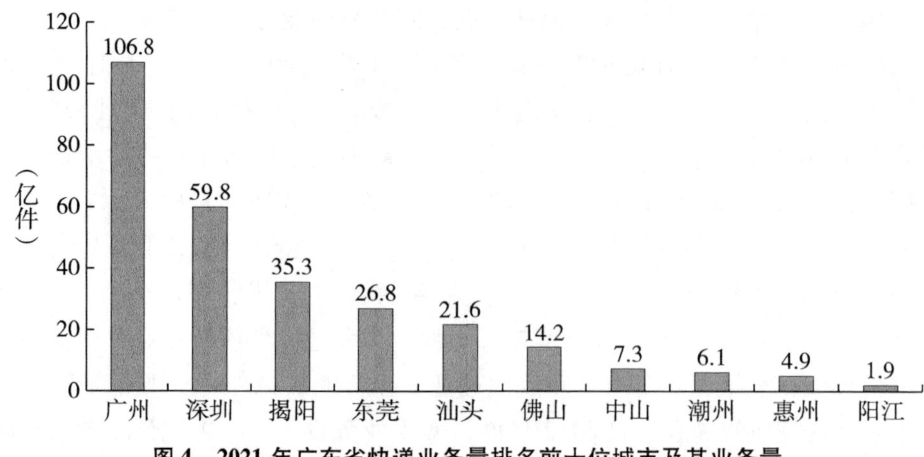

图 4　2021 年广东省快递业务量排名前十位城市及其业务量

（2020—2022 年）》，广东着力推进智慧物流工程，加强数字物流基础设施建设，推进货、车（船、飞机）、场等物流要素数字化。支持物流园区和大型仓储设施等应用大数据、云计算、物联网、机器人等信息技术和装备，发展机械化、智能化立体仓库，提高智能终端、自动分拣、机械化装卸应用水平，加快国家智能化仓储物流示范基地建设。推进实施骨干物流园区智慧化“互联互通”工程，促进信息匹配、交易撮合、资源协同。在广州生物岛、5G 自动驾驶示范岛等区域建设无人车智慧配送试点。在广州、深圳、珠海等地探索建设无人机智慧配送试验区。截至 2021 年，广东彬盛城市智慧物流中心、中通快递粤东（潮州）智慧物流电商产业园、5G 智慧物流园、益云智慧物流产业孵化基地、仲恺宝湾智慧物流产业园等项目纷纷落地开建或进入备案。另外，广东省加快推进网络货运平台建设，截至 2021 年，已完成两批具备网络平台道路货物运输线上服务能力的企业评审，共 14 家企业入选具备网络平台道路货物运输线上服务能力企业名单。

（五）冷链物流建设不断推进

广东省抢抓冷链市场高速发展机遇，聚焦完善冷链基础设施建设。2021 年 8 月，广东省财政厅发布了《广东省财政厅关于转下达 2021 年城乡冷链和国家物流枢纽建设项目中央基建投资预算的通知》，下达 2021 年城乡冷链和国家物流枢纽建设项目中央基建投资资金共计 7800 万元。2021 年，广东省供销合作社系统扎实推进“供销合作社农产品冷链物流和市场建设工程”，加快构建覆盖田头冷库、产地仓冷库、销地仓冷库、冷链运输、智慧冷链系统等全过程的冷链物流骨干网，在全省 19 个市、55 个县（市、区）布局项目 60 个，设计总库容 140 万吨。2021 年以来，广东省供销合作社建成 16 个项目、新增库容 44. 3 万吨，加快推进 15 个在建项目建设，总库容 40. 7 万吨。同时，布局启动项目 29 个，总库容 55 万吨。广东省持续加强冷链食品监管力度。2021 年以来，广东省积极探索进口冷链食品常态化疫情防控全流程闭环管理机制，通过出台全流程闭环管理工作指引，推动21个地市建设集中监管仓45个。截至2021年12月初，广东省在“冷库通”系统登录并完善基础信息的冷库有2.82万家，涉及贮存进口冷链食品的冷库实现了100%上报；已生成追溯码约290万个，实现了对相关产品的100%赋码，可追溯品种2215种。

（六）物流业发展政策环境持续优化

国家政策方面，2021年，国家在推进绿色低碳物流、农村寄递物流、冷链物流、商贸物流、物流标准化等方面持续出台有关政策，行业发展政策环境不断优化。《国务院关于加快建立健全绿色低碳循环发展经济体系的指导意见》（国发〔2021〕4号）提出打造绿色物流，积极调整运输结构，推进铁水、公铁、公水等多式联运，加快铁路专用线建设；推广绿色低碳运输工具，淘汰更新或改造老旧车船，港口和机场服务、城市物流配送、邮政快递等领域要优先使用新能源或清洁能源汽车；加大推广绿色船舶示范应用力度，推进内河船型标准化；推动建立标准化托盘循环共用制度。《国务院办公厅关于加快农村寄递物流体系建设的意见》（国办发〔2021〕29号）提出，到2025年，基本形成开放惠民、集约共享、安全高效、双向畅通的农村寄递物流体系，实现乡乡有网点、村村有服务，农产品运得出、消费品进得去，农村寄递物流供给能力和服务质量显著提高，便民惠民寄递服务基本覆盖。《国务院办公厅关于印发“十四五”冷链物流发展规划的通知》（国办发〔2021〕46号）和《关于加快推进冷链物流运输高质量发展的实施意见》（交运发〔2022〕49号）都将进一步推进冷链物流发展。《交通运输部办公厅　国家发展改革委办公厅　工业和信息化部办公厅　农业农村部办公厅　商务部办公厅　市场监管总局办公厅　国家邮政局办公室　中华全国供销合作总社办公厅关于做好标准化物流周转箱推广应用有关工作的通知》（交办运〔2021〕30号）提出，健全标准体系、完善基础设施、扩大应用范围，加快构建标准化物流周转箱循环共用体系。商务部等9部门印发《商贸物流高质量发展专项行动计划（2021—2025年）》，提出到2025年，初步建立畅通高效、协同共享、标准规范、智能绿色、融合开放的现代商贸物流体系，培育一批有品牌影响力和国际竞争力的商贸物流企业。《商务部 中国银行关于支持冷链物流发展的通知》（商流通函〔2021〕513号）提出，中国银行将提供1000亿元的专项融资额度支持冷链物流发展，重点完善冷链物流基础设施。《商务部关于“十四五”时期促进药品流通行业高质量发展的指导意见》提出，到2025年，药品流通行业与我国新发展阶段人民健康需要相适应，创新引领、科技赋能、覆盖城乡、布局均衡、协同发展、安全便利的现代药品流通体系更加完善。

省政策方面，广东省相关部门2021年出台了若干推动行业高质量发展、推进城乡消费及物流建设等方面的政策文件。《广东省人民政府印发关于推进广东省邮政快递业高质量发展实施方案的通知》粤府〔2021〕30号提出，建成快速高效的城市末端投递网络和便捷通达的农村末端服务网络。《广东省商务厅等8部门关于印发广东省加快建设农村物流服务体系工作方案的通知》提出，加快物流配送中心、专业批发市场、冷链仓储物流等设施建设，加强农产品运输绿色通道建设。《广东省人民政府办公厅印发关于促进农村消费提质升级若干政策措施的通知》（粤府办〔2021〕42 号）、《广东省人民政府办公厅印发关于促进城市消费若干政策措施的通知》（粤府办〔2021〕36 号）和《广东省人民政府办公厅关于以新业态新模式引领新型消费加快发展的实施意见》（粤府办〔2021〕34 号）分别提出推进农产品冷链物流、城市配送、商贸物流发展以推动消费。

三、当前广东省物流业发展存在的主要问题

（一）传统物流行业安全隐患大，经营管理待整顿

目前传统物流企业大部分存在管理无序、忽视安全生产等情况，由此产生诸多安全隐患问题。一是缺少安全生产设施设备，部分物流园区未设置消防通道、缺少烟感器、未建立微型消防站、未配备应急救援装备等。二是安全生产管理不到位，物流仓储货物不按规定存放、安全通道堆放杂物、忽视消防安全管理的现象明显，导致物流园区发生过火灾事故。三是物流企业缺少安全生产管理培训，物流从业人员严重缺乏安全生产及消防意识，物流仓储、运输、配送等过程中缺乏对货物的安全管理，货场工人对于货物搬运、堆放等过程违规操作，缺乏安全保护措施及意识。四是传统货运过程中缺乏信息监测管理，使得货运消防安全及疫情风险难以把控。

（二）疫情对物流行业影响较大

受到疫情反复的影响，物流行业整体复苏缓慢。一是疫情导致车辆通行问题，由于疫情地区防疫管制，存在货车滞留在高速路上无法送货的情况，或者货物滞留在物流园，司机无法去提货。二是物流园区经营压力加大，因为疫情物流园区周边企业产量和销量下滑，进入园区的物流量也相应下降，园区货运车辆收货量不足，导致园区的主要车辆种类小型化，园区及园区企业收入减少，经营困难。另外，疫情区域封闭管理物流园区更是对园区正常物流业务形成突然性较大冲击。三是疫情加剧物流行业竞争，货运行业因为业务单量下降，导致货运小微企业及货运个体户降低运价以维持运营的恶性竞争情况加剧。

（三）多式联运“一单制”发展困难重重

广东省多式联运“一单制”发展目前还处于探索研究阶段，其发展还存在很多问题需要解决。一是各运力系统标准规范不统一，目前多式联运“一单制”的发展仍存在单证格式、货物代码、取费标准等方面的客观问题。从服务规范来看，主要体现在货物交接的程序不统一和体系互认问题上。多式联运的货物流转关联公路、铁路、水

路、航空等不同系统，而货物在不同管理系统中的代码不一，成为体系间互联互通的主要障碍之一。二是信息平台缺乏数据共享和统一。“一单制”作为贯通多种运输方式的“通行证”和“凭证”，作为流转单证，也面临传输手段、信息共享等技术渠道和推广问题。广东省港口、铁路站场、公路集散中心等货运枢纽虽然拥有相对完善的信息系统，但这些系统在软硬件架构、数据库、交换接口等方面存在的差异使得信息难以共享。货物运输各阶段的信息难以实时共享，不仅增加了货物追踪难度，也极大地浪费了运力。安全层面，数据的共享在某种程度上会带来网络安全隐患和潜在的数据风险，尤其是在运输企业之间，还涉及企业互信和法律问题，因此各方信息开放的积极性不高。三是缺乏相应的法律法规和贸易结算规则。目前国内还没有机构对多式联运单证签发进行审核备案，法律层面还无法确立多式联运“一单制”的物权属性，在推进“一单制”过程中还需要用合同条款作为约束条件，特别是金融机构或出资方需考虑极端情况下货物的处置问题。由于缺乏标准化流程管理和统一的贸易规则及金融监管机制，运单难以具备金融属性，不能成为物权的凭证，导致“一单制”相关金融服务推进困难。四是多式联运各部门协调性有待提高。多式联运涉及公路、铁路、港口、航空、海关、物流企业等多个部门，这些部门自成体系，具有不同的管理方式和模式，缺乏统一调度核心，因此给多部门共同作业增加了难度。

（四）应急物流有待推进建设

目前广东省应急物流技术体系建设存在较多问题。应急物流涉及许多部门、多个领域，需要强有力的统一指挥和调度，然而眼下的应急物流并没有明确负责牵头和调度的主体，应对突发性灾害几乎都是临时性指定，不利于在紧急情况下默契配合。应急仓储、转移等基础设施的建筑工程规划滞后，应急保护能力较低，无法根据需要对各种应急物资进行归集、包装、标识设置、集配装箱。应急物流对互联网和信息技术的使用程度不高，也没有充分使用社会提供的数据，导致应急物流信息的收集和传递效率低下且信息准确率也会降低。专业应急物流队伍建设不够，还没有完全建立起统一指挥和调度的应急物流公司和企业团队，应急物流能力的调动也缺乏必要的政策法规保证和应急预案的支撑。应急物流的保障机制不健全，在重大自然灾害发生时，应急物资的保障是否能够跟得上、靠得住，对于挽救人民的生命和稳定社会经济秩序至关重要。

四、促进广东省物流业发展的措施建议

（一）持续推进物流业高质量发展

一是推进物流供应链创新发展。发展符合区域特色的供应链企业，提高生产、流通资源的配置效率，提升企业综合运行效率效益。支持具备条件的物流企业做大做强，

发展基于核心企业的“链主型”供应链，将上下游小微企业整合嵌入生产经营过程，强化资源系统整合与优化能力；发展基于现代信息技术的“平台型”供应链，提高资源整体配置效率；发展依托专业化分工的“互补型”供应链，实现资源和渠道的优势互补，提高企业协同发展水平；发展基于存货控制的“共享型”供应链，打通与整合生产、分销等各环节的库存管理，促进供应商与零售商之间的统仓共配。

二是推动物流新服务模式发展。健全完善相关法规制度和标准规范，推动以网络为依托的货运新业态规范有序发展。优化铁路班列运行组织方案，推动铁路“门到门”运输全程可追踪，提供信息查询服务。鼓励和支持云仓等共享物流模式，以及共同配送、集中配送、夜间配送、分时配送等先进物流组织方式发展，在具备条件的地区探索发展无人机配送等创新模式。

三是推进物流智能化实施。大力发展数字物流，加强数字物流基础设施建设，推进货、车（船、飞机）、场等物流要素数字化。加强信息化管理系统和云计算、人工智能等信息技术应用，提高物流软件智慧化水平。支持物流园区和大型仓储设施等应用物联网技术，鼓励货运车辆加装智能设备，加快数字化终端设备的普及应用，实现物流信息采集标准化、处理电子化、交互自动化。发展机械化、智能化立体仓库，加快普及“信息系统＋货架、托盘、叉车”的仓库基本技术配置，推动平层仓储设施向立体化网格结构升级。

（二）加快推进多式联运“一单制”建设

一是推进运输服务规则衔接。推动建立与多式联运相适应的规则协调和互认机制。推进单证标准化。实现“一单制”必须以标准装备、标准服务和流程、标准契约规则和标准信息语言为前提。研究符合行业规范和国际惯例的统一的多式联运“一单制”单证，探索形成单证签发和提货的具体规则，统一多式联运货物代码，设计多式联运单证模板。研究制定不同运输方式下货物品名、危险货物划分等互认目录清单，建立完善的货物装载交接、安全管理、支付结算等规则体系。推动各类单证电子化。

二是构建多式联运信息交互平台。信息交互平台可利用既有信息系统进行延伸拓展或开发新的技术平台。另外也可以由政府认定的科技型物流企业利用区块链等技术开发新的综合信息平台，重新对接铁路、公路、航空、港口等企业的信息系统，从而实现互联互通。

三是建立多式联运信用考核机制。多式联运各参与方对信息安全的顾虑，严重影响了信息交互共享。可以通过建立企业信用考核机制，增加多式联运各参与方互信，促进信息资源交互共享。在树立诚信经营理念当中，督促企业加强信用管理制度建设，建立科学的企业信用管理及考核机制。

四是培育多式联运经营人。针对公路、铁路、水路、航空等不同运输主体，根据统筹能力和发展意向，选择多式联运经营人，进行政策引导和市场培育。引导社会企业逐渐参与，逐渐推动商贸企业、制造企业、跨境企业等应用多式联运互联互通平台，实现企业物流的便利化作业，打通上下游产业链，实现多元化发展，提升社会影响力。

五是开展“一单制”示范工程。组织开展多式联运“一单制”示范工程建设，积极培育具有跨运输方式货运组织能力并承担全程责任的多式联运经营企业，引导企业开展多式联运“一单制”服务，实现“一次委托”“一口保价”“一单到底”“一票结算”的运输模式。大力支持企业应用多式联运电子单据、网上结算等互联网服务新模式。通过整合社会物流企业资源，增强联运整体服务能力。

（三）推进应急物流发展

一是健全完善应急物流运行体制机制。建立健全物流运输应急管理体制、机构，明确各级人民政府的应急物流领导者和牵头单位，规范应急物流监督管理的岗位职责和任务，建立完善的责任级、地域管理、应急物流监督管理相结合的体系。进一步加强与应急管理相配套的立法。进一步确定应急机构在公共卫生事件中的角色和责任，并且要加强立法，使其相互协调与配合，理顺管理制度。

二是增强物流设施应急保障能力。构建完善的交通网，促进运输效率提高，促进交通基础设施的智慧化。健全省级应急救灾物流服务网络，充分发挥广东水陆空物流的优势，促进彼此有效地交叉衔接、相互作用和互相补充，形成相互组合的运输优势，构建立体、综合、现代的应急救灾物流运输网络。

三是提高应急物流信息数据化水平。加强信息收集整合，提升应急救援物资的供需匹配程度。有关部门要进一步加强对应急物资社会保障各种主体的信息收集和整合，以便政府全面掌握需求、生产能力、库存仓储、运力等相关信息，通过数据共享推动上下游相互协同运行。

四是提高应急物流管理意识。开设专业性的应急物流研究与交流平台，加强应急物流人才培育和实践能力，提高对应急物流专业人才的重视度。鼓励社会公众及其他社会力量积极地参与到应急管理工作当中。充分倡导和引导全社会积极参与，实现全民团结，筑起坚实的防线。加强志愿服务应急法治能力建设、强化志愿服务应急专业能力培训、提升“互联网+”多方联动协调能力并完善志愿服务应急激励保障制度。

五是优化应急物流预案。根据灾害的种类和对灾区影响程度来制定针对性的预案。建立强而有力的应急预案，确保能在突发事件发生后处理效率达到最高，以应对应急事故的随机性。简化应急事故处理程序，政府及时做出法定的应对措施，不必层层向上级政府机关请示和汇报。

广东省交通运输发展2021年回顾与2022年展望*

2021年，我国历史上第一个由党中央、国务院发布的中长期综合交通运输规划纲要《国家综合立体交通网规划纲要》印发；广东省委省政府以前所未有的高规格召开了交通强省建设大会，发布了《广东省综合立体交通网规划纲要》《广东省综合交通运输体系"十四五"发展规划》，标志着广东交通强省建设进入全面加速期；广东交通行业坚决落实交通运输部和省委省政府决策要求，认真落实全省"1+1+9"工作部署，开新局、办实事，千千万万广东交通人听党指挥、攻坚克难、奋战一线，全力抓好疫情防控和运输保障、投资建设和安全生产、党史学习教育和党风廉政建设等重点工作，圆满完成各项年度目标任务，合力确保"十四五"行业发展良好开局，向党和人民交出了一份合格答卷。本文重点回顾总结2021年广东省交通运输工作，分析形势，展望2022年交通运输发展趋势。

一、2021年广东交通运输发展整体情况

（一）交通强国建设任务全面推进

交通强省建设加速推进。广东省成立加快建设交通强省领导小组，全面贯彻落实《交通强国建设纲要》《国家综合立体交通网规划纲要》。以粤港澳大湾区、深圳先行示范区、横琴和前海两个合作区、"一核一带一区"区域发展格局、广州"四个出新出彩"等重大战略为契机，深入推进交通强国建设广东试点任务，全面启动实施交通强省"十大工程"。

交通发展战略规划全面完善。系统谋划，高水平编制完成《广东省综合立体交通网规划纲要》，由省委省政府印发实施。编制《广东省综合交通运输体系"十四五"发展规划》，印发实施全省综合运输服务、铁路货运、水运、数字交通等"十四五"发展专项规划，有力推动构建全省现代化综合交通体系。

广东省重大工程建设进展顺利。深中通道完成20个管节沉放，海底沉管隧道长度为3052米，黄茅海跨海通道、南中高速、中山西部外环高速等粤港澳大湾区重点互联

* 资料来源：根据广东省交通运输厅网站材料以及2022年广东交通运输工作新闻发布会内容整理。整理人：王锋，广东省现代物流研究院。

互通项目有序推进，狮子洋通道先行工程开工，惠肇高速及京港澳高速、沈海高速等国家高速公路繁忙路段改扩建前期工作加快推进。广湛、汕汕高铁大直径穿海隧道顺利推进，广东省自主投资建设管理的第一条时速350公里/小时的珠肇高铁江机段全线开工建设，广清南北延等粤港澳大湾区城际铁路加快推进。广州港环大虎岛公用航道、矾石水道航道一期工程开工。

（二）交通运输供给侧结构性改革成效显著

交通基础设施网络加快完善。公路水路完成固定资产投资超1900亿元，为年度计划的123%，有效发挥了交通投资对经济增长的拉动作用。全年续建高速公路项目50项约1911公里，建成韶新、广佛肇三期、罗信二期、阳茂改扩建等14项约600公里，其中广连一期三凤里立交以北段193公里提前建成，全省通车里程达1.1万公里，连续8年位居全国第一。普通国省道新改建和路面改造以及滨海旅游公路建成超1600公里。赣深高铁建成通车，全省实现“市市通高铁”。广湛铁路、广汕铁路等19项约1600公里续建省管铁路顺利推进，广佛环线佛山西站至广州南、佛莞城际广州南至望洪段基本建成。新增城市轨道交通运营里程约109公里，全省城市轨道运营里程达1137.5公里，居全国首位。44个水运工程续建项目进展顺利，广州港南沙港区近洋码头、湛江港30万吨级航道改扩建工程等项目完工，湛江港成为华南第一个成功满载靠泊40万吨级船舶的世界级深水港。《广东省内河航运能力提升实施方案》印发实施，11个内河航道、30个内河港口、18条疏港公路项目建设加快推进。广州、深圳、汕头、湛江等市加快推进国际性综合交通枢纽、全国性综合交通枢纽建设。

交通运输服务水平进一步提升。以推进公路客运转型升级为抓手，大力发展以高铁、城轨站点为核心的短途道路客运，全省开通短途客运、接驳公交线路2106条，充分发挥道路运输“门到门”服务优势。加快客运联网售票和交通一卡通建设，年度新增发行全国交通一卡通票卡超330万张，累计发行量超935万张。推动粤港澳大湾区“一票式”联程客运服务体系建设，带动提升全省乃至泛珠三角区域客运便捷化水平。开展出租汽车文明服务提升行动，中山市在全国率先开通95128老年人打车服务热线。推进12328交通运输服务监督热线高质量发展。推进干线铁路与城际铁路、城市轨道交通融合发展，强化广清、广州东环城际等新开通城际铁路运营监测，为广东省自主运营人才培养、运营组织、服务管理等积累经验。按标准完成455个高速公路服务区（停车区）厕所整治提升任务，新建高速公路服务区充电站36座，建成72个“司机之家”。推进粤港澳三地联动，合力保障港珠澳大桥运行安全、便民、有序、通畅。琼州海峡北岸基础设施保障、运输服务质效、安全监管能力不断增强。全力做好电煤、天然气等能源物资运输保障，联动解决进口粮食压港压库问题。

货运物流降本增效进一步升级。持续深化货运物流运输结构调整，广州国际物流产业枢纽、华南陆路邮政处理中心等项目落户。推进广东省盐田港亚太－泛珠三角－

欧洲国际集装箱多式联运等示范工程建设，开行粤港澳大湾区（广州增城）至东盟（越南河内）等国际班列。广州、深圳市获国家级“绿色货运配送示范城市”。84 个路段 6943 公里高速公路纳入车辆通行费优惠范围，全年减免通行费 107 亿元。疫情防控期间广州港、深圳港等较大幅度下调引航费，优化道路运输车辆网上年审、异地检测，为货运行业降低综合成本约 25 亿元。全年办理大件运输许可 5.5 万件，助力重大工程建设和实体经济发展。

交通基础设施高质量发展成效显著。高速公路改扩建关键技术研究在技术标准及“新技术、新工艺、新材料、新设备”等方面均取得突破性进展。跨海交通集群工程在超高混凝土桥塔一体化智能筑塔机等核心设备方面突破“卡脖子”难题，纳入交通运输部平安百年品质工程示范项目清单。常规跨径钢桥标准化设计建造标准化试点任务进展顺利。

（三）交通运输服务乡村振兴成果巩固拓展

全省农村公路总里程 18.3 万公里，基本形成以县为中心、乡镇为节点、建制村为网点，遍布农村、连接城乡的农村公路交通网络。继续推动“四好农村路”高质量发展，新改建农村公路 3323 公里，农村公路危桥整治完成 545 座，新开工安全通道渡改桥 5 座。印发深化农村公路管理养护体制改革实施方案，推行农村公路“建养一体化”模式。严格规范农村公路质量监督管理，实施数字化工程质量安全监管，提升农村公路桥梁安全保障水平。统筹谋划建设“美丽农村路”，推进“四好农村路 +”融合发展，助力乡村振兴。四会、梅县、南雄等入选交通运输部第二批城乡交通一体化示范县创建城市。高质量完成促进农村客货邮融合发展年度任务，从化、高州获全国第二批农村物流服务品牌。交通与旅游等产业融合创新发展。广东滨海旅游公路顺利推进，阳江、珠海等市部分路段已开工建设。韶关、肇庆、河源、云浮、清远等市旅游公路规划建设积极推进。

（四）交通运输现代治理体系不断完善

综合交通运输体制机制进一步完善。制定推动交通运输法治部门建设实施意见，编制全省交通运输系统普法宣传教育第八个五年规划，推进全省水路运输、道路危险货物运输、铁路运营、高速公路运营、道路货物运输超限超载治理等地方立法工作。制定全省铁路建设管理、安全生产、质量监督、造价管理等 10 项省管铁路建设管理办法，编制城际铁路设计细则，在全国率先完成公路工程施工标准化体系建设。制定实施支持政府还贷高速公路可持续发展实施方案，研究制定高速公路差异化收费实施方案。制定全省公路路政管理实施细则，进一步厘清路政管理与综合执法工作界面，强化路政巡查工作。组织开展出租汽车行业改革情况评估，加强网络平台货运行业运行监测，定期发布驾培市场经济运行分析预警。“互联网 +”出租汽车行业创新事中事后监管机制进一步完善。有序推进交通综合执法改革、生产经营类事业单位改革、航道体制改革，进一步落实去行政化改革后公路路政工作。深入开展交通运输执法领域突出问题专项整治行动，2021 年交通运输综合执法检查考评位居全国第四。以造价管控方式为交通建设资金效能注入新“活力”，保障交通重点项目投资可控、建设资金合理配置。

行业“放管服”改革进一步深化。14 项省级行政职权事项调整由广州、深圳市实施，4 项省级行政职权事项调整由自贸区实施。分类推进 25 项涉企经营许可事项“证照分离”改革。推动部门内部双随机抽查规范化以及部门联合双随机抽查常态化。梳理完成全省中介服务事项“一张清单”。持续优化政务服务事项网上办理流程，启用大件运输许可综合服务系统，道路运输驾驶员高频服务事项实现“跨省通办、省内通办”。组织道路运输、公路建设等行业领域 1.4 万家经营单位参与信用评价，开展网约车、危运行业和安全生产领域失信专项治理行动。加快“数字政府”改革建设，首次实现省市行业数据双向通道共享共用。

（五）平安交通建设水平进一步提升

系统防范化解道路交通安全风险工作卓有成效，省部署的 55 项任务中交通部门牵头的 18 项 100% 完成，全省 40.5 万辆“两客一危一重”车辆全部完成智能视频报警装置安装并联网监控，完成“平安村口”整治 1.9 万处、“一清一灯一带”安装整治 1.2 万处、“穿村过镇”隐患治理 1800 余处，完成 452 个高速公路服务区危化品运输车辆停车位分类设置。开展安全生产“三年行动”集中攻坚，排查隐患 8.06 万处，整改 7.7 万处，整改率 95% 以上。持续推动普速铁路沿线安全隐患综合治理，督促整改新发现安全隐患 3235 处，道口“平改立”签订工程建设协议 124 处、开工 46 处、完工 13 处，圆满完成交通运输部部署的年度任务。800 公里以上客运班线、57 座以上大客车和卧铺客车有效减少，1076 家投入营运的危运企业 100% 使用电子运单系统。加快推进公路长大桥梁结构健康监测系统建设，全力推动船舶碰撞桥梁隐患治理三年行动，积极开展航运枢纽大坝除险加固专项行动，建立健全省管铁路质量安全分级监管体制，迅速组织城市地铁安全自查整改，彻底排查整治行业各类风险隐患。近 3 年公路水运工程项目获“平安工程”荣誉数量位居全国首位。推动省治超工作领导小组机制进一步完善，启动新建 116 个治超卸货场，建成 266 个治超非现场执法监测点，1673 家重点货运源头单位称重检测及视频远程监控数据全面联网运行，“一路三方”联合开展高速公路出入口秩序集中整治，查处交通运输违法案件 19.55 万宗，其中违法超限超载 8.2 万宗。深入开展坚决整治违规设置妨碍货车通行的道路限高限宽设施和检查卡点专项行动，排查治理公路设限设施 1894 处。扫黑除恶摸排线索 432 条，办结 427 条。全年共发生交通运输生产安全事故 149 起、死亡 179 人，同比 2019 年疫情发生前分别下降 5.7%、5.8%，实现“双降”目标，未发生重特大生产安全事故。

（六）交通运输常态化疫情防控毫不放松

作为省交通运输疫情防控工作专班组长单位，大统筹、强联动，会同公安、卫健、民航、铁路等部门，统筹抓好交通运输领域“外防输入、内防反弹”各项防控工作。持续做好971个“两站一场一港口一服务区”场所疫情防控，落实进出站旅客“三个100%”。开展国际航行船舶登轮及港口码头作业人员疫情防控专项整治，坚持“人、物、环境同防”，严格落实“一船一案”“三区两服”等制度，全省153个外贸码头4800余名高风险岗位人员全部落实闭环管理“四件套”工作要求。强化港澳航线“外转内”约7000名船员管控，做好入境人员接转运输和港珠澳大桥穿梭运输疫情防控，加强粤港澳跨境运输车辆日常监控。加强疫情应对处置，针对2021年5月广东省内本土疫情，在环粤9市出省通道设立246个省际检疫站点进行全覆盖管控，劝返拟违规离粤车辆13.1万辆、人员28.8万人，严防省内疫情外溢；在全省9个机场和84个省际铁路客运站设置核酸检测点，对涉疫风险地区来粤旅客进行落地核酸检测，11月16日以来累计检测入粤旅客573.9万人，严防省外疫情输入。

（七）智慧交通发展动能不断增强

系统部署数字交通新型基础设施建设等八大任务，重点开展“1331”工程，在全国率先开展交通基础设施建设与科技创新“同步规划、同步审查、同步推进、同步监管、同步验收”机制。重点推进乐广、深圳外环高速等智慧公路试点建设，打造广州港、深圳港等智慧港口。全省4444公里内河等级航道和391公里沿海航道建成电子航道图，北江智慧船闸实现智能联合调度和远程集中控制。“港珠澳大桥智能化运维技术集成应用”国家重点研发计划取得阶段性成果。交通工程项目档案及电子档案工作持续保持行业领先。智慧交通建设试点取得积极进展。依托港珠澳大桥、深中通道等重大项目开展技术攻关，获国家科学技术奖5项，参与制定行业、地方标准65项。省内千吨级以上内河高等级航道实现电子航道图全覆盖；智慧公路建设有序推进。

（八）绿色低碳交通运输加快发展

大力推广新能源运输车辆应用，全省交通运输行业累计推广应用新能源营运车辆13.2万辆，全省城市公交电动化率98%。出台清洁能源动力船舶优先过闸政策。全力推动船舶清洁能源动力改造，LNG改造船舶128艘，新建LNG单一燃料动力船舶首批船交付使用，投入运营的纯电动客船规模位居全国前列。完成全省400总吨以上营运船舶水污染设施达标改造。加快内河LNG加注码头布局建设和高速公路服务区充换电配套设施改造。通过示范项目标杆效应带动全省公路建设全面实现绿色建造，研发上线省公路交通流能耗与排放监测系统，促进交通运输行业“碳达峰、碳中和”任务落实。

（九）党的领导和党的建设全面加强

坚持以政治建设为统领，加强党对交通运输工作的全面领导，增强“四个意识”、坚定“四个自信”、做到“两个维护”。进一步规范组织建设，扎实推进队伍建设，基层党组织政治执行力显著增强、凝聚力战斗力明显提升。坚持全面从严治党，强化执纪问责和警示教育，党风廉政建设全面推进。高质量推进党史学习教育，有力推进“我为群众办实事”47 项重点任务，其中系统防范化解道路交通安全风险专项行动、农村公路桥梁安全隐患整治工作、道路客运市场专项整治行动、交通运输执法领域突出问题专项整治行动成效显著，获得省委和交通运输部肯定。持续深化精神文明建设，扎实推进全省精神文明创建九大行动。坚持党管意识形态，加强“交通战疫”等主题宣传，开展“感动交通”推选宣传系列活动，引领群团组织出新出彩，创新实施青年理论学习提升工程，开展“情满旅途、畅享交通”志愿服务活动，提振广大交通人干事创业精气神。

二、2022 年广东交通运输发展重点

（一）全面推进高质量交通强省建设

统筹推进交通强省“十大工程”和交通强国试点任务，加快推进“交通强省示范城市”试点建设。推动出台支持交通强省建设的政策措施，加大建设资金保障和投融资、用地政策支持。全面实施全省综合立体交通网规划、综合交通“十四五”规划，公路、港口、航道中长期规划，铁路高质量发展规划和综合运输服务、普通国省道、农村公路、水运、铁路货运等“十四五”发展规划，切实推动广东省向着建设交通强国先行示范省的目标全速前进。

（二）巩固扩大交通运输有效投资

稳定投资规模，保在建、促新开、强储备，大力推进重点交通工程和新型交通基础设施建设。优化项目前期审批流程，加强用地用海等资源要素保障，加快计划开工项目用地预审、立项、环评等前期专项工作，确保项目按期开工，形成更多有效投资。鼓励引导社会资本规范参与建设运营，加强防范，化解行业债务风险。研究建立综合开发、持续发展的长效反哺机制，以政策资源汇聚各类资本，将潜在资源转化为现实效益。

（三）加快完善综合交通运输网络

加快深中通道、黄茅海通道、狮子洋通道等47 项约1700 公里高速公路续建项目建

设，建成中山西部外环等8项项目约230公里，新开工惠霞高速、广佛第二高速等项目，加快推进莲花山通道、广深高速改扩建等项目前期工作。继续推进普通国省道低等级路段提档升级，完善与重要高速公路通道并行的普通国省道布局，加强与高速公路出入口衔接，推进普通国省道向重要产业园区、旅游景区延伸。大力推进农村公路提档升级和单改双等规划任务实施建设。推进东江河源至石龙航道、顺德水道航道、北江航道上延等扩能升级工程前期工作。加快广州港南沙港区四期工程、佛山高明港区高荷码头等项目建设。加快广湛、广汕汕、梅龙、珠肇、深汕、广佛环线和粤东城际等铁路项目建设，新开工建设汕头广澳港、罗岑、广佛西环、深惠等省管铁路15项约500公里，力争新白广城际、穗莞深城际琶洲支线顺利完工，加快打造“轨道上的大湾区”。

（四）着力强化基础设施建设养护管理

研究制订“十四五”干线公路养护管理提升方案，开展省“十四五”干线公路管理评价工作，引导各地各单位切实转变“重建轻养”观念，有序加快解决制约公路养护高质量发展的问题，力争养护管理工作成效评价进入全国前列，并逐步形成具有公信力、影响力的广东特色公路养护品牌。扎实推进公路水运“平安百年品质工程”示范创建，深化农村公路技术状况检测评定工作，继续深化“四好农村路”示范创建，充分发挥示范项目带动作用。全面推进“美丽农村路”建设，促进乡村共同富裕。研究深化农村公路危旧桥省集中改造方案，继续推动安全通道渡改桥改造。强化航道养护，确保西江、北江和其他重要航道畅通运行。加快构建建设管养信息系统，健全数字“四好农村路”管理系统，建设分区级铁路智慧建设管理平台，推广应用和集成BIM技术、自动监测报警技术、重要危险源实时监控预警、航道移动巡检系统等信息化技术。

（五）持续提升交通运输服务质量和效率

推进不同交通方式基础设施共建共享，发展多层次、多样化城市公共交通网，继续保持建制村通客车率100%。完善物流枢纽布局，强化港口、航运、冷链、邮政等与物流融合发展，深入推进农村客货邮融合发展。推动12328交通运输服务监督热线高质量发展，深化全省联网售票应用与全国交通一卡通互联互通，抓好粤港澳大湾区“一票式”旅客联程联运和“一单制”货物多式联运应用试点。开展“智能驾培”试点、道路运输从业人员网办事项上线“粤省事App”等工作，提升便民利民服务水平。创新三类大件运输许可网上征求交警意见的高效办理模式，疏通大件运输许可堵点。深入开展服务区充电设施新改建、“厕所革命”、垃圾分类工作，持续推进“司机之家”建设。继续推动港珠澳大桥通行政策创新，努力用好、管好大桥。

（六）着力完善交通运输现代化治理体系

稳步推进交通运输法治政府部门建设，推动高速公路运营、道路危险货物运输监督管理、道路货物运输超限超载治理和省管铁路运营管理等地方性立法，推进“八五”普法规划实施。持续深化交通运输“放管服”改革，继续扩大“证照分离”改革。做好省级行政职权下放事项业务衔接，确保放得下、接得住、管得好。做好“跨省通办、省内通办”政务服务。深化“信用交通省”建设。深化省管铁路建设管理体制机制创新，全面提高铁路建设管理水平。充分发挥省治超领导小组统筹协调作用，构建“路面联合执法、高速公路入口拒超、货运源头治理、一超四罚”的全链条治超格局，打造以科技为支撑、“源头＋路面”并重的治超模式。推进省属政府还贷高速公路实施统贷统还、高速公路差异化收费工作，谋划好收费到期高速公路项目的经营管理。

（七）毫不放松抓好行业常态化疫情防控

持之以恒加强行业常态化疫情防控，抓实抓细“外防输入、内防反弹”各项工作，持续做好“两站一场一港口一服务区”及港澳航线水路运输、港珠澳大桥穿梭运输疫情防控等工作。加强行业从业人员疫苗接种，强化群体免疫屏障。统筹做好货运物流等运输保障。及时修订完善工作预案、科学调整应急措施，确保行业疫情防控稳定有序。

（八）突出抓好更高水平“平安交通”建设

继续抓好安全生产专项整治三年行动，以道路交通安全整治、航运枢纽闸坝安全隐患治理、公路水运和省管铁路工程“平安工地”建设、防范船舶碰撞桥梁、危桥改造专项整治、普速铁路沿线环境整治、轨道交通运营、危化品运输、琼州海峡轮渡运输等重点工作为抓手，切实解决制约行业安全生产的顽症痼疾。推进自然灾害风险公路水路承灾体普查，加快交通应急抢险专业能力建设。深化开展打击非法营运等专项行动，扎实推进交通领域扫黑除恶专项斗争。持续开展交通运输领域涉稳问题专项治理，有效防范化解交通运输新业态领域风险矛盾。

（九）大力推进科技创新和绿色发展

落实基础设施建设项目与科技工作“五同步”，强化基建工程科技项目监督管理。持续推进“粤港澳跨海智慧通道工程”等新型基础设施重点工程建设。编制智慧公路建设指南，加大智能建造在公路、水运和省管铁路建设各环节应用，推进铁路技术创新。组织开展省交通运输行业研发中心认定工作，发展壮大行业科技平台体系。科学制定广东省交通运输领域碳达峰行动实施方案，探索公路、水运基础设施绿色低碳化改造提升。加快铁路专用线建设，持续推动交通运输结构调整。实施绿色出行“续航工程”，加快充电设施网络建设，推进提升港口岸电使用率，持续推进内河船舶 LNG 动力应用。加强港口水污染物治理和大气污染防治工作，不断提高重污染天气交通建设工程施工扬尘污染预防预警和应急响应能力。

（十）加强党的全面领导和党的建设

深入学习贯彻习近平新时代中国特色社会主义思想，巩固深化“不忘初心、牢记使命”主题教育成果，持续深化党史学习教育。深入开展“大学习、深调研、真落实”，坚定捍卫“两个确立”，坚决做到“两个维护”。落实全面从严治党政治责任，不断完善防疫安全、政治安全、廉政安全、生产安全的“交通大安全”体系，着力打造“忠诚、干净、担当”的交通干部队伍。深化模范机关创建，落实落细广东省新一轮基层党组织规范化建设三年行动计划，积极推动党建工作特色化品牌化。大力弘扬以“开路先锋”精神为魂的新时代交通精神，立标杆，树形象，不断提升行业软实力。

广东省铁路货物运输发展 2021 年回顾与 2022 年展望*

一、2021 年广东省铁路货物运输发展总体情况

（一）历史新高，货物运输总量大幅度增长

2021 年，广东省铁路货物运输总量（不含南宁局管辖部分）13655.3 万吨，连续三年破亿吨并创历史新高；同比增加 3192.8 万吨，增幅 30.5%。其中货物发送量 5533.4 万吨，同比增加 1162.4 万吨，增幅 26.6%；货物到达量 8121.9 万吨，同比增加 2030.4 万吨，增幅 33.3%。如表 1 所示。

表 1　　2021 年广东省合资（地方）公司铁路货物运输量

合资公司		发送量（万吨）			到达量（万吨）		
		2020 年	2021 年	同比增幅	2020 年	2021 年	同比增幅
广深公司	广坪段	705.0	701.9	-0.4%	2265.2	2453.8	8.3%
	广深段	811.5	1181.7	45.6%	509.8	870.9	70.8%
东北外绕公司		0.0	19.9	—	0.1	71.6	—
广珠公司		747.6	904.4	21.0%	227.7	366.6	61.0%
赣韶公司		4.2	31.9	—	35.9	64.0	78.5%
三茂公司		992.2	1105.5	11.4%	1617.4	1905.9	17.8%
茂湛公司		99.8	144.4	44.7%	264.2	370.3	40.1%
广梅汕公司		877.2	1309.9	49.3%	841.5	1538.6	82.8%
平南公司		5.8	10.4	77.9%	75.9	111.4	46.7%
海南公司		46.2	19.9	-57.0%	139.8	127.6	-8.7%
广东地铁		81.6	103.6	26.9%	113.8	241.2	111.9%
合计		4371.0	5533.4	26.6%	6091.4	8121.9	33.3%

注：资料来源于广铁集团。

* 供稿人：陈敏，中国铁路广州局集团有限公司货运部。

（二）科学统筹，扎实推进基础工作

1. 系统性补强物流基础设施

协调推进大田一期、湛江西二期等物流基地项目建设，做好提前介入工作，确保高标准开通、高质量运营。跟进铁路专用线建设，协调解决关键问题，推动南雄电厂、河源电厂、中科炼化等专用线开通。遵循投资小、周期短、见效快的原则，实施堆场地面硬化、照明设施补强等21个货场短平快改造项目，逐步提升货场能力。

2. 完成货运主要工种职名优化

充分调研、摸清底数，广铁集团拟定了货运站段生产工种职名优化《提前介入方案》，将33个工种优化为5个货运主要工种和5个通用工种。在此基础上，再梳理近两年货运站业务办理情况，拟定了部分货运站设置、人员数量和业务办理的优化方案，停办11个车站货运业务，托管15个货运站。

3. 分步推进集中受理和“95306”升级

积极借鉴太原局等铁路局集中制票经验，制定实施方案，明确责任部门和完成时间节点，组织各单位修订岗位职责、作业标准、作业指导书，推进岗位培训和定职定岗。同步行动，引导客户完善资料、申领电子证书，维护货场和专用线基础数据，为“95306”升级打好基础。

（三）对接市场，货运增量成效明显

1. 稳定大宗货物

在传统钢电厂企业的基础上，不断扩大战略客户群，与广州港等26家企业签订大客户协议，协议运量6775万吨，同比增长8.5%。根据客户“铁运比”，形成差异化增量策略，优化“一企一策”项目方案，与19家重点企业签订“一企一策”协议，预期运量3361万吨、同比增长14.5%。

2. 打造精品白货班列

紧盯核心城市群市场需要，深度挖掘白货市场，分方向研究制定产品价格，新增开行南雄至坂田等10趟白货班列。目前珠三角地区稳定开行班列线条50条，基本形成了覆盖主要省区市的铁路快捷运输网络。全年白货班列开行9676列，实现货运收入17.36亿元，同比分别增长18.7%、18.4%。

3. 推动集装箱增量

发挥敞顶箱箱源充足的优势，积极拓展矿建、散粮等敞顶箱货源，实施集装箱区域平台项目，组织主要装车车站按方向集结发运，提高运输效率。严控集装箱运输产品质量，安排专人盯控车、箱到位情况，逐车分析落空原因，切实提升兑现率，全年集装箱发送量完成2517万吨，同比增加740万吨，增幅41.6%。

4. 推进中欧班列高质量发展

利用国际海运运费大幅飙升、海运箱“一箱难求”的契机，做好政府补贴落地、市场货源开发、车辆保障等工作，国际班列品牌效应进一步凸显。新增开行下元—满洲里、长沙北—凭祥等国际联运线条，进一步促进了广东、湖南两省对外贸易的发展。全年开行中欧、中亚班列 972 列，实现货运收入 5.76 亿元，同比增长 37.5%。

5. 精准施策发展铁水联运

深入盐田港、广州港调研，分析海铁多式联运中存在的问题和症结，挖掘适宜开展海铁联运的集装箱货物。全路首创路港合作新模式，推动集团与广州港合资成立广州港铁国际物流公司，联合举办海铁联运业务推介会，宣传合资公司业务产品。2021 年 4 月成功开行广州港首趟海铁联运中欧班列，5 月推动发云南粮食项目落地。2021 年，广州港海铁联运完成 13.5 万标准箱，同比增幅 77.8%。与盐田港深入推动“1 + 2 + N”合作战略落地，将平湖南新货场打造为盐田内陆港，盐田港集装箱班列由 7 月份每天开行 3 对，提升至目前常态化每天 8 对，实现了盐田港至平湖南、常平、赣州国际港站等示范班列的高质量开行。2021 年，盐田港海铁联运累计完成 35 万 TEU，同比增长 48.0%。

（四）夯实基础，货运安全保持基本稳定

1. 深化“7S”安全管理体系建设

一是抓好顶层设计。编制了《货运双重预防机制操作手册》，梳理全流程作业各环节管控重点与对应措施，实现“作业人员知关键卡控，管理人员知如何卡控”。二是实施风险分级管控。组织研判更新风险库和管控措施，相应纳入管理人员工作计划，关联日常履职考核，共覆盖 328 个岗位、1287 个履职项目，督促干部履职尽责。三是提升队伍素质。编制《铁路货运票据电子化》等培训教材 15 部，录制《货检知识》《集装箱专用平车卸车作业》等视频课件 36 个，制作教学动画 7 个，强化专业培训效果。

2. 严抓关键作业对标

一是开展隐患排查整治。坚持问题导向，先后开展了合资货场帮促、货装安全专项检查、起重机械安全专项整治、装车质量安全攻关等活动，累计整治问题 1306 个，提升标准化作业水平。二是开展安全生产专项整治。开展安检查危及站外装箱点排查整治，严防匿报、夹带危险品运输问题；规范箱管系统应用，整治空重错装，防止严重超偏载；狠抓作业人身安全防护，整治装卸人身安全“九禁止”“一落实”。

3. 强化科技防护能力

一是加大安防投入。建设 34 套货检视频智能报警系统，提升途中安全卫士效能。推进智能安检仪建设，有效识别危险品、违禁品，提高混装货物安检效果和作业效率。二是应用科研成果。完成并推广“铁路货场平过道自动化安全防护系统”“货运装卸安全防护智能分析系统”“集装箱平车（F-TR 锁）装卸安全检测监控系统”3 个科研项

目，解决系统性作业难点问题。试点建设铁路物流园服务系统，创新场站管理和服务，倾力打造智慧货场。

二、2022 年广东省铁路货物运输发展展望

（一）强化货运安全管理，确保货运安全稳定

1. 深化“三个体系”

深化货运“7S”安全管理体系建设，重点完善安全生产集中监控，实现对各站点生产全过程和安全关键点的实时监控、大数据分析，大幅提升安全保障和生产组织能力。深化货运站段标准化规范化体系建设，优化评价标准，夯实基础建设，力争管内 2 个货运中心全面入围全路标杆站段。深化危险货物运输应急救援体系建设，完善危险货物运输应急预案，开展 1 次“路地”联合演练，加强与政府和社会救援力量联系，健全施救网络，形成高效联动的应急救援体系。

2. 盯牢“三个关键”

盯牢关键岗位，对安检查危关键岗位货运员、箱管员及关键把关确认的货装值班员等实行重点培训，定期轮岗。盯牢关键作业，不断完善补充“货运双重预防机制操作手册”，明确关键作业各环节管控重点与治理方法，精细化把关指导现场关键作业的过程卡控。盯牢关键时段，在假日、重大会议、重大活动期间分片包保、重点督导，确保关键时期现实安全稳定。

3. 狠抓“三支队伍”

抓站段专业管理队伍，加强站段装载加固、危险货物、装卸安全等专业管理骨干配备和培养，提升站段专业管理水平。抓车间班组一线管理队伍，完善车间、班组职责，梳理不同作业类型的关键工序和卡控要点，促进车间管理人员和班组长作用发挥。抓现场作业队伍。加大激励考核力度，奖勤罚懒、奖优罚劣，激励职工自觉遵章守纪，按标作业；同时加大培训力度、提升培训效果，重点抓好 15 部培训教材、36 个视频课件等的推广学习，分层级开展轮训，提升队伍素质。

4. 升级“三个手段”

升级人防手段，结合“95306”升级，进一步推进一岗多能、兼职并岗，优化作业流程，强化岗位配置。升级物防手段，合理确定安全生产费使用项目，统筹布局货运安全检测监控设备，逐步配齐补强超偏载、轨道衡、视频监控、安检仪等，织密安全监控网。升级技防手段，加快推进“货运安全监测系统”研发，逐步实现对货运安全全方位、全过程、全覆盖的监控与管理；大力推广“货运智能安检系统”“集装箱平车（F-TR 锁）装卸安全检测监控系统”“铁路货场平过道自动化安全防护系统”等系统应用，以点带面，逐步覆盖。

（二）强化经营管理，促进货运增运增收

1. 继续稳定“压舱石”

按照客户“铁运比”，实施差异化增量策略，落实路企合作协议，稳住“老朋友”保存量，创新营销方式方法，发展“新朋友”找增量。深度挖掘企业的上下游信息，贯通产业全链条，提升客户对铁路的黏度。加强对既有客户同类企业、货源流向相似企业、管内不同区域货源差异的深度分析，通过解决同类企业的同质问题，快速扩大广铁货运朋友圈。2022 年力争签订战略合作协议运量 6825 万吨，同比增加 50 万吨。紧盯埔前电厂、永州电厂、瑞金电厂等重点增量项目，最大限度挖掘增量潜力，预计 2022 年增量约 380 万吨。

2. 挖掘铁水联运潜力

积极介入地方交通规划、产业规划，促进“铁公水港仓站”一体化发展。协调各方利益诉求，结成路港利益共同体，共同研究货源点、补贴点、空箱点、让利点。将广州港“散改集”粮食装车点转移至南沙港，释放广州港能力；协调高栏港研究港口清淤，解决 17 万吨船舶直接靠港问题，节省涟钢减载费用，促使涟钢铁矿石在高栏港装车提高铁路收入。充分发挥广州港铁国际物流有限公司整合铁路、港口资源的优势，力争 2022 年广州港的入箱粮食运量完成 150 万吨，同比增加 100 万吨；海铁联运集装箱完成 20 万 TEU。开通江门至盐田集装箱班列，联合港口建设鹤山内陆港，力争 2022 年盐田港海铁联运集装箱完成 40 万 TEU。

3. 倾力打造白货班列品牌

紧盯核心城市群间的市场需要和客户需求，从“价格、时效、服务”三要素补强短板，抢占市场。通过采取量价互保等措施，重点稳定西北、提升西南、开发华北等方向白货班列运量。加强与安得智联物流的合作，借鉴推广“仓干配”模式，以开行广州至长沙班列为突破口，构建湘粤间铁路货运新产品。

4. 继续抓好集装箱运输

用好敞顶箱箱源充足的优势，优化集装箱装箱方案与运输方案，最大限度“宜箱尽箱”。用好集装箱汽车架、钢座架、35 吨卷钢敞顶箱、干散货水泥箱等新型装载装备，重点抓好汽车钢板、有色金属锭块运输等项目。

5. 提升中欧（亚）班列运量

开好中欧（亚）班列，充分利用国际集装箱海运能力紧张、铁路口岸能力提升、中老铁路开通的时机，将开行至磨憨口岸的东盟班列加入二季度图，稳步提升大田、长沙北、增城西等站点的中欧班列开行数量，2022 年力争中欧班列开行 1100 列，同比增加 142 列。

6. 恢复商品车运量

拓展商品车运输市场，协同中铁特货重点抓好广汽丰田、长沙比亚迪和广州小鹏

等项目营销，对广汽、一汽部分高端车型采用“快运班列＋商品车”运输新模式，力争2022年商品车发送72万台，同比增加2万台。

（三）练好基础“内功”，增强服务能力

1. 推进“硬件”提质

积极开展铁路物流基地建设项目提前介入工作，提早研究新增物流基地的经营业态，力争大田、铜仁东、永州北、南沙港、黄圃、茂名东、湛江西、佛山官窑、梅州松棚等物流基地投产后迅速形成增量。紧贴业态发展需求，加强与社会物流商在运力、仓储和配送等方面的资源合作，形成铁路物流园与地方物流园的利益共同体，实现资源共享和优势互补。

2. 推进“软件”升级

以持续提升服务质量为目标，按照“智慧广铁”发展规划，深化与华为的合作，创新场站管理和服务模式，打造智慧货场。借鉴外局先进经验，立项开发集团公司货源电子地图，预判客户铁路运输需求变化，助力货运精准营销。

3. 探索多方合作模式

打造“物流基地＋港口”利益共同体，推进铁路无轨站（港）建设，在港区及周边建设铁路集装箱无轨站，在铁路货场建设内陆无水港，共同开展集装箱堆存、拆装箱和海关监管等业务，推动铁水联运高质量发展。打造“物流基地＋地方物流园”利益共同体，以大田、长沙北等物流基地为依托，加强与社会物流商在运力、仓储、配送等资源方面合作，实现资源共享、优势互补、合作共赢。打造“物流基地＋产业园”利益共同体，以增城西、株洲田心等物流基地为依托，创新供应链协同共建模式，参与企业生产和流通过程，优化物流环节、压缩物流成本、拓展增值服务。

4. 深化货运生产组织改革

继续推进货运站“关、停、并、转”工作，结合货运集中办理和货运工种整合的新情况，重新核定货装岗位设置和定员标准。按照“推进支线一体化建设”的重点工作要求，继续做好“站机货一体化”建设工作。

广东省水路货物运输发展2021年回顾与2022年展望*

一、2021年广东省水路货物运输发展总体情况

（一）水路运输保持平稳增长

水路运输尤其是港口运输是疫情外防输入的重点，2021年广东省疫情零星暴发，受港口疫情防控措施限制，水路运输增长较其他运输方式更慢。《2021年广东省国民经济和社会发展统计公报》数据显示，水路货物运输总量为107206万吨，同比增长3.3%，低于全省货物运输总量同比增速；水路货物运输周转量为24688.52亿吨公里，同比增速为1.2%，低于全省货物运输周转量同比增速。从全年看，水路运输货物运输总量呈现前高后低的变化态势。2021年上半年，广东省水路货物运输总量完成5.1亿吨，累计同比增长8.6%，水路货物运输周转量完成11011.1亿吨公里，累计同比增长2.1%。但水路货物运输总量、水路货物运输周转量等指标从8月起开始纷纷回落，其中，2021年9月水路货物运输总量当月同比下降7.1%；水路货物运输周转量当月同比下降6.2%，下跌趋势凸显。

（二）水运基建投资如火如荼

据广东省交通运输厅资料，截至2021年年底，广东公路水路完成固定资产投资超1900亿元，超额完成年度计划目标，有效发挥了交通投资对经济增长的拉动作用。其中，2021年1—11月，港口项目完成投资126.4亿元，为年计划的119.3%，同比增长16.3%。《2021年广东省国民经济和社会发展统计公报》数据显示，港口万吨级码头泊位新增吞吐能力4443万吨。2021年11月，广州云浮国际物流港水工竣工，为花都港量身定制的首艘汽车滚装船12月交船下水。同时，一大批项目在2021年正式投入建设，2021年6月，佛山高荷港码头工程动工；2021年9月，盐田港东作业区集装箱码头工程正式开工，未来将新建3个20万吨级自动化泊位；广州港携手茂名市建设博贺新港区广港通用码头二期工程。

---

* 供稿人：张嘉桀，广东亚太经济指数研究中心。

（三）港口生产规模持续扩大

《运行平稳结构优化　高质量发展持续推进——2021 年广东运输邮电运行情况分析》显示，广东省港口集装箱吞吐量占全国四分之一。2021 年，广东完成港口货物吞吐量 20.96 亿吨，占全国总量的 13.5%，同比增长 3.6%，两年平均增长 4.5%。完成港口集装箱吞吐量 7078.20 万标准箱，占全国总量的 25.0%，同比增长 5.2%，两年平均增长 2.7%。港口外贸货运增速较快，拉动力较强。2021 年，广东完成外贸港口货物吞吐量 6.92 亿吨，同比增长 10.5%，占全省港口货物吞吐量的 33.0%，拉动港口货物吞吐量增长 3.2 个百分点。完成内贸港口货物吞吐量 14.04 亿吨，增长 0.6%，占全省港口货物吞吐量的 67.0%，拉动整体港口货物吞吐量增长 0.4 个百分点。

（四）港口企业业务增长态势良好

2021 年，广州港全年铁路到发量突破 1000 万吨，开行海铁联运及中欧（中亚）班列线路共计 30 条；12 月广州港南沙港区铁路开通，进一步打通多式联运“最后一公里”。其中，2021 年，广州港集团完成货物吞吐量 5.51 亿吨、集装箱吞吐量 2303 万标准箱，分别同比增长 3.6% 和 6.0%，有力支撑广州港货物吞吐量和航运发展指数排名保持稳定，国际知名度和影响力持续提升。2021 年，广州港集团净增外贸航线 21 条，总数达到 141 条，通往全球 100 多个国家和地区的 400 多个港口，煤炭、粮食、汽车、集装箱等货物类外贸作业量均实现两位数增长，增幅分别为 51.2%、50.0%、20.2%、11.1%，在有序推进全国复工复产和维护全球产业链供应链稳定中发挥硬核枢纽作用。2021 年，盐田港区集装箱吞吐量达 1416 万标准箱，在“5・21 疫情”一度中断港区操作的不利情况下，同比上年仍增长 6.1%，继续刷新全球单一码头集装箱吞吐量历史纪录，占深圳港全港吞吐量的一半以上。全年新开航线 28 条，总航线达到 107 条，其中欧美航线 62 条，密度继续稳居华南首位。

（五）港口发展质量持续提高

2021 年 2 月，盐田港累计吞吐量突破 2 亿标准箱，创造了单一码头以最短时间实现 2 亿标准箱的世界港口新纪录。2021 年 8 月，盐田港 2 天内连破两次单船作业纪录，分别以装卸 21472 标准箱和 22398 标准箱，先后创造了华南地区和全国单船作业量新纪录。2021 年，广州港开通“中欧”“中亚”班列和“湘粤非”国际物流通道，南沙港铁路在 2021 年年底建成通车，港口配套服务功能不断增强，海陆双向通道和港口物流网络建设迈上新台阶。

（六）内河绿色运输稳步发展

为加快推进运输结构调整，落实“碳达峰、碳中和”工作，2021 年广东省在交通运输部的指导下，相继印发《广东省内河航运能力提升实施方案》《广东省内河航运绿色发展示范工程实施方案》《广东省深化治理港口船舶水污染物工作方案》等文件，对内河航运高质量发展进行了总体部署。其中，广州港集团积极响应政府号召，充分发挥广东省龙头港航企业的引领作用，2021 年 10 月，率先与中国船舶集团就广州港船务有限公司正在运营的 8 艘内河船舶开展天然气（LNG）动力改造工作，着力打造船舶 LNG 动力改造示范工程，以实际行动示范引领广东省绿色航运发展。其中，“绿色珠江”工程首艘 LNG 动力改造船舶“穗航 906”轮已于 2022 年 5 月 31 日顺利完成交付。

（七）水运智能水平不断提高

2021 年以来，广东航道部门大力推动“航道通 App”更新升级为“粤航通 App”，丰富移动端应用服务内容的同时，已在“粤省事”上建立“粤交通服务专区”，并率先开通了通告信息查询、航道信息查询、航道资讯查询、桥梁通航净高查询、航道水位查询、船闸信息查询、船舶过闸申报、排闸公开信息查询、船舶过闸调度信息查询共计 9 个事项，拓展了移动端数据向公众提供服务的渠道，成为广东智慧航道建设的一大亮点。此外，在中国水运建设行业协会举办的 2021 年度“中国水运建设行业协会科学技术奖”评选活动中，交通运输部南海航海保障中心广州海事测绘中心的“智能航运海道全要素数据管理平台研发与应用”荣获科技进步奖二等奖。

二、当前广东省水路货物运输发展存在的主要问题

（一）管理体系有待完善

随着新冠肺炎疫情常态化防控，水路运输管理体系不完善的问题愈发突出。首先，部分水路运输面临着防疫管理力量和资源不足与海运需求与日俱增的矛盾，导致港口拥堵的问题时有发生。其次，当前航道管理部门与地方行政部门之间沟通协调有待加强，部分地区行业资源投放的调节和引导工作有待优化，这些因素都导致水路运输的整体水平不足。

（二）水路绿色运输较少

水路运输存在着环境污染较为普遍，不能达到高效绿色运输的问题。当前，水路运输绿色能源的使用尚未普及，燃油机产生的尾气在一定程度上会造成环境污染的问题。同时，水路运输过程中，由于监管难度较大，一些陈旧的内河水路运输船只往往容易产生固定废弃物和生活污水排放的污染，不符合可持续发展的基本要求。

（三）水路运输竞争力低

一方面，海路运输的不稳定性较高。全球疫情持续暴发，因防疫限制导致港口运

作效率大幅度下降，令海路运输不畅的问题更为突出。另一方面，不少地区的内河水路运输存在季节性障碍，常常受到天气原因的影响，导致延迟和晚点。此外，水路运输的发展难以得到有效的延伸，水路运输难以对沿途地方经济起到重要促进作用。

三、促进广东省水路货物运输发展的措施建议

（一）进一步完善陆海统筹发展规划

积极实施陆海统筹、港产联动的发展方针，高标准规划建设世界一流港口经济区。强化港口枢纽和辐射带动作用，优化港口城市整体布局，坚持以港兴城、以港强产、以港促联，推动港口与国土空间、城市、产业等协调发展，切实把港口优势、海洋优势转化为产业优势、发展优势，把沿海经济带打造成更具承载力的产业发展主战场。同时，着力推进陆海联动、江河海互动，深入挖掘内河航运资源优势，助力粤西、粤东和粤北等地区发展，为加快构建“一核一带一区”区域发展格局提供有力支撑。

（二）优化“一核两极”港口空间布局

依托“一带一路”和粤港澳大湾区战略交汇点，联通国内国际两个市场的突出优势，优化全省港口布局。一是加强统筹规划和战略引领，推动港口错位发展、分工协同、优化配置，以“一核两极”为港口空间布局，构建以珠三角港口集群为核心，以粤东港口集群、粤西港口集群为发展极的区域港口空间布局。二是积极推进韶关、清远、肇庆、云浮等重要港区建设，优化提升佛山、广州、东莞、中山、江门等重要港区码头泊位等级，结合航道建设统筹推进东江、北江、韩江等沿线港口布局，携手港澳共建粤港澳大湾区世界级港口群，引领全省港口提升国际竞争力。

（三）建设面向港澳互联互通口岸群

推进面向港澳的口岸基础设施建设，完善口岸交通集疏运体系，实现与港澳更高水平的软硬“双联通”。一是进一步完善口岸基础设施建设。进一步优化粤港澳大湾区口岸功能定位，积极推进深圳皇岗、罗湖、深圳湾、沙头角及珠海拱北等老口岸改造升级，完善口岸功能。完善口岸联系珠三角核心城市的快速交通体系，形成以轨道交通、高速公路、城市快速路等为主体的口岸集疏运体系，加密内地机场与港澳机场的航班、航线。二是积极推动互联互通的制度建设，提升口岸通关能力和通关便利化水平。加快推动莲塘口岸 24 小时通关，争取早日启用港珠澳大桥珠海公路口岸珠澳货运车辆通关功能。完善粤港跨境货栈模式，推进香港机场与广州南沙保税港区空陆联运。

（四）持续提高港口运转效能与安全

一是在常态化疫情防控条件下，加强综合监管执法，严厉打击走私偷渡违法犯罪

行为，同时按照“外防输入、内防反弹”总体防控要求，对粮油、矿物、能源等重点物资运输船舶实施绿色通道、优先靠离港等服务，全力保障港口航运稳定有序、进出口物流供应链稳定畅通。二是加强智能化综合管理平台建设，完善核心港区主航道船舶交通流组织，为由恶劣天气等特殊原因导致的船舶拥堵问题及时提供有效应对方案，提升港口在极端条件下的安全、高效运行能力，努力在“双循环”新发展格局中展现更大作为。

（五）加快推动内河航运绿色发展

一是以绿色发展、“碳达峰、碳中和”观念为指导，建设生态保护、资源合理利用、低污染、低能耗的新型港口及航运系统。加快理论成果转化为实践应用，实现航运系统信息化、数字化、智能化、绿色化转型升级，加快以生态航道、港口建设及新型船舶应用为核心，以环境监测网、科学研究和行业环境标准为支持，大力开展绿色航运的有机体系建设。二是加快统筹推进 LNG 动力船舶应用和 LNG 加注站建设。明确改造 LNG 动力船舶的条件、技术与设备标准、船厂选择、资金申领等方面的流程、要求等，推动本地航运业减少尾气排放，推动相关船舶升级改造。

广东省航空物流发展 2021 年回顾与 2022 年展望*

百年未遇的新冠肺炎疫情冲击远未结束，世界经济不稳定性、不确定性激增，病毒频繁变异使得疫情形势更加严峻，也扰乱了全球航空运输市场的复苏节奏。

2021 年航空货运持续增长，是全球航空货运辉煌的一年。新冠肺炎疫情暴发创造了对个人防护设备旺盛的需求，国际商品贸易和工业生产增长，全球库存水平低，海运运输产生瓶颈，根据“Statista 全球统计数据库”公布数据，2021 年全球航空货运量比 2019 年增长了 7. 6%，比 2020 年增长了 18%，达 66. 2 百万吨。

2021 年全球货运收入占行业总收入的 1/3，大大优于历史上航空货运收入的占比（通常仅为总收入的 10% ~15%）。但是，航空货运的优异表现无法抵消客运收入的暴跌。全球民航业的主基调仍是努力从疫情的冲击中走出来。

一、2021 年我国航空物流发展总体情况

在全球经济稳步复苏、国内经济运转稳中向好的背景下，我国航空物流业实现了较快增长。一方面，随着国民经济和社会消费需求的快速增长，冷链货运等新兴产业的涌现，航空物流在现代物流体系中愈发重要；另一方面，在新一轮全球产业重构背景下，自主可控的国际物流供应链体系被视为影响新一轮全球产业重构的“基础设施”。

民航局发布统计公报显示，2021 年全行业亏损 842. 5 亿元，比上年减亏 187. 1 亿元。2021 年，新冠肺炎疫情对民航运输生产影响的深度和持续性超出预期。

（一）运输周转量情况

2021 年，全行业完成运输总周转量 856. 75 亿吨公里，比上年增长 7. 3%。国内航线完成运输总周转量 641. 14 亿吨公里，比上年增长 9. 1%，其中，港澳台航线完成 3. 01 亿吨公里，比上年下降 5. 5%；国际航线完成运输总周转量 215. 61 亿吨公里，比上年增长 2. 3%。2017—2021 年中国民航运输总周转量及增长情况如图 1 所示。

---

* 供稿人：万青，广州民航职业技术学院。

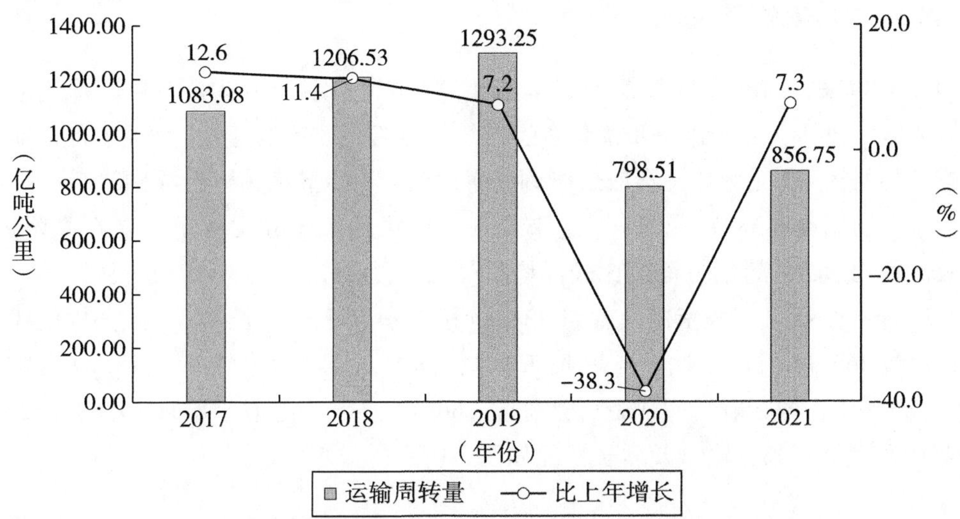

图 1　2017—2021 年中国民航运输总周转量及增长情况

注：资料来源于中国民航局。

（二）货邮周转量情况

2021 年，全行业完成货邮周转量 278. 16 亿吨公里，比上年增长 15. 8%。国内航线完成货邮周转量 70. 59 亿吨公里，比上年增长 4. 0%，其中，港澳台航线完成 2. 29 亿吨公里，比上年增长 10. 8%。国际航线完成货邮周转量 207. 57 亿吨公里，比上年增长 20. 5%。2017—2021 年中国民航货邮周转量及增长情况如图 2 所示。

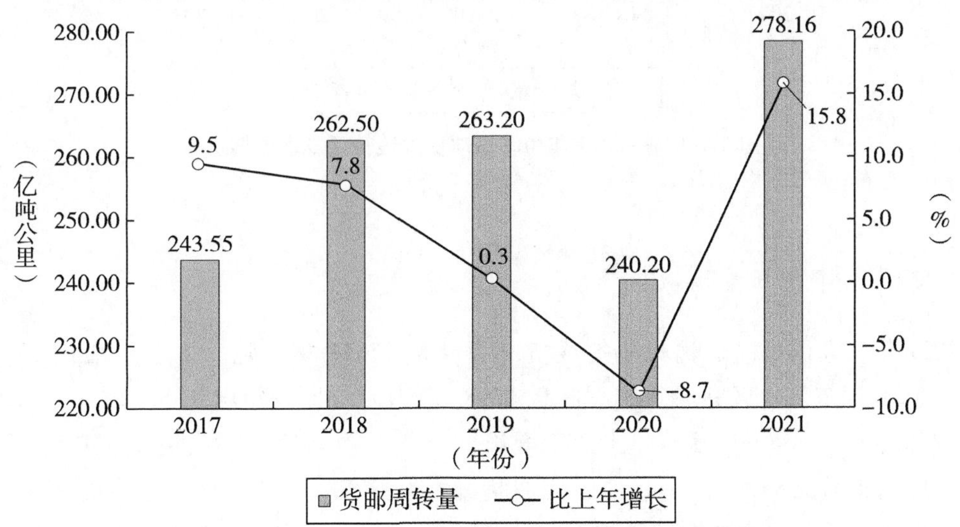

图 2　2017—2021 年中国民航货邮周转量及增长情况

注：数据来源于中国民航局。

（三）货邮运输量情况

2020年以来，国家层面密集出台多项政策措施，不断加大扶持力度、优化航空物流发展环境，包括《关于进一步优化货运航线航班管理政策的通知》《关于促进航空货运设施发展的意见》《货邮飞行航班时刻配置政策》《四型机场建设导则》等。航空货运作为航空物流重要环节，2021年迎来全新发展机遇，充分发挥了民航在高附加值、高时效性货物远距离运输方面的比较优势。

2021年，全行业完成货邮运输量731.84万吨，比上年增长8.2%。国内航线完成货邮运输量465.14万吨，比上年增长2.6%，其中，港澳台航线完成18.99万吨，比上年增长8.0%。国际航线完成货邮运输量266.70万吨，比上年增长19.6%。2017—2021年中国民航货邮运输量及增长情况如图3所示。

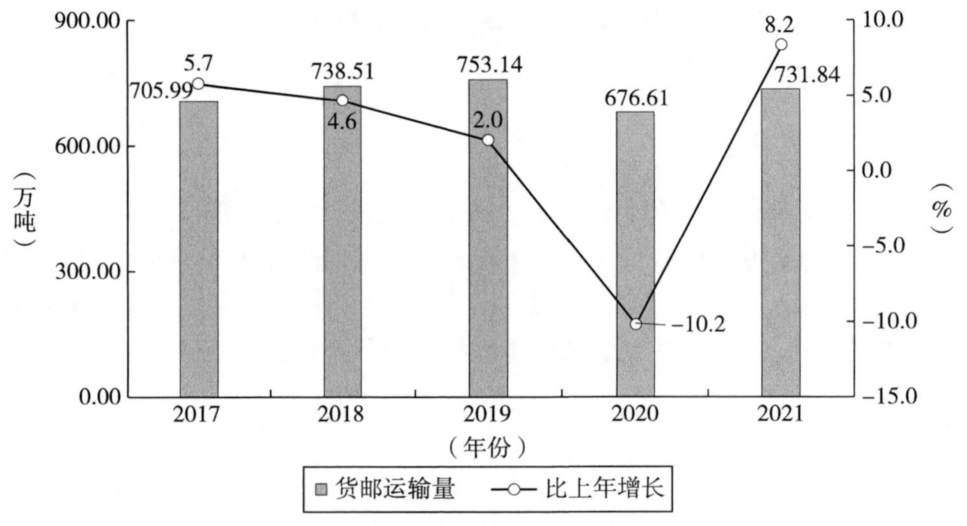

图3 2017—2021年中国民航货邮运输量及增长情况

注：数据来源于中国民航局。

（四）货邮吞吐量情况

2021年，全国民航运输机场完成货邮吞吐量1782.80万吨，比上年增长10.9%。其中，2021年东部地区完成货邮吞吐量1298.80万吨，比上年增长11.2%；中部地区完成货邮吞吐量158.95万吨，比上年增长15.9%；西部地区完成货邮吞吐量272.72万吨，比上年增长8.2%；东北地区完成货邮吞吐量52.32万吨，比上年增长4.8%。数据可见，东部地区运输机场货邮吞吐量仍然在全国占比最大。2017—2021年中国民航运输机场货邮吞吐量及增长情况如图4所示。2021年中国民航运输机场货邮吞吐量（按地区分布）情况如图5所示。

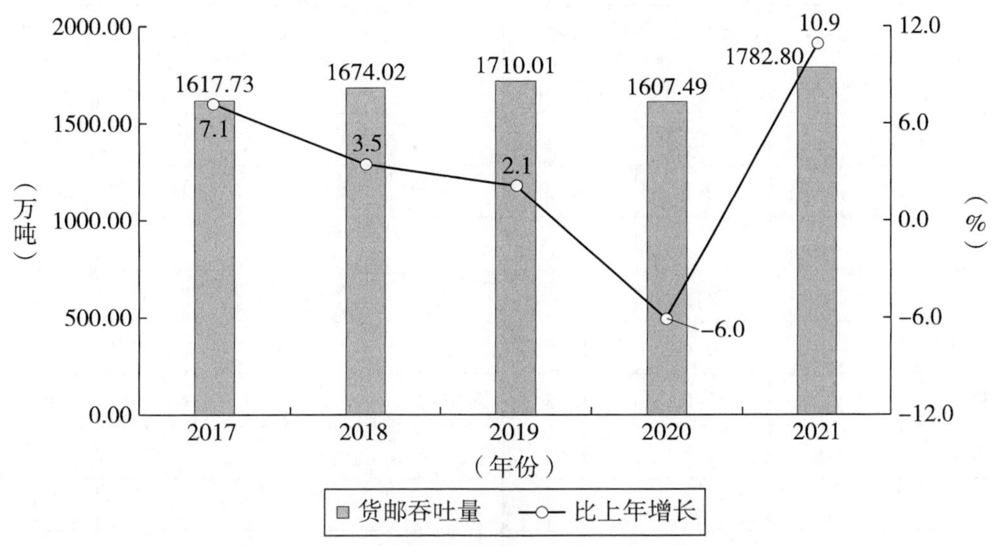

图 4　2017—2021 年中国民航运输机场货邮吞吐量及增长情况

注：数据来源于中国民航局。

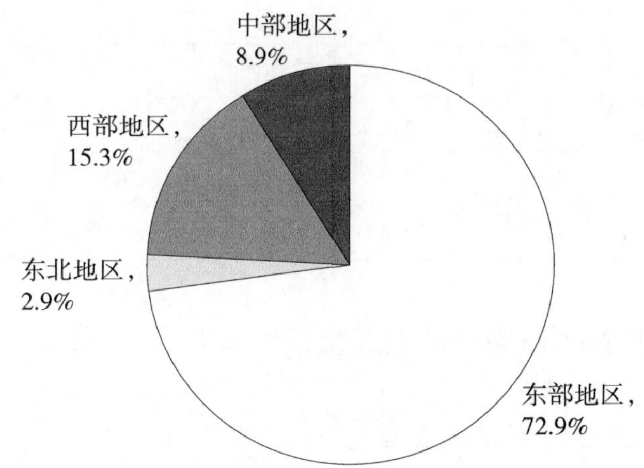

图 5　2021 年中国民航运输机场货邮吞吐量（按地区分布）情况

注：数据来源于中国民航局。

2021 年，年货邮吞吐量 1 万吨以上的运输机场有 61 个，比上年增加 2 个。其中，北京、上海和广州三大城市机场货邮吞吐量占全部境内机场货邮吞吐量的 44. 9%，比上年提高 0. 9 个百分点。其中广东省全年货邮吞吐量 369. 9 万吨，排名全国第二，仅次于上海，较 2020 年增加 14. 2%，增速排名全国第 8。中部地区如湖北、河南等，航空货邮吞吐量仍然保持强劲的增长趋势。2021 年全国各省（区、市）货邮吞吐量及增速如表 1 所示。

表 1　　2021 年全国各省（区、市）货邮吞吐量及增速

地区	增速排名	货邮吞吐量（万吨）		地区	增速排名	货邮吞吐量（万吨）	
		2021 年	2020 年			2021 年	2020 年
全国合计		1782.8	1607.5	上海	16	436.6	402.5
湖北	1	32.5	19.7	安徽	17	10.0	9.3
北京	2	158.7	128.8	西藏	18	5.0	4.7
海南	3	25.4	21.5	辽宁	19	31.3	29.6
云南	4	43.0	36.9	天津	20	19.5	18.5
重庆	5	47.9	41.3	四川	21	68.0	64.6
山东	6	54.8	47.6	甘肃	22	7.9	7.5
广西	7	15.4	13.5	陕西	23	41.4	39.2
广东	8	369.9	323.9	内蒙古	24	6.8	6.5
吉林	9	9.8	8.7	贵州	25	12.0	11.8
山西	10	6.6	5.9	江苏	26	65.3	67.1
新疆	11	17.8	16.1	黑龙江	27	11.2	11.6
浙江	12	112.6	101.9	江西	28	17.9	18.7
河南	13	70.7	64.1	宁夏	29	4.3	5.3
福建	14	52.6	47.7	青海	30	3.6	4.6
湖南	15	21.3	19.5	河北	31	3.5	8.9

二、2021 年广东省航空物流发展情况

（一）广东省航空物流发展整体情况

1. 货邮吞吐量情况

2021 年全省货邮吞吐量 369.9 万吨，全省机场平均同比增加 14.2%，高于全国机场平均水平。广州白云机场、深圳宝安机场货邮吞吐量继续保持全国第二和第三的位置（见表 2）。同样广州深圳两大机场继续保持着全省航空物流枢纽的市场地位。全国航空货邮吞吐量第一仍是上海浦东机场，吞吐量超过排名第二的白云机场近一倍，超过广州和深圳机场货邮吞吐量的总和，但广州和深圳两大机场货邮吞吐量的增速均大于上海，大有后来居上的势头。佛山机场仍然基本停运货邮。2021 年广东省民航机场货邮吞吐量排名如表 3 所示。

表 2　　2021 年我国民航货邮吞吐量前十排名

机场	货邮吞吐量			
	名次	2021 年（万吨）	2020 年（万吨）	增减（%）
上海/浦东	1	398.3	368.7	8.0
广州/白云	2	204.5	175.9	16.2
深圳/宝安	3	156.8	139.9	12.1
北京/首都	4	140.1	121.0	15.8
杭州/萧山	5	91.4	80.2	14.0
郑州/新郑	6	70.5	63.9	10.2
成都/双流	7	62.9	61.9	1.6
重庆/江北	8	47.7	41.1	15.9
西安/咸阳	9	39.6	37.6	5.3
上海/虹桥	10	38.3	33.8	13.2

注：数据来源于中国民航局。

表 3　　2021 年广东省民航机场货邮吞吐量排名

机场	货邮吞吐量			
	名次	2021 年（吨）	2020 年（吨）	增减（%）
合计		3699006.6	3238911.7	14.2
广州/白云	2	2044908.7	1759281.2	16.2
深圳/宝安	3	1568274.5	1398782.5	12.1
珠海/金湾	43	40046.8	38357.8	4.4
揭阳/潮汕	47	31235.0	27661.9	12.9
惠州/平潭	62	8556.4	8931.6	-4.2
湛江/吴川	76	5794.8	5747.1	0.8
梅州/梅县	172	187.8	143.9	30.5
佛山/沙堤	225	2.6	5.7	-54.3

注：资料来源于中国民航局；名次指在全国机场 2021 年数据中的排名。

2. 机场航班起降架次情况

机场航班起降架次是反映机场运输能力的重要指标。2021 年，广东省民航机场起降架次约达到 85.9 万架次（见表 4），大约是广东省正常年份（如 2019 年）的 80%，正努力从疫情的影响中走出来。与 2020 年相比，全省各机场共增加 459 架次，平均增加0.05%运力。白云机场起降架次位于全国第一，是全国最繁忙的机场。广东省航空运输在正常年份2019年的起降架次超过107万架次，相比之下仍有差距。

表4　　2021年广东省民航机场起降架次排名

机场	起降架次			
	名次	2021年（架次）	2020年（架次）	增减（%）
合计		858979	858520	0.05
广州/白云	1	362470	373421	-2.9
深圳/宝安	3	317855	320348	-0.8
珠海/金湾	46	69073	66450	3.9
揭阳/潮汕	59	50333	44517	13.1
湛江/吴川	77	28206	25478	10.7
惠州/平潭	91	18749	18007	4.1
佛山/沙堤	149	6154	4474	37.6
梅州/梅县	150	6139	5825	5.4

注：数据来源于中国民航局；名次指在全国机场2021年数据中的排名。

（二）粤港澳大湾区航空物流发展情况

“十三五”以来，国内形成了以京津冀、长三角、粤港澳大湾区、成渝等机场群为核心的航空货运网络。粤港澳大湾区以其特有的“外向型”特征，在我国航空运输“双循环体系”中占据重要的战略地位。

2021年2月中共中央、国务院印发了《国家综合立体交通网规划纲要》（以下简称《纲要》），《纲要》指出，要建设面向世界的京津冀、长三角、粤港澳大湾区、成渝地区双城经济圈4大国际性综合交通枢纽集群。粤港澳大湾区机场群包括香港国际机场、澳门机场和广东省内的5个机场（广州、深圳、珠海、佛山和惠州），其中旅客吞吐量1000万级以上的机场有3个。我国京津冀机场群、长三角机场群、粤港澳大湾区机场群、成渝机场群四大机场群中，以粤港澳大湾区机场群机场数量最多、航空货邮吞吐量总量最大，是全球航空物流活动非常活跃的地区。

根据中国民航局2021年民航机场生产统计公报，四大机场群完成全年航空货邮运输量的70%以上。京津冀机场群完成货邮吞吐量181.7万吨，较上年增长16.4%。长三角机场群完成货邮吞吐量624.5万吨，较上年增长7.5%。粤港澳大湾区机场群珠三角九市完成货邮吞吐量369.9万吨，较上年增长14.2%。成渝机场群完成货邮吞吐量115.2万吨，较上年增长9.3%。

香港机场管理局2022年1月15日公布香港国际机场2021年的航空交通数据。

2021 年香港国际机场货运量比上年上升 12.5% 至 500 万吨，超过 2019 年疫情暴发前的 480 万吨。货机起降量创历史新高，年均增长 19.8% 至 82935 架次。国际机场协会（ACI）数据显示，香港国际机场 2021 年的货运量略高于 500 万吨，比 2020 年增长 12.5%，比 2019 年增长 4.5%，是世界上最繁忙的货运机场。

近年来，大湾区加快提升机场基础设施保障能力，香港国际机场积极推进三跑道系统建设，白云机场三期扩建工程动工建设，深圳宝安国际机场全面推进新一轮扩建工程，珠海机场改扩建项目推进建设，同时大力优化机场国际航线布局。在百年未有之大变局背景下，给大湾区航空运输企业带来了前所未有的发展机遇。数据统计显示，粤港澳大湾区机场群 2021 年远超国内货运量最大的长三角机场群。

三、2022 年广东省航空物流发展展望

2022 年 2 月民航局印发了《“十四五”航空物流发展专项规划》（以下简称《规划》），这是我国民航首次编制的航空物流发展专项规划，是“十四五”乃至更长时期指导我国航空物流高质量发展的重要文件。

《规划》加强了系统性谋划、战略性布局，推动建设现代化的航空物流体系，全面、全方位服务于国内大循环为主体、国内国际双循环相互促进的新发展格局。

2022 年新冠肺炎疫情的全球演进形势并不乐观，疫情发展拐点难见，欧盟国家、英国、美国、新加坡等诸多筹谋重启跨境旅行的国家被迫暂停边境重启并收紧防疫政策，以减轻其卫生系统面临的巨大压力。3 月以来，新冠肺炎疫情在我国多点散发，深圳、上海、北京等超大城市及周边城市先后进入“静态管理”，航空运输行业经营表现大幅回落，省内广州、深圳等重要航空枢纽城市严格的出行管控措施限制了运力投入，波及物流运输。5 月起，白云机场、深圳机场开始逐渐恢复运力，预计即使在继续坚持“动态清零”防疫政策框架下，下半年实际防疫限制措施的实施范围和执行力度也有望显著放松。这将有助于释放被抑制的出行需求，支撑我国航空运输业务持续复苏。

根据国家“十四五”航空物流建设目标和要求，广东省航空物流企业积极谋划和积蓄力量，2022 年中将以补短板、强优势的基调，加大机场综合实力建设投入、加快航空货运业务的发展。

（一）持续打造世界级航空枢纽，实现基础设施建设和运行保障能力的提升

白云国际机场是广东省内最大的机场，空中航线网络覆盖全球 230 多个通航点，近 80 家航空公司在此运营，广州与国内、东南亚主要城市形成“4 小时航空交通圈”，与全球主要城市形成“12 小时航空交通圈”。白云机场正在按民航局《“十四五”航空物流发展专项规划》的要求，加强基础设施建设工程，破解保障能力的发展瓶颈。2022 年，机位扩建项目（一期）新建的 5 个 C 类机位将投入使用，同步推进扩建（二期）工程，将进一步释放运行潜力。

航空货运在高端产品制造的供应链中也发挥着关键作用。高端产品的制造越来越依赖日益全球化和专业化的分工。产品部件的来源地遍布全球。主要枢纽机场的航空货运服务因而发挥关键作用，促使不同制造部件及时运送以配合生产计划及需求。

白云机场同时聚焦鲜活冷链、电子产业链、食品供应链等高价值优势业务，加强冷链货站等专业化设施建设，升级冷链运输保障能力，建设航空货运温控类货品存储设施，2022 年将建成并投入总库容为 1700 吨的大型高标准冷库，并具备 IATA CEIV 医药冷链认证等。根据白云机场官方预计，到 2025 年，白云机场货邮保障能力将接近 400 万吨。

深圳机场继续围绕提升国际航空货运能力，稳定全球防疫物资供应链的工作，联合海关，提升通关效率，推出鲜活冷链专班、指定肉类监管场地等政策和举措，促进货运业务实现稳定增长。2022 年 3 月以来，深圳宝安国际机场已新开河内，并加密胡志明、洛杉矶、大阪、首尔等国际全货机货运航点。截至 8 月，深圳宝安国际机场国际及地区全货机通航点达到 35 个，通达全球五大洲。

（二）发挥大湾区机场群特色，赋能全球供应链，实现网络全球通达

粤港澳大湾区机场群具有“外向型”特征，是我国航空物流外循环的重要门户。发挥湾区机场群特色，促进航空物流协同发展仍是可挖掘的巨大潜力。

香港国际机场是 2021 年全球最繁忙的货运机场，在国际全货机航线网络广度及密度方面有较大优势。澳门机场也具备国际货运机场的外向能力。大湾区内机场跨境物流合作，最大赋能全球供应链，是 2022 年粤港澳大湾区机场“竞合”的特色模式。

香港国际机场物流园暨空侧海空联运码头项目首创跨关境安检前置，将香港机场货运站的出口集拼、安检、打板，以及进口入区理货、拆板等业务转移至东莞港综合保税区。海空联运模式直达香港机场空侧，不仅实现了香港机场相关功能和服务延伸到东莞一线，让东莞乃至整个珠三角地区享受国际机场的便利，同时也扩大了香港机场服务范围，强化香港国际机场作为大湾区国际航空枢纽的地位，带动大湾区货物的国际通达性整体提升。

珠澳合作下的鹤洲跨境电商监管中心于 2022 年年初正式运作，标志着“鹤洲清关＋澳门头程”跨境电商物流组合新模式开启，即货物在珠海鹤洲完成清关后，再运达澳门机场，并分散至全球各地。未来，鹤洲新区筹备组将以鹤洲跨境电商监管中心物流发展为契机，支持航空货物在鹤洲一站式完成清关、安检、打板、配载等作业流程，进一步赋能澳门机场提升货邮吞吐量，优化上下游产业链，降低企业物流运输成本，助力珠海成为跨境电商出口的集货地、口岸地。

（三）深化管理和改革，加快湾区机场协同发展

优化大湾区机场群布局，推进空域协同，是 2022 年 1 月发布的《广东省综合立体

交通网规划纲要》中重点提及的规划内容。文件中具体明确，要打造以广州白云、深圳宝安、珠三角枢纽（广州新）3 个机场为核心，面向全球的国际航空枢纽机场；完善以珠海金湾、惠州平潭等 4 个机场为重点，面向全国的区域枢纽机场。

2022 年 6 月起，顺丰航空全货机将在湛江吴川机场执飞，是湛江民航历史上首次开通的全货机航线，体现了湛江吴川机场区域客货枢纽的重要意义，助力广东较为落后的粤西地区加速发展，融入环北部湾区域的航空物流通道。

粤港澳大湾区机场距离较近，竞争和合作关系更加密切。保持机场自身优势，形成良性的竞争和融合，是未来很长一段时间里深入发展的方向。通过建设基础保障能力、完善航线网络，白云机场、深圳机场稳步提升航空物流的专业化运输和保障能力，珠海、揭阳、惠州以及湛江新机场等逐步建设成为区域航空枢纽，提升国内航线通达水平。

广东省快递物流发展2021年回顾与2022年展望*

2021年，广东省邮政快递业认真贯彻国家邮政局和省委省政府的决策部署，坚持以“高质量发展”统领全局，以“服务全领域、激活全要素，打造双高地、畅通双循环”工作思路凝聚合力，以“两进一出”工程精准突破，抢抓广东“双区驱动”“双城联动”“一核一带一区”建设等重大战略机遇，积极应对新冠肺炎疫情，奋力完成行业改革发展任务，行业与广东经济社会发展融合度持续提升，服务构建新发展格局的作用进一步发挥，实现“十四五”良好开局。

一、2021年广东省快递物流发展总体情况

（一）快递业务规模保持全国第一

2021年，广东省邮政业务总量累计完成3021.1亿元，同比增长25.9%。快递业务量累计完成294.6亿件，同比增长33.4%，占全国比重达27.2%；快递业务收入累计完成2454.3亿元，同比增长12.5%，占全国比重达23.8%。全年快递业务量、业务收入均居全国第一，快递业务量首次突破250亿件，全省邮政快递业发展迈上了新的台阶。全国快递业务量排名前十五位的城市中，全省上榜的5个城市分别为广州、深圳、揭阳、东莞、汕头，分别位居第二、三、六、七、十一。全国快递业务收入排名前十五位的城市中，全省上榜5个城市分别为广州、深圳、东莞、揭阳、佛山，分别位居第二、三、七、十、十一。

（二）异地业务比重继续提升

2021年，同城、异地、国际/港澳台快递业务量占全部快递业务量的比重分别为13.2%、82.9%和3.9%，业务收入占全部快递业务收入的比重分别为8.2%、58.7%和21.1%，异地业务比重持续提升。与上年同期相比，同城快递业务量的比重下降2.0个百分点；异地快递业务量的比重上升2.9个百分点；国际/港澳台业务量的比重下降0.9个百分点。全年同城快递业务量完成38.9亿件，同比增长15.8%；实现业务收入201.7亿元，同比增长0.6%，同城快递业务实现小幅增长。全年异地快递业务量完成

* 供稿人：朱佳蕾，广东省现代物流研究院。

244.0亿件，同比增长38.2%；实现业务收入1440.8亿元，同比增长11.5%，异地快递业务快速增长。全年国际/港澳台快递业务量完成11.6亿件，同比增长9.9%；实现业务收入517.3亿元，同比增长10.4%，国际/港澳台快递业务持续增长。

（三）快递行业区域发展差异显著

珠三角、粤东、粤西、粤北地区各项快递业务均保持了持续稳定的增长势头，全年珠三角地区完成快递业务量224.9亿件，实现业务收入2087.9亿元。粤东地区完成快递业务量64.2亿件，实现业务收入306.4亿元。粤西地区完成快递业务量3.5亿件，实现业务收入29.3亿元。粤北地区完成快递业务量1.9亿件，实现业务收入30.7亿元。珠三角、粤东、粤西、粤北地区快递业务量比重分别为76.4%、21.8%、1.2%、0.6%，业务收入比重分别为85.1%、12.5%、1.2%、1.3%。与上年同期相比，珠三角地区快递业务量比重下降了2.6个百分点，快递业务收入比重下降了1.1个百分点；粤东地区快递业务量比重上升了2.4个百分点，快递业务收入比重上升了1.0个百分点；粤西地区快递业务量比重上升了0.2个百分点，快递业务收入比重上升了0.1个百分点；粤北地区快递业务量比重与上年持平，快递业务收入比重上升了0.2个百分点。

快递业务量排名前十位的城市依次为广州、深圳、揭阳、东莞、汕头、佛山、中山、潮州、惠州、阳江，其快递业务量合计占全部快递业务量的比重达到96.9%。快递业务收入排名前十位的城市依次为广州、深圳、东莞、揭阳、佛山、汕头、中山、惠州、潮州、江门，其快递业务收入合计占全部快递业务收入的比重达到95.6%。如表1所示。

表1　　2021年全省各地市快递业务情况

城市	快递业务量				快递业务收入			
	累计完成（万件）	排名	同比增长（%）	全省占比（%）	累计完成（万元）	排名	同比增长（%）	全省占比（%）
广州	1067831.25	1	40.21	36.25	8171900.08	1	17.74	33.30
深圳	597984.35	2	11.31	20.30	6489185.10	2	-1.26	26.44
珠海	15642.01	13	26.14	0.53	224111.20	11	12.07	0.91
汕头	216245.07	5	52.15	7.34	1094205.65	6	31.95	4.46
佛山	142372.94	6	49.15	4.83	1597063.04	5	30.62	6.51
韶关	2837.25	20	24.10	0.10	51583.22	20	28.52	0.21
河源	3549.96	19	39.05	0.12	63039.85	19	21.54	0.26
梅州	6481.12	17	47.59	0.22	76813.20	18	18.83	0.31
惠州	49100.87	9	26.80	1.67	515598.52	8	20.33	2.10

续 表

城市	快递业务量				快递业务收入			
	累计完成（万件）	排名	同比增长（%）	全省占比（%）	累计完成（万元）	排名	同比增长（%）	全省占比（%）
汕尾	11102. 91	14	42. 88	0. 38	104240. 12	13	26. 57	0. 42
东莞	268421. 28	4	26. 80	9. 11	2810693. 40	3	12. 35	11. 45
中山	72558. 80	7	18. 96	2. 46	672571. 51	7	4. 19	2. 74
江门	18493. 93	11	45. 87	0. 63	233488. 61	10	29. 51	0. 95
阳江	18678. 21	10	66. 66	0. 63	90740. 89	16	15. 46	0. 37
湛江	8586. 57	15	56. 04	0. 29	98573. 09	15	24. 21	0. 40
茂名	7909. 35	16	51. 86	0. 27	103995. 96	14	25. 95	0. 42
肇庆	17085. 88	12	33. 89	0. 58	163922. 32	12	28. 05	0. 67
清远	4887. 13	18	40. 79	0. 17	83941. 68	17	34. 63	0. 34
潮州	61471. 29	8	38. 49	2. 09	254713. 18	9	11. 95	1. 04
揭阳	353294. 53	3	50. 53	11. 99	1611212. 40	4	16. 80	6. 56
云浮	1214. 73	21	19. 57	0. 04	31792. 38	21	16. 53	0. 13
全省	2945749. 44	—	33. 40		24543385. 40	—	12. 50	

资料来源：2021 年 12 月份广东省邮政行业运行情况。

（四）快递业务旺季服务保障持续增强

2021 年，快递旺季业务屡创新高。“双 11” 期间（11 月 1 日至 16 日），全省主要品牌寄递企业邮件快件处理量累计达 25. 12 亿件，同比增长 19. 8%，日均处理量达到 1. 57 亿件，较平日增长 37. 7%。11 月 1 日至 3 日，快递包裹日揽收量连续 3 天超过 1 亿件，形成了今年旺季期间的首个业务高峰。“双 12” 期间（12 月 12 日至 14 日），广东省邮政企业和主要品牌快递企业揽收快递包裹累计达到 3. 09 亿件，同比增长 29. 9%，日均揽收量超过 1 亿件，再创历史新高。

为应对业务旺季，广东省邮政管理局提前谋划，及早部署，印发《广东省快递业务旺季服务保障工作方案》和《关于做好快递业务旺季服务保障工作的通知》，督促全省邮政快递企业统筹储备各方力量，持续优化运能、路由，并主动协调电商平台，共同落实“错峰发货、均衡推进” 机制，防止出现盲目冲量导致快递网络瘫痪的现象，全力满足旺季期间快件处理需求。“双 11” 期间，各寄递企业新增临时聘用人员 6. 7 万人，新增运输车辆 1. 5 万辆，新增作业流水线 1112 条。同时，广东省邮政管理局还指导智能快件箱运营企业、快递服务站采取合理调节措施缩短用户取件时间，提高智能快件箱、快递服务站的使用效率，缓解人员不足造成的投递压力。

（五）“快递进村”基本服务全面覆盖

2021 年，广东省邮政管理系统加快建设农村寄递物流体系，大力推进“快递进村”工程。一是加强政策供给。推动省政府出台《关于推进广东省邮政快递业高质量发展的实施方案》和《关于开展快递业“两进一出”工程试点实施方案》。二是搭建合作平台。通过推动签订战略合作协议、加强与有关部门的协同等方式推动邮快合作、快交合作等进村方式下沉。广州从化区“客货邮商融合”和茂名高州市“电子商务 + 农村物流 + 冷链配送”成功创建交通运输部第二批农村物流服务品牌。三是积极打造快递服务现代农业示范项目，推动农村寄递物流与现代农业、农村电商协同发展。累计打造“茂名荔枝”“湛江徐闻菠萝”“梅州金柚”“江门新会陈皮”“茂名三华李”“清远英德红茶”6 个全国 2021 年快递服务现代农业金牌项目。截至 12 月底，广东省市县近 2 万个建制村 3 个以上品牌快递基本实现服务全覆盖，其中广州、珠海、汕头、佛山、东莞、中山、揭阳 7 个地市建制村全部实现 4 个以上快递品牌服务进村。

（六）多项政策规划出台支持快递业发展

“十四五”时期是奋力开启现代化邮政业建设新征程的关键时期，也是全面推进邮政强省建设和广东邮政业高质量发展的重要时期。2021 年作为“十四五”的开局之年，广东省政府及各省级职能部门出台多项政策规划，重点从基础设施建设、绿色发展、农村快递物流发展、跨境快递物流发展等方面，推动广东省快递业全面发展。

表 2　　2021 年省级各部门邮政快递相关政策

时间	印发部门	政策规划名称	相关内容
12 月	中共广东省委、广东省人民政府	广东省综合立体交通网规划纲要	建设普惠高效的邮政快递网，构建多层次邮政快递枢纽体系、完善多元化国际寄递通道、建设高效国内寄递网；推进快递包装绿色化、减量化、可循环，依法保障“快递小哥”、货车司机合法权益
	广东省人民政府	广东省新型城镇化规划（2021—2035 年）	实施邮政业基础设施数字化升级改造，完善城市配送投递设施、分拨中转公共配送中心等；加强农村冷链物流设施建设，扩大农村邮站覆盖面，健全城乡配送网络，完善县、乡、村级物流网络节点体系和寄递物流体系
	广东省人民政府	关于加快建立健全绿色低碳循环发展经济体系的实施意见	要实施快递配送体系建设工程，加快推进可循环快递包装应用

续 表

时间	印发部门	政策规划名称	相关内容
11 月	广东省邮政管理局、广东省商务厅	关于进一步加强全省电商快递包装协同治理工作的通知	快递企业与电商企业要落实生态环保主体责任；建立实施绿色采购制度；规范包装物封装操作，采用合理的封装方式，减少过度包装；引导消费者使用绿色包装或减量包装，推动建立包装生产者、使用者和消费者等多方协同回收利用体系
	广东省邮政管理局	广东省邮政业“十四五”基础设施专项规划	部署了邮政快递枢纽设施优化整合、跨境寄递通道建设持续推动、末端基础设施不断完善、行业绿色发展深入推进、安全监管和应急能力稳步提升 5 个方面任务，确定了邮政快递枢纽建设工程、跨境寄递工程、末端服务能力提升工程、绿色包装节能环保工程、安全监管及应急工程 5 项工程
	广东省人民政府办公厅	广东省公共服务“十四五”规划	发展农村寄递物流，进一步便利农产品出村进城、消费品下乡进村
	广东省政府办公厅	关于推进跨境电商高质量发展的若干政策措施	提升仓储物流效率，提高跨境电商通关便利化水平。将仓储用地纳入国土空间规划，为跨境电商集散分拨、分拣配送等配套建设相应基础设施。实施“快递出海”工程，支持企业建立信息共享平台。鼓励企业布局国际分拨网，以机场、铁路、港口为中心建设智能多式联运场站，提高分拨配送效率
	广东省人民政府办公厅	关于以新业态新模式引领新型消费加快发展的实施意见	加大新型寄递服务供给，发展仓配一体化、及时直递、大件快递、冷链快递、逆向快递等服务。建设县级公共配送中心，在县域合理布设智能快件箱。打造无人机投递示范区。将智能快件箱、快递末端综合服务场所等纳入城乡公共服务设施建设规划
10 月	广东省人民政府	广东省生态文明建设“十四五”规划	加快推进城市绿色货运配送，优化城市货运和快递配送体系，完善城市主要商业区、校园、社区等末端配送节点设施。推进快递行业绿色发展
	广东省交通运输厅	广东省综合运输服务“十四五”发展规划	完善城乡配送服务网络，支持新业态新模式发展，提升全球寄递服务能力

续　表

时间	印发部门	政策规划名称	相关内容
10月	广东省邮政管理局、广东省发展改革委、广东省交通运输厅	广东省邮政业发展“十四五”规划	对营造环境、创新驱动、基础设施、综合运输、国际寄递、邮政服务、寄递服务、产业生态、绿色发展、行业治理10方面重点任务进行了部署，确定了基础设施、公共末端、快递进厂、快递进村、快递出海、智慧邮政、绿色包装、寄递安全8项重点工程
9月	广东省委网信办等四部门	广东省数字乡村发展工作要点	继续推动“互联网+”农产品出村进城工程，深入推进电子商务进农村，建立健全适应农产品网络销售的供应链体系、运营服务体系和支撑保障体系，加快推进信息技术在农业产业链全过程的广泛应用。推进快递行业绿色发展，开展快递包装产品绿色认证工作，深入推进快递包装绿色治理
	广东省人民政府	广东省推进农业农村现代化“十四五”规划	完善助农惠农现代商贸物流，全面实施“快递进村”工程；优化农村消费环境，深入推进电子商务进农村和农产品出村进城
7月	广东省委省政府	关于全面推进乡村振兴加快农业农村现代化的实施意见	改造提升农村寄递物流基础设施等，全面促进农村消费
5月	广东省交通运输厅、广东省邮政管理局等四部门	广东省农村物流网络节点建设标准（试行）	农村物流网络节点由县级农村物流中心、乡镇农村物流服务站、村级农村物流服务点三个层级构成。其中，村级农村物流服务点是农村物流网络节点体系中的基层网点，处于节点体系的末端，实现农资农产品代销代购以及电商、邮政快递等收发
	广东省人民政府	关于推进广东省邮政快递业高质量发展的实施方案	提出促进行业管理服务改革、强化行业基础设施建设、引进培育壮大市场主体、建设高素质行业人才队伍、构建推动行业高质量发展社会共治格局等一系列具体政策措施，以加快推动全省邮政快递业高质量发展
4月	广东省邮政管理局、广东省交通运输厅	关于开展快递业“两进一出”工程试点的实施方案	切实抓好快递业“两进一出”（快递进村、快递进厂、快递出海）试点工作，加快提升快递业服务全省经济社会发展的能力和水平，推动广东由快递大省率先向快递强省转变

续 表

时间	印发部门	政策规划名称	相关内容
4 月	广东省人民政府	广东省国民经济和社会发展第十四个五年规划和 2035 年远景目标纲要	要推进跨境电商与快递物流协同发展，大力推动快递物流体系高质量发展，发展流通新技术、新业态、新模式
3 月	广东省商务厅、广东省发展改革委等八部门	广东省加快建设农村物流服务体系工作方案	完善农村物流网络体系，完善农产品供应链体系，加强防疫物资和农产品运输绿色通道建设，加快助农服务体系建设，推动农村物流发展模式创新
	广东省人民政府	广东省进一步稳定和扩大就业若干政策措施	要开发一批乡村快递收发等乡村公共服务类岗位
	广东省人民政府办公厅	广东省推进“无废城市”建设试点工作方案	在塑料污染问题突出的电商、外卖等领域，探索可复制推广的塑料减量模式。加快推进快递业绿色包装应用，到 2023 年年底，基本实现同城快递环境友好型包装材料全面应用
2 月	广东省农业农村厅等四部门	广东省“互联网 +”农产品出村进城工程实施方案	充分利用快递物流、邮政、供销合作社、益农信息社、电商服务点等现有条件，重点培育建设田头仓储冷链物流示范基地，完善县镇村三级物流体系。深化镇村邮政和快递网点普及，提高农村物流网络连通率和覆盖率，加快建成一批智慧物流配送中心
1 月	广东省人民政府	2021 年广东省政府工作报告	在加快建设现代流通体系工作方面，提出要建设快递城市末端配送体系
	广东省委省政府	关于贯彻落实交通强国建设纲要的实施意见	建设普惠高效的邮政服务网，提高快递公共投递服务站密度；鼓励大型快递企业发展“互联网 +”高效物流，建立通达全球的寄递服务体系；加快快递扩容增效和数字化转型；推进邮件快件包装绿色化、减量化

（七）快递从业人员合法权益保障工作取得实效

全省邮政管理部门积极践行邮政快递第一大省责任与担当，推动全省 45 万名从业人员的快递员群体合法权益保障工作取得实效。为进一步深入学习贯彻习近平总书记关心关爱“快递小哥”重要指示精神，贯彻落实国家邮政局等七部门《关于做好快递员群体合法权益保障工作的意见》各项工作要求和省政府工作要求，广东省邮政管理局牵头草拟了《广东省保障快递员群体合法权益若干措施》（该文件于2022年4月正式印发），并牵头组织省发展改革委、省人力资源和社会保障厅、省交通运输厅、省商务厅、省市场监督管理局、省总工会等单位有关负责同志召开政策研讨会，进一步研究提出有关具体措施。陈良贤副省长连续4年在“双11”期间专程看望慰问“快递小哥”，并多次到行业调研，督导“快递小哥”权益保障工作；省人大常委会副主任、省总工会主席吕业升和省总工会党组书记、常务副主席陈伟东也多次看望慰问“快递小哥”，并对快递企业建立工会提出要求，进一步强化组织保障，不断温暖“快递小哥”。

二、广东省快递物流发展存在的主要问题

（一）农村寄递服务待深挖

2021年，珠三角地区快递业务量比重下降，粤东、粤西、粤北地区快递业务量比重均有上升，这背后是不断加速的快递进村步伐、持续延伸的快递网络，展现了农村消费市场不断激发、快递行业规模扩大的重大机遇。目前，“快递进村”基本服务虽然已经全面覆盖，但农村寄递物流体系建设不平衡不充分的问题和矛盾仍然存在，特别是“最后一公里”基础薄弱，导致农村寄递服务在及时性、可靠性、末端派送、快递成本等方面与城市相比还存在不小差距。

（二）消费者参与绿色回收积极性不高

为推动行业绿色发展，快递物流企业积极践行绿色快递行动，并通过设置活动吸引消费者参与到绿色快递行动中。例如，消费者打开淘宝App、菜鸟App搜索“快递包装回收”后生成“个人减碳账单”，在菜鸟驿站回收快递箱时可以免费领取菜鸟网络准备的乡村土鸡蛋；申通快递设置“绿色回收箱”放置点，回收使用过的快递包装，进行二次利用。但是，快递企业的推广活动建立在消费者到店自行取货基础上，工作人员在网点为参与快递包装回收的消费者发放公益奖品。而在目前送货上门的模式普及下，大部分消费者距离快递站点、服务网点等较远，参与包装回收还存在积极性不高、途径不畅通等问题，回收快递箱等包装材料存在一定困难。

（三）行业低价竞争愈演愈烈

近年来，广东省快递业务量持续高速增长。为了抢占市场份额，以价换量成为快递企业的主要手段。长期的低价竞争，不仅会导致快递企业不堪重负，整个行业也将陷入恶性循环。2021年4月22日，顺丰控股发布公告显示，一季度报净亏损9.89亿元。亏损的重要原因之一就是超低价“特惠专配”业务量增长迅猛，电商件毛利润承压。对于商家与消费者来说，短期来看，快递企业低价竞争会让快递费用降低，但由

于快递企业与网点要保证一定的利润，必然会寻找其他增长点弥补因价格战降低的收入，最终承担这一费用的还是消费者。

（四）从业人员权益保障需进一步强化

近年随着快递业的迅猛发展，行业从业人员生存发展环境优化步伐亟须加快。一线快递员联系千城百业、服务千家万户，在畅通经济循环、方便生产生活、促进社会和谐方面发挥着不可或缺的作用。然而，快递员职业风险高、劳动合同签约率低、基本社会保险参保率不高，这些问题造成快递员群体面临着劳动权益保护缺失。合法权益保障方面，直营企业具有比较规范的人力资源管理体系，快递员合法权益得到较好保障；加盟制企业仅与总部及部分直营的区域性快递处理中心员工签订劳动合同，快递员合法权益保障有待提升。劳动安全卫生保护方面，各企业网点按照行业安全生产设备标准均能配置齐全安全防护设备。直营企业劳动保护用品配置齐全，高温津贴等能够发放到位。加盟企业劳动保护用品一般需快递员自行采购，高温津贴保障不足，现场安全生产设备规范操作管理和培训以及路面交通安全教育水平有待提升。职业技能培训权利方面，目前快递企业对快递员的培训局限于企业内部自身业务培训，注重提高员工的工作技能，普遍忽视对员工安全防护知识、心理健康知识、自身发展能力提升的培训。

三、促进广东省快递物流发展的措施建议

（一）加快建设农村寄递物流体系

认真落实国家邮政局和省委省政府工作部署，加快农村寄递物流体系建设，深入推进“快递进村”工程，强化监督落实，加强经验交流，丰富农村快递品牌供给；继续发挥快递服务现代农业金牌项目的示范引领作用，巩固提升项目建设成果，强化宣传引导，挖掘培育更多示范项目，为促进乡村振兴、更好地服务全省经济社会高质量发展作出更大贡献。

（二）深入推进快递物流绿色发展

继续扎实开展快递包装绿色治理，倡导绿色寄递，促进行业绿色转型，为全省绿色发展贡献行业力量。继续开展“绿色快递”行动，有序开展可循环快递箱（盒）使用、电商快件包装治理、邮政快递网点配备标准包装及废弃物回收装置等工作，促进快递包装物的绿色化、减量化和可循环化。建立实施绿色采购制度，全面禁止使用重金属含量、溶剂残留等超标的劣质包装袋和有毒有害材料制成的填充物，优先采购使用经过快递包装绿色产品认证和符合国家标准、行业标准及国家有关规定的产品。规范包装物封装操作，推广电商快件原装直发，根据物品尺寸选用合适的包装种类和型

号，适度使用填充物，采用合理的封装方式，减少过度包装。推广绿色低碳运输工具，公共服务领域优先使用新能源或清洁能源汽车。强化消费引导，引导消费者使用绿色包装或减量包装，推动建立包装生产者、使用者和消费者等多方协同的回收利用体系。

（三）加强邮件快件寄递安全管理

切实发挥全省邮件快件寄递安全管理工作联席会议机制作用，确保行业安全运行、健康发展。深化综合治理，全链条全环节抓好寄递渠道安全管理工作落实，积极打造“安全邮政”“放心寄递”。加强各部门协作配合，继续联合开展系列专项整治行动，凝聚共治合力，打造共建、共治、共享的寄递渠道安全管理工作格局。

（四）持续加强快递员群体合法权益保障

深入学习贯彻习近平总书记对邮政快递业重要指示批示精神，贯彻落实国家邮政局和省委省政府工作部署，持续加强快递员群体合法权益保障，加强对他们的关心关爱，让他们切实感受到党和政府的关怀温暖。推进新产业、新就业、新模式领域工会组建，把货车司机、快递员、外卖送餐员、网约车司机等新就业形态群体吸引过来、组织起来、稳定下来，最大限度地吸收灵活就业群体加入工会，推进跨部门协调机制建设，切实维护职工合法权益，促进行业高质量发展。推进联席会议常态化，发挥联席会议机制作用，推动化解基层矛盾，切实服务民生。引导业内企业进一步扩大就业岗位供给，加强“快递进村”工作和向农村地区招工力度，服务乡村振兴，同时积极维护好邮政、快递从业人员合法权益，努力打造关爱、尊重快递员的良好社会氛围，提高快递员群体的获得感、幸福感和安全感，促进行业就业稳定，为做好“稳就业”工作、落实“保居民就业”任务作出行业应有贡献。

（五）推进跨境快递业务发展

将仓储用地纳入国土空间规划，为跨境电商集散分拨、分拣配送等配套建设相应基础设施。实施“快递出海”工程，加快构建国际快递智能骨干网，促进快递与跨境电子商务深度融合发展，更好服务广东经济社会发展。支持企业建立信息共享平台，在通道网络、货物组织、航空运力等方面共建共享，降低运输成本、提升物流效率。鼓励企业布局国际分拨网，以机场、铁路、港口为中心建设智能多式联运场站，提高分拨配送效率。

广东省冷链物流发展 2021 年回顾与 2022 年展望*

一、2021 年广东省冷链物流发展总体情况

（一）市场需求得到持续释放

在新冠肺炎疫情持续蔓延和消费升级快速提升的双重影响下，我国冷链物流展现出强劲韧性和巨大潜力。2021 年广东省生鲜农产品总体产量持续增长，居民消费不断升级。从生鲜农产品产量来看，2021 年，广东蔬菜产量 3855.73 万吨，同比增长 4.0%；水果产量 1826.73 万吨，增长 4.0%；猪牛羊禽肉产量 451.75 万吨，比上年增长 14.7%。其中，猪肉产量 263.23 万吨，增长 36.8%；禽肉产量 182.19 万吨，下降 6.7%。年末生猪存栏 2075.48 万头，增长 17.4%；生猪出栏 3336.63 万头，增长 31.5%。全年水产品产量 921.67 万吨，增长 5.2%。其中，海水产品 469.96 万吨，增长 4.3%；淡水产品 451.71 万吨，增长 6.2%。从居民消费情况来看，2021 年广东实现地区生产总值（初步核算数）124369.67 亿元，比上年增长 8.0%。全年全省居民人均可支配收入 44993 元，比上年增长 9.7%。在限额以上批发和零售业商品零售额中，粮油、食品、饮料、烟酒类比上年增长 6.7%。随着宅家文化、懒人经济、烹饪小白、单身群体不断扩容，冷链物流也将在家庭消费场景的重构下迎来新的发展机遇。

（二）行业政策环境不断优化

2021 年是“十四五”的开局之年，广东省在政策层面大力推动冷链物流行业的快速发展。2021 年 4 月，《广东省国民经济和社会发展第十四个五年规划和 2035 年远景目标纲要》指出，要加快建设内联外通的综合交通运输网络，打造国家物流枢纽和骨干冷链物流基地。2021 年 10 月，《广东省综合运输服务“十四五”发展规划》进一步指出，要支持货运枢纽（物流园区）完善冷链物流服务功能，强化交通运输与供销、邮政、商务部门联合，完善农产品冷链运输基础设施骨干网建设。2021 年 10 月，广东省农业农村厅联合省财政厅编制了《广东省农产品产地冷藏保鲜设施建设实施方案》，主要聚焦鲜活农产品主产区和特色农产品优势区，重点围绕蔬菜、水果，兼顾地方优

* 供稿人：罗湖桥，广东省现代物流研究院。

势特色的品种开展产地冷藏保鲜设施建设。

（三）基础设施建设稳步推进

在我国经济转型升级过程中，冷链物流进入了高质量发展关键时期。广东省抢抓冷链市场高速发展机遇，聚焦完善冷链基础设施建设。2021 年 8 月，广东省财政厅发布了《广东省财政厅关于转下达 2021 年城乡冷链和国家物流枢纽建设项目中央基建投资预算的通知》，2021 年城乡冷链和国家物流枢纽建设项目获得中央基建投资资金共计 7800 万元的资金支持。2021 年，广东省供销合作社系统扎实推进“供销合作社农产品冷链物流和市场建设工程”，加快构建覆盖田头冷库、产地仓冷库、销地仓冷库、冷链运输、智慧冷链系统等全过程的冷链物流骨干网，在全省 19 个市、55 个县（市、区）布局项目 60 个，设计总库容 140 万吨。2021 年以来，广东省供销合作联社建成 16 个项目、新增库容 44. 3 万吨，加快推进 15 个在建项目建设，库容 40. 7 万吨。同时，布局启动项目 29 个，库容 55 万吨。

（四）全面加强质量安全监管

冷链食品与群众的生活息息相关，为了确保冷链食品安全流入与安全入口，广东省持续加强冷链食品监管力度。2021 年以来，广东省积极探索进口冷链食品常态化疫情防控全流程闭环管理机制，通过出台全流程闭环管理工作指引，推动 21 个地市建设集中监管仓 45 个。广东全省实现 0℃以下进口冷链食品 100% 纳入集中监管仓检测、消毒，在集中监管仓主动检测、拦截阳性进口冷链食品事件占比提升了 40%，集中监管仓“首站拦截”作用大大提升。截至 2021 年 12 月初，广东省在“冷库通”系统登录并完善基础信息的冷库有 2. 82 万家，对涉及贮存进口冷链食品的冷库实现 100% 上报；已生成追溯码约 290 万个，实现了对相关产品的 100% 赋码，可追溯品种 2215 种。

（五）数智化转型升级持续推进

伴随着“新基建”等相关政策落地实施，互联网、大数据、区块链等在冷链物流专业领域逐步渗透。随着机器人、自动化、信息系统等技术全方位的创新与提升，冷链作业变得更流程化、专业化和精细化，各类智能设备更便捷地被投入各作业环节中，作业人员越来越少。3D 机器视觉技术的发展则使冷链物流无人化上了一个新台阶。除此之外，以 AGV/AMR 为代表的物流机器人导航技术创新已经呈现出多样化的态势，自动化立体库技术逐步向 Mini-load、四向和多层穿梭车、KIVA 等以箱为储存单元的方向发展等。疫情冲击下，冷链食品溯源加速了行业各个环节的参与者对智能化、数字化的渴求。已有园区开始探索智慧化的可能，如广东普盈就冷库仓储管理和园区物业管理信息化、智能化、网络化与前海粤十展开合作，利用数字孪生技术打造智慧大数据中心。随着企业开始加大冷链物流技术方面的资源投入，冷链物流已经逐渐向数字化、智能化方向转型升级。

二、广东省冷链物流发展存在的问题

（一）冷链物流管理体系不完善

近年来，在政策的大力扶持与冷链需求的持续增长下，广东省加快推进仓储保鲜冷链物流设施建设。但广东省现阶段冷链物流链条仍难以实现统一的调配与管理，流通环节冗杂、物流资源浪费、物流成本高等问题日益凸显。从管理体制的角度来看，广东省现阶段冷链物流管理体制制度错位或者缺失，以及技术手段不成熟，条块分割、各自为政等现象普遍存在，极大制约了冷链产业整体的发展进程。从协调机制的角度来看，广东省冷链行业相应协会组织则大都存在职能定位不明确、相互竞争激烈、开展活动雷同等问题，难以充当行业协调与自律者的角色，造成行业内缺乏协同。

（二）行业标准建设相对滞后

在冷链行业高速发展的背景下，冷链行业标准的制定和执行却难以满足行业的发展需求。从标准的制定来看，广东省现行冷链标准体系以部门为主，地方标准归口单位涉及广东省商务厅、广东省质量技术监督局等政府部门以及广东省物流标准化技术委员会、广东省水产标准化技术委员会等单位。标准制定单位的分散制约了冷链各相关产业标准之间的协调性，导致冷链标准体系难以形成统一的规划与管理。在冷链标准的执行中，冷链企业的发展参差不齐，对冷链标准认知有待提高。在买方市场下的冷链物流行业，频繁的价格战使得部分企业降低服务标准，进而对冷链企业以及产品的形象造成损害。

（三）信息化支撑力度偏弱

冷链物流数字化发展已是大势所趋，但广东省现有冷链信息化发展水平难以满足冷链发展需求。广东省冷链公共信息平台较为缺乏，覆盖企业数量少，且服务内容较为单一，从产地到消费者均无法及时获取匹配的链条信息。冷链相关政府部门与行业信息平台、冷链相关企业间的冷链物流数据尚未形成统一标准，数据间的共享、交换、融合以及综合利用难度大。由于缺乏强有力的行业协会，冷链及相关企业间往往存在信息孤岛、数据资源利用率低而获取成本高等问题。冷链企业内部信息化程度低下，信息化平台建设多依靠传统的数据收集与分析，导致信息化管控能力不强。

（四）服务内容较为单一

居民消费升级促使冷链物流向精细化、智能化、平台化趋势发展，订单也越来越趋向于小批量、多频次和个性化。但由于产地预冷及加工等设施不完善、服务观念落后等问题的存在，广东现有能提供综合性、全过程、集成化的现代化冷链物流服务企业数量并不多，且所占有的市场份额不大。冷链市场还是主要停留在冷链传统仓储、搬运与定向运输上，同质化竞争严重且企业利润低。冷链市场还呈现出碎片化、区域化的特征，专业化冷链物流服务企业主要集中于珠三角地区，其他地区冷链物流服务企业提高自身服务水平的意愿不强。

三、促进广东省冷链物流发展的措施建议

（一）加快建设冷链物流网络体系

充分发挥政府规划引导、政策扶持、供需对接等方面的作用，加强各部门政策协同，形成目标一致、分工负责的工作机制，促进冷链行业统一协调发展。鼓励冷链物流行业相关协会发展壮大，发挥行业协会职能作用，集宣传冷链物流方针、政策和法规与反映冷链物流企业的意见、要求和呼声的功能于一体，从不同层面起到沟通政企信息、协调企业关系的作用。推进供应链集成化管理，实现冷链企业的敏捷化、柔性化、个性化。鼓励冷链物流企业与生鲜农产品相关企业联合建设冷链物流联盟，通过冷链物流资源的共享，有效减少冷链物流的冗余运输环节，提高冷链物流资源利用率，降低冷链物流成本以及经营管理风险。

（二）大力推进行业标准制定及宣贯

推进冷链物流标准化技术委员会建设，协调冷链行业标准的规划、制定以及宣贯，持续完善标准化工作制度体系。组织冷链标准制定机构深入企业、市场调研，针对市场制定适应行业及企业发展的冷链物流标准。持续开展冷链标准化示范工作，鼓励冷链企业加强完善自身的服务标准，将部分具有推广价值的标准上升为国家或行业标准。完善全程冷链追溯体系建设，健全冷链物流标准化设施设备和监控设施体系。加大行业安全监管力度。加强对冷链各环节温控记录和产品品质的监督和不定期抽查。

（三）推进数字化服务体系建设

强化顶层蓝图规划、数据统筹，实现对行业资源的引导、整合，政策部门推进建立共建共享机制，加速企业供应链平台的互联互通。大力扶持冷链公共信息服务平台建设，持续推动冷链信息化技术发展。加强冷链数据标准化建设，加强对生鲜农产品从生产到销售各环节数据的收集、分析与整理，为冷链及其上下游企业产品的仓储、运输、销售等提供全面的公共信息服务。推动冷链相关行业协会发展，积极引导冷链物流企业开展数字化转型，逐步建立以全产业链形态存在的供应链发展模式，实现冷链公共信息服务平台与企业自有信息系统的有效联动。

（四）强化冷链物流服务效能

加强行业服务质量监管力度，规范市场运行秩序，有效提升冷链市场集中度。鼓励冷链物流企业开展经营模式创新，强化设计研发、流通加工、检验检疫等能力，推动服务内容由传统运输、仓储、装卸等基础服务向设计、加工、检验等增值服务扩展。鼓励生产、批发、零售企业等冷链上下游企业联合冷链物流企业，提升品牌打造和孵化能力，打造集集采分销、展示交易、加工配送、供应链金融等服务功能于一体的冷链物流生态圈。

广东省农村物流发展 2021 年回顾与 2022 年展望*

一、2021 年广东省农村物流发展总体情况

（一）农村物流发展潜力进一步释放

农村生产和消费潜力得到进一步释放，对农村物流需求加大。2021 年，在乡村振兴战略的指导下，全省农村生产规模和产业结构发展至新的阶段。2021 年，全省实现农林牧渔业总产值 8369.00 亿元，比上年增长 9.0%，增幅提高 5.0 个百分点，总产值创 34 年最高水平。2021 年，全省粮食实现面积、亩产、产量三增长，播种面积、单位面积产量及总产量分别为 3319.55 万亩、386 公斤/亩和 1279.87 万吨，分别同比增长 0.4%、0.6% 和 1.0%。全省新增全国农业现代化示范区 5 个、全国优势特色产业集群 3 个、国家和省级现代农业产业园 76 个，数字农业、休闲农业、都市现代农业集聚化发展。全省加快部署大湾区国际消费枢纽发展，支持广州和深圳建设国际消费中心城市，出台促进城市消费、农村消费和新型消费政策，根据广东省统计局公布数据，2021 年全省社会消费品零售总额为 44187.71 亿元，同比增长 9.9%，其中，农村消费、网络消费增长均超过 20%。农村生产和消费的快速增长有力带动农村物流的进一步发展。创新发展特色农产品市场体系（“12221” 体系），徐闻菠萝、广东荔枝等果品类特色产品营销成功案例经验得到本地农业广泛应用、推广，有力促进农村物流规模进一步提升，根据广东省统计局数据，2021 年菠萝、荔枝的产量分别为 125.98 万吨、151.61 万吨，分别同比增长 4.1% 和 12.2%。

（二）加快补齐农村基础设施短板

2021 年广东省交通运输工作情况总结报告提到，全省农村公路总里程 18.3 万公里，基本形成以县为中心、乡镇为节点、建制村为网点，遍布农村、连接城乡的农村公路交通网络；全省继续推动“四好农村路”高质量发展，新改建农村公路 3323 公里，农村公路危桥整治完成 545 座，新开工安全通道渡改桥 5 座；印发《广东省深化农村公路管理养护体制改革实施方案》，推行农村公路“建养一体化”模式；严格规范

* 供稿人：李玉玲，广东亚太经济指数研究中心。

农村公路质量监督管理，实施数字化工程质量安全监管，提升农村公路桥梁安全保障水平；统筹谋划建设“美丽农村路”，推进“四好农村路+”融合发展，助力乡村振兴；四会、梅县、南雄等入选交通运输部第二批城乡交通一体化示范县创建城市；高质量完成促进农村客货邮融合发展的年度任务，从化、高州获全国第二批农村物流服务品牌。据2022年4月广东省政府的广东经济社会发展成就系列新闻发布会相关信息，截至2021年年底，全省农村5G、4G基站数量均居全国第一，行政村4G网络实现全覆盖。

（三）打通田头仓储物流最先一公里

2021年，广东省政府发布的《关于促进农村消费提质升级的若干政策措施》提出，鼓励田头智慧小站建设消费。其中，田头智慧小站建设将被纳入农机购置补贴范围，田头智慧小站移动冷链车纳入固定的冷藏保鲜设备补贴范围。2021年，全省通过推广田头智慧管理系统、构建物联网信息链，建成一批田头智慧小站，应用推广农产品预冷、保鲜、仓储、冷链物流的全产业链综合性智慧平台，有利于加快完善冷链物流、直供配送、农资农技网络，有效解决水产品、荔枝、龙眼等保鲜难、价值高的农产品田头保鲜仓储问题。目前，在广州市增城、湛江市遂溪县、湛江徐闻市、肇庆市德庆县均已布局田头小站，助力迟菜心、番石榴、圣女果、荔枝、菠萝、贡柑等农产品热销。其中，根据南方日报报道，增城田头智慧小站服务产业和覆盖范围包含了荔枝18.4万亩、蔬菜64万亩（迟菜心6万亩）、水稻12万亩（早晚两造）、番石榴1万亩，覆盖范围较广。

（四）稳步推进“两进一出”工程

根据2022年全国邮政管理工作会议，2021年国家邮政局着力优化发展环境，稳步推进“两进一出”工程，“快递进村”比例超过80%。全国稳步深化邮快合作，加强“一点多能”村级寄递物流综合服务站建设，加快农村邮路汽车化，促进农村客货邮融合发展，确保年内基本实现建制村“村村通快递”。2021年，广东省人民政府正式印发《关于推进广东省邮政快递业高质量发展的实施方案》，着力推进快递“两进一出”（快递进村、进厂、出海）工程，以服务拓市场、挖潜力，持续保持全省邮政快递行业发展态势，筑牢发展根基。据广东省邮政局发布的数据显示，截至2021年12月底，广东省实现近2万个建制村内3个以上品牌快递基本服务全覆盖。其中，广州、珠海、汕头、佛山、东莞、中山、揭阳7个地市建制村全部实现4个以上快递品牌服务进村，顺利完成2021年品牌快递进村目标任务。

（五）保供稳价数字平台成效明显

为了有效应对疫情带来农产品断链、断供的挑战，广东利用数字化助农保供的技术和模式，搭建广东“农产品保供稳价安心数字平台”，充分发挥农产品抗疫“保供稳价安心”数字平台作用，促进农产品生产、采购、流通、销售线上线下一体化对接，据广东省农业对外经济与农民合作促进中心主任丘志勇提出，2020年在广东新冠肺炎疫情防控工作的关键时期，“保供稳价安心”数字平台累计产销对接9000次，曝光101万人次，销售农产品超30亿元，为广大农企复工复产探索了一条全新道路。2021年，广东“农产品保供稳价安心数字平台”进一步扩大发展，据南方日报发布数据，截至2021年11月，“保供稳价安心”数字平台已入驻农业企业达3605家，开展各类直播200余场，推动粤黑、粤鄂、粤藏等5个省际合作，开展44次线上云展会活动，实现累计对接13380次，曝光260万人次，推动对接销售农产品超46.5亿元。

二、当前广东省农村物流发展存在的主要问题

（一）农产品直播带货规范性有待提升

在疫情期间，农副产品线上直播带货成为销售新兴模式，带动了农产品物流进一步发展。但是直播带货发展较快，行业规范性有待加强，相应配套设施仍有待完善。2022年中央一号文件《中共中央 国务院关于做好2022年全面推进乡村振兴重点工作的意见》提出，要促进农副产品直播带货规范健康发展。一是目前直播带货过程中仍然存在主播购买虚假流量、为提高排名刷单、虚假宣传、无序竞争等问题，不但造成了消费者退货、投诉等问题，还造成销售农户的“坑位费”、销售提成、退货快递费、农产品折损等费用损失，导致本地农户对新型销售方式失去信心，阻碍直播带货的发展壮大，对行业的引导和监管有待加强；二是农产品直播带货的门槛较低，容易受到产品来源无保障、产品质量无保障等质疑，需完善区域农产品品牌经营、政策引导、电商培训、5G网络、冷链物流、产品追溯等公共服务和基础设施配套建设，增强消费信心。

（二）农产品物流受通行证影响较大

受到疫情的影响，农村物流由于涉及生鲜产品、蔬果产品的加工包装、中转运输，容易受到疫情防控监管较严格的影响，运输通行证的获得较一般条件更为严格，部分地区对货车采取的管控举措，造成通行受阻、车辆滞留、物流不畅的局面。一是因为疫情管控的需要，货车驾驶员要经常做核酸；二是虽然国家出台了文件要求保障农资运输通道，但地方管控措施时常更迭变化，而且地方管控的政策和力度不一样，春耕等特殊时期的农资交通运输通道未能有效打通，限制了化肥、农药、种子等农资及其生产原料，以及农机及零配件等重要物资的运输、装卸、查验、放行等过程的顺畅运行。

（三）快递进村物流成本过高

尽管快递进村畅通了城乡之间、村级之间的农产品、工业品的流通通道，但目前仍然存在由于村落地理布局较为分散、分拣链条较长导致的进村成本过高等主要问题。一是目前分散的村落地理布局，造成了部分地区仍未能实现上门派送，与预期有较大落差。二是快递行业竞争加大，采取以价换量的方式抢占市场的模式增多，主要品牌快递企业下调派件费用，对于以派件为主的县域快递企业影响较大。而分拣链条包含了从市到乡镇再到村的三级运输、分拣、派送等环节，派单成本由于层层叠加进而水涨船高，同时村级消费经济呈现明显的季节性效应，需求不稳定，对快递公司的盈利能力造成了较大的挑战。此外，各个快递系统尚未有效打通，具有末端排他性，村级快递服务站人员需要同时使用、掌握多个不同的信息系统，操作出错率高，因丢件、漏件等带来不必要的损失增加。

（四）农产品质量安全追溯工作有待改善

全省农产品质量安全追溯相关工作逐步开展的过程中遇到了不少问题，存在缺乏强有力的法律法规支撑、追溯链条不完整、市场准入倒逼机制不完善等突出问题。一是缺乏强有力的法律法规支撑。目前，国家已出台了《农产品质量安全法》《食品安全法》《农药管理条例》等法律法规，为追溯体系建设奠定了法制基础，但在农产品质量安全追溯方面没有硬性规定，在“怎样的农产品才是符合要求的”“事故出现后责任如何认定”等问题上还缺乏强有力的法律法规支撑。二是追溯链条不完整，市场准入倒逼机制有待完善。农产品打码追溯对直接进入零售终端有一定的帮助，但对进入批发市场等中间环节作用发挥不够，多数农产品追溯标识及凭证到达农产品批发市场或屠宰厂等中间环节后即出现断链，未能形成全程追溯。三是追溯系统多，全程“一码追溯”、数据互联互通仍有较长的过程。农产品追溯平台多且不兼容，多码使用、重复操作，既不利于消费者信息查询，也不利于统一推进农产品质量安全追溯体系的建设和健康持续发展。

三、促进广东省农村物流发展的措施建议

（一）整合打通农村物流服务资源

按照《快递进村三年行动方案（2020—2022 年）》，2022 年快递“进村”工程将深入实施。一方面要加快农村物流快递网点布局和农村仓储冷链网络建设，另一方面要协同发力，整合共享交通、供销、商务等资源，打破共同配送壁垒，在“多站合一”的乡镇客货邮综合服务站、“一点多能”的村级寄递物流综合服务点中打通不同品牌快递之间的信息，进行统一读取和录入，大幅提升物流效率，在部分乡镇试行推广“共

享共配”模式，优化可持续盈利的经营模式，实现降本增效的目标。目前，菜鸟已经形成县—乡镇—村三级物流网络，模式可复制、可推广。具体而言，一是在县域建立快递共配中心，不同品牌快递企业入驻，共享场地、人员、分拣设备和技术系统，不同品牌快递包裹面单信息混扫、混派，快递包裹处理场地、流水线集中统一，统一配送，形成规模化、体系化的集约运营。二是在乡镇和村一级建立快递共配站点，不同品牌快递包裹统一派送。共配中心和共配站点共同组成农村的共配末端网络，让农村物流更加集约高效。

（二）建立稳定有效的物流保通保畅机制

新冠肺炎疫情对全国物流影响较大，2022 年疫情呈现出点多、面广、频发的特点，建立稳定有效的物流保通保畅机制，通过分类精准实施货车通行保障措施，落实“即采即走即追” + “闭环管理”要求，切实保障货运车辆通行顺畅，保障普通公路特别是农村公路“微循环”畅通。对“菜篮子、米袋子”等重点民生物资供应，以及关乎能源、原材料等重要生产资料的供应应该执行重点产品运输“绿色通道”政策。此外，统一全国办理通行证的标准，采用信息化的手段，在应急状态下对全国办理通行证的条件和变化进行实时跟踪，便利政府部门和运输企业对通行证申领条件、环节、时效的查询和理解，切实保障好重点物资运输，具体包括医疗和防控物资，生活必需品、政府储备物资、邮政快递等民生物资，农业、能源、原材料、重点工业品等重要生产物资，以及重点外贸企业物资运输。

（三）加快实施农产品出村进城工程

按照《关于印发〈广东省“互联网 + ”农产品出村进城工程实施方案〉的通知》（粤农农〔2021〕47 号），加快实施“互联网 + ”农产品出村进城工程，加强农产品物流体系建设，提高农村物流网络连通率和覆盖率，建立完善符合广东省实际的农产品网络销售的数字化供应链体系、运营服务体系和支撑保障体系，整合快递物流、邮政、供销合作社、益农信息社、电商服务站点等现有资源、服务同网，降低农村物流成本；加快推广 2021 年度省级“互联网 + ”农产品出村进城工程试点突出经验、做法，研究符合广东实际、可复制可推广的推进模式和标准规范，加强农民数字素养与技能培训，提高使用主体对互联网赋能农产品出村进城的利用率和效率。

（四）加快扩大承诺达标合格证覆盖面

结合《广东省农业农村厅转发农业农村部办公厅关于加快推进承诺达标合格证制度试行工作的通知》（粤农农办〔2021〕162 号）的文件精神和要求，加快扩大承诺达标合格证工作的覆盖面。食用农产品《承诺达标合格证》是产地准出的载体和依据，种植养殖主体通过省追溯平台开具的承诺达标合格证与产地溯源实现一码追溯，是落实农产品质量安全追溯“四挂钩”的有效手段，需要进一步宣传其试点示范效应与作用，按相关规定要求结合本地农户的群体特征、知识水平做好解读培训工作。必要时安排各级农产品质量安全监管及公共服务机构、村（社区）委员会、检测机构、基层网格员等工作体系队伍对口辅导申请、使用证书，达到证书在普通农产品生产企业、农民专业合作社、家庭农场、小农户等生产主体中深入应用。同时推动广州市粤港澳大湾区“菜篮子”、深圳市“圳品”管理平台以及其他省内的农产品质量安全追溯系统对接，实施“一个标签、一个二维码”追溯。

广东省跨境物流发展 2021 年回顾与 2022 年展望*

一、2021 年广东省跨境物流发展总体情况

（一）外贸稳步增长带动跨境物流发展

2021 年，广东省以高水平开放促进深层次改革，推动高质量发展，外贸进出口实现较快增长，规模再创新高。根据《2021 年广东省国民经济和社会发展统计公报》显示，2021 年，广东全年货物进出口总额 82680. 3 亿元，比上年增长 16. 7%。其中，出口 50528. 7 亿元，增长 16. 2%；进口 32151. 6 亿元，增长 17. 4%。外贸稳步增长带动跨境物流需求增加，据广东省交通运输厅数据，2021 年广东省完成港口货物吞吐量 20. 96 亿吨，同比增长 3. 6%，两年平均增长 4. 5%；其中，外贸港口货物吞吐量同比增长 10. 5%。完成港口集装箱吞吐量 7078. 20 万 TEU，同比增长 5. 2%，两年平均增长 2. 7%。

（二）跨境电商发展催生快递业务发展

广东省扎实推进跨境电商综试区建设，据广东省商务厅数据，广东省跨境电商进出口从 2016 年的 228 亿元跃升至 2021 年的 3310 亿元，年均增长 92. 1%，市场活力进一步迸发，全省从事跨境电商业务的企业超 10 万家，全省交易额 200 亿元以上的跨境电商企业 4 家，100 亿元以上的 7 家，150 亿元以上的 17 家。跨境电商促进快递业务的发展，据国家邮政局统计，2021 年广东省的快递业务总量约为 294. 57 亿件，同比增长 33. 4%；快递业务收入约为 2454. 34 亿元，同比增长 12. 5%，量价双双稳居全国第一。

（三）跨境电商发展优势显著

广东省发展跨境电商具备三大优势。一是产业优势。广东省产业基础良好，建立了以家电、家具制造、纺织服装、建材、轻工造纸、金属制品、食品饮料等行业为支柱的完善的工业体系。广东省拥有超过 110 个专业备案市场，可以为跨境电子商务提

* 供稿人：樊鸿钰，广东亚太经济指数研究中心。

供商提供高质量和低价格的广泛资源。二是区位优势。截至2021年年底广东省有六个亿吨大港口，分别是广州港、深圳港、湛江港、珠海港、虎门港和江门港，是“海上丝绸之路”的关键节点之一。广东口岸是中国大陆到东南亚、欧洲、非洲和大洋洲最短的港口，是货物运输在西南和华南地区出海的主要渠道。三是政策优势。广东省政府支持政策层面开展跨境电子商务，为促进跨境电子商务对外合作，还提出了包括海关、检验检疫、进出口税收、支付结算在内的全面跨境电子商务监管措施，为促进跨境电子商务的发展创造了有利的环境。同时，广州南沙、珠海横琴等自由贸易区被列为国家跨境电子商务综合试验区重点项目。

（四）打造立体化跨境物流网络

以中欧班列为代表，五年来，广东打造立体化跨境物流网络，全力提升内联外通水平。广东中欧班列发运量从2017年的200余列增至2021年的426列，始发站点拓展至6个，货物贸易方式由一般贸易拓展至跨境电商、国际邮包、市场采购贸易等多种类型。空港建设全力推进，广州白云机场T2航站楼投入使用，韶关丹霞机场通航，湛江吴川机场投入使用。广东“5+4”骨干机场布局步入扩容提质“快车道”，民用运输机场旅客和货邮吞吐能力分别达1.5亿人次/年和500万吨/年。海港拓展持续提速，深圳盐田港2021年吞吐量1416万标准箱，扩展至106条周班航线，每天20余艘大型船舶在此靠泊，超10万吨、48亿元的货物经此通达全球；广州南沙港2021年集装箱吞吐量1768万标准箱，与世界100多个国家和地区的400多个港口建立贸易往来关系，外贸航线达138条。五年来，广东全面畅通物流供应链“堵点”，助力粤港澳大湾区建设生产服务型国家物流枢纽。中欧、中亚、东南亚、南亚等贸易通道在此有效贯通。

（五）打造高水平对外开放枢纽

2021年，广州出台《建设广州国际航运枢纽三年行动计划（2021—2023年）》（以下简称《三年行动计划》）。向内实现连线成网，广州港与全国密度最大的铁路、公路、航空等立体交通网络无缝衔接，设有无水港办事处36个，海外办事处6个，以广州港为枢纽的多种联运体系成熟完善，集疏运网络十分发达，总辐射面积超过200万平方公里。向外实现通达五洋，截至2021年6月底，广州港共有集装箱班轮航线240条，其中134条外贸航线，覆盖全球200多个国家和地区的400多个港口，与全球53个港口缔结了友好港关系。《三年行动计划》从建设功能完善的基础设施、大力发展多式联运、打造便捷高效的物流服务、提升航运服务发展能级、强化智慧港口建设、持续优化港航营商环境、推进建设绿色安全港航、深化港口交流合作8个方面，提出了25条任务和5条保障措施，确立广州建设国际航运枢纽的新发展定位。

（六）国内国际规则加速联通

货物贸易效率提升。2016—2021 年，广东省全面推广“两步申报”“船边直提、抵港直装”等通关改革，货物通关实现全流程“无纸化”，国际贸易“单一窗口”主要业务应用率达 100%。海关最新数据显示，2021 年广东进口、出口整体通关时间较 2017 年分别压缩 64.02% 和 92.97%。深化粤港澳规则衔接机制。《粤港澳大湾区发展规划纲要》印发三年多来，广东打出一套政策“组合拳”，各地不断推进规则衔接，促进交通、通信资费、信用信息、电子支付等领域标准互认、规则衔接；在金融服务、科技创新、通关监管、贸易规则、公共服务等方面也加强对接。

二、广东省跨境物流存在主要问题

（一）跨境物流服务水平较低，尚未形成规模优势

开展跨境物流的必要条件是仓储和物流。仓储指的是存放跨境物流产品所需的普通仓库、冷库以及特种仓库，而物流指的是通过海运、空运、陆运以及其他运输方式来完成的货品在空间的移动。从仓储的角度来看，广东省仓库资源供需不平衡的现象依然存在，在珠三角地区仓库供不应求，而在粤西、粤北等欠发达地区，仓库空置率却居高不下。此外，冷库资源在广东比较紧缺，无法满足所有进出口生鲜产品、冷冻产品的需求。从物流的角度来看，在海运方面，广东省内活跃的规模性企业有中远、中海、中外运等，这些企业占有先天的资源优势，其虽然规模较大，但灵活性不足，服务种类较为单一；在空运方面，中国邮政、顺丰、四通一达具备一定的优势，但与 UPS、DHL 等知名外企相比仍有较大差距。

（二）行业复合人才资源匮乏，信息追踪落后

跨境物流业务的发展需要综合性的人才，要求相关的工作人员要同时具备处理外贸和物流的能力，同时也要对当下国际的贸易政策和目标国家的国情有详细的了解。随着跨境电子商务的不断发展和进步，跨境物流行业人才短缺这一问题就越来越凸显，尤其是跨境物流的信息化建设领域，不但需要从业人员具备物流专业知识，更要具备系统设计等理工科知识。物流在跨境电商交易中发挥着重要作用，但是随着跨境电子商务在广东省的加速发展，传统物流服务难以跟上跨境电商的发展脚步。由于广东省内的大多数城市尚未形成完整的物流网络和物流供应链，信息跟踪系统建设不完善，运输过程中包裹信息无法进行全程有效追踪，导致货物在配送的过程中出现包裹丢失或破损的现象时，跨境物流处理的难度很大。

（三）管理体制阻碍行业发展，政策法规尚待完善

跨境物流行业的“多头监管，条块分割”现象依旧存在，各部门、企业之间缺乏

横向联合，基础设施重复建设，地区结构不协调，开展跨区域、跨行业、多式联运的跨境物流服务困难重重。与电子商务和跨境物流发展相关的制度和政策法规尚未完善，阻碍了企业对物流资源的再分配。发生经济纠纷时，有关的法规及行业标准对当事人之间经济责任难以确认。

三、促进广东省跨境物流发展的措施建议

（一）完善基础设施建设，实现大湾区紧密连接

国际物流的发展与基础设施的条件息息相关，作为经济发展的前沿地带，广东省应当利用好粤港澳大湾区的区域优势，合理布局及规划湾区城市的功能定位，针对性地设立国际物流城市群，并配套充足的港口、码头、机场、桥梁、公路等资源，为国际物流的发展提供有效助力。进一步推动广州东部公铁联运枢纽常态化引入中欧、东盟国际班列，实现广州乃至整个大湾区与欧洲、中亚、东盟更加紧密的互联互通，极大提升广州作为国际综合门户的枢纽功能，构建新发展格局。铁路部门在全力保障中欧班列正常有序运行的基础上，应通过货场改造和设备更新等举措，不断优化能力供给，提升运输时效，力争将多式联运跨境专列打造为常态化开行的中欧班列，构建辐射路径更广的中欧班列运输网络，为保障特殊时期国内供应链稳定、构建国内国际双循环发展新格局、助力世界共同发展发挥更大的作用。

（二）培育行业复合人才，提高物流信息化水平

培育行业复合人才可从以下三点着手，一是高校应加强跨境物流教师队伍建设，重视内部培训和外聘任用，鼓励教师积极参与行业协会等机构举办的相关培训班，更多地参加公司的一线培训，通过实践解决教师的理论和实践脱节问题。二是大力推进校企合作，校企合作开展人才培养计划，公司和高校采取合作培训、订单培训、培训课程等方式，满足公司跨国业务人才的需求。高校可以将企业引入学校，在校园建立实训基地，根据跨境物流公司的发展需要，对教学体系进行创新，对教学方法进行改进，将教学内容进行优化，提高教学质量。三是引进国内外跨境物流人才，给予一定的资金支持和补贴。同时，推动政府部门物流相关信息的开放共享，促进不同物流信息平台之间互联互通，推进标准体系建设，加强不同标准间的协调衔接，促进上下游设施设备标准化，结合开展国家仓储智能化示范基地等工作，推广应用先进信息技术及装备，加快智能化发展步伐。

（三）优化政府服务水平，完善政策法规体系

提高通关便利化水平，支持南沙粤港澳大湾区机场共享国际货运中心、前海离港空运服务中心和香港国际机场物流园暨空侧海空联运码头等项目建设，配套关务、检

验检疫、航空安检、集散分拨等基础设施，发展“海陆空铁”多式联运，推动实现粤港澳大湾区内各大关区和机场的安检、清关、物流信息互联互通互认，提高通关效率。加强对跨境物流企业的金融支持，鼓励金融机构开发针对跨境物流企业的创新型信贷产品，缓解企业融资难问题。提高跨境物流企业海外风险防范能力，支持行业协会开展境外平台规则和出口目的国政策法规培训，提高企业合规运营水平，支持行业协会、第三方机构成立跨境物流海外风险防范专家委员会，在境外清关规则、税务法规、资金安全管理应对等方面提供咨询，提高企业防范境外经营风险能力。

广东省绿色物流发展2021年回顾与2022年展望*

一、2021年广东省绿色物流发展总体情况

（一）双碳思想引领绿色物流政策发展

2021年，广东省深入学习领会习近平生态文明思想，锚定“双碳”目标，大力推动产业结构绿色升级，深入推进节能降碳，促进资源节约集约循环利用，提升全社会循环化发展水平。各部门积极落实省委、省政府“双碳”部署，出台多项政策文件，推进物流绿色转型发展，推动物流“碳达峰”“碳中和”工作高质量发展。2021年2月26日，广东省发展与改革委员会发布《广东省发展改革委关于我省可再生能源电力消纳保障的实施方案（试行）》，提出坚持“清洁低碳、安全高效、依法依规、统筹实施”的原则，推动风电、光伏等新能源全额消纳。2021年12月17日，广东省人民政府印发了《关于加快建立健全绿色低碳循环发展经济体系的实施意见》，提出加强物流运输组织管理，加大信息共享，提升全流程电子化水平；推广江海直达、滚装运输、甩挂运输、共同配送、驮背运输，实施物流枢纽、城市货运和快递配送体系建设工程；推广绿色低碳运输工具，公共服务领域优先使用新能源或清洁能源汽车；支持推广新能源动力船舶，推进内河航运船舶电气化替代。广东省交通运输厅发布《广东省综合立体交通网规划纲要》，提出建立健全广东省交通运输领域碳达峰政策体系；促进交通基础设施与生态空间协调发展；构建绿色集约的客货运输网络；加快交通能源动力系统清洁化、低碳化、高效化发展；加强可再生能源、新能源、清洁能源装备设施更新利用和废旧建材再生利用；推进交通基础设施绿色化建设、改造。广东省人民政府发布《广东省新型城镇化规划（2021—2035年）》，提出以碳达峰为牵引，分城市、分行业制定实施碳排放达峰行动方案，推动健全以市场为导向的绿色技术创新体系，开展绿色供应链等示范创建。

（二）绿色交通低碳升级工作持续推进

根据工信部数据，2021年广东省新能源汽车产量达到53.5万辆，同比增长

---

* 供稿人：陈梓博，广东省现代物流研究院。

155.6%，占全国同期产量的15.1%，新能源汽车产销量进入全国前列。2022年广东省继续以新能源和智能化为发展方向布局新能源汽车产业。目前，在国内新能源汽车企业产销前十名中，广东省的企业占3家，分别是比亚迪、广汽埃安、小鹏汽车。2021年广汽埃安全年终端交付累计销量达123660台，同比增长119%；小鹏汽车全年交付累计销量达98155台，同比增长263%。2022年1月，比亚迪与深圳市签订合作协议，追加200亿元投资建设深汕比亚迪汽车工业园二期项目，用于新能源汽车及核心零部件的生产。根据《广东省重点领域研发计划"十四五"行动方案》，广东省持续开展新能源汽车及无人驾驶重大专项项目申报工作，超前部署研发下一代技术，加速推进新材料、新技术、专用芯片、高性能器件的产业化，力促产业链供应链自主可控，推动广东省汽车产业集群迈向全球高端价值链，将纯电动汽车动力电池系统、电子电气架构、车载充电机以及氢燃料电池动力系统和智能网联汽车域控制器系统等关键技术研发纳入广东省重点领域研发计划"新能源汽车"重大科技专项，进一步提升广东省新能源汽车企业的综合竞争力。

（三）绿色港口物流进入新阶段

2021年，广州港集团与中海石油气电集团在广州港口中心签署合作框架协议，双方将围绕广州国际液化天然气（LNG）船舶加注站合作建设、广东省内河LNG船舶加注站规划建设、广东省内河船舶LNG改造和LNG燃料动力新建应用等业务，开展广泛、深入的合作，加快形成示范效应，引领广东省港航绿色发展，助力粤港澳大湾区经济绿色低碳可持续发展。珠海港股份有限公司落实珠海市委、市政府提出的"以港兴市"发展战略，在积极发展港口航运物流及新能源主业的同时，将环境、社会及管治置于自身发展的战略性地位。结合港区生产及物流运输特点，大力推进港口基础设施、运输作业机械的清洁能源应用，如建设港口船舶电源系统、使用新能源汽车、对基础设施进行电气化改造等，以优化用能结构，努力打造低能耗、低污染、低排放的绿色生态港口。

（四）绿色快递物流工作取得新进展

2022年1月，国家发展改革委等部门印发《促进绿色消费实施方案》，强调推行全生命周期绿色供应链制度体系，推动电子商务、商贸流通等进行绿色创新和转型，带动上游供应商和服务商生产领域的绿色化改造。2021年12月，广东省邮政管理局发布《广东省邮政业"十四五"基础设施专项规划》，在绿色快递工程上要求落实邮政业生态环保治理，推进邮件快件包装绿色化、减量化和可循环。推进邮件快件包装产品绿色认证，引导邮政快递企业实施绿色采购。2022年8月，广东省发展改革委、广东省生态环境厅印发《广东省塑料污染治理行动方案（2022—2025年）》，进一步明晰全省邮政快递业绿色发展路径。深圳市邮政、顺丰、京东、德邦、苏宁、圆通、韵达、中通8家寄递企业联合发起“同城绿色快递”倡议，倡议减少快递包装废物，共建“无废城市”。货拉拉以平台司机和物流用户的需求为中心，持续提升新能源货车在平台整体车辆中的占比，推动绿色物流与低碳交通高质量发展，在深圳、广州等城市的新能源车辆占比超过30%。中国石化与蔚来在广东合作建设的位于广东深圳的沙井综合能源服务站，以及位于珠三角环线高速东莞段的黄江南站和黄江北站的首批充换电站正式投营，双方共建的智能电动汽车新生态促进了广东省汽车电动化进程，助力了绿色运输发展。

（五）货运平台建设极大提高物流集约化水平

2021年，网络货运平台强势发展，极大提高了物流集约化水平，实现了整个物流供应链的降本增效。2021年，广东省网络货运平台共有33个，其中广物互联网科技有限公司旗下“钢铁王国”交易平台注册会员超3万家，平台交易量超过400万吨，仓储平台共有加盟仓库28家，年吞吐量超2700万吨，钢材货值超1000亿元，占广州地区钢铁物流市场份额的70%以上，广东地区行业客户覆盖率达到90%以上。珠海横琴新区的“快货运”以大数据、云计算等技术助推珠海及周边城市公路货运数字化、智慧化发展，打造粤港澳大湾区网络货运现代物流体系。一方面为入驻物流企业提供合规、易用的网络货运数字操作系统，配套提供网络货运资质办理、运营扶持、ETC数据、油气、车后市场、供应链金融等“一站式”网络货运全生态服务；另一方面基于区块链、AI等技术，“快货运”产业园为政府监管部门打造了先进的智慧物流监管平台，确保企业业务真实、数据真实，推动当地网络货运产业安全、合规、高质量发展。目前已吸引100多家物流和商贸企业入驻产业园，形成了百亿级产值规模的生态集群，预估年总产值超400亿元。

二、广东省绿色物流发展存在的主要问题

（一）新能源商用车发展缓慢

目前，新能源车型在商用车领域的渗透率相比乘用车较低，纯电动商用车是新能源商用车中的主流车型，而插电式混合动力车型销量逐年下降，其主要的原因有三个：一是技术瓶颈，现有的电池能量密度还没办法满足商用车长距离重载运输的实际需求；二是成本瓶颈，目前纯电动、氢燃料电池商用车在购置成本上都明显高于柴油货车，氢燃料电池商用车使用成本也普遍高于柴油货车；三是目前还没有碳排放标准，商用车碳减排还无法实现从源头上管控。新能源商用车的发展与乘用车相比还存在一定差距。据中研产业研究院《2022—2027年中国新能源物流车行业市场深度调研及投资策略预测报告》显示，2021年广东省新能源物流车销量为35447辆，占全国销售市场的25.5%。从市场增速来看，全国新能源物流年销量为131229辆，同比增幅高达126%

以上，广东省新能源物流车的增幅已经落后于全国市场增幅，增长颓势渐显。

（二）多式联运发展仍有待加强

多式联运专业标准主要涉及装载设备、场地设施、运营服务和统计评价等。多式联运装载单元主要包括集装箱、周转箱、半挂车等，而目前运输运载单元的厢式化和标准化程度较低，各标准体系依据运输特点进行了技术变动，导致铁路运输的专用集装箱不能直接投入海运，如铁路注重单箱载货平衡，而海运注重整船装载均衡等。港口、铁路货场、公路集散中心等货运枢纽是多式联运的基础设施，但各货运枢纽的建设规模和布局功能不同，难以实现公路、铁路、海运等多种运输方式的无缝衔接，造成多式联运“最后一公里”和“最后一厘米”问题难以解决。多式联运的票证单据未实现统一，货物在转换运输方式时需更换联运单证，货物换装时间耗费极大。除此之外，广东省珠三角地区高速公路网四通八达，主要港口均有高速公路直达，主要港口群逐步形成了 2 小时经济圈，独特的水网条件和发达的高速公路网也制约了铁水联运发展。

（三）网络平台道路货物运输经营线上服务能力不强

2021 年，广东省交通运输厅通过平台接入测试、材料审查、专家评审等方式开展了 2021 年第一批网络平台道路货物运输经营线上服务能力审核。结果显示，广东 2021 年第一批网络货运申报共 29 家，仅有 5 家通过审核，分别是广东广物互联网科技有限公司、深圳市一路领鲜网络科技有限公司、深圳市前海美泰网科技有限公司、广东叻叻网络科技有限责任公司、深圳市神驼科技有限公司。其余 24 家网络货运企业由于缺乏某种服务资质或能力，未能通过审核，网络平台道路货物运输经营的线上服务能力仍然不足，服务水平仍有较大提升空间。

三、促进广东省绿色物流发展的措施建议

（一）加快建设绿色物流设施设备

一是完善交通运输绿色发展政策。制定推动多式联运发展和运输结构调整的碳减排政策，鼓励各地市出台支持多种运输方式协同、提高综合运输效率、便利新能源和清洁能源车船通行、补贴企业绿色物流设施设备购买等方面的政策。二是加快铁路快运、空铁（公）联运标准集装器（板）等物流技术装备的研发，包括研究适应内陆集装箱发展的道路自卸卡车、岸桥等设施设备；鼓励研发推广冷链、危化品等领域的专用运输车船；推动新型模块化运载工具、快速转运和智能口岸查验等设备研发和产业化应用。三是提高技术装备绿色化水平，积极推动新能源和清洁能源车船、航空器应用，推动在高速公路服务区和港站枢纽规划建设与新能源载具相关的充换电、加气等

配套设施；在港区、场区短途运输和固定线路运输等场景示范应用新能源重型卡车；加快推进港站枢纽绿色化、智能化改造，协同推进船舶和港口岸电设施匹配改造，深入推进船舶靠港使用岸电的计划。

（二）加强新能源商用车发展扶持

一是继续支持城配企业完成新能源城配车辆转换。目前在城市配送这个细分市场，新能源车辆已占据主动优势，而国内知名的大型物流巨头也已经陆续完成了新能源城配车辆的转换。尽管新能源城配车辆在能源和保养经济性上具备的巨大优势已经令其成为未来城配车辆的趋势，但其购入费用依然较燃油车昂贵不少，对于小型物流公司和个人城配从业者来说，更换新能源商用车依然存在较高的门槛。二是开展新能源车辆运营相关培训。由于缺少新能源车辆的运营经验，车辆的充电管理等细节对于中小车队运营公司来说依然是不小的挑战。通过鼓励新能源商用车制造企业提供车辆租赁及金融服务，以减少车队电动化进程中的资金压力，促使业务平稳过渡直至完成；通过完善的场地、车辆评估和详细的车辆充耗电、运营路线数据分析，为车队充电设备定制合适的数量、额定功率和充电、运营方案。

（三）促进大宗物资多式联运发展

一是推动大宗物资“公转铁、公转水”。在运输结构调整重点区域，加强港口资源整合，鼓励工矿企业、粮食企业等将货物“散改集”，中长距离运输时主要采用铁路、水路运输，短距离运输时优先采用封闭式皮带廊道或新能源车船。二是探索推广大宗固体废物公铁水协同联运模式。深入开展公路货运车辆超限超载治理。三是推广应用标准化运载单元。推动建立跨区域、跨运输方式的集装箱循环共用系统，降低空箱调转比例。探索在大型铁路货场、综合货运枢纽拓展海运箱、提还箱等功能，提供等同于港口的箱管服务。四是加快培育集装箱、半挂车、托盘等的专业化租赁市场。

第二部分 区域发展

广州市物流业发展 2021 年回顾与 2022 年展望*

一、2021 年广州市物流发展总体情况

（一）物流产业规模稳步扩大

2021 年，作为“十四五”规划的第二年，根据《2021 年广州市国民经济和社会发展统计公报》显示，2021 年，广州市实现地区生产总值（初步核算数）28231.97 亿元，同比增长 8.1%。全年交通运输、仓储和邮政业实现增加值 1524.84 亿元，同比增长 9.2%。全年港口货物吞吐量 65130.39 万吨，同比增长 2.3%；其中外贸货物吞吐量 15916.81 万吨，增长 10.8%。港口集装箱吞吐量 2446.65 万标准箱，同比增长 4.1%。全年广州白云国际机场货邮行吞吐量 224.14 万吨，同比增长 12.0%。全年完成邮电业务收入 1259.21 亿元，同比增长 12.9%。其中，邮政业务收入 861.91 亿元，同比增长 14.9%。快递业务收入 817.19 亿元，同比增长 17.7%。2021 年广州市交通运输、仓储和邮政业固定资产投资增速为 8.2%。

（二）物流市场需求增势良好

2021 年，广州市物流需求规模再创新高。首先，国内需求领域的农林牧渔业产值稳定增长。全市完成农林牧渔业总产值 550.97 亿元，同比增长 7.1%；花卉产值成为亮点，增长率高达 27.0%。其次，广州电商发展迅猛，2021 年，快递业务量 106.78 亿件，同比增长 40.2%，全国排名第二。农林牧渔业产值和快递业务量的快速增长都表现了广州市物流需求的扩增。在疫情压力持续存在的情况下，广州市生产、进出口和消费的恢复均保持良好势头。2021 年，商品进出口总值 10825.88 亿元，同比增长 13.5%。其中，商品出口总值 6312.17 亿元，增长 16.4%；商品进口总值 4513.71 亿元，同比增长 9.6%。全年社会消费品零售总额 10122.56 亿元，同比增长 9.8%。实体经济是物流需求复苏的主要支撑，商品进出口和社会消费品的恢复预示着广州物流业的增势需求。

---

* 供稿人：梁婉婷，广东亚太经济指数研究中心。

（三）物流交通网络不断完善

作为全国的交通枢纽之一，广州设施综合立体交通网络加快完善，物流基础设施网络建设稳步推进，投资额增速稳中有进。2021 年，广州完成交通基础设施建设固定资产投资 368.4 亿元，完成比例 103.5%，其中新开工 14 个项目，建成 15 个、总计 35.4 公里城市道路项目，大力协调广佛环城际佛山西至广州南段项目、广汕铁路等 26 个轨道交通项目建设，建成开通南沙港铁路、广州铁路集装箱中心站一期等物流交通设施和物流网络。

（四）物流体系建设稳步推进

2021 年，广州市物流体系建设稳步推进，适应市场物流需求变化，物流供给服务保持快速增长，支撑产业链、供应链韧性提升。2021 年，广州市人民政府印发了《广州市交通物流融合发展第十四个五年规划》，提出了广州“十四五”时期重点推进的“十大工程”和“百大项目”。其中，“百大项目”估算总投资额超过 6000 亿元，“十四五”期间预计投资额超过 3500 亿元。广州目前已形成“枢纽 + 通道 + 网络”的交通物流网络初貌，后续要推动形成陆海空联动、区域协调互济的“5 + 10 + N”国际物流大通道。广州将重点依托白云国际机场、南沙港区等布局 5 个特大型物流枢纽，围绕重点产业区、珠江航道、铁路货站等建设 10 个大型物流枢纽，基于制造业、商贸业等价值园区规划 N 个物流骨干节点。另外，广州市物流行业管理改革不断深化，深入推进物流园区整治提升，推进龙头企业发展。根据广州市交通运输局数据显示，2021 年，广州完成了 26 个整治提升任务，白云区丰和货运站场等 23 个物流园已完成清理，释放占地面积约 177.4 万平方米，华新集团配送中心等 3 个物流园已按计划完成升级。截至 2021 年 12 月，广州市共有 136 家 A 级物流企业（以注册地址为广州市划分），其中 5A 级企业 16 家、4A 级企业 78 家、3A 级企业 36 家、2A 级企业 6 家。

（五）物流供应链韧性提升

2021 年，广州市服务业受到疫情冲击，发展有所趋缓，广州市交通运输局多措并举，最大限度减轻物流快递行业受疫情的负面影响。一是组织设立货车司机免费核酸检测点，二是应用大数据对离穗货运车辆进行排查，三是加大宣传力度，为物流供应链提供支撑。根据广州市交通运输局统计数据显示，广州市日均货车流量下降 8.2%，但同比 2019 年、2020 年仍增长了 20%~30%。物流供应链自身运行效率得以改善，提升物流畅通性，助力物流成本稳中有降。2021 年 7 月，商务部等 8 单位公布第一批全国供应链创新与应用示范城市和示范企业名单，广州市获批成为 10 个全国供应链创新与应用示范城市之一。广州工业、商贸企业采用供应链协同推进生产经营理念的意愿明显提升，物流与产业融合加速，物流上下游协同一体化水平提升。跨境电商业态创新改革是广州的一大亮点。广州空港、南沙海港跨境电商枢纽建设工作正在有序推进开展。同时，广州海关创新“整板收运、快速分流”快捷通关模式，实现进出口整体通关时长缩短，大幅提高通关效率，持续提升物流效率。

（六）绿色物流取得新进展

2021 年 8 月 10 日，交通运输部、公安部、商务部发布通报，广州市正式被命名为“绿色货运配送示范城市”。广州市公路、铁路、水路、航空等多种运输方式齐备，形成了高效的“干支衔接型货运枢纽（物流园区）—公共配送中心—末端共同配送站”三级城市配送网络，建立起“集约、高效、绿色、智能”的城市绿色货运配送体系。

二、广州市物流业发展存在的主要问题

（一）物流用地利用率不足

广州市现有物流地块多依托白云国际机场、南沙港、黄埔港、新沙港、重要对外交通通道等大型交通基础设施布局。除了空港国际物流园区、南沙国际物流园区和黄埔物流园区这三个国际物流园区发展初具规模外，规划的五个区域物流园区由于缺乏建设用地指标和建设主体等原因，用地普遍难以落实，物流园区内已建物流用地比例较低。由于自发形成的物流用地存在着效率低下、同质竞争等问题，缺乏系统的规划和定位，物流用地往往与周边地区的发展需求不匹配，土地资源未能统筹整合，尚未形成有效的拉动效应。

（二）多式联运发展需提高

广州市多式联运发展在通关效率、物流枢纽综合化、中欧班列发展方面仍有提高空间。一是广州缺少有影响力的物流和供应链服务平台，运输企业、货站、货运代理、口岸等多个环节信息共享不畅。二是智慧口岸建设尚未完成，未实现全程无纸化、智能化通关，通关效率仍有较大改善空间。三是疫情期间物流枢纽一体化的运作不尽人意，围绕物流枢纽、产业功能区的海陆空等多式联运效率有待加强。四是广州中欧班列仍处于起步阶段。2021 年，广州中欧班列开行班次仅 128 列，长期开行站点单一（大朗货站），国际班列开行班次远低于成都、重庆、郑州等城市。

（三）物流安全生产待整顿

广州市货运行业安全生产管理水平有待提高。2021 年，广州市交通运输部门组织各区交通运输部门全面开展货运行业安全生产大排查、大整治工作，对全市货运企业开展 100% 全覆盖检查。其间，全市共派出检查人员 6089 人次，检查全市货运企业 5464 家，签发整改通知书 806 份，移交违法线索 1021 宗，撤销（注销、吊销）不符合

经营资质条件的货运企业 755 家，注销货运车辆 5993 辆。此次货运行业大排查侧面反映了安全生产问题，物流行业安全生产的标准未统一化、规范化。

（四）物流产业链一体化不足

广州物流产业链一体化未体现，仍以产业链下游为主。全市九成物流企业主要集中在货物运输、贸易代理、货运代理、劳务派遣服务等价值链低端环节，在航运贸易、金融服务、信息服务等高附加值、衍生服务方面仍有较大提升空间。广州物流“仓库保管员”“搬运工”的角色特点明显，增值能力仍待提高。而在航空物流、航运物流方面，上下游企业协作不顺畅、整体协同性不足，没有形成产业联盟共同协助发展，也没有充分发挥出广州作为国际航空、国际航运枢纽的作用。

（五）经营成本持续上涨

2021 年，受新冠肺炎疫情和宏观经济影响，租赁成本、常态化疫情防控成本、劳动力成本等共同促使物流企业经营成本持续上涨。在粤港澳大湾区的发展下，广州市物流市场租赁需求保持旺盛水平，物流业租赁成本上涨。2021 年，广州新冠肺炎疫情零星出现，6 月有过短暂的暴发期。物流业作为防控重点行业，常态化疫情防控成本是经营成本的重要组成。近年物流从业人员存在缺口，为吸引劳动人员，物流业用工工资不断上涨，导致经营成本进一步上升。

三、促进广州市物流发展的措施建议

（一）推进物流用地高效利用

推进广州物流用地集约高效利用，优先保障物流枢纽建设用地需求，建设对标国际一流标准、辐射范围广、现代化程度高、联动协同能力强的特大型、大型交通物流枢纽，形成多点支撑的物流骨干节点网络。同一时间，特大型物流枢纽建设要向空港型、生产服务型、商贸服务型、陆港型多种类型发展，强化多式联运，调动多种物流资源向综合交通枢纽周边园区集聚，使得广州交通物流枢纽更加集约高效，有效解决物流用地问题。

（二）加紧物流枢纽建设

广州规划以广清空港现代物流产业新城、广州空港物流枢纽、广州铁路集装箱中心站公铁联运枢纽、广州东部公铁联运枢纽和广州南沙港物流枢纽为骨干的物流枢纽布局。加快推进规划新开工交通物流枢纽建设工作，完善广州市物流枢纽布局是物流业发展的前提。推动广州交通枢纽、物流园区与先进制造业、商贸服务业融合发展。物流枢纽建设不仅是园区规划建设，更是枢纽内交通基础设施配套、产业的同步导入。

（三）发展特色物流产业

广州 2021 年入选 3 个特色产业园区，分别是广州花都经济开发区（汽车）、广州南沙经济技术开发区（汽车）、广州琶洲人工智能与数字经济试验区（数字创意）。结合汽车产业、信息技术新兴产业和物流业，着力培养广州的特色物流产业，提高其在全国物流产业中的竞争力。同时广州拥有纺织服装、美妆日化、箱包皮具、珠宝首饰、食品饮料五大优势产业集群，可顺应产业升级趋势，发挥平台型、枢纽型企业引领作用，整合批发、零售、物流企业供应链资源，带动特色物流产业发展，促进采购、分销、仓储、配送供应链协同发展。

（四）加深粤港澳大湾区协作

广州作为国家中心城市和国际性综合交通枢纽，要在巩固大湾区国内对国际中心枢纽地位的同时，增强国际性综合交通枢纽和国际物流中心功能，构建更加强韧、富有弹性的现代物流和供应链体系。利用粤港澳大湾区的协同合作，共享丰富的物流信息与资源，引领带动大湾区和泛珠三角区域经济一体化发展，并为其提供有力支撑，加强交通物流枢纽的融合建设，带动枢纽关联产业的发展。

（五）促进产业成链集群发展

广州物流业应加紧培育多式联运、互联网物联网融合、供应链管理领域的龙头企业，拉动现代物流产业集群发展。通过物流枢纽园区、产业功能区的建设和物流枢纽园区的运行，积极引进国际国内大型现代物流和供应链龙头企业及其区域总部参与及落户，并通过园区各产业、企业的协同，促进产业链上下游企业实现供需对接和资源共享，促成集群发展，大力促进广州物流业发展。

深圳市物流业发展 2021 年回顾与 2022 年展望*

一、2021 年深圳市物流业发展总体情况

（一）物流业运行恢复势头良好

2021 年，深圳市物流业平均景气指数为 52.44%，较 2020 年上升 3.50 个百分点，突破荣枯线重拾增势。物流业增加值为 3083.45 亿元，增速较 2020 年提升 7.45 个百分点，首破 3000 亿元关口。全年货物运输总量 43930.44 万吨，同比增长 6.0%。货物运输周转量 2196.62 亿吨公里，同比增长 8.9%。社会物流需求结构与经济发展协同优化。深圳市 2021 年社会物流总额 66709.77 亿元，同比增长 12.57%，工业物流需求、进口物流需求、邮政物流需求均实现双位数增长。深圳港集装箱吞吐量稳步提升。全年深圳港完成货物吞吐量 27838 万吨，同比增长 5.03%；集装箱吞吐量 2877 万标准箱，同比增长 8.4%。深圳机场货邮吞吐量快速增长，全年机场货邮吞吐量 156.83 万吨，同比增长 12.13%。在国内货邮百万吨级机场中，深圳机场是唯一连续 4 年保持 5% 以上增速的机场，也是唯一连续 4 年货邮吞吐量持续增长的机场。同时，深圳机场国际货运业务持续发力，国际航线货邮吞吐量 59.65 万吨，同比增长 29.76%，增速继续在国内百万吨级机场中领跑。

（二）物流业市场主体持续发展

2021 年，70 家重点物流供应链样本企业进出口总额 1415.19 亿美元，同比增长 23.39%。八成以上供应链服务重点企业进出口额保持较快增长。2021 年，普路通、东方嘉盛、朗华、怡亚通等 15 家头部供应链企业进出口额合计达到 856.66 亿美元，同比增长 31.38%。深圳市 A 级物流企业数量居广东省首位。按照《物流企业分类与评估指标》国家标准开展的 A 级物流企业评估，截至 2022 年 4 月，广东省共有 A 级物流企业 529 家，其中深圳 A 级物流企业达到了 295 家，占全省 A 级物流企业的 55.8%。A 级物流企业促进和引导了深圳市物流行业持续规范、创新、诚信发展，得到了政府、企业、市场的广泛认同。

---

* 供稿单位：深圳市交通运输局。整理人：樊鸿钰，广东亚太经济指数研究中心。

（三）物流枢纽体系建设进一步加快

国家物流枢纽体系建设进一步加快。2021 年，深圳依托盐田港入选港口型国家物流枢纽，成为全国两个同时拥有商贸流通型、空港型、港口型国家物流枢纽的城市之一。平湖南国家物流枢纽项目启动、妈湾智慧港及小漠国际物流港投入运营、机场国际快件中心项目推进等一系列重点工程，叠加“组合港”模式推广以及中欧班列开行量增加，深圳多式联运体系进一步完善。重点项目建设稳步推进。国际货运方面，2021 年，新开芜湖、大连 2 条国内全货机航线以及洛杉矶、巴黎等 5 条国际全货机航线，加密北京、无锡等 3 条国内全货机航线以及芝加哥、新加坡等 11 条国际全货机航线，国内全货机航线通航城市 20 个，国际全货机航线通航城市 30 个。2021 年，深圳市积极推进 DHL 华南航空快件枢纽一期项目、顺丰华南航空快件运输枢纽二期项目、南区国内货代一号库项目等货运设施建设，推动机场开工建设全球首套航空箱 CT 安检系统，启用全国首个海关监管区域空侧闸口和国际货站进港新冷库，开通机场与前海综保区空运货物进出口联动业务等，积极促进深圳市航空物流健康快速发展。

（四）无人机物流新业态蓬勃发展

2021 年 7 月，深圳市人民政府向中国民航局报送《深圳市民用无人驾驶航空试验区建设方案》，拟依托美团、顺丰等企业开展城市无人机物流配送等项目，推进无人机物流商业化应用。目前，顺丰科技、美团科技已先期在深圳开展无人机物流试运行，2021 年，顺丰无人机试点开通顺丰五和中转场至周边物流点部的无人机运输航线，累计运输达 3 万单，并与罗湖医院集团联合开展无人机物流配送，为罗湖医院集团提供医学检测样本无人机配送服务；美团科技已在坪山、龙岗试点开通无人机智能配送航线，累计完成 2 万单真实订单。

（五）中欧班列畅通国际大通道

“一带一路”建设不断推进的背景下，深圳“湾区号”中欧班列成为连通深圳与“一带一路”国家和地区的重要纽带。目前“湾区号”中欧班列已铺画 5 条出口线路，通达德国、波兰、俄罗斯、哈萨克斯坦、老挝等多个国家。自开行以来，10.5 万吨货物通过 178 列班列发运，将华为、荣耀、迈瑞、创维等一批“深圳智造”输向全球，总贸易额超 7.25 亿美元。中欧班列将深圳与国际交通枢纽城市有效衔接，充分释放深圳在“双区”建设中的重要作用。深圳市交通运输局正重点培育“深圳—老挝万象”的中老班列，打造一个北连欧亚、南拓东盟的立体物流网络，让深圳的产业链向东南亚延伸。随着“湾区号中欧班列 + 跨境电商”新业态在前海蛇口自贸片区、龙岗落地，企业货运至欧洲“时效低、成本高、集货难”等问题被有效破解。外向型经济是深圳的一大特色，中欧班列助力畅通深圳对外国际运输大通道，更好帮助深圳及周边企业产品走出去、卖全球，保障城市产业链、供应链安全稳定，增强城市经济动力。

（六）积极探索知识产权边境保护

2021 年以来，深圳海关在知识产权边境保护中不断探索“打、育、治”的全链条保护，重拳打击进出境环节侵权违法行动，培育具有自主知识产权的企业开拓市场，提高知识产权保护效能，更好服务创新型国家建设和全方位对外开放大局，助力深圳打造知识产权保护标杆城市。2021 年，深圳市查扣涉嫌侵权货物物品共计 9938 批次、2140 万件，案值超过 7900 万元，打击侵权综合成效在全国海关中排名前列。深圳海关在执法机制、执法重点、执法手段、执法队伍等方面主动创新工作方法，在信息收集、趋势分析、联动办案等方面与企业开展配合，强化跨关区合作，全方位打击货运、邮快件、转运等渠道的侵权行为，有效打击侵权货物口岸漂移。在海关广东分署的统筹下，深圳海关与粤港澳大湾区内海关合作，累计开展了 3 次粤港澳海关保护知识产权联合执法行动，行动中查获侵权货物物品 1781 批次、130 余万件，严厉地打击了通过深圳口岸输港或经香港转运侵权货物的违法行为。深圳海关还针对跨境电商贸易业态，强化侵权打击力度，在深港陆运口岸货运渠道共查获跨境电商出口侵权货物 138 批次、55 万余件，案值超过 1500 万元，规范新兴业态健康发展。

二、深圳市物流业发展存在的主要问题

（一）疫情冲击导致物流成本阶段性上升

受疫情冲击，深圳市物流成本出现阶段性上升。从费用占比来看，2021 年社会物流总费用与深圳同期 GDP 比率为 11.83%，较上年提升 1.2 个百分点，表明供应链上下游仍处在修复期，物流运行尚未恢复至正常水平，单位成本水平仍居高不下。疫情冲击下，机场、港口、口岸等区域成为疫情防控重点区域，广大物流企业生产经营受到较大影响，疫情对物流企业的成本影响主要表现在运输成本、人员成本、消杀防疫成本的增加。在运输成本方面，一是运力资源紧缺，国际航运海运价格暴涨。根据德鲁里的全球集装箱指数，海运价格在 2021 年同比增长 309%。二是通关环节查验率大幅上升，查验时效则明显下降，企业还要承担因通关时间延长带来的滞期费、货损费、违约金等。在人员成本方面，机场货站工作人员、港口装卸人员、“中港车司机”等行业人群因闭环管理（含隔离）措施等因素导致用工成本上升。在消杀防疫成本方面，为防止快递及货物传播风险，物流企业严把“消杀灌”，购买大量防疫物资，增加了企业运营压力。

（二）用工问题阻碍物流企业可持续发展

用工问题已经成为深圳物流行业发展的主要瓶颈之一。近年来，根据深圳市现代供应链管理研究院对物流景气指数的监测结果，物流从业指数长期低位运行于荣枯线以下水平，企业在用工上面临着基层人员流动率高、用工成本明显上涨等问题。以仓储行业为例，目前深圳很多物流企业中稳定的仓库作业人员平均年龄远大于深圳平均年龄，物流业工作强度大、年轻人对行业的接受度低，后疫情时期部分作业人员直接处理海外快件、进口冻品带来的风险以及部分一线岗位需要闭环管理等，都使得行业招聘困难、人员流失较大。除了基层招工困难外，企业还面临合适的专业人才缺失问题，企业不仅需要物流专业人才，而且对信息技术、金融、电商、管理等领域的人才需求也越来越大。

（三）融资难题加重中小企业生存压力

2021 年，物流及供应链企业融资难、融资贵情况并未改变，由于供应链回款周期普遍变长，使得企业资金流承压较大，而基于行业特性，供应链服务企业需要经常为上下游客户代开信用证、代缴关税、垫付采购资金等，企业对于流动资金需求量大。同时，物流及供应链服务企业日益趋向轻资产化运作，由于固定资产少、可抵（质）押物受限等因素，行业内的企业尤其是中小企业难以获得金融机构融资。虽然政府连续多年出台金融扶持政策，但物流及供应链市场的不确定性依然居高不下，小型企业生存承压、大型企业“暴雷”不断，都不断冲击着行业信用体系的建立，金融机构也不愿承担过高风险提供资金。

三、促进深圳市物流业发展的措施与建议

（一）扎实推进重大项目落实见效

在航空物流方面，全力推进机场重大基础设施建设，持续加大固定资产投资，加快推进三跑道、T1 航站楼、T2 航站楼等重大项目进度。积极与民航局协调恢复荷兰阿姆斯特丹等国际货运航线，着力拓展国际创新城市和新兴市场国家货运航线网络，引导航空公司拓展加密国际货运航线，特别是国际创新城市和新兴市场国家航线，着力打造国际航空货运大通道，鼓励中外航空公司执行“客改货”和货运加班包机。积极推动 UPS、DHL、FedEx、南航物流、顺丰等战略航空公司加大航空运力投放。引导鼓励航空公司新增投放飞机运力。

（二）不断拓展无人机配送应用场景

针对无人机发展，积极推动深圳市民用无人驾驶航空试验区的申报和建设工作，

做好民用无人驾驶航空试验区评审，实地考察迎检准备，力争深圳市民用无人驾驶航空试验区年内获批。加快推动城市场景无人机物流试运行，在宝安、龙岗、福田、南山、龙华等区域试点开通 5 条跨区域无人机物流配送航线。加快推进无人机末端智能配送，新开通无人机末端配送航线。支持鼓励无人机企业深入参与民用无人驾驶航空试验区建设，不断拓展无人机物流配送应用场景，培育无人机应用新业态。

（三）支持物流企业国际化发展步伐

支持企业开拓国际市场，充分发挥物流行业在外贸发展中的重要作用。近年来，中央及地方政府都在出台稳外贸的相关政策，深圳是中国典型的外向型城市，在后疫情时代外部环境更趋复杂严峻和不确定、内部环境面临需求收缩的大背景下，应充分发挥物流供应链服务企业所具有的国际采购、国际分销、国际物流及国际资源整合能力，以及在稳定外贸增长、促进外贸转型升级中的重要作用，对企业开拓国际市场、设立海外仓、开展品牌宣传给予资金支持。支持建设国际化的物流与供应链服务平台，通过采购、分销、物流有效连接全球供应链，支撑中国制造走向全球，支撑深圳乃至全国国际贸易可持续发展。

（四）提升物流行业智能化水平

加大行业技改资金扶持力度，提升行业智能化和数字化水平。物流的信息化、自动化、智能化是现代物流发展的重要趋势。依托深圳创新发展的城市基因以及雄厚的科技创新产业基础，深圳市物流企业在实践智慧物流、应用新一代技术及智能化设备方面快速发展。但信息化改造是一个长期过程，需要企业持续改进，小微企业难以为继，大中型企业也投入甚多，经营压力较大。建议行业主管部门进一步加强对物流与供应链服务企业技改资金支持配套政策的调整，扩大政策覆盖面，支持企业运用大数据、云计算、区块链、AI 等智慧物流、智慧供应链技术及配送无人机、物流机器人、智能叉车、自动分拣等智能化装备，优化运营模式、提高物流效率、降低物流成本，实现行业的智能化和数字化，最终与制造业、商贸业实现良好的产业协同，优化产业生态。

（五）加强物流行业人才资金保障

一方面加强物流行业人才保障，制定物流行业人才专项补贴政策，适度放宽现有市、区级人才补贴政策门槛，提高物流行业从业人员待遇。在住房方面，建议有关部门提高安居房、公租房建设进度和供给量，降低员工住房及生活成本；在人才引入方面，组织高端人才招聘会、人才对接交流会等多种方式帮助企业引进人才，帮助搭建校企招聘、专业技能人才引进渠道，缓解就业招聘市场混乱局面，减少企业招聘成本；对于员工培训，建议组织针对专业技能人才的专项培训，对企业人才专项培训提供资金支持，提高员工技能水平及企业认同度，增强企业培训意识。另一方面加强物流行业资金保障，通过物流与供应链服务产业发展基金为行业提供政策性担保，协调金融机构加大对物流及供应链企业的金融支持，提供低利息贷款并加大授信额度，加大政策覆盖面、放宽准入门槛、加快贷款审批速度，让物流供应链企业获得长足发展。

珠海市物流业发展2021年回顾与2022年展望*

一、2021年珠海市物流业发展总体情况

（一）物流业发展稳步向好

2021年，在新冠肺炎疫情冲击下，珠海市物流业总体平稳，回暖向好。根据《2021年珠海市国民经济和社会发展统计公报》显示，全市全年交通运输、仓储和邮政业实现增加值70.13亿元，同比增长7.2%。货物运输总量8885.97万吨，同比增长7.1%。货物运输周转量475.69亿吨公里，同比增长4.4%。全年完成邮电业务总量72.84亿元（邮政业务总量和电信业务总量均按2020年不变价计算），同比增长15.0%。其中，邮政业务总量22.83亿元，同比增长8.2%；快递业务量15642.01万件，同比增长26.1%；快递业务收入22.41亿元，同比增长12.1%。全市港口完成货物吞吐量12826万吨，同比下降4.1%。其中，外贸货物吞吐量3792万吨，同比增长9.6%；内贸货物吞吐量9034万吨，同比下降8.8%。港口集装箱204万标准箱，同比增长11.0%。客运及陆岛交通泊位39个，年货物吞吐能力2万吨。

（二）港口建设进一步完善

截至2021年年底，珠海市共有泊位172个，其中生产性泊位165个，非生产性泊位7个。万吨级以上生产性泊位34个，设计年通过能力1.78亿吨，集装箱吞吐能力378万标准箱。干散货泊位22个，年吞吐能力8009万吨；油、气、化工品液体散货泊位44个，年吞吐能力4901万吨；多用途泊位26个，年吞吐能力917万吨，集装箱吞吐能力112万标准箱；集装箱专用泊位7个，年吞吐能力266万标准箱；件杂货泊位27个，年吞吐能力817万吨。洪鹤大桥、金琴快线、鹤港高速一期建成通车，兴业快线、金海大桥、黄茅海跨海通道等项目建设全面铺开，珠海机场改扩建工程建设进展顺利，高栏港集装箱码头二期泊位通过验收，崖门出海航道二期开工建设，珠海至肇庆高铁动工建设，集空港、海港、高铁、高速、口岸于一体的全国性综合交通枢纽加快形成。

---

* 供稿人：何泳怡，广东亚太经济指数研究中心。

（三）交通项目稳步推进

2021 年，珠海市推进市级重点交通项目 37 个，含前期预备项目 11 个，年度投资计划 100.00 亿元。其中，市交通运输局牵头项目 58.04 亿元，市轨道交通局牵头项目 9.5 亿元，市公路事务中心牵头项目 32.46 亿元。截至 2021 年 11 月底，年度累计完成投资约 92.27 亿元，年度投资计划完成率 92.27%。2021 年推进市重点水运项目 5 个（区级实施），年度计划投资 2.83 亿元，截至 2021 年 11 月底，年度累计完成投资 2.80 亿元，年度投资计划完成率 98.94%，各项目进展顺利。

（四）邮政业务发展良好

根据珠海市邮政管理局数据显示，2021 年，珠海市邮政业务总量完成 22.83 亿元，同比增长 8.18%。全年邮政业务收入（不包括邮政储蓄银行直接营业收入）完成 25.84 亿元，同比增长 8.19%。包裹业务增长明显，全年包裹业务量完成 5.08 万件，同比增长 27.00%。快递业务快速增长。全年快递服务企业业务量完成 15642.01 万件，同比增长 26.14%；快递业务收入完成 22.41 亿元，同比增长 12.07%。快递业务收入在行业中占比有所上升。快递业务收入占行业总收入的比重为 86.72%，比上年上升 3.00 个百分点。同城快递业务稍有增长。全年同城快递业务量完成 1979.31 万件，同比增长 22.74%；实现业务收入 1.25 亿元，同比增长 14.77%。异地快递业务稳定增长。全年异地快递业务量完成 12503.38 万件，同比增长 32.75%；实现业务收入 12.80 亿元，同比增长 29.42%。国际/港澳台快递业务有所下降。全年国际/港澳台快递业务量完成 1159.33 万件，同比下降 15.32%；实现业务收入 4.65 亿元，同比下降 21.90%。同城、异地、国际/港澳台快递业务量占全部快递业务量的比重分别为 12.65%、79.93% 和 7.41%，业务收入占全部快递业务收入的比重分别为 5.56%、57.11% 和 20.77%。全年快递服务品牌集中度指数 CR8 为 82.93。

二、珠海市物流业发展存在的主要问题

（一）冷链物流建设有待加强

冷链物流的建设有赖于冷链物流人才、设施设备、技术标准等的整体配合。目前珠海市院校中没有专门针对冷链物流专业的人才培养方案，市场上对于冷链物流专业人才的定位也比较模糊；另外，原有冷链设施设备老旧，新技术设备多为国外引入，并不完全适应珠海市的实际情况，机械设备的利用率不高，这些都导致了冷链物流企业成本高、效益差；此外，关于冷链物流的技术标准仍有许多空白与漏洞，行业市场管理混乱，监管执法难度较大。

（二）大件运输“放管服”程度有待提高

大件运输领域存在许可手续烦琐、协调部门多、办理周期长、办证难等问题。一是不能做到对大件运输申请的快速评估，许可机关支撑保障能力有待提高，难以及时快速许可，一定程度上限制了大件运输行业的发展。二是监管不到位问题有待进一步解决，由于超限运输车辆通行证办理后通行时间不确定，叠加治超执法资源有限和公路治超执法信息化水平落后等原因，对大件运输车辆的监管存在较大空白。

（三）综合交通网络设施有待完善

一是综合交通枢纽能级亟须提升，大运量轨道交通线路、国际口岸、国际航线亟须开通。二是港口基础设施结构不尽合理，利用率不足，港城一体化、粤港澳合作有待改善。三是高速公路缺乏与粤东的直连直通，与粤西的辐射、与中山等周边城市的互联互通有待加强；路网等级结构有待完善。

三、促进珠海市物流业发展的措施建议

（一）推进发展特色物流运输体系

珠海是内地唯一与香港、澳门同时陆路相连的城市，共设有 10 个国家一类口岸，是仅次于深圳的中国第二大口岸城市。全市领海线以内海域面积 9348 平方公里，大陆海岸线 224. 5 公里，是珠三角城市中海洋面积最大的城市。应充分利用口岸优势、地理优势以及现有物流资源，注重与周边地区的同频联动、产业联动和产业延伸，明确核心业务与发展定位，合理进行保税区域、交通体系、物流园区的规划建设，发展具有珠海市特色的物流运输体系。

（二）深化物流业“放管服”改革

深化公路货运改革，提高公路资源利用率，优化行政事项审批、清理、归并和精简相关证照资质，推动货物通关便利化；降低物流企业运输收费水平，采取相关措施进一步消除重复征税，积极研究统一物流各环节增值税税率，规范物流领域收费行为；优化货运通行管理，实现跨省大件运输并联许可全国联网，优化部分低危气体道路运输管理，促进安全便利运输。

（三）推动冷链物流建设

依托货运枢纽、主要港口、铁路物流基地、枢纽机场，统筹冷链物流基础设施规划布局，推动铁路专用线进入物流园区、港口码头，完善干支衔接、区域分拨、仓储配送等冷链运输服务功能。为县级物流中心和乡镇运输服务站提供拓展冷链物流服务

功能的条件，鼓励生鲜电商、寄递物流企业加大城市冷链前置仓等“最后一公里”设施建设力度，在社区、商业楼宇等设置智能冷链自提柜等，提升便民服务水平。

（四）提高物流运输的智慧化程度

利用互联网、大数据、云计算以及人工智能等技术，打造大型网络货源平台，实现智慧供应链的目标；基于卫星导航定位技术、RFID 技术和传感技术等，在物流过程中通过车辆定位、运输货物监控达到在线开展调度、配送可视化与管理的目的；投放各种感知设备，结合无线网络，将涉及交通的各类数据进行汇集处理，实现路与车、路与人智慧交互以构建道路的监控和预警系统，为出行者提供精准高效的出行服务；推进自动化的物流配送中心建设，使用机器自动码垛与装卸、无人驾驶车辆进行物料搬运，通过自动化的输送分拣在线上开展拣选作业等。

（五）完善集疏运体系

完善港口集疏运体系基础，推进港口岸线资源融合发展，加强规划引领、编制专项规划、补齐发展短板，推动公铁水联动，优化资源配置，严控增量、做优存量，提高岸线利用效率，建设绿色港口；提升枢纽能级，为孵化更多点对点精品航线、培育核心产业垂直供应链体系做好准备，打造物流信息服务平台、保税平台、交易交割平台，不断完善联运信息与数据服务体系；深化高栏港与“江门号”中欧班列的战略合作。

佛山市物流业发展 2021 年回顾与 2022 年展望*

一、2021 年佛山市物流发展总体情况

（一）物流产业规模稳定增长

佛山东靠广州，南邻港澳，水陆空交通便利，已形成公路、铁路、河运和空运齐备的现代化交通网络，有助于物流产业规模稳定增长。根据《2021 年佛山市国民经济和社会发展统计公报》显示，2021 年，佛山市全市地区生产总值（初步核算数）为 12156.54 亿元，同比增长 8.3%。其中第三产业增加值 5139.04 亿元，同比增长 7.0%；在第三产业中，交通运输、仓储和邮政业增长 18.6%。2021 年，佛山市公路和水路运输方式完成货运量 27127.8 万吨，同比增长 14.1%，其中，完成公路运输货运量 22300.2 万吨，增长 14.3%；完成水路运输货运量 4827.6 万吨，增长 12.9%。完成货运周转量 295.92 亿吨公里，增长 23.8%，其中，完成公路运输货运周转量 172.79 亿吨公里，增长 23.0%；完成水路运输货运周转量 121.12 亿吨公里，增长 25.1%。全年主要港口完成货物吞吐量 9340.89 万吨，同比增长 0.6%。

（二）交通物流基础设施建设加快推进

2021 年是佛山轨道交通年，不仅加快建设广湛、珠肇、深南三大高铁，推动广佛西环、佛山经广州至东莞城际、佛江城际三大城际铁路，更是加强佛山西站、广湛高铁佛山站、广珠城际顺德学院站、广湛高铁佛山新机场站、珠肇高铁高明站、贵广高铁三水南站“两主四辅”轨道综合枢纽建设，全力融入“轨道上的湾区”，对佛山提升城市格局、拔高区位优势非常重要。佛山市以项目为投资抓手，全面推进物流基础设施建设。2021 年固定资产投资同比增长 7.6%，其中项目投资增长 14.8%。2021 年，佛山市全市交通固定资产计划总投资 301.58 亿元（省属 15.24 亿元，佛山市负责项目 286.34 亿元）。全年实际完成投资（含省）305.58 亿元，完成年度计划的 101.3%。佛山市实施项目实际完成投资 287.67 亿元，完成年度计划的 100.5%，基础设施网络建设稳步推进。目前，在物流基础设施建设方面，佛山市建成了由安博佛山

* 供稿单位：佛山市交通运输局。整理人：梁婉婷，广东亚太经济指数研究中心。

（高明）国际物流产业园、顺丰丰泰产业园（南海区）等项目组成的干支衔接的绿色货运枢纽体系，以及由第一产业集团佛山三水电商物流园、越秀冷链物流等项目组成的城市绿色货运公共配送中心体系。佛山市国省干线公路路况良好，2021 年完成新改建工程 23.6 公里，实施安全生命防护工程 345 公里。高速公路通车里程约 553 公里，通车密度达 14.6 公里/百平方公里，“两环四纵五横”的高速公路网布局基本形成，通过高速公路可基本实现与珠三角主要城市 2 小时通达。2021 年，佛山市开启佛山国际陆港项目的建设，共投资约 15 亿元，占地总面积约为 200 亩。该项目运营后每年将服务超过 2000 家本地制造业企业，进出口总额将达到 100 亿美元，跨境物流小包超 3000 万件。项目将依托广珠铁路一汽大众专用线和佛山发达的制造业基础，立足广佛、服务粤港澳、辐射“一带一路”，建设国家物流枢纽和多式联运示范基地的核心启动区。

（三）物流产业服务持续优化

在粤港澳大湾区融合发展的作用下，佛山市利用自身制造业的优势，整合升级制造与服务结合的物流路线，建立多个物流园区，提高物流产业服务能力。佛山更是与广州共同构建“广佛同城”，共享基础设备、交通网络、科技信息和市场服务等资源，实现区域联动、产业联动和功能互补。佛山市物流业通过共用共配，可充分运用可获得的物流资源优化自身物流产业服务。

（四）物流货运配送质量提高

截至 2021 年年底，佛山市在册营运货车 4.36 万辆，总吨位 69.2 万吨，运力规模同比增长 19.6%。水运发展后劲持续增强，不断推进水运提升工程，实现佛山市水运在外贸运输、集装箱运输及江海联运等集疏运中相关物流功能的提升。目前，高明港区高荷码头建设正顺利推进；顺德港区了哥山作业区二期正在推进前期工作，预计 2023 年开工；顺德水道扩能升级工程已纳入国家、省、市交通（水运）“十四五”规划和市级统筹项目库，正在开展前期工作。佛山市在 2021 年建成城市货运公共信息平台，考核认定第一批示范企业 7 家，物流园区、配送中心、快递末端网点建设任务超额完成。佛山市物流业在不断提升城市绿色货运配送发展质量，进一步增强人民群众对城市货运配送的获得感和满意度，全力打造绿色高效的现代物流体系。

二、佛山市物流业发展存在的主要问题

（一）物流业经营管理待整顿

佛山市目前部分物流企业存在管理无序、忽略安全生产等情况，引起诸多安全隐患。首先，物流园区缺乏安全生产的基础设施设备，部分物流园区存在未设置消防通道、未装备烟感器、未建立微型消防站、未配备应急救援装备等问题。其次，安全生

产管理不全面，物流仓储货物未按规定存放、安全通道堆放杂物、不重视消防安全管理，从而容易引发物流园区内的火灾。再次，物流企业缺少安全生产管理培训，从业人员缺乏安全生产意识，物流仓储、运输、配送的过程对于货物的安全管理不到位，操作人员对于货物搬运、堆放等过程未按规定操作，严重缺乏安全保护的意识以及措施。最后，传统货运过程中缺乏信息监测管理，物流企业难以把控货运的消防安全以及疫情风险。

（二）综合运输能力协调不足

佛山市水运、铁路和公路三种交通方式的综合运输能力协调发展力度不足。2021年，佛山市全社会货运量27127.8万吨，其中水路运输占比仅17.8%。全年主要港口完成货物吞吐量增速较慢，同比增长仅0.6%。公路货运的经济运输距离较短，且佛山市大部分物流园区仍以传统模式经营为主，业务单一、管理分散、配套服务体系不齐全等问题仍未得到解决。目前佛山市物流货运处于分散经营状态，缺乏均衡的联运体系和多式联运的发展。

（三）企业缺乏转型升级动力

佛山市部分物流园区的土地为租赁村集体土地，土地合同签订时由于经济发展状况、市场环境等因素，土地租金低廉，且合同期限较长，可达40年之久。由于土地合同大多签订于15年前，目前仍有10～25年的租赁年限，租期限制了政府或园区所有人对园区进行改造升级。佛山市部分传统物流园区仍可依靠土地租金低廉的政策红利来盈利，导致企业转型升级动力不足，投资建设意愿薄弱。

（四）园区规划布局不合理，设施装备落后

目前，佛山市主要的物流园区大部分都是传统的零担物流模式，园区内建筑以平层为主，缺少立体化仓库，园区功能布局不合理，土地利用率较低。物流分拨依赖人工，难以自动化。大部分园区内的装卸、分拨都按传统物流作业方式进行，货物的体积、形状、重量、大小等标准化程度低，目前只能依赖叉车或人工，自动化程度较低。

（五）物流人才紧缺，经营创新不足

一是物流从业人员老龄化加剧。目前大部分年轻人不愿从事物流相关工作，导致生产管理难度加大，创新思维不足。二是公共服务配套不足导致招工困难。部分物流园区及企业所在位置公共交通不便，导致招工难度增大，无法吸引年轻人来工作。三是物流从业人员受教育水平偏低，缺乏创新思维。目前佛山市物流从业人员普遍受教育水平偏低，高学历人才严重缺乏，致使物流经营自主创新不足，经营模式跟不上现代产业发展步伐。

（六）疫情加大经营难度，园区产值贡献持续降低

受到新冠肺炎疫情影响，物流园区周边产业的产品产量和销量下滑，导致进入园区的物流量也相应下降；园区货运车辆收货量不足，导致园区的主要车辆种类小型化，园区及园区企业收入减少，经营困难。另外，发生疫情时管控措施对物流行业的冲击较大，物流园区一旦被封闭管控，将很难维持经营。

三、促进佛山市物流发展的措施建议

（一）整顿园区经营管理弱点

培育物流园区安全生产意识是首要任务，物流园区从业人员需要定期参加生产安全以及消防安全的培训。其次，物理园区应建立标准化管理体系，从而实现高效运营管理，减少管理无序、安全隐患等问题。信息管理同样是物流园区经营的重点，信息监测管理是物流企业把控运输货物安全以及风险监控的核心工具。

（二）提高综合运输协调能力

提高综合运输协调能力。一是加快物流基础设施建设，规划建设与佛山市主要制造业相适应的物流园区。二是加快规划建设干线纽带，加强与相邻地市的货运枢纽协同布局，充分发挥粤港澳大湾区的物流优势。三是加快佛山市航运的转型升级，提高航运的货运能力。推进多式联运、转运设施工程建设。依托已有的港口、铁路和公路货站、机场等交通运输设施，建设一些集装箱多式联运中转设施和连接两种以上运输方式的转运设施，优先发展重要港区物流园的多式联运功能，通过“港区”联动的运作模式提高佛山市物流综合运输协调能力。

（三）加快企业转型升级进度

珠三角城市群的政策建设、广佛同城化概念的提出、粤港澳大湾区规划的提出都为佛山市的物流产业发展带来了政策支撑；“一带一路”规划也加快了佛山物流运输体系的建设和高端物流业的发展。作为重要物流节点城市，佛山在拥有得天独厚优势的同时，也面临着转型升级的重任。因此，佛山市物流业需要摒弃土地租金低廉的红利政策，突破传统物流行业的限制，向现代化、大型、效率高的物流企业以及综合性的高端物流产业园区发展。佛山市物流业不仅要加强物流信息平台的建设，而且要加快高层次物流人才的培养，从而加快物流企业向数字化、智能化转型的进度。

（四）完善园区规划布局

目前，佛山市制造业产业集聚效应比较明显，佛山市政府在建设物流园区时应该

依托现有的工业制造园区来建设，发展与制造业集群相匹配的高端物流产业园区，增强物流产业园区的集聚效应。需结合物流作业流程提高物流装备现代化程度和机械化工作程度，重新升级优化园区内功能区的布局。同时园区通过建设高层建筑提高土地利用率，降低土地成本，增加产值贡献。

（五）加紧物流人才培养计划

物流业的快速发展需要充足的物流人才作为保障，培训是物流业提高人才水平的方法之一。一是通过高等院校教育培养物流专业人才，培养能综合运用物流相关知识的人才梯队。二是对目前物流业现有的从业人员进行职业培训，提高从业人员的素质和工作能力。职业培训可以联动周边地市和相关院校，充分利用物流业发达地市的经营优势和专业院校的教育资源，重点培养一批高素质的物流业中高层管理人才，提高物流企业的管理水平，适应物流业的快速发展，提高经营创新竞争力。

（六）提高物流业产值贡献

经济发展对物流业的需求在逐步增大，但是面对新冠肺炎疫情常态化的现实，推进物流业降本增效，助力产业结构转型升级，挖掘潜在需求从而提高物流业产值贡献刻不容缓。疫情的冲击导致各项生产成本上升，佛山市物流业可深化关键环节改革，降低物流制度成本；物流产业园区可加强信息开放共享，降低物流信息成本。加紧绿色物流、智慧物流的发展，降低综合成本，提高佛山物流的服务质量和物流效率。培育物流骨干企业，鼓励物流企业向多式联运经营人、物流全链条服务商转型，有效提高大型企业的产值。

东莞市物流业发展 2021 年回顾与 2022 年展望*

一、2021 年东莞市物流业发展总体情况

（一）物流行业发展相对稳定

根据《2021 年东莞市国民经济和社会发展统计公报》显示，2021 年，东莞市完成货物运输总量 17449.27 万吨，同比增长 1.8%。其中，完成公路货运量 10044.66 万吨，同比增长 4.12%，完成公路货运周转量 82.84 亿吨公里，同比增长 5.02%；完成水路货运量 7404.61 万吨，同比下降 1.16%，完成水路货运周转量 424.19 亿吨公里，同比下降 5.71%。东莞港完成港口货物吞吐量 1.89 亿吨，同比减少 4.84%。其中，外贸货物吞吐量完成 3541.97 万吨，同比增长 6.54%；集装箱吞吐量完成 368.49 万 TEU，同比减少 2.93%，其中外贸集装箱吞吐量完成 26.55 万 TEU，同比减少 4.10%。

（二）货运企业资源配给得到优化

截至 2021 年年底，东莞市共有道路普通货物运输经营者 5299 户，较 2020 年减少近 3000 家，其中企业 3710 户，个体经营者 1589 户，拥有普通货物运输车辆 26277 辆。危运企业 116 户，拥有危运车辆 5220 辆。全市纳入管理的持“港口经营许可证”的港口企业共 74 家（泊位 137 个），其中危运企业 20 家，普货企业 45 家，客运码头 1 家，港口拖轮经营企业 2 家，港口纯危化品仓储企业 6 家。东莞市共有水路运输企业 51 家，个体经营人 9 户。全市营运船舶共 318 艘，载货量 203.47 万吨，客位数 917 座，运力规模全省排名第四。

（三）城市配送得到大力发展

截至 2021 年年底，东莞市有 2 家城市配送货运企业，配备近 700 辆厢式货车参加组建城市配送车队，其中包括东莞市马帮信息科技有限公司 500 辆，顺丰速运（东莞）有限公司 136 辆，服务范围涵盖物流、快递、连锁超市配送和商贸流通等领域，为城市居民生活和城市中心区商业经营提供货物配送服务。城市配送车辆统一张贴东莞市

* 供稿单位：东莞市交通运输局。整理人：吴诗一，广东亚太经济指数研究中心。

城市共同配送标识，在市区配送货物的过程中，持交警部门核发的“城市配送车辆通行证”可按规定在禁行路段通行和装卸货物。

（四）推动港航基础建设升级

2021 年，东莞市共完成港口水运工程建设项目固定资产投资 24104. 5 万元。其中，东莞市虎门港沙田港区三期工程共完成固定资产投资 2602. 2 万元；完成竣工验收建设项目 3 个、交工验收建设项目 7 个，推动港航基础建设稳步升级。

二、东莞市物流业发展存在的主要问题

（一）货物运输综合市场活力不足

货运市场服务格局仍处于起步阶段，不同运输方式间、跨区域间货物流动在一定程度上存在着技术壁垒和市场分割，综合货运没有跨区域的大通道，信息化水平发展滞后，货物多式联运发展滞后，运输服务协同组织水平仍然较低。虽然现在已有致力于多式联运的服务企业出现，但由于市场的普遍接受度不高，货运信息化水平落后，使得货物综合运输市场活力不足。

（二）流通产业与经济发展不协调

东莞市商业配套设施不够完善，流通企业数量少、集聚程度低。物流仓储业未纳入园区的主要产业发展方向，园区红线范围内未规划物流仓储用地。货物综合运输市场活力不足，应急物流体系建设严重滞后。

（三）物流信息与服务需求不对称

东莞市物流企业发展能力不强，对现代物流信息化建设和物流装备更新换代的意愿和投入均不充足。东莞市物流信息化水平较低，全市没有统一的物流管理信息平台和面向中小企业的物流信息服务平台。快递业与制造业、电子商务企业数据共享互通方面衔接不够，产业协同效果不明显。寄递服务企业的服务质量与运营渠道未能满足市场需求。

（四）水路运输发展易受影响

受新冠肺炎疫情影响，全球经济贸易形势严峻，航运业物流链、供应链受阻，从港口装卸环节到集疏运环节的不稳定性，使港口作业环节效率下降，出现了货物压港、等货装货的等待时间较长的现象，同时国内环保、限产双重调控已成为常态，导致水路货物运输量下降幅度较大。

三、促进东莞市物流业发展的措施建议

（一）加强基础设施一体化建设，推进一体化格局形成

优化升级全市路网，加快推进集疏运体系建设，完善“四纵三横”的高速公路网络，融入区域高速路网体系，服务重要功能区点对点联系。同时完善高速公路互通立交设置，强化高速公路与国省道及城市道路的快速转换。完善城际轨道交通和快速干线铁路，融入广东省区域内以广州为中心地级以上市的网络架构当中，实现基础设施的互联互通、共建共享。实现区域内交通一体化发展的体制机制障碍减少，一体化管理水平显著提高，一体化发展格局基本形成。

（二）推动公铁水运输结构调整，构建现代物流体系

充分发挥铁路、水运运量大、成本低等优势，围绕提升铁路货物运输能力、优化港口集疏运体系、加快公路货运转型升级、推进多式联运发展、完善城市绿色配送体系 5 个方面，推动大宗货物运输的“公转铁”“公转水”，构建更为合理的综合运输发展格局。支持石龙国际物流基地等综合交通枢纽及大型企业新增、改扩建铁路专用线的建设，完善铁路专用线共建共用机制，创新投融资模式，吸引企业和社会资本投入，并配套出台财政、土地等方面的支持政策，完善周边配套道路交通基础设施建设。水运方面，依托位处广、深、港中间城市和承南启北、连接东西岸的区位优势，坚持先进制造业与现代服务业双轮驱动，深入挖掘东莞作为“21 世纪海上丝绸之路”重要节点的潜力，打造珠三角区域物流枢纽，发展港口物流、城市配送、供应链管理服务以及电商物流、第三方物流、跨境电子商务等，建成分布合理、结构优化、高效低耗的现代物流体系，结合港口、铁路、公路网络资源，建立“物流园区分拨中心—公共配送中心—末端共同配送点”三级配送网络体系。

（三）推进港口水运工程建设，做好重点项目服务工作

围绕《东莞市综合交通运输体系发展“十四五”规划》，继续落实《东莞港总体规划（2020—2035）》，结合东莞市港航工作实际，推进港口总体规划调整工作，积极做好省市重点建设项目的服务保障工作，做好水运建设项目在建码头的安全生产监管工作。督促深粮仓储配套码头工程等 7 个已交工的水运工程建设项目尽快完成竣工验收并投入使用。建立“一个项目、一个领导、一套班子、一条龙服务、一个月检查”的“五个一”工作机制，定期召开重大项目协调推进会，通报项目进度，研究解决项目推进中的重点、难点问题，切实加快重大项目投资建设进度。

（四）推进内河航运高质量发展，补齐东莞基础设施短板

贯彻落实省、市内河航运高质量发展实施方案，系统谋划东莞市内河航运与综合

交通、产业布局协调发展，补齐东莞市内河航运发展基础设施短板；初步构建集约高效、功能协同的内河港口体系；内河港口岸电使用率达到100%，船舶污染物港口接收设施实现全覆盖；提升内河航运营商环境；打造内河港航龙头企业；推进大宗散货水路集疏运和集装箱铁水联运比例逐步提升。内河航运在东莞市综合交通运输中的比较优势进一步凸显，对东莞区域经济及产业发展的保障能力显著增强。

（五）建立完善流通信息平台，广泛利用先进信息技术

通过广泛利用现代信息技术，加快互联网、物联网技术、云计算、大数据、5G技术、移动互联、智能交通、自动识别等先进信息技术在流通领域的应用，建设现代流通信息网络。借助网络货运平台，通过先进的互联网技术和大数据的统一管理、统一配置，有效地整合了离线力量和资源优势、提高了流通效率、优化了供应链管理。支持具有较强实力的流通企业建设综合性流通服务信息平台，进一步融合商务、交通、邮政、市场监管、海关、银行、保险等部门的信息资源，搭建公共管理、业务信息交换、企业信息处理的三级架构并覆盖整个东莞市的物流公共信息平台。

（六）积极推进重要流通节点发展，努力放大东莞领头作用

努力放大东莞港的领头作用，切实发挥“中欧班列”国际陆路运输和“无跑道机场”国际空中运输作用，进一步提升物流运输业服务水平，建成分布合理、结构优化、高效低耗的现代物流体系。积极推动流通结构调整，构建更为合理的综合运输发展格局。

中山市物流业发展2021年回顾与2022年展望*

一、2021年中山市物流业发展总体情况

（一）物流业总体情况发展较好

根据《2021年中山市国民经济和社会发展统计公报》显示，2021年，中山市货物运输总量11138万吨，同比增长0.8%。其中，道路货物运输量8821万吨，同比下降6.6%；水路货物运输量1840万吨，同比增长50.6%。全市货物运输周转量96.44亿吨公里，同比增长12.2%。其中公路货运周转量64.93亿吨公里，同比增长4.8%，水路货运周转量17.33亿吨公里，同比增长37.7%。港口货物吞吐量1434万吨，同比增长9.3%。其中，外贸货物吞吐量549万吨，下降3.4%；内贸货物吞吐量885万吨，增长19.1%。港口集装箱吞吐量139.42万标准箱，下降1.7%。

（二）货运企业发展状况良好

截至2021年，中山市道路货物运输业户共有2381家（含非经营性危运企业2家），其中货运个体户1377家，普通货运企业749家，大型物件运输企业10家，危险货物运输企业79家，货物专用运输企业169家，货运站数量为11家。全市共有货物运输车辆12573辆，比2020年年底增加3.13%，其中普通货运车辆7306辆，比2020年年底增加1.26%；专用运输车辆3646辆，比2020年年底增加5.44%；危运车辆1621辆，比2020年年底增加6.79%。营运货运船舶为99艘，比2020年年底增加22.22%。

（三）基础设施建设有所完善

截至2021年，中山市在公路、水路、铁路三方面的基础设施建设进一步完善。在公路基础设施方面，全市公路总里程达3307公里，比2015年增长了696.5公里，基本形成以城区为核心，以高速公路、国省干线为骨架，镇区公路为支脉，连接市内各镇区、主要港口和工业区，覆盖全市的公路网络系统，并与广州、深圳、佛山、珠海、

* 供稿单位：中山市交通运输局。整理人：吴诗一，广东亚太经济指数研究中心。

江门等城市形成了完善的交通网络。在港航基础设施方面，共有港口码头泊位 46 个，其中黄圃港、神湾港、小榄港、中山港囊括了黄圃、神湾、小榄以及火炬开发区。在铁路基础设施方面，规划和建设中过境中山的货运铁路共有 2 条，分别为深茂铁路和南沙港铁路，连接深圳、广州、珠海、澳门等城市，未来有望拉动中山市经济发展。

（四）跨境电子商务实现规范发展

中山市综试区跨境电子商务发展总体布局为“一核心、三基地、多产业”。其中，一核心是指以中山保税物流中心（B 型）为核心，结合口岸布局、海关监管资源、产业集聚基础等，支持民众街道、中心城区、火炬开发区、神湾镇、小榄镇等建设跨境电子商务核心功能集聚区。中山保税物流中心作为“一核心”的重要区域，依托海关监管场所的政策叠加，推动跨境电商进出口（9610、1210、9710、9810 等）业务开展，实现业务功能多元化，打造跨境电商综试核心区，推动中山跨境电商规模化发展，实现“中山产品卖全球”“中山市民买全球”。

二、中山市物流业发展存在的主要问题

（一）货运企业专业化程度低，先进模式推进缓慢

货运行业经营结构不合理，运输效率低下，主要表现为经营主体多、规模小、分布散、能力弱，缺乏市场竞争力。货运企业大多从事普通货运，技术含量低，专业从事集装箱、零担、大件、冷藏等专业化运输的企业相对较少。货运市场信用体系、行业运行监测体系仍未完善，中小型企业缺乏信息化、智能化技术支撑，多式联运、甩挂运输等运输模式推进缓慢。

（二）统筹规划力度不足，行业发展规范有待加强

当前中山市物流企业普遍存在“小弱散”的现象，究其原因，一是在曾经辉煌的“一镇一品”发展布局下形成了物流割据化发展，导致物流企业无法形成互补、协作、高效的供应链网络。二是物流企业发展基本以自发性民营资本为主体，靠企业自身等民间力量自发性推动，大多没有经过科学的规划和设计，关乎行业全局性、整体性的统筹整合力度薄弱。三是管理物流的职能分布在不同的部委办局，政策引导缺乏统一性、系统性和全局性。大多物流企业仍以运输、货代、仓储等传统物流为主，现代物流服务功能较弱，服务水平较低，造成物流成本浪费。四是货运站场（物流园区）规划建设管理缺乏政策支持，管理分散，导致货运站场（物流园区）资源碎片化，无法实现资源的统筹使用和土地的集约化利用，货运站场（物流园区）物流节点层级结构未能从整体上、区域上、功能上形成合力。

（三）交通基础设施不完善，物流衔接存在困难

高速公路与地方公路、铁路与水路，货运站场（物流园区）与铁路、港口、产业园区无法有效连接，货运站场（物流园区）集聚区与产业集群缺乏有机联系，存在“最后一公里”问题，多式联运存在衔接困难。

（四）物流企业效益低下，相关项目落地难

随着经济发展，在产业转型升级的压力下，中山市亟须发展和引进高端制造业和高新技术企业，以带动相关产业群及供应链上下游企业发展。目前，中山镇区工业连片用地少且零散，而物流企业用地量较大，创造的税收却不及生产制造企业，导致外来物流企业落地难；同时，本土物流企业大部分是租地建仓库配送中心，少部分租用地性质是商业用地，导致申请物流仓库重建扩建审批难，在租约到期之后因出租方租金问题而被迫迁走或关闭，导致部分物流企业可能会迁往周边城市，如珠海市、江门市、阳江市，这对中山市的实体经济和现代物流服务业发展均带来一定程度的影响。

三、促进中山市物流业发展的措施与建议

（一）加快基础设施建设，高规格建设现代物流业平台

加快建设南沙港铁路黄圃货运站场和国际铁路物流园等物流功能区域，形成“公、铁、水”多式联运的立体联运物流体系。加大招商引资力度，引进国内外知名物流企业、龙头电商企业等落户黄圃园，通过整体提高供应链、产业链水平，高标准建设物流仓储设施等，提升业务辐射能力。通过建设高规格公路路网、铁路站场、码头港区，充分发挥“一港一铁四路”的多式联运的交通枢纽优势，把中山市现代物流业平台建成大型综合性铁路国际物流园、粤港澳大湾区中南部重要的物流节点、珠中江经济圈区域物流中心和中山市物流中枢。

（二）推动产业深度融合，促进现代物流业高质量发展

大力培育和扶持规模大、管理水平高、智能化水平高的物流企业，促进传统物流企业转型升级，围绕中山市装备制造、电子信息、家用电器、健康医药等千亿级产业集群，以及五金、家电、家具、灯具等特色产业集群开展协同创新，鼓励物流业与制造业开展供应链物流合作，支持 JIT（准时制生产方式）、VMI（供应商管理库存）等有利于促进经济高质量发展的模式。增强行业集聚功能，建立高效的供应链服务体系，为创新发展提供支撑。为制造业企业提供功能定位更高、网络覆盖面更广、服务体系更完善的供应链解决方案，实现集聚效应更强、服务功能更优、运行效率更高。

（三）大力发展专业化物流，发挥中山区位交通优势

一是以珠江西岸世界级装备制造业重要基地建设为契机，针对装备制造业零部件体量大、运输条件要求高、供应周期长的特点，发挥交通区位优势，依托中山市产业平台（黄圃园）建设珠江西岸先进装备制造业零部件供应基地，开展零部件采购、定制供应、仓单质押等物流业务，形成面向中山市以及周边地区装备制造业的零部件供应中心。二是加快融入“一带一路”国家战略，综合考虑经济发展需求、产业布局、货物流向、资源环境、交通条件等众多因素，与珠三角其他城市物流错位发展。立足中山市北部镇区及周边地区的家电制造、家电零配件等优势产业，发挥珠江西岸交通枢纽优势、区位优势和临港产业优势，以打造家电产业供应链一体化平台为目标，打造立足珠三角、面向华南地区的高端家电物流中心。

（四）有效降低物流成本，提升物流业综合效率

深入推进货运领域“放管服”改革、推动新旧动能接续转换、加快车辆装备升级改造、改善货运市场从业环境、提升货运市场治理能力等重点任务和政策措施，切实有效地把物流企业的成本降下来，效率和质量提上去。用好“产业链供应链平台”这一关键抓手，围绕网络货运（无船承运）平台和供应链企业，精准制定激励政策，推动线下业务上平台、平台数据汇资源、资源配置提效率、提效降本惠企业。

（五）积极发展绿色物流，转变资源利用方式

加快转变资源利用方式，鼓励采用低能耗、低排放运输工具和节能型绿色仓储设施。优化运输结构，合理配置各类运输方式，提高铁路和水路的运输比重，加强全过程节约管理，提高利用效率和经济效益。大力发展回收物流，鼓励生产企业、再生资源回收利用企业联合开展废旧产品回收。坚持严格执行节约用地管理制度，保护有限土地资源。

（六）推动智慧物流建设，提升行业整体发展水平

坚持创新发展思路，践行“互联网＋”发展战略，充分利用中山市物流标准化项目的基础和资源，依托互联网、物联网等信息技术整合物流信息资源，健全和完善物流信息化、标准化建设，鼓励支持应用互联网、大数据、物联网、机器人等技术，引入物流公共信息平台，加快企业物流信息系统建设，发挥核心物流企业整合能力，打通物流信息链，实现物流信息全程可追踪。促进物流信息资源共享与交互，引导和推动物流企业利用智慧化仓储、智能化装备，支持企业应用智能仓储技术，提升企业数字化、自动化、智能化水平，包括智能识别、搬运、存储、分拣相关技术的软件和硬件设备（如由高架立体仓库、高速分拣系统、输送带系统等组成的智能仓储基本骨架；

由叉车、AGV、自动码垛机器人、穿梭车、拣选机器人、货到人机器人、3D 视觉识别等组成的各种自动化设备系统）。规划设计物流中心时，注重软件目标，通过数据仿真工具清楚掌握物流中心运转及产能状况，鼓励物流环节中的各种工具资产、车辆、箱体、托盘等逐渐转化为拥有联网、计算、学习能力的智能装备。提高物流行业的整体发展水平，提高物流企业生产效率，推动构建中山市智慧物流体系，打造珠三角西岸智慧物流城市。

江门市物流业发展2021年回顾与2022年展望*

一、2021年江门市物流发展总体情况

（一）物流产业稳定发展

江门公路运输、铁路运输、港口货物、快递业等总体保持增长态势，物流业总体规模不断扩大。根据《2021年江门市国民经济和社会发展统计公报》显示，2021年，全市水陆货运量18568万吨，同比增长3.6%；货运周转量157.17亿吨公里，下降0.6%。港口货物吞吐量10510万吨，下降1.8%。邮政业务总量24.52亿元，同比增长30.7%。交通运输、仓储和邮政业增加值98.27亿元，增长8.4%。货物进出口总额1789.5亿元，增长25.2%。其中，进口额323.8亿元，增长6.7%；出口额1465.6亿元，增长30.2%。随着国家“一带一路”倡议的提出，以及《粤港澳大湾区发展规划纲要》的出台，江门市致力于进出口货物的物流发展。江门市对“一带一路”沿线国家进出口总额416.0亿元，增长29.5%；对RCEP贸易伙伴进出口总额372.0亿元，增长16.8%。

（二）促进物流业高质量发展

为进一步完善综合运输网络，加强辖区内水道航运和疏港公路建设，推进全市水运与铁路货运高质量发展，江门市交通运输局就《江门市推进水运与铁路货运高质量发展实施方案》向社会公开征求意见，并成立了江门市推进水运与铁路货运高质量发展指挥部。实施方案针对江门市航运发展的短板，大力推动港航资源整合，推动行业向集约化、规模化方向发展；同时积极推动港口、航道、疏港铁路及公路的建设和规划，推动“公铁水”联运基础设施规划建设，加强水陆口岸功能衔接，实现货物运输无缝衔接，进一步打通水陆联运的脉络，从“供给侧”推动江门市水运与铁路货运发展实现突破，发挥江门市制造业的物流优势。

（三）快递业务快速增长

根据《2021年江门市邮政行业发展统计公报》显示，2021年，江门市快递服务企

---

* 供稿人：梁婉婷，广东亚太经济指数研究中心。

业业务量完成 18493. 93 万件，同比增长 45. 87%；快递业务收入完成 23. 35 亿元，同比增长 29. 51%。快递业务收入在行业中占比继续上升，快递业务收入占行业总收入的比重为 75. 37%，比上年提高 3. 65 个百分点。同城快递业务小幅增长。全年同城快递业务量完成 2737. 68 万件，同比增长 20. 13%；实现业务收入 1. 89 亿元，同比增长 15. 36%。异地快递业务快速增长。全年异地快递业务量完成 15591. 89 万件，同比增长 52. 57%；实现业务收入 12. 84 亿元，同比增长 33. 17%。国际/港澳台快递业务下降。全年国际/港澳台快递业务量完成 164. 36 万件，同比下降 8. 83%；实现业务收入 3. 68 亿元，同比增长 14. 44%。异地快递业务占比提升。同城、异地、国际/港澳台快递业务量占全部快递业务量的比重分别为 14. 80%、84. 31% 和 0. 89%，业务收入占全部快递业务收入的比重分别为 8. 10%、54. 99% 和 15. 76%。快递与包裹服务品牌集中度指数 CR8 为 80. 87。

（四）物流市场主体持续活跃

江门市现代物流企业以服务本地制造业、商贸流通业为主，物流企业数量在疫情的影响下有所下降，但个体运输户有所扩增，货运车辆有所增加，整体运力能力逐渐提高。截至 2021 年 12 月，江门市共有普通货物运输企业 1068 家，同比下降 13. 8%；个体运输户 6091 家，同比上升 7. 9%。普货车辆 16212 辆，同比上升 14. 4%。全市共有危险货物运输企业 80 家，危运车辆 1567 辆。全市共有经营性道路货物运输驾驶员 28077 人，道路危险货物运输押运员 2999 人，道路危险货物运输装卸管理员 195 人，道路危险货物运输驾驶员 2227 人。江门市物流企业发展势头强劲，现代物流业的市场主体得到了长足发展。大昌行物流是粤西较大的以提供物流解决方案、食品供应链和保税业务为主的物流企业；华鸿物流是粤西较大的以提供国际货代贸易服务为主的物流企业；安捷物流成功登陆新三板，成为江门市首家登陆资本市场的物流企业。一批物流园区加快规划建设，如银洲湖现代物流基地、鹤山现代物流园区、广海湾物流园区，江门市物流业集聚化程度不断提高。

二、江门市物流业发展存在的主要问题

（一）物流信息化建设缓慢

江门市现代物流的专业化、规模化、信息化程度不高。物流信息化仅在少数较大规模的物流企业中应用，大量中小物流企业仍然采用以简单运输为主的传统商业模式。企业在信息化建设方面面临着投入资金大、建设难度高、专业人才缺乏等问题，限制了江门市物流企业信息化建设，制约了物流企业的发展和降本增效。

（二）现代化物流业人才短缺

随着电子商务、供应链管理等行业态势和模式日渐普及，对于专业领域的物流人

才提出更高要求。江门市物流企业的管理人员、经营人员等从业者专业素质普遍不高，难以满足现代物流业的发展需要。精通信息系统、物流系统和物流建设的专业及复合型人才存在较大缺口，江门地区的物流人才培养和实际技能需求脱节。人才短缺成为制约江门物流业发展的瓶颈。

（三）港口航运资源整合不足

由于江门口岸初期建设缺乏长远规划，导致目前口岸整体布局零散，当前虽拥有5个一类口岸、10个二类口岸，却不能够充分发挥口岸功能，口岸设施资源整合不足。目前，江门港口真正发挥作用的只有新会港、外海码头和高沙码头这三个具有上百万吨吞吐能力的主力港，且目前均已饱和。近年来，江门内河港建设虽然有所提升，但是海港的港口建设上还比较滞后。海港码头的缺失成为江门口岸建设的痛点。虽然江门拥有绵长的海岸线，但水深条件不够理想。同时，外海波浪较大、交通不便、国家用海政策及环境保护政策日趋收紧等因素也为深水港口开发增加了不少难度。

（四）企业服务能力有待加强

目前，江门市物流业仍以传统物流货运为主。具备大规模资源整合及全国物流网络服务能力的企业不多，大多数企业仅提供市内服务，少数企业辐射粤西或粤港澳地区，物流企业辐射能力不足。物流服务难以一体化、综合化，需要多次分流至广州、深圳转运。另外，江门市物流企业的服务较为单一，缺乏增值服务，企业创新竞争力不足。

三、促进江门市物流发展的措施建议

（一）加快智慧物流转型升级

加快物流业转型升级，通过搭建全面的物流信息系统，实现信息技术与物流技术的交叉融合，进而推动江门市物流业的智能化、一体化、自动化，提升物流运作效率。智慧物流的智能化不仅提升了生产效率，还降低了生产成本，将物流过程中运输、存储、包装、装卸等环节集合成一体化系统，为用户提供综合服务。通过加大江门市物流建设财政投入，增加企业物流机械设备，可以提高物流自动化程度。

（二）吸引高层次物流人才

首先，江门市政府相关部门、物流行业组织、物流企业等应该加强物流从业人员职业素质、安全生产、专业技术、管理知识等培训，提高物流从业人员的职业素质和专业技能。其次，江门市可通过人才补贴、落户等政策吸引高层次物流人才；充分利用粤港澳教育资源的优势，通过资源共享、合作交流加强当地高校物流专业的教育，培养现代物流人才，为江门市物流业源源不断地输送人才。

（三）推进多式联运发展

江门市是粤西乃至中国大西南通往珠三角和港澳地区的交通枢纽，目前已形成高速公路、国道、省道的综合公路网，应利用其优越的区位和交通条件，结合铁路和港口建设，营造一个更多样化、综合化的联运平台，发挥出在粤港澳大湾区的枢纽和连接作用。《江门市现代物流业发展规划（2019—2025 年）》已提出，以轨道交通装备、汽车及零部件、工业母机等产业为代表的江门制造业发展迅猛，珠江西岸先进装备制造产业带逐渐成型。江门市的发展战略应加强对物流业，特别是制造业物流的研究规划，形成工业和物流业的综合物流区，加强产业联动。

（四）增强企业物流服务能力

持续优化江门市物流网络布局。不断完善公路、铁路、水路、航空物流基础设施建设，推进物流基地、物流园区、物流配送中心三层次物流节点网络合理布局发展，扩大江门市物流企业的服务覆盖范围。另外，江门市物流企业还需要优化物流服务的能力，增加附加服务，优化服务质量，提高企业竞争力。

惠州市物流业发展 2021 年回顾与 2022 年展望*

一、2021 年惠州市物流业发展总体情况

（一）物流业稳步发展

根据《2021 年惠州市国民经济和社会发展统计公报》显示，惠州市物流业受疫情影响较小，稳中向好，恢复发展。全年交通运输、仓储和邮政业实现增加值 88.72 亿元，同比增长 22.7%。公路旅客周转量 89311 万人公里，下降 10.6%；公路货物周转量 895184 万吨公里，增长 48.6%；水路旅客周转量 154.97 万人公里，与上年持平；水路货物周转量 3198497 万吨公里，增长 1.4%；全市港口货物吞吐量完成 9644 万吨，增长 0.1%；完成邮电业务总量 138.84 亿元，增长 30.8%，其中，邮政业务总量（按 2020 年不变价计算）47.74 亿元，增长 26.6%。

（二）运输领域"放管服"改革深化

2021 年，惠州市交通运输管理局全面实施交通运输行业"双随机、一公开"监督检查工作，对全市 41 家陆运、水运等交通运输企业、交通工程项目进行了"双随机、一公开"抽检；同时，完成道路货物运输驾驶员从业资格考试制度改革，道路货物运输驾驶员从业资格考试实现"一次报名、一次培训、一次考核"的制度改革，全年办理 9410 件从业资格证件的申领和发放；实现道路运输从业人员高频服务事项"跨省通办、省内通办"，全年办理 6351 件；升级交通路网监测平台，实时感知路网运行拥堵态势，推进公交线路、车辆实时位置、车内拥堵状态等出行信息开放共享至百度地图、掌上公交等多个平台，日均服务约 52 万人次。

（三）智慧交通管理体系基本建成

初步建成智慧出行服务、行业管理和决策分析平台，实现对高速公路、国省干线、交通枢纽和运输车辆综合监测；平台现已接入省高速公路视频云平台数据、新建成城市道路及周边监控视频 327 路数据等，通过平台数据分析、预警、汇总等功能实现源

* 供稿单位：惠州市交通运输局。整理人：何泳怡，广东亚太经济指数研究中心。

头治超。同时，完善网约车管理系统，实现网约车运输证办理全流程“指尖办”，启用网约车电子证照，2021 年已发放网约车运输证电子证照 460 张。

（四）危运电子运单管理全面实行

全面实行危运电子运单管理，1592 辆危运车辆实现托运、承运、装卸、车辆运行等全链条安全监管。推进“两客一危一重”安装智能视频监控报警装置和驾驶盲区示警系统，全市 20192 辆“两客一危一重”重点运输车辆已安装并接入监管系统，全市危险货物运输车辆安全事故率同比下降 10.4%，车辆出险率由应用前的 23.3% 下降至 10.4%，降幅 55%。

（五）水运建设持续推进

惠州港的港口发展格局分为沿海港口与内河港口两大部分，拥有两条航线，其中沿海港口设 3 大港区（荃湾、东马、惠东）。荃湾港区从西到东分为荃湾、纯洲和鸡心岛 3 大作业区；东马港区包括东联作业区和马鞭洲作业区两部分；惠东港区包括碧甲作业区、港口作业区、亚婆角装卸点和盐洲装卸点。内河港口设 10 个作业区。惠州港现有生产性码头泊位 69 个，其中万吨级以上泊位 29 个（含 2 个 30 万吨级泊位和 2 个 15 万吨级泊位）。沿海泊位 58 个，港口货物设计吞吐能力 1.5 亿吨，集装箱设计吞吐能力 94 万标准集装箱；内河港口泊位 11 个，吞吐能力 500 万吨。截至 2021 年 12 月底，惠州市拥有水路运输企业 29 家，其中货运企业 24 家，主要从事国内沿海、广东省沿海、内河及港澳航线货物运输业务；水路运输辅助企业 94 家（国内服务业 18 家、国际船代业 21 家、国内船舶管理业 16 家、无船承运人 39 家），主要从事船舶代理、货运代理、船舶管理等业务。全市货船共 421 艘，合计 112.50 万吨。

二、惠州市物流业发展存在的主要问题

（一）物流运输组织化程度稍有欠缺

一是当前惠州市的物流企业整体规模较小、经营分散，企业经营者受传统经营理念束缚，不能很好地优化运力结构，致使运力分配不合理。二是货运站场虽然规划合理，但基础设施的完备性有待提高。三是分管部门协同性较低，政出多门，合力形成困难等。

（二）物流市场规范性有待加强

当前对物流市场进行监管，目光更多地集中在已进入行业的企业经营中的问题，对于物流市场准入监管的力度依然不足，致使进入物流市场的门槛较低，物流市场小、乱、杂、弱、散。同时针对新型物流形式的规范政策无法与新型物流企业的发展同步，

无法有效地保障新型物流企业的长远发展，也冲击了传统物流企业的经营信心。

（三）联运发展空间有待提高

惠州市拥有我国南北重要的铁路运输大通道京九铁路，以及以港口的集疏运功能为主，同时还是京九铁路南端出海口通道的惠大铁路。惠州港是华南地区优良港口，具有岸线多、水深、淤积少、浪小等天然优势，同时惠州港的建设目标是亿吨大港，发展定位是国家级沿海主要港口（国家枢纽港）。惠州市港口发展条件优越，但是集装箱、大宗货物水铁联运、江海联运方面还有较大提升空间。

三、促进惠州市物流业发展的措施建议

（一）加快人才培养体系建设

物流人才按照职能分为操作型人才和管理型人才。随着物流业专业化、现代化程度不断加深，社会对于了解现代物流概念，并能按要求完成物流单元环节操作的技术人才的需求加大；与此同时，也需要了解现代物流理念并具备管理能力的高素质管理人才来降低物流成本，提高效率，进而在整个供应链条上实现物品、信息和资金的高效、快速流动。针对物流人才短缺的问题，惠州市加快人才培养体系建设，既可以从提高物流业从业者的专业素质入手，也可以从学科建设方面有目的性地培养物流人才入手，另外，还需提高企业对于高级专业人才的重视程度，使专业人才真正进入物流行业中去。

（二）提高运输组织化程度

积极发展培育运输中介组织，提高运输组织化程度。运输中介组织的作用是把分散的运输资源，包括运输企业、运输工具和表现为运输需求的运输对象有效整合起来，从而提高运输的组织化程度。加快构建线上运输信息服务平台，服务运输企业、货主通过现代网络技术和通信技术来提高运输组织化程度。

（三）加强市场监管建设

推动建立运营指标考核和评价体系，完善经营者的准入退出机制，对经营企业进行抽检监管。引导经营者加大车载智能视频、音频监控等设备投入，运用数字化技术主动介入运输过程，实现运输过程透明化。推进行业标准建设，建立社会舆论监督机制，强化行业安全监管。疫情期间，全面开展督导检查，落实对企业疫情防控物资储备情况、从业人员防护情况、场地通风及消杀情况等的检查。

（四）推动多式联运建设

以铁路与水运衔接为重点，推动建立与多式联运相适应的规则协调和互认机制。

研究制定不同运输方式货物品名、危险货物划分等互认目录清单，建立完善货物装载交接、安全管理、支付结算等规则体系。深入推进多式联运"一单制"，探索应用集装箱多式联运运单，推动各类单证电子化。加强铁路、港口、船公司、民航等企业信息系统对接和数据共享，开放列车到发时刻、货物装卸、船舶进离港等信息。

（五）提高物流集疏运水平

在进行铁路直通主要港口的港区、港口规划或地区集疏运规划时，要确定集疏运目标，做好规划用地预留控制。在新建或改扩建集装箱、大宗干散货作业区、物流园区、工矿企业及粮食储备库等时，要综合考虑铁路线路，配足到发线、装卸线，实现铁路深入码头堆场，深度挖掘既有铁路专用线潜能，推动共线共用，推进港口集疏运公路扩能改造。

肇庆市物流业发展 2021 年回顾与 2022 年展望*

一、2021 年肇庆市物流业发展总体情况

（一）政策支持物流业发展

2021 年，肇庆市对物流业高度关注并起草了扶持物流业发展的政策措施《肇庆市促进货运物流业发展的若干措施》，并于十三届市政府第 129 次常务会议审议通过。主要提出了培育壮大市场主体、规划物流枢纽网络、支持新能源船舶制造、加强金融支持力度、做好物流人才培育、优化物流业发展环境六条扶持措施。通过政策、管理、服务等多种手段鼓励引导承运肇庆市大宗货物的物流企业落户肇庆，在肇庆开票缴交税费，发挥物流对资源的辐射集聚作用，与区域产业发展实现协同联动、互为支撑。肇庆市交通运输局的数据显示，2021 年以来，肇庆市共新增交通物流企业 119 家，其中普通道路货运企业 112 家，水运企业 4 家，危运企业 3 家。

（二）交通基础设施建设不断推进

肇庆市交通运输局数据显示，2021 年，肇庆市交通固定资产投资完成 78. 39 亿元，肇明高速完成投资 50. 02 亿元，跨江段钢栈桥及钢平台已全部完成。广佛肇高速二期肇庆段建成通车，汕昆、汕湛等多条贯通山区的高速公路建成通车，大环市高速公路网构建完成，高速公路通车里程排名全省第 6；广湛铁路项目已完成可研批复、征拆核查等前期工作，正在进行初步设计；珠肇高铁江门至新机场段可研已批复，已签订征地拆迁框架协议、土地综合开发协议，正在进行初步设计；珠肇高铁高明至肇庆东段已签订征地拆迁框架协议、土地综合开发协议，正加快推进可研编制、规划选址、用地预审等前期工作。

（三）公路货运继续保持高速增长态势

2021 年，肇庆市公路货运增长态势良好。根据肇庆市交通运输局数据，从运力结构看，2021 年年底肇庆市道路货运在营业户 6845 户，同比增长 2%；货车 16136 辆

---

* 供稿单位：肇庆市交通运输局。整理人：杜尚霖，广东省物流与供应链学会。

（含挂车），平均吨位 14.87 吨，与上年同期持平，其中大型车增长最快，同比增长 22%，中型车下跌幅度最大，同比减少 78%，为降低运输成本，追求更高的单车规模效益，货运车辆在走向大车化。从运输总量看，2021 年肇庆市公路完成营业性货运量 8156.62 万吨，同比增长 20%；完成公路货物周转量 516355.41 万吨公里，同比增长 19%，公路货运量及货物周转量均已超疫情前发展水平。公路货物周转量增速全省排名第 11，珠三角地区排名第 3。2021 年肇庆市在抓好常态化疫情防控工作的同时，深化产业招商落地，优存量扩增量，“4 +4” 产业加速集聚，工业生产持续向好，此外大规模的固定资产投资建设也带动货运需求增长，但受国内疫情多点散发、大宗原材料价格大幅上涨、海运成本高企、用电受限等因素影响，公路货物周转量增速从第三季度开始收窄。

（四）水路港口货运较为平稳

2021 年，肇庆市水路货运规模增长显著，根据肇庆市交通运输局数据，从运力结构看，2021 年肇庆市营运船舶 425 艘，净载重量 61.13 万吨，分别同比增长 4% 和 11%，客船从 2020 年的 4 艘增至 7 艘，集装箱船从无到有。从运输总量看，2021 年肇庆市水路完成货运量 1547.9 万吨，同比增长 20%；完成水路货物周转量 293073.86 万吨公里，同比增长 21%，水路货物周转量增速全省排名第 6，珠三角地区排名第 3。本地水运企业承揽业务能力增强，承接更多本地水运业务，水路货运规模增长明显。从港口货运来说，2021 年肇庆市完成港口吞吐量 4657.13 万吨，同比减少 3%，两年平均增速为 7%，较疫情前大幅提升；完成集装箱吞吐量 56.14 万标准箱，减少 3%，两年平均增速降低了 8.6%。与前两年相比，煤炭、矿建材料、水泥、非金属矿石仍然是肇庆市的主要进出港货物，比重从 2019 年的 77% 上升到 2021 年的 85%。港口吞吐量下降主要因为境外疫情蔓延，进口航线减少，国内疫情多点散发、大宗原材料价格大幅上涨、港口物流运输不畅、运价高企、用电受限等因素影响导致工厂减产，进出口货物减少。

（五）快递业务快速增长

根据肇庆市邮政管理局数据显示，2021 年，快递服务企业业务量完成 17085.88 万件，同比增长 33.89%；快递业务收入完成 16.39 亿元，同比增长 28.05%。快递业务收入在行业中占比继续提升，占行业总收入的 74.33%，比上年上升 2.90 个百分点。全年同城快递业务量完成 1009.84 万件，同比增长 4.86%；实现业务收入 0.63 亿元，同比下降 8.80%。异地快递业务快速增长，全年异地快递业务量完成 16022.70 万件，同比增长 36.71%；实现业务收入 9.70 亿元，同比增长 18.59%。全年国际/港澳台快递业务量完成 53.34 万件，同比下降 31.19%；实现业务收入 0.86 亿元，同比增长 11.69%。异地快递业务占比提升。同城、异地、国际/港澳台快递业务量占全部快递业务量比率分别为5.91%、93.78%和0.31%，业务收入占全部快递业务收入比率分别为3.82%、59.16%和5.28%。快递与包裹服务品牌集中度指数CR8为92.47。

二、肇庆市物流业发展存在的主要问题

（一）交通基础设施建设投资面临不少瓶颈制约

受新机场选址未确定影响，肇明高速项目机场支线、广湛高铁肇庆段、珠肇高铁肇庆段推进受到不同程度的影响。肇明高速项目SJ02标因路线偏移原因，需重新办理用地预审，导致项目前期建设进度偏慢。《肇庆港总体规划》前期受环境评价影响批复周期较长，直至2021年9月交通运输部才正式批复，影响了辖区港口码头建设。

（二）多种因素导致物流企业经营压力大

一是新冠肺炎疫情持续时间长，运输企业生存压力陡增。境外疫情仍处于高位流行态势，国内疫情多点散发，影响经济复苏，尤其是影响国际贸易的恢复。2021年以来，肇庆市先后有3家公路客运企业、1家规上公路货运企业、3家水路货运企业退出营运市场。二是中美贸易战影响持续深化。芯片短缺问题进一步凸显，特别是电子、汽车等行业受影响大，连带影响上下游产业链。三是企业经营成本上升。2021年以来大宗原材料价格大幅上涨、运价高企、人民币汇率波动、港口物流运输不畅等因素，致使企业特别是中小微企业生产经营压力加大。四是碳中和与碳达峰政策限电影响。以上因素导致工厂出货减少，运输需求减弱。

（三）港口基础设施建设滞后

肇庆市现有公共码头10个，占码头总数的45%，泊位25个，占泊位总数的42%。深水泊位和专业化泊位不足，现有的60个泊位中，只有3个5000吨级泊位（新港港区2个、四会港区1个），8个3000吨级泊位（四会港区1个、德庆港区7个），港口陆域不足且纵深偏小，难以形成规模效益。码头企业效益不好，维护、升级改造意愿不强、投入不足。

（四）水运企业竞争力薄弱

肇庆市水运企业小、散、弱，市场竞争力不强。肇庆市规模化水运企业特别是一般纳税人水运企业少，缺乏水运龙头企业辐射带动。同时由于造船成本、扶持力度、行业补助政策等原因，肇庆市水运企业货运成本明显高于广西地区，多年来，肇庆市水运企业多数船舶以在珠三角发达地区从事货物运输为主，而本地大宗货物（如华润水泥）有近3/4的业务交由外地水运企业进行运输。肇庆市水运配套产业链不完整，主要是船舶产业及相关产业规模小，目前肇庆市仅有2家造船厂，年均造船30艘，船

舶维修能力不足，船员培训、水运人才培养等配套制度也不健全。

三、促进肇庆市物流业发展的措施建议

（一）全方位参与粤港澳大湾区城市群建设

深度融入大湾区综合交通网络。全面对接广东省实施的交通强国“十大工程”，加快推进与大湾区其他城市的“硬联通”，推进交通基础设施六大工程。主动参与打造“轨道上的大湾区”，广湛高铁、珠肇高铁肇庆段有望在年内动工，争取开通更多肇庆往返香港、深圳等地的高铁和城轨班次。全面对接大湾区快速交通路网，加快建设肇明高速一期等项目，谋划广佛肇云高速、惠州至肇庆高速。配合开展珠三角枢纽机场前期工作，拓展西江、北江沿线港口码头规模和功能，加快开展新基湾作业区码头前期工作。强化市域交通“内循环”，完成马房特大桥建设，加快建设金利大道，谋划端州至新机场、金利至肇庆东站、新区至大旺等区域快速通道，规划建设粤桂省际廊道、绥江沿线通道、东部大道及中部山区通道。

（二）提升交通运输服务保障水平

提升公共交通运行效率，继续推进中心城区公共交通一体化，完成城区东部线路整合工作，结合鼎湖万达广场和肇庆新医专等项目投入使用，合理新增和优化公交线路，不断融合端州区、鼎湖区、高要区、高新区公共交通发展，推动各区域均衡发展，优化区域功能布局。持续开展“出租车文明服务九大提升行动”，组织落实《肇庆市网络预约出租汽车经营服务管理实施细则》，加大力度推进网约车双证合规进程。推进农村公路提档升级，适应高质量发展和乡村振兴的新要求，推进资源路、旅游路、产业路建设。

（三）协调推动公路水路货运高质量发展

一是挖掘现有港口码头运营潜力。开展现有港口码头的升级改造，吸引周边货源在肇庆港集聚，培育壮大水运上下游产业链。引入港口龙头企业建设专业化的公共码头，谋划建设砂石集散中心，争取市场话语权，保障过渡期大宗货物水路运输需求。二是要扶持本地物流企业做大做强。出台扶持政策，坚持本地扶持与外地引进共同发力。尽快出台《肇庆市促进货运物流业发展的若干措施》，进一步扶持本地运输企业发展壮大，引导货主企业优先选择本地运输企业。瞄准大型物流企业进行点对点招商，吸引大型物流企业到肇庆市注册投资或落户肇庆市。

汕头市物流业发展 2021 年回顾与 2022 年展望*

一、2021 年汕头市物流业发展总体情况

（一）物流业发展平稳有序

根据《2021 年汕头国民经济和社会发展统计公报》显示，2021 年，汕头市交通运输、仓储和邮政业增加值 70.95 亿元，同比增长 19.6%；全年货物运输总量 8652.64 万吨，同比增长 12.3%。货物运输周转量 83.62 亿吨公里，同比增长 6.4%。其中公路货运量完成 8164.16 万吨，同比增长 14.5%；公路货物运输周转量 53.97 亿吨公里，同比增长 10.9%。水路货物运输有小幅下滑，2021 年，水路货物运输总量 497.10 万吨，同比下降 15.0%；水路货物运输周转量 29.46 亿吨公里，同比下降 1.0%。全年港口货物吞吐量 4138.25 万吨，同比增长 23.5%。其中，港口集装箱吞吐量 179.99 万标准箱，同比增长 12.9%。

（二）重大基础设施建设实现新突破

汕头市一批交通市政项目加快建设。粤东城际铁路开工建设，区域铁路加速织密成网并将实现“公交化”。广澳港疏港铁路计划于 2022 年开工，汕汕铁路、汕头站综合枢纽工程加快建设，漳汕铁路前期工作顺利推进。汕北大道（凤东路）、中阳大道龙湖段建成。海湾隧道、牛田洋快速通道、金砂西路西延、陈沙大道、汕南大道潮阳段加快建设。南澳联络线、潮汕环线京灶大桥、潮汕大桥开工建设。广澳港区三期工程前期工作加快推进，2 万吨级石化码头加快建设。一批能源水利项目加快推进。粤东 LNG 项目汕头段一期配套管线建成调试。粤东水资源优化配置工程加快推进，潮水溪疏浚工程建成，榕江关埠引水工程、粤东灌区续建配套与节水改造工程加快建设。一批商贸项目加快落地。华润万象城开业，万象汇、正大万客隆、中骏世界城等一批商业综合体加快建设。天环冷链水产配送中心建成运营，粤东江南国际农产品交易中心、濠江冷链物流生态圈产业园加快建设。

---

* 供稿人：杜尚霖，广东省物流与供应链学会。

（三）快递业务持续增长

根据汕头市邮政管理局数据显示，2021 年，全市快递服务企业业务量累计完成 21.62 亿件，同比增长 52.15%；业务收入累计完成 109.42 亿元，同比增长 31.95%。其中，同城业务量累计完成 0.37 亿件，同比下降 61.77%；实现收入 1.68 亿元，同比下降 61.34%。异地业务量累计完成 21.23 亿件，同比增长 60.56%；实现收入 98.01 亿元，同比增长 39.74%。国际/港澳台业务量累计完成 246.62 万件，同比增长 23.25%；实现收入 1.72 亿元，同比下降 5.77%。异地业务占比提升，同城、异地、国际/港澳台快递业务量占全部快递业务量的比率分别为 1.72%、98.17%和 0.11%；业务收入占全部快递业务收入的比率分别为 1.54%、89.58%和 1.57%。快递与包裹服务品牌集中度指数 CR8 为 95.52。

二、汕头市物流业发展存在的主要问题

（一）交通基础设施存在短板

目前汕头综合交通基础设施供给能力欠缺，对外交通仍是制约发展的瓶颈。重要城际通道能力不足，尚未形成汕潮揭一体化高效便捷交通体系，特别是内外交通网络不完善、公路技术等级偏低、综合运输体系不健全、交通发展方式不集约等问题较为明显，连接粤港澳大湾区的快速便捷通达水平也不高，港口集聚辐射力不强，交通衔接辐射能力与全国性综合交通枢纽的能力要求仍有差距。

（二）产业发展质量不高

汕头市产业具有体量不大，整体呈现劳动密集、布局分散、产品附加值低等特征，缺乏龙头企业和大项目带动，战略性新兴产业未形成规模，传统产业转型升级任务艰巨。目前仍缺少标志性的大型商品集散地，缺少大型综合物流园区。很多企业认为生产的重要性远远大于流通，受重生产轻流通观念的影响，长期以来，流通领域得不到企业的重视，导致物流业发展缓慢，各种物流基础设施布局分散、装备落后，物流企业运作水平低，多为人工、机械化操作。

（三）物流企业运行效率下降

受疫情反复影响，部分地区货运受阻、物流不畅。国内有城市出台更加严格的通行管控措施，出现“层层加码”“以邻为壑”的问题。道路通行不畅，大量个体司机为避免隔离风险选择停运，物流企业运行效率大幅下降。

（四）物流业从业人员专业素质不高

目前，汕头市交通运输从业人员主要以驾驶员、办公室文员、仓库管理员为主，

由于目前还是以传统仓储运输企业为主，因此传统作业操作水平低、机械化程度不高的情况普遍存在。这种劳动密集型的运作方式使企业对员工素质要求也较低，所积累的是传统运作模式下的经验，缺乏对现代物流运作规律的把握。适应物流信息化、网络化、数字化发展的现代物流专业人员非常少，在很大程度上制约了交通运输现代物流的发展。

三、促进汕头市物流业发展的措施建议

（一）打造全国性综合交通枢纽

全力打造全国性综合交通枢纽。围绕构建连接粤港澳大湾区、通达国内外的立体交通网，推进“十大工程”。强化铁路“大动脉”，加快推进汕汕铁路、粤东城际铁路、广澳港疏港铁路和汕头站综合枢纽工程建设，争取漳汕铁路开工建设，谋划海门港疏港铁路。推动港航集约发展，力争广澳港区三期工程启动建设，加快打造粤东港口群核心港区和公共物流枢纽港区。加快完善公路网络，围绕“镇镇通高速”、全市域15分钟上高速的目标，加快汕头海湾隧道、牛田洋快速通道和金砂西路西延、潮汕环线京灶大桥、南澳联络线一期工程、潮汕大桥、汕南大道等项目建设，争取汕头至饶平高速公路开工建设。

（二）大力发展多式联运

汕头市应充分发挥“双循环”新发展格局下国家物流枢纽的资源集聚和区域辐射作用，加强中欧班列运输与国际陆海贸易新通道建设对接，打通汕头港广澳港区、海门港区等重点发展港区与运输大通道的连接，将广澳港区打造成为汕头港延伸服务的新平台，深化与招商局集团的合作，新开通一批国际国内航线，推动粤东港口群与粤港澳大湾区、粤闽浙沿海城市群主要港口以及赣州、梅州等内地“无水港”深度合作，建立汕潮揭梅区域高效快捷的物流枢纽网络，推动粤东乃至赣南地区货源回流，集中由汕头港出海。大力发展“铁路＋仓储”运输模式，开展海陆空铁多式联运，加快推进多式联运“一单制”发展。

（三）打造快捷高效的运输服务体系

优化运输结构，推进大宗、中长距离货物运输向铁路和水运有序转移。完善物流配送网络，优化组织模式，提高物流效率，降低物流成本。加强新技术在客货运输领域的应用，积极推广“一票制”“一单制”，以及应用智能化、快速化换乘换装设施设备提高运输便捷性。谋划综合交通大数据中心体系，将客货运、公交、执法等信息融合联动，促进各种运输方式数据互联共享，提高信息发布和应急调度效能，实现交通服务智能化、运输组织高效化和交通管理精细化。

（四）改善城市交通环境

提升城市交通环境品质。改善汕头中心城区的交通拥堵状况，构建“出入顺畅、出行便捷、运作高效、品质化高”的中心城区交通系统。加强与汕昆高速的联系，实施潮汕路快速化改造，加快海滨路西延、金砂西路建设，实现市区快速通达潮汕机场。实施中山东路快速化改造建设，加强与汕头站的快速通达。加快打通天山北路等一批主、次干道、支路的断头路、瓶颈路，提高路网连通性。构建交通微循环，提高城市交通出行效率。新增一批立体过街设施，完善慢行交通系统。发展智慧交通，提升城市交通智能化水平，推广各类智能终端在公路、铁路、航道、港口、城市公交线网等交通基础设施的布局和应用，完善汕头智能公交系统及查询软件服务功能，提升交通系统运行效率和管理水平。建设智慧停车系统，合理统筹各类停车资源，科学规划建设城市停车设施，加强充电桩等设施建设。

潮州市物流业发展 2021 年回顾与 2022 年展望*

一、2021 年潮州市物流业发展总体情况

（一）物流业发展受到疫情影响

根据《2021 年潮州市国民经济和社会发展统计公报》显示，2021 年，潮州市交通运输、仓储和邮政业增加值 32.80 亿元，同比增长 14.3%；全年货物运输量 2775.31 万吨，同比下降 0.7%；货物周转量 111.81 亿吨公里，下降 33.7%。港口货物吞吐量完成 1713.18 万吨，增长 27.1%。港口集装箱吞吐量 7 万标准箱。2021 年年末公路通车里程 5470.44 公里，其中高速公路里程 203.84 公里，比上年年末增长 1.2%。全年货物进出口总额 241.47 亿元，同比增长 32.7%。其中，进口总额 48.42 亿元，增长 64.6%；出口总额 193.05 亿元，增长 26.6%。进出口差额（出口减进口）144.63 亿元，比上年增加 21.51 亿元。从贸易方式看，一般贸易出口 188.07 亿元，同比增长 27.2%；加工贸易出口 3.49 亿元，增长 5.0%；一般贸易进口 43.33 亿元，增长 69.9%；加工贸易进口 1.20 亿元，增长 26.2%。

（二）邮政快递业持续增长

根据潮州市邮政管理局数据显示，2021 年，潮州市邮政行业业务收入（不包括邮政储蓄银行直接营业收入）累计完成 29.22 亿元，同比增长 12.24%；业务总量累计完成 45.94 亿元，同比增长 34.92%。全市邮政服务业务总量累计完成 26732.14 万元，同比增长 6.27%；邮政寄递服务业务量累计完成 2530.76 万件，同比下降 12.96%；邮政寄递服务业务收入累计完成 0.47 亿元，同比下降 21.21%。全市快递服务企业业务量累计完成 61471.29 万件，同比增长 38.49%；业务收入累计完成 25.47 亿元，同比增长 11.95%。其中，同城业务量累计完成 2684.20 万件，同比下降 35.29%；异地业务量累计完成 58768.71 万件，同比增长 46.21%；国际/港澳台业务量累计完成 18.39 万件，同比下降 58.81%。全市同城、异地、国际/港澳台快递业务量分别占全部快递业务量的 4.37%、95.60% 和 0.03%；与上年同期相比，同城快递业务量的比重下降

---

* 供稿人：李佳，广东亚太经济指数研究中心。

4.98 个百分点，异地快递业务量的比重上升 5.05 个百分点，国际/港澳台业务量的比重下降 0.07 个百分点。全市同城、异地、国际/港澳台快递业务收入分别占全部快递收入的 3.31%、87.69% 和 1.36%。与上年同期相比，同城快递业务收入的比重下降 3.38 个百分点，异地快递业务收入的比重上升 2.9 个百分点，国际/港澳台业务收入的比重下降 0.46 个百分点。2017—2021 年快递业务量及发展情况如图 1 所示。

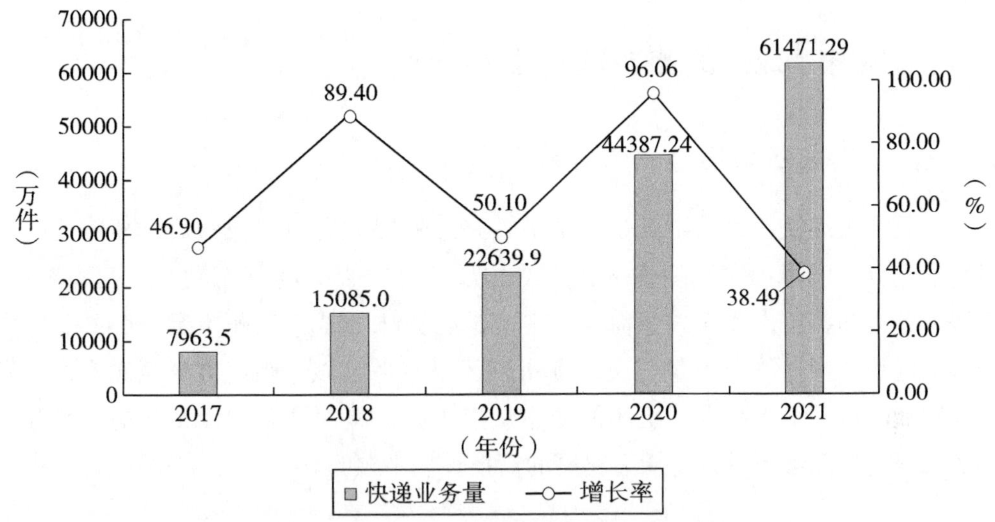

图 1　2017—2021 年快递业务量及发展情况

资料来源：潮州市邮政管理局。

（三）交通物流基础设施建设持续推进

潮州市综合交通体系持续完善。2021 年，潮汕站南站房改扩建基本完成，汕漳铁路、梅州（大埔）至潮州港疏港铁路、梅潮高速前期工作加快推进，甬莞高速潮州东联络线项目进展顺利，S231 凤湾线凤凰至文祠段改造工程、S502 线闽粤交界至饶平大埕段改造工程完成建设。能源保障基础持续夯实，华瀛 LNG 接收站码头工程加快推进，粤东 LNG 一期配套管线项目（潮州段）基本建成。"三江连通"、引韩济饶工程加快推动，40.8 公里碧道完成建设。

（四）电商物流体系加快发展

2021 年，阿里巴巴粤东首个淘宝天猫潮州商家运营中心成功运营，这是继金华、广州、顺德之后成立的全国第四个淘宝天猫商家运营中心；饶平县柘林港获批对台小额贸易点试行更开放管理权限，潮安区 11 个镇、100 个村被评为"淘宝镇""淘宝村"，数量位列全国第 8 和全省第 1。2021 年，粤东（潮州）智慧物流电商产业园项目正式在潮州市落成，项目主要建设智能快递中心、智能快运中心、冷链中心、航空中心、仓储中心、电商（含跨境）中心、电商直播中心、研发中心、地面停车场、地下停车场及其他配套设施。项目将着力打造“智慧物流+云仓储+新零售”新业态，建立“仓干配”运营模式，预计年营收不低于10亿元，每年直接为潮州市企业降低物流成本1.5亿元，新增就业岗位2000个以上，可带动行业营收超100亿元。项目建成后，将成为国内数字经济的标杆基地、现代电子商务示范园区和区域性综合物流枢纽中心，促进潮州市加快构建现代商贸物流体系，完善现代服务业功能布局，助推经济社会高质量发展。

二、潮州市物流业发展存在的主要问题

（一）综合交通网络建设仍需加快

漳州至汕头高铁、大埔至潮州港疏港铁路等铁路大通道建设滞后。高速公路发展不平衡不充分，凤凰山等潮安北部山区尚未通高速公路，梅州至潮州、汕头至饶平、饶平海山岛至汕头市南澳第二出海通道等高速公路未建成。潮州市区与各县、区之间的城市交通快速通达能力不足，缺乏潮州市区至饶平县城、潮州市区至潮安区、潮州市区经潮汕高铁站至揭阳潮汕机场的城市快速干线。厦深铁路潮汕站与揭阳潮汕国际机场的快速连接深度不够，与周边路网的衔接转换不顺畅。

（二）农村物流建设有待进一步加强

目前，潮州市农村物流的发展缺少龙头企业，电子商务的模式难以直接帮助农村提升农村物流水平。一是农村信息化程度低，目前农村的信息化建设远落后于城市，资源集中于城市，农村缺乏信息化的普及。二是农村在电子商务的物流配送方面建设难度大，需要投入较多资金，但由于农村缺乏规模效应，资金很难快速回笼，资本的投资意愿低。三是农村的农民缺乏城市的先进思想与理念，农民的学习能力与资源相对较差，很难将自己的产业与电子商务进行结合。

（三）冷链物流建设有待加快

潮州市整体冷链物流体系较落后，使得冷链物流的资源繁杂且能力参差不齐，大多数生鲜农产品市场基本是生产商、加工商、零售商各自操作，这在很大程度上会导致冷链物流运输路线的重复、冷链车辆空载率高、冷链资源浪费等现象，容易出现配送过慢、配送质量低等问题。此外，对于物流运输的规范操作、物流信息的传递和物流设备技术的更新都没有进行有效的管理，大多数批发商依靠第三方冷链物流进行运输，而潮州市的第三方物流暂处于不成熟的发展阶段，各类冷链物流公司的能力更是参差不齐，无法针对用户消费情况进行专业化的冷链物流路径规划、配送方案策划和有效的成本管理，一定程度上限制了潮州市生鲜农产品冷链物流发展。

三、促进潮州市物流业发展的措施

（一）加强重大基础设施投资力度

突出交通基础设施建设，抓好汕漳高铁、广河客专延长线、梅州（大埔）至潮州港疏港铁路、宁莞高速通凤凰山高速公路、大潮高速公路至潮州港金狮湾港区延长线等项目的前期工作，推动粤东城际铁路潮州段开工建设，加快甬莞高速潮州东联络线工程进度，实施S231凤湾线文祠至意溪段改造工程、省道S231韩江大桥至外环南路改建工程、S232线潮安段改建工程、外环大桥等主干道项目，加快汕汾高速延长线以北路段等重要道路改造，打通金塘路、银槐西路等一批断头路，畅通城际、市域、农村道路微循环，打造“江海陆空、互联互通”的综合交通体系。

（二）推进完善现代物流体系

持续推进运输结构调整，打造物流基地和现代快递产业园，推动潮安站综合货运枢纽、枫溪铁马物流园等项目建设。构建高效物流配送体系，加强城市物流配送体系、县区寄递物流园区的建设，完善集客运、货运、邮政、快递等功能于一体的乡镇综合运输服务站布局，推进村级农村服务点建设，畅通寄递物流“最后一公里”。建立货运服务合作机制，提高公路、铁路、水路货场装卸货及运输效率，支持物流园区等单位与相关货运部门建立合作机制。推动物流信息服务水平，鼓励“互联网+货运物流”新业态、新模式发展，支持大型道路货运企业以资产为纽带，延伸服务链条，实现资源高效配置，加快向现代物流企业转型升级。

（三）加强农村物流建设

一是加强标准化建设。针对潮州市特色农产品生产、运输、储藏等环节的特征，研究制定特色农产品专用冷链物流标准。推进建立农村物流网络体系标准化模式，积极推动县、乡、村三级农村物流服务网络标准化建设，实现管理、服务、设施设备等的规范和统一。依托水产品、蔬菜、茶叶、水果等优势产业，推动物流设施设备标准化，根据农产品特点推广标准化包装，支持标准化托盘、周转箱等应用。加快推动农村物流技术、装备、流程、服务、安全等标准制修订工作，推进农村物流标准化进程。二是加强信息化建设。统筹农业、商务、供销、交通、邮管等相关部门信息资源，有效整合重点农业生产企业、农产品加工企业、农产品流通企业、物流企业等资源，构建潮州市农村物流综合信息平台，进行农村物流供需信息的收集、整理、发布，促进农村各类物流资源及时高效调配。推进县级农村物流中心、乡镇农村物流服务站、村级农村物流网点等终端和设备的信息化改造，增强各方信息互联互通、集约共享和有效联动。推动农产品物流信息化发展，推广利用条码、射频识别、GPS、物联网、云计算、温度动态监测等信息技术，实现信息汇总查询、车辆定位调度、货物跟踪调配、生鲜产品温度实时监控等，强化冷链物流溯源体系建设。

（四）强化物流建设用地保障

统筹城乡用地规划，在编制各县（区）乡村建设规划和土地利用规划过程中，要统筹城镇与乡村融合发展，以乡村振兴战略规划为前提，充分考虑农村物流建设发展需求，优先保障农村专业市场、农村物流仓储、分拣中心、冷链物流设施、电子商务产业园、助农服务中心等项目的用地需求。用好用活城乡建设用地增减挂钩政策，全面推进农村建设用地拆旧复垦，整合农村零散存量建设用地，鼓励支持将存量建设用地用于农村物流项目建设，保障农村物流公共基础设施用地需求。积极对接广东土地利用计划，探索将农村物流作为农村新产业新业态，在新增土地指标中予以项目用地政策倾斜，扶持农村交通基础设施、物流基础设施等建设。

揭阳市物流业发展 2021 年回顾与 2022 年展望*

一、2021 年揭阳市物流发展总体情况

（一）物流行业平稳发展

2021 年揭阳市物流业呈平稳发展趋势，根据《2021 年揭阳市国民经济和社会发展统计公报》显示，交通运输、仓储和邮政业增加值 54.74 亿元，同比增长 22.4%。货物运输总量 2870 万吨，同比增长 18.5%，其中公路货运量 2830 万吨，同比增长 18.7%；货物运输周转量 28.11 亿吨公里，同比增长 17.3%，其中公路货物运输周转量 23.55 亿吨公里，同比增长 23.2%；港口货物吞吐量完成 2768 万吨，同比增长 16.8%；邮电业务总量 306.06 亿元，同比增长 49.3%，其中邮政业务总量（按 2020 年不变价计算）260.74 亿元，增长 54.3%。

（二）交通物流网络格局初步形成

近年来揭阳市投资 1811.09 亿元，建成省道 S234 线、天福东路、滨江大道等一批重要基础设施；揭阳潮汕国际机场跃升 4E 等级；梅汕客专建成通车，揭阳港获准扩大开放，汕湛、揭惠等 5 条高速公路建成通车；新建、改造国省道 374.1 公里，空铁港综合交通格局基本形成。2021 年，揭阳市基础设施建设加快推进。揭阳机场航站区扩建工程进展顺利；汕汕高铁、揭惠铁路建设有序推进，粤东城际铁路开工建设；中石油原油码头和成品油码头中期交工，前詹通用码头基本成型，大南海公共码头开工建设；揭惠高速公路市区连接线、揭阳大桥建成通车，进贤门大桥进入主拱施工，京灶大桥开工建设。

（三）物流项目投资力度加大

2021 年，揭阳市强化对外交流合作，准确把握构建新发展格局的新要求，支持企业扩内需、拓外贸，推动“优进优出”转型。借鉴自贸区、自由港创新经验，推动惠来港区、榕江港区扩容提质，建设国家跨境电商综合试验区和 B 型保税物流中心，积

* 供稿人：王锋，广东省现代物流研究院。

极推进外贸新业态和新型外贸经营主体的建成。与此同时，揭阳市加快冷链物流体系建设，启动圆通、申通等智慧仓储物流项目，推动快递行业提质增效，天惠冷链物流中心等项目也在紧锣密鼓的建设中。

（四）快递业快速增长

根据揭阳市邮政管理局数据显示，2021 年，揭阳市全市快递服务企业业务量累计完成 35. 33 亿件，同比增长 50. 53%；快递业务收入累计完成 161. 12 亿元，同比增长 16. 80%。其中，同城业务量累计完成 1. 72 亿件，同比增长 17. 01%；异地业务量累计完成 33. 61 亿件，同比增长 52. 78%。2021 年，揭阳市同城、异地快递业务量分别占全部快递业务量的 4. 87%、95. 13%；同城、异地、国际及港澳台快递、其他业务收入分别占全部快递收入的 3. 88%、82. 67%、0. 06%、13. 39%。

（五）电商物流竞争力提升

据不完全统计，目前，全市共有各类电商经营主体 20 多万家（根据物流流水单、平台网店数统计），主要应用的电商平台为淘宝、天猫、京东、拼多多、“1688”、美团等，主要销售类目为纺织服装、塑料家居用品、小家电、珠宝玉器、中药材。目前，全市共设立村级电商服务站 760 个，共培育“中国淘宝镇”36 个、“中国淘宝村”151 个，2021 年淘宝村数量在全国城市中排名第 16 位；培育发展揭阳跨境电商产业园、军埔电商村产业园、新亨镇电商产业园、普宁国际电商城产业园、普宁国际服装城电商产业园、普宁上寮电商园、揭西金和电商产业园 7 个电子商务园区。

二、揭阳市物流业发展存在的主要问题

（一）综合交通网络不完善

中心城区对外联系公路通而不畅。汕昆高速公路、甬莞高速公路、揭普惠高速公路围绕揭阳市区边缘通过，设埔田、云路、锡场、霖磐、仙桥、机场东 6 个高速公路收费站，但揭阳市中心城区通往高速公路收费站的对外公路服务水平不高，大部分路段设置了 10 个以上红绿灯，平均速度 30km/h，比较慢，特别是 S234 平交路口多，与揭普惠高速霖磐收费站连接通而不畅。缺少时速 350km/h 的高铁和城际铁路。揭阳市现有 3 条铁路，大部分区域乘坐高铁不太方便，通往粤港澳大湾区迂回绕行问题突出，且厦深铁路设计速度仅为 250km/h，以致通往广州、深圳时间较长，同时缺少城际铁路，不满足汕潮揭一体化要求。南部沿海通道汕尾至汕头高铁、中部纵向通道揭阳至惠来铁路尚未建成。普通国省道存在瓶颈路段，农村公路技术等级偏低。部分普通国省道线形指标低，通行能力不足，交通压力大；另外还存在“两头好、中间差”的瓶颈路段。农村公路技术等级总体偏低，其中四级公路占比 70%。

（二）专业化大型化港口设施发展滞后

揭阳港专业化大型化港口设施发展滞后。揭阳港榕江港区码头虽有28座，泊位39个，但大部分为2000吨级以下码头，等级偏低。装卸设备主要是5吨以下固定吊，部分码头连固定吊都没有，机械化程度严重落后。揭阳市正在将自身打造成沿海经济带上的产业强市，中石油广东石化炼化一体化、吉林石化ABS、昆仑能源LNG、广物巨正源、泛亚等一批现代化大型临港产业逐步落户。揭阳港惠来沿海港区目前仅有惠来电厂配套码头、中海油粤东LNG项目自用码头、神泉港务码头3个码头，共有生产性泊位6个，其中万吨级以上3个。现有港口设施难以满足揭阳市经济发展需要。

（三）枢纽、经济节点衔接有待加强

与机场和高铁站衔接不够便捷。目前，揭阳市中心区主要通过国道G206去往机场和潮汕高铁站，沿途红绿灯较多，车流量较大、过境货车多，行车不顺畅。揭阳港集疏运体系不够完善。揭阳港榕江港区的集疏运通道由国道G206和农村公路承担，街道化严重，过境交通与生活性交通混杂，车流量较大。揭阳港惠来沿海港区主要依托高速公路、国道作为集疏运通道，缺少疏港铁路，难以满足沿海港口发展需要。与产业园区衔接的部分公路亟须升级改造。与产业园区相衔接的部分公路技术等级低、城镇化严重、交通量大，通行能力不足，亟须升级改造才能适应产业园的发展。

三、促进揭阳市物流业发展的措施建议

（一）扎实有序推进码头建设

有序推进惠来沿海港区大型化、专业化、公共化码头建设，重点加快推进中委合资广东石化2000万吨/年重油加工工程配套码头工程、揭阳港前詹作业区通用码头一期工程、揭阳港大南海东岸公共防波堤工程、公共码头一期工程、公共进港航道工程建设。稳步谋划揭阳港榕江港区港口规模化、集约化建设，严格控制散货、件杂货小吨位码头建设，依法取缔或迁移一批码头，规范保留码头的经营行为，从根本上治理榕江沿线码头小、散、乱、弱的现状，改变码头布局不合理的现状，切实保护、开发和利用好榕江岸线资源。

（二）加强与枢纽和经济节点的交通衔接

完善铁路物流枢纽布局，规划建设航空物流中心，重点加强揭阳潮汕国际机场多式联运枢纽功能，加强不同运输方式间的有效衔接。进一步拓展高铁站场货运服务功能，完善货运配套设施，优化提升空港经济区物流服务功能，拓展国际国内货运航线网络，重点推进揭阳潮汕国际机场扩建工程等重点项目建设。积极发展航空多式联运。

积极推动高速铁路、高速公路等接驳揭阳潮汕国际机场，强化空铁联运、陆空联运。规划建设航空物流中心，打造空陆联运枢纽设施。

（三）加强港口集疏运基础设施建设

推进铁路专用线直达大型工业园区、堆场、码头，完善铁水联运配套设施。支持大型物流园区、港口新建集疏运铁路专用线，完善铁路专用线共建共用机制。创新投融资模式，吸引企业和社会资本投入，加快落实上级财政、土地等方面的支持政策。配合省铁路投资集团抓紧开展揭阳疏港铁路项目前期工作，加快推进项目建设。

（四）加快综合交通运输高质量发展

依托揭阳潮汕机场货运设施布局和运行环境，加快发展空港物流；要提升海港物流，加强与广州港集团合作，尤其是在集装箱、大宗散货、钢材煤炭等运输方面的合作；完善发展公路运输，引导和支持具备条件的运输企业向多式联运经营人转变，推行“一单制”联运服务；积极推广甩挂运输，发展普通货车租赁、挂车共享、长途接驳甩挂、集装单元化等新模式；探索创新“互联网＋高效物流”“智慧物流”等新模式，推进电商、冷链物流、大件运输、危险品物流等专业化物流发展。

汕尾市物流业发展 2021 年回顾与 2022 年展望*

一、2021 年汕尾市物流业发展总体情况

（一）交通物流增长进一步加快

交通物流规模增长进一步加快。2021 年，全市货运经营业户约 2340 家，其中企业业户 88 家、个体业户 2252 家。根据《2021 年汕尾市国民经济和社会发展统计公报》显示，2021 年全市货运量 3662 万吨，同比增长 62.0%，较 2020 年增速提升 49.9 个百分点；货物运输周转量 31.23 亿万吨公里，同比增长 51.8%，较 2020 年增速提升 40.2 个百分点。其中，公路货运量 3652 万吨，同比增长 62.1%，公路货物运输周转量 30.98 亿吨公里，同比增长 52.0%；水路货运量 10 万吨，同比增长 25.6%，水路货物运输周转量 0.25 亿吨公里，同比增长 25.6%。港口货物吞吐量 1666 万吨，同比增长 30.8%。

（二）邮政快递业务明显增长

根据汕尾市邮政管理局数据显示，2021 年，全市邮政行业业务总量完成 12.10 亿元，同比增长 29.6%；邮政行业业务收入（不包括邮政储蓄银行直接营业收入）完成 12.20 亿元，同比增长 19.9%。快递业务持续增长。快递服务企业业务量完成 11102.91 万件，同比增长 42.3%；业务收入累计完成 10.42 亿元，同比增长 26.6%。邮政快递业务服务能力保持稳定。全市行业营业网点平均服务面积为 9.79 平方公里，平均服务人口为 0.54 万人。城区邮政每日平均投递 1.93 次，农村每周平均投递 6.0 次。全市年人均函件使用量为 0.04 件，每百人订有报刊量为 2.08 份。年人均快递使用量为 41.5 件，年人均用邮支出 390.0 元，年人均快递支出 456.4 元。

（三）交通基础设施建设进一步完善

随着综合交通大会战工作推进，汕尾市公路、铁路等交通基础设施建设进一步推进。一是铁路建设进展顺利，广汕铁路、汕汕铁路建设加快推进。二是高速公路建设

* 供稿人：汕尾市交通运输局、汕尾市商务局。整理人：李玉玲，广东亚太经济指数研究中心。

进程加快，深汕西改扩建工程、兴汕高速海丰至红海湾段二期加快推进。三是广东滨海旅游公路品清湖南段动工建设。四是机场工作稳步开展，建成深圳机场汕尾城市候机楼。

（四）现代流通体系建设持续推进

汕尾市积极推进现代流通体系建设，目前处于粤东四市中位水平。物流运输方式以公路运输为主，港口物流发展较好。物流总值构成以工业品物流为主，农产品物流比重缓慢上升。2020 年 12 月以来，汕尾市委作出加快现代物流体系发展的工作部署，为把握毗邻粤港澳大湾区和深圳先行示范区、衔接多重经济板块、滨海临港条件较好、港口物流支撑较好的发展机遇，发挥交通区位不断改善、地方产业转型发展提升带来的优势，市交通运输部门加快落实《汕尾市物流专项规划（2020—2035 年）》，以构建服务区域的集疏运网络和大物流格局为重要规划目标，明确构筑汕尾区域性物流中心的发展路径。根据汕尾市 2022 年政府工作报告，汕尾市 2021 年成功申报创建广东丝苗米（汕尾）跨县集群产业园等 4 个省级现代农业产业园，新增国家“名特优新”农产品 6 个，海丰县获评全国农业科技现代化共建先行县。

（五）冷链物流基础设施建设不断推进

广东省供销社直属企业广东新供销天业冷链集团公司已在汕尾市布局注册了 3 家公司，投资建设 3 个大型冻库。其中，城区马宫项目占地面积约为 34000 平方米，计划总投资额约为 1.2 亿元，申请专项债 6000 万元，项目已于 2021 年 6 月 5 日正式动工。华侨管理区项目占地面积约为 20000 平方米，计划总投资额约为 6000 万元，申请专项债 3000 万元，项目已于 2021 年 7 月 1 日填土方作业。陆河项目占地面积约为 26640 平方米，计划总投资额约为 1.2 亿元，目前项目已完成征地和拆迁工作。

（六）农村物流体系进一步完善

推进电子商务进农村综合示范创建工作，支持农产品流通基础设施建设。在广东省商务厅高度重视和指导下，汕尾市农村电商工作有序有效推进，积极组织申报省级、国家级电子商务进农村综合示范县，已实现省级、国家级示范县全覆盖。其中省级示范县 3 个（海丰县 2018 年评定、陆河县 2019 年评定、陆丰市 2020 年评定）。国家级示范县 3 个（海丰县 2019 年评定、陆河县 2020 年评定、陆丰市 2021 年评定）。推动三大电子商务进农村综合示范县工作，构建县、镇、村三级物流体系，做好农产品上行工作，开展农村电商培训。目前全市三大示范县建成县级电子商务公共服务中心 3 个、县级物流中心 3 个、镇级电商服务中心 46 个，村级电子商务示范站点建设 390 个，开展电商人才培训 402 场次，共培训 25046 人次，培育区域公共服务品牌 2 个（“耘海丰登”“吉康有礼”）。其中省定贫困村实现全覆盖。服务站点为村民提供代买代卖、代收代缴等服务，打造县、镇、村三级物流快递体系，促进工业品下乡，农产品上行。

二、汕尾市物流业发展存在的主要问题

（一）部分产业园精深加工流通能力不足

海丰现代农业产业园建设目前虽然取得了一定成效，但由于海丰县蔬菜、油占米、畜禽、水产、茶叶等产业种植养殖区域分散在全县各镇，没有统一的加工物流园区和农产品交易市场，其生产、加工、仓储、物流所需用地以点状为主，不利于蔬菜、油占米的精深加工、流通销售，且仓储能力不足，无法满足应急储备的需要。对比省内的发达地区，建设一个高水平、大规模的农产品加工物流园以面向深圳乃至整个大湾区的广阔市场，仍有待进一步发展。

（二）综合交通运输网络有待加强

一是铁路运输能力弱且覆盖面小，仅有厦深铁路唯一高速铁路贯穿境内，缺乏南北向铁路，对外可达性不足，难以有效承担汕尾对外客流需求。二是公路总里程不足，技术等级、通达度不够高，同时存在与双区路网衔接不强、互联互通程度不高的制约，公路干线网络内通外联不足，对外出省通道及内部快速通道薄弱，缺乏南北向高速通道，东西向高速通道不足，现有交通网没有与大湾区、先行示范区形成高效衔接，未能充分发挥汕尾紧邻“双区”的区位优势。三是内河航运优势未充分发挥，一方面，码头泊位发展不均衡，规划的港口岸线未得到充分开发利用，且海丰港区已划入深圳，未能真正凸显汕尾市港口发展基础优势，缺少条件成熟的港区融入粤港澳大湾区世界级港口群及海洋产业协同发展；另一方面，随着新形势下风电等产业的发展和需求，个别港区功能定位、作业区的布置、港口岸线的规划等已不能满足经济的发展，对新的临港产业落地和港口的建设形成制约。四是站场枢纽发展滞后，全市客运站点等级相对较低，一级站只有2个，且尚未建设形成综合客运枢纽；机场建设刚刚起步，无法激活汕尾空港经济。

（三）冷链发展缺乏产业集聚力

目前大部分冷链企业规模偏小且布局分散、企业冷链配送发展滞后，没有形成企业集群发展和产品链式延伸，现有资源优势未能转化为产业优势，制约了冷链物流发展。且全市大部分冷库为田头预冷或农产品批发市场内的中小微冷库，大中型冷链冷库企业则集中在城区，区域分布不平衡。陆丰、陆河、红海湾和华侨等区域冷库发展滞后，陆丰和红海湾区域的水产品、陆河和华侨区域的水果产业等存在极大的冷链配送需求，却受冷链硬件条件限制无法扩大规模，形成产业集聚。

三、促进汕尾市物流业发展的措施建议

（一）做好交通规划工作

依托现有《汕尾市公路网规划（2016—2035 年）》《汕尾港总体规划（2021—2035 年）》等，立足汕尾海洋、港口发展资源，加强陆海统筹，抓好海上航线、岸线及岸线后方用地和集疏运道路的规划建设，加快港口规划、物流专项规划、国家公路国土空间规划等交通专项规划编制工作。

（二）完善物流配送体系

加快建设生鲜农产品、海产品配送中心和冷链系统，完善产地预冷、销地冷藏、温控运输、保鲜加工等冷链基础设施，推进汕尾华侨管理区冷链物流中心、马宫冷链物流中心项目、陆河冷链物流中心落地；加快建设农村物流网络节点，提升农村物流运营效率和服务水平。综合利用农村客运站、商贸供销、邮政快递等服务设施，拓展物流服务功能，构建“多站合一”的县、乡、村三级物流网络，积极推广农村客运班车小件快运的服务模式，实现城乡双向物流畅通。

（三）推进冷链物流标准化体系建设

积极培育冷链物流企业发展。建立以生产企业为核心的冷链物流体系，鼓励大型商贸零售企业加快生鲜食品配送中心建设，发展为社会提供公共服务的第三方冷链物流中心。结合汕尾市产业的发展及冷链物流的需求，鼓励冷链物流企业进行标准化生产、仓储、运输和销售，加大标准化配送设备投入并进行信息化平台建设，实行智能温控、产品溯源机制，全面提升冷链物流标准化水平。

（四）推进保税物流园区建设

结合港区、物流基地等重要流通节点的建设，规划建设保税物流园区、保税物流仓等保税物流网点。完善汕尾新港口岸综合查验中心的配套设施建设，启动汕尾新港区集装箱保税物流园区的建设。

湛江市物流业发展 2021 年回顾与 2022 年展望*

一、2021 年湛江市物流业发展总体情况

（一）物流业发展平稳有序

根据《2021 年湛江市国民经济和社会发展统计公报》显示，湛江市 2021 年货物运输总量 2.64 亿吨，同比增长 11.7%。其中，铁路运输 0.42 亿吨，增长 20.8%；公路运输 1.63 亿吨，增长 12.4%；水路运输 0.44 亿吨，增长 6.7%；管道运输 0.15 亿吨，下降 2.2%。湛江市全年完成邮电业务总量 87.89 亿元，同比增长 27.9%。其中，邮政业务总量（按 2020 年不变价计算）18.03 亿元，增长 24.1%；快递业务量 8587 万件，增长 56.0%；快递业务收入 9.86 亿元，增长 24.2%。

（二）公路货物运输稳步增长

截至 2021 年年底，湛江市有道路普通货物运输经营业户 8384 家，营运货车保有量 17670 辆。其中企业运输业户 352 家，车辆 4921 辆，占道路普通货运车辆总数 27.8%；普通货运个体运输业户 8032 家，车辆 12749 辆，占道路普通货运车辆总数 72.2%。普通货运车辆在 100 辆（含挂车）以上的企业有 1 家，50～99 辆的企业有 15 家，10～49 辆的企业有 132 家，9 辆以下的企业有 204 家。道路危险货物运输企业有 26 家，车辆在 50～99 辆的企业有 2 家，10～49 辆的企业有 12 家，5～9 辆的企业有 12 家。处于从业状态的普通货运从业人员 1.4 万人，处于从业状态的危险运输从业人员 650 人。全市营运普通货车总吨位 49.46 万吨，其中重型货车（总质量 12 吨及以上）有 14674 辆，总吨位 27.23 万吨；中型货车（总质量 4.5～12 吨）有 2996 辆，总吨位 22.23 万吨。集装箱运输业户总数 116 家，其中企业运输业户 82 家，个体户 34 家，集装箱车车辆数与总吨位数分别为 837 辆、2.69 万吨。截至 2021 年年底，全市完成公路货运量 1.63 亿吨；货物周转量 297.6285 亿吨公里，同比增长 28.7%。

---

* 供稿人：湛江市交通运输局。整理人：张嘉桀，广东亚太经济指数研究中心。

（三）水路运输水平不断加强

截至2021年年底，湛江市有水运企业27家，船舶177艘。2021年水路货运量4389万吨，同比增长6.56%；货物周转量1640700万吨公里，同比下降1.95%。全年全市港口累计完成货物吞吐量25554.63万吨，同比增长9.2%，其中外贸吞吐量10702.79万吨，同比增长11%，占比41.88%。全年全市累计完成集装箱吞吐量140.47万TEU，同比增长14.6%，其中外贸吞吐量17.98万TEU，同比下降8.5%，占比12.8%。

（四）交通智能化取得新成效

推动重型货车安装使用智能视频监控报警装置。根据《广东省重型货车安装使用智能视频监控报警装置工作方案》，湛江市交通运输局联合湛江市银保监分局等部门落实由省内保险公司为投保的重型货车免费安装智能视频监控报警装置工作。湛江市已于2021年6月底前顺利完成9540辆重型货车（用于公路营运的半挂牵引车以及总质量为12吨及以上的普通货运车辆）智能视频监控报警装置安装使用任务，实现安装率和接入率两个100%。

（五）海运物流建设再加速

一是完善大园区交通设施配套规划。加快东海岛港区、雷州港区乌石作业区规划修订工作，为临港产业配套码头项目落地建设提供规划支撑。谋划建设东雷高速西延线，助力东海岛与奋勇两大园区联动发展；规划雷州半岛西线高速，加快建设湛徐高速乌石支线，改善乌石现代临港产业集聚区交通条件。二是湛江港40万吨级码头正式投产，实现常态化靠泊。2021年6月，40万吨级船舶“矿石湛江”轮满载进港靠泊，成为华南首个接卸40万吨级船舶的港口。全年接卸9艘次40万吨级船舶，完成312万吨货物接卸，实现常态化靠泊。三是积极参与西部陆海新通道建设。湛江市交通运输局牵头研究出台《湛江市促进西部陆海新通道物流发展的若干措施（试行）》，推动成立陆海新通道运营湛江有限公司，开通“陆海新通道+中欧班列”线路海铁联运班列24条。

二、湛江市物流业发展存在的主要问题

（一）航运业难以成规模发展

湛江市是港口大市，但航运业发展与港口规模不匹配，水运企业规模小，大型船舶少，运力结构发展失衡。目前，湛江市航运企业27家，单船最大载货量仅为6万吨，运力最大的广东宏策海运发展有限公司总运力仅12万吨，导致湛江市航运业难以成规

模发展。导致航运业发展落后的原因是多方面的。一是奖励政策与航运业发展较好的地区相比，扶持力度仍显不足，特别是税收返还机制仍未建立健全。二是营商环境仍需进一步优化，对落户湛江的航运企业在工商注册、住址租赁、税务检查、船检等方面予以大力支持。三是金融信贷方面仍需要倾斜扶持。四是货源不足，本地航运企业发展保障不足。

（二）公路货运市场发展落后

湛江市货运行业“多小散”特征明显，规模化货运企业较少，货车保有量在 100 辆以上（含挂车）的货运企业仅 1 家，个体户车辆数量庞大，其中个体户车辆数占总车辆数的 74%，缺乏龙头企业带动湛江市货运行业发展。同时，湛江市货运行业存在一定的超限超载问题。据湛江市交通运输局统计，2021 年 1 月 1 日至 8 月 12 日，湛江市共查处超限超载货车 1338 辆（其中“百吨王”130 辆），卸载 56377.02 吨；查处非法改装货车 612 辆，违法装载货物源头企业 3 家，吊销货车道路运输证 2 宗，货运企业停业整顿 1 家。

（三）港口市场竞争形势严峻

近年来，随着周边地区港口建设投入不断加大，国内港口基础设施和集疏运条件不断完善，区域港口竞争格局加剧。北面，湛江港面临舟山港、可门港和罗屿港的竞争压力。其中，宁波舟山港建成 40 万吨级泊位 3 个，已获批建设首个铁矿石、有色金属矿国家大宗商品储运基地；福建可门港拥有 2 个 30 万吨级泊位、福建罗屿港拥有 1 个 40 万吨级泊位，目前上述港口着力打造东南地区矿石保税混配中心，拓展台湾以及沿海、沿江市场。东面，茂名港加快崛起，与湛江港竞争关系加大。近年来，广州港强势参与茂名博贺新港建设，茂名港正快速崛起，与湛江港争夺粤西、珠三角及中南腹地市场。南面，海南港口导致湛江港部分中转货源流失。随着中远海注资海南港航控股，航线布局逐渐向海南倾斜，已导致湛江港部分中转货源流失。西面，北部湾港对湛江港西部地区的出海主通道的地位形成威胁。广西举全区之力扶持北部湾港发展，港口通过能力大幅超越湛江港，加上铁路运距的天然优势和国家政策、资金的大力扶持，北部湾港已逐步取代湛江港成为西部地区的出海主通道。

三、促进湛江市物流业发展的措施建议

（一）加快推进港航产业发展

港口是湛江市的最大优势，做大做强港航业也是湛江市高质量发展的必然要求。港航业发展需要政府、企业紧密联系、互促互进。为此，成立促进湛江市港航业发展领导小组具有重要意义，建议小组由湛江市领导担任组长，成员单位包括湛江市发改、

财政、交通、商务、工信、税务、市场监管等部门及海关、海事、银行和港口企业、航运企业。领导小组负责研究制定扶持湛江市港航业发展的政策并监督落实，统筹湛江市港航发展方向，协调解决湛江市港航发展遇到的问题。同时，要确保湛江市已出台的港航发展扶持政策落地兑现，增强港航企业和货主信心，推动湛江市港航业向前发展。

（二）推进道路运输转型升级

针对较多外地车牌货车在湛江市经营的情况，为促进本地道路货运行业健康发展，提高综合运输效率、促进物流降本增效，推进湛江市道路运输体系向“集约、高效、便捷”转型升级，建议加快研究制定促进异地经营车辆落户湛江市，从而加快道路货运行业发展的政策措施。鼓励小微货运企业、个体户开展合作经营，进行资源整合，通过兼并、重组、收购、控股、加盟等方式推动货运企业集约化发展，引导湛江市货运企业做大做强，加快向现代物流企业转型升级。优化交通运输行业营商环境，强化社会保障服务，加强交通运输业金融支持。

（三）加快完善公路通道网络

加快完善内部公路通道网络，提升全域交通均衡通达水平。建成机场高速一期先行段、湛江大道等高快速路，加快建设环城高速南三岛大桥、湛徐高速乌石支线、海川大道扩建工程，开工建设广东滨海旅游公路雷州半岛先行段，推动建设玉湛高速雷州支线，加快推进南三岛至东海岛跨海通道、东雷高速西延线等项目前期工作。加快推进实施一批国省道新改建工程，推动农村公路提档升级，加速构建覆盖半岛全域的快速便捷道路网络。

茂名市物流业发展2021年回顾与2022年展望*

一、2021年茂名市物流业发展总体情况

（一）物流业发展稳步增长

根据《2021年茂名市国民经济和社会发展统计公报》显示，2021年，茂名市交通运输、仓储和邮政业增加值153.12亿元，同比增长19.2%。货运量稳定增长，全年完成公路货运量12456万吨，增长29.7%，货物周转量200.04亿吨公里，增长28.0%；水路货运量780万吨，增长11.7%，货物周转量79.34亿吨公里，增长10.9%。港口货物吞吐量小幅增长，港口货物吞吐量2887万吨，同比增长7.6%。其中，外贸货物吞吐量1365万吨，下降2.6%，内贸货物吞吐量1522万吨，增长18.8%。邮政业务增速明显，2021年，完成邮电业务总量69.87亿元，同比增长31.8%。其中，邮政业务总量（按2020年不变价计算）16.31亿元，增长30.0%；邮政行业业务收入累计完成19.41亿元，增长18.1%。

（二）物流基础设施体系更加完备

2021年，茂名市汕湛高速及云茂高速茂名段建成通车，全市高速公路通车里程从213公里增至452公里。深茂铁路开通运营，建成茂名综合客运枢纽，广湛高铁茂名段、茂名东站至博贺港区铁路加快建设。茂化快线、西部快线等建成通车，市域内初步形成“六纵三横”快速路网。博贺湾大桥、水东湾大桥建成通车，广东滨海旅游公路茂名先行段加快建设，加速“两桥互联”“两湾融合”。湛江吴川机场通航在即，茂名将迎来“家门口的机场”。港口建设取得突破。博贺新港区如期开港，广港通用码头、粤电煤炭码头建成运营。吉达港区防波堤、航道工程快速推进。

（三）快递业务高速增长

根据茂名市邮政管理局数据显示，2021年，茂名市快递服务企业业务量完成7909.35万件，同比增长51.86%；快递业务收入完成10.40亿元，同比增长25.95%。

---

* 供稿单位：茂名市交通运输局。整理人：杜尚霖，广东省物流与供应链学会。

快递业务收入在行业中占比基本稳定。快递业务收入占行业总收入的比重为53.58%，比上年提高3.34个百分点。同城快递业务稳步增长。全年同城快递业务量完成1433.05万件，同比增长36.95%；实现业务收入1.32亿元，同比增长25.40%。异地快递业务高速增长。全年异地快递业务量完成6472.38万件，同比增长56.36%；实现业务收入6.40亿元，同比增长27.88%。国际/港澳台快递业务大幅下降。全年国际/港澳台快递业务量完成3.92万件，同比下降82.77%；实现业务收入0.03亿元，同比增长79.38%。同城、异地、国际/港澳台快递业务量分别占全部快递业务量的18.12%、81.83%和0.05%；快递业务收入分别占全部快递收入的12.68%、61.51%和0.29%。2021年，快递与包裹服务品牌集中度指数CR8为92.81。

二、茂名市物流业发展存在的主要问题

（一）茂名市农产品冷链物流环节不畅通

目前，茂名市没有建立农产品冷链物流信息化系统网络，农户、物流中心、批发市场、冷链物流企业、超市等农产品冷链物流环节之间的信息相对孤立，仅在有业务往来的小范围内流通，不能做到及时、大范围的信息共享，大大降低了冷链物流的流通效率。同时，中间没有建立农产品冷链物流信息化系统网络，无法实现冷链物流的统一管理，方便快捷的电子商务无法得到应用，也无法对日常有价值的数据信息进行更新、收集、整理，难以为以后的决策提供有力的参考依据。

（二）各交通枢纽现有功能难以满足需要

一是铁路枢纽能级不高。高快速铁路布局不完善，南北向缺少高快速铁路通道，东西向广州至湛江高速铁路尚未建成。普速铁路服务水平较低，现有铁路多为客货共线运行，其中黎湛铁路、广茂铁路以及洛湛铁路茂名段为单线铁路，广茂铁路尚未实现电气化。二是港口综合竞争力有待提升。港航体系能级不高，现有码头规模无能力支撑临港产业发展，出海航道等级还需要提升以适应国际航线主流船型的通航需求。港口集疏运体系还不完善，由疏港铁路、铁路专业线等组成的集疏运体系尚未全面建成。三是公路交通枢纽地位不突出。茂名市域中、西部大片区域和沿海地区城镇没有高速公路覆盖。茂名市与北部湾城市群联系的高速公路通道较少，难以满足茂名港对外拓展腹地需要。茂名市区与湛江吴川机场之间缺少直连直通的高速公路通道。

（三）运输服务供给需进一步加强

传统客货运输需要加快转型升级。营运性公路客运量增速下降，传统道路客运和汽车客运站要加快转型。货运运输组织创新水平不足，公铁、公水联运、甩挂运输等先进运输组织模式发展缓慢。运输装备专业化、大型化、标准化和清洁、低能耗水平

仍需进一步提高。全域旅游发展所需的交通支撑不足。“快进”交通网络尚未形成，沿海、山区旅游景点与高速公路互通距离较远。“慢游”交通网络亟须完善，重要景区之间缺乏便捷的联系通道，通往旅游景区景点“最后一公里”的交通运输服务不完善。

（四）市域路网布局尚需优化

茂名市干线公路穿城问题较为突出，如省道 S280 和国道 G325 穿越茂名市城区、国道 G207 穿越化州城区与电白城区、国道 G228 穿越电白城区等，造成过境交通与城市交通交织混杂，影响网络整体运行效率。农村公路中建制村通双车道公路比例低。城区快速路网尚不完善。中心城区北组团至南组团、东组团绕行距离较远，耗时较长。高速公路连接线通行能力有待提升，中心城区向北接入汕湛高速、向南接入沈海高速均主要依托省道 S280，向东接入包茂高速主要依托茂东快线，相关连接线道路交通量较大，城区上高速平均耗时较长。枢纽布局和功能也有待完善。部分区、县、市级客运站间业务重叠，未进行有效运输资源整合并合理分配，客运枢纽功能单一，缺少旅游集散功能。重点货运需求点如空港经济区、茂名东站等，缺乏强有力的货运物流枢纽支撑。

三、促进茂名市物流业发展的措施建议

（一）建设外联内畅综合交通网络

按照《茂名市综合交通运输体系发展“十四五”规划》要求，一是建设布局合理轨道骨架网，进一步构建茂名市纵横高铁大通道，完善湛茂都市圈及茂名市域铁路规划布局。强化高速铁路、城际铁路、市域铁路、城市轨道交通高效衔接，推动轨道交通多网融合。二是建设互联高效高速公路网，增加对接大湾区、北部湾高速公路的联系通道，提升既有高速公路通道通行能力，强化湛茂都市圈跨市便捷连通，扩大市域高速公路覆盖范围。三是建设便捷畅通城区骨架网，实施“外联、内畅、强心”策略，形成“二环七横十二纵”的中心城区骨架网体系，打造以茂名大道为主的南北中央发展轴和以滨海旅游公路为主的东西滨海发展轴，为城市空间扩展提供支撑与引导，助力建设紧凑型城市。

（二）提升港口平台发展能级

聚力提能级、强平台，打造向海而兴战略支点。坚持把重大平台作为茂名高质量发展主引擎、“融湾强带”主阵地，进一步理清发展思路、强化功能定位、提升发展能级。建设产城融合的滨海新区。聚焦建设世界级绿色化工和氢能产业基地，推动“港—产—城—乡”联动发展，以港兴城，产城融合，致力打造博贺新港—吉达港千亿级绿色化工产业集群。大力推进吉达港区防波堤、航道工程建设。加快博贺新港区东

区化工仓储、10 万吨级成品油码头和 30 万吨级航道工程建设。动工建设广港通用码头（二期）工程，扩大集装箱业务。统筹滨海新区与博贺、电城两镇“一体两翼”发展，升级改造博贺渔港，建设西葛植物工厂，打造产城融合试验区。建设功能协同的空港经济区。统筹杨梅产业园、空港物流园、航空创意园和官桥航空城建设，尽快完成航空城首期工程及空港物流园物流大道等公用设施建设。

（三）推进运输服务转型升级

一是构建协同高效的城际客运服务体系。加强公路客运、城市公交与高铁班次对接，开展公铁联程运输服务，实现与茂名站、茂名南站、湛江吴川机场等枢纽的无缝衔接，构建公路交通与轨道交通协调发展的城际客运服务体系。积极引导并规范包车客运、商务快客、定制公交等特色业务。二是打造畅通便捷的城市公交服务体系。优化公交线网和场站布局，基本形成“一网覆盖、一次换乘、一个小时”的“三个一”发展格局。积极推进城市综合换乘枢纽站、港湾式停靠站等公交枢纽场站建设，推进西城片区公交首末站、海滨工业园公交首末站、黄竹小区公交综合站、滨海新区公交综合站等公交场站项目建设。加快公交专用道建设，合理设置公交优先通行路口。结合中心城区骨架网体系，研究中心城区大运量公交系统建设方案。开展夜班公交、商务专线、校车专线以及定制公交等特色服务，推广“公交 + 旅游”服务模式。统筹发展巡游和网络预约出租汽车。三是完善普惠公平的城乡一体客运服务体系。实施城区周边的农村客运公交化改造，运用灵活运输模式开行一批城区至中心镇和重要乡镇的公交化客运线路。有条件的区、市高标准配置城乡客运班车，增设市区到城市外围组团、重要乡镇及其他主要客流集散点的公交线路。推动较大自然村通客运，提升农村客运通达深度。健全农村客运政府补贴长效机制，确保农村客运开得通、留得住、可持续。

（四）加快物流基础设施建设

强化交通先导。加快广湛高铁茂名段建设。建成茂名东站至博贺港区铁路。推动广湛高铁与深南高铁茂名至岑溪连接线纳入国家规划。加快沈海高速茂湛段改扩建、中山至茂名高速阳春至信宜段建设，力争开工建设化州至广西（北流）高速公路，开展茂名至吴川高速公路前期工作。加快普通国、省道干线公路项目建设。开工建设东环大道（一期）和复兴大道西延长线。强化水电能源保障。建成环北部湾广东水资源配置工程试验段，推进云开山隧洞先行建设项目（贵子支洞）。抓好碧道建设、中小河流治理、病险水库除险加固等水利工程。开工建设天然气管网“县县通工程”茂名—云安项目。建成 500 千伏芷寮至回隆线路工程等 10 项电力工程。强化商贸物流建设。实施县域商业建设行动。加快建设广东供销公共型农产品冷链物流设施骨干网。统筹布局 5G 网络、充电桩、大数据中心等新基建。

（五）大力发展物流体系建设

找准定位，大力发展临空物流、产业物流、城市配送物流和电子商务物流产业，完善“物流＋电商”配送体系，建设区域性物流中心，发挥区域优势、交通优势和经济廊道优势，积极融入大湾区，创新服务模式。要加强规划，充分利用相关政策契机，加快市、镇、村三级电子商务公共服务体系建设，打造特色农产品电商品牌。强化新兴产业人才培训和孵化手段，努力构建“海陆空”多式联运体系，建设茂名化州国际商旅空陆港，强力打造粤西物流集散地。

阳江市物流业发展2021年回顾与2022年展望*

一、2021年阳江市物流发展总体情况

（一）货物运输恢复良好

2021年，阳江市货物运输延续上年下半年以来的持续恢复势头，已基本恢复至疫情前水平。根据《阳江市2021年国民经济和社会发展统计公报》显示，2021年，阳江市货物运输总量8242.38万吨，同比增长32.2%。货物运输周转量531773.64万吨公里，同比增长27.3%。其中，公路货运量为7339.06万吨，增长35.7%；公路货运周转量为449929.98万吨公里，增长38.6%。水路货运量为76.02万吨，下降16.8%；水路货运周转量为28896.66万吨公里，下降37.3%。铁路货运量为827.3万吨，增长12.6%；铁路货运周转量为52947万吨公里，增长12.6%。

（二）港航建设不断加快

阳江市港口呈现良好发展态势，逐渐突破单一装卸货物简单功能，港口服务层次逐步提升。2021年，阳江市港口货物吞吐量完成3403.26万吨，同比增长1.6%，其中，外贸吞吐量为1102.94万吨，内贸吞吐量为2300.32万吨。从港口货类看，阳江市的主要港口货物为煤炭及制品、金属矿石以及钢铁，其中煤炭及制品完成吞吐量1294.86万吨，同比增长21.31%；金属矿石完成吞吐量1124.97万吨，同比下降8.67%；钢铁完成吞吐量242.3万吨，同比增长13%。

（三）货物运输主体活力增强

2021年年底，阳江市道路货物运输从业户总数为9703家，同比增长13%，普通货运业户作为道路货物运输从业户的主体，与上年相比增加1240家，同比增长15%。阳江市道路货物运输经营从业人员总数为44039名，同比增长5%，其中道路货物运输驾驶员与上年相比增加1625名，同比增长4%。

---

* 供稿单位：阳江市交通运输局、阳江市商务局。整理人：罗湖桥，广东省现代物流研究院。

（四）交通建设投资步入正轨

2021年，阳江市计划完成交通固定资产投资58.38亿元。据广东省交通运输统计分析监测和投资计划管理信息系统统计，截至12月底，全市交通投资已完成62.36亿元，完成年度计划投资的106.8%，从2019年、2020年全省投资排名的第21、第14位上升至第11位。高速公路方面，阳春至信宜高速公路阳春段工程（粤桂界）于12月开工建设，项目前期工作已有序开展，完成年度投资1.42亿元，占年度投资计划的71.1%。普通国省道方面，完成年度投资44.8亿元，占年度投资计划的126.4%。“四好农村路”方面，通建制村公路单车道改双车道工程、危桥改造等项目加快建设，完成年度投资1.66亿元，占年度投资计划的60%。随着经济有序恢复，全市交通系统赶上了年末施工“黄金期”，稳在建、促新开、强储备、解难题，推动项目加快建设，为阳江市对接融入“双区”建设、加快高质量发展提供了有力支撑。

二、阳江市物流业发展存在的主要问题

（一）物流整体经营规模偏小

阳江市物流企业以货运代理为主，物流整体效率较低，营运成本高，尚未形成一体化物流，缺少规模大、带动引领作用强的物流龙头企业。同时，货运枢纽站场（物流园区）规划起步较迟缓，目前仅有耀坤物流园、健辉·京东冷链云仓、业通农产品电商物流园等中小型物流园，缺少大型货物集散场所。由于物流企业分布散、规模小、服务内容单一，因此未能完全满足制造企业、商贸企业物流供应链一体化的服务需求。阳江市现有物流基础设施中，在物流基础设施多元化建设方面投入太少，自动化立体仓库等高端的仓储货架系统还不多见，致使物流系统效率低而物流成本高。

（二）网络货运发展相对滞后

网络货运是经营者依托互联网平台整合配置运输资源，以承运人身份与托运人签订运输合同，委托实际承运人完成道路货物运输，承担承运人责任的道路货物运输经营活动。网络货运对于物流行业来说，是数字化转型的新模式，是智慧物流应用的新方法。2021年，网络货运在资源整合能力、运营服务网络覆盖率等方面都有重要的突破，发展前景值得期待。据广东省交通运输厅发布的《广东省交通运输厅关于2021年第一批网络平台道路货物运输经营线上服务能力审核情况的通知》显示，广东2021年第一批网络货运企业/平台申报数量已达29家。但目前阳江市网络货运发展相对缓慢，尚未成型联网，尚未收到网络货运企业/平台的备案申请。

（三）物流运输结构仍需调整

目前阳江市主要由公路运输为主，其他运输方式相对滞后。2021年货物运输中，

公路货运量占货物运输总量比例高达89.04%，而铁路货运量仅占货物运输总量的10%。由于阳江市不限制牌照发放，因此燃油车发展并未受到限制，且在绿色货运方面缺乏政策支持，城市绿色货运配送发展尚未起步。物流企业对自身在调整结构、转变经营方式、促进产业升级和提高服务效率上的认识有待提高。在新经济形势以及经济低碳转型背景下，“阳阳铁路（岗美—阳江港）”增建工程项目、阳江港内河集疏运通道建设项目发展进度仍显滞后，多种运输方式相衔接的综合型枢纽场站规划建设亟须加快。

三、促进阳江市物流发展的措施建议

（一）统筹加大物流支持力度

以培育大型物流企业为重点，加大对A级物流企业的培育以及扶持力度。大力发展物流金融服务，对大型物流企业提供融资担保平台，鼓励民营资本进入物流领域，增强行业活力。大力推进制造业与物流业“两业联动”工程，引导工业企业剥离物流资产与业务，支持制造企业和物流企业互相深度介入对方企业的管理、组织、计划、运作、控制等过程，提高企业的核心竞争力。进一步调整完善物流发展规划，优化物流园区和专业物流中心产业布局，完善交通枢纽、物资集散、仓储配送设施、信息网络平台等物流基础设施。支持物流企业应用新的技术建立起信息技术、运输技术、装卸搬运技术、自动化仓储技术、库存控制及包装技术等以专业技术为支撑的现代化物流技术装备。鼓励物流企业、货运代理业向大型化、专业化方向发展，不断扩张行业规模，不断提升运输保障能力。

（二）提升网络货运发展动能

建立网络货运发展协调小组等专项行动小组，加强宣传网络货运平台在资源整合、降本增效等方面的优势，帮助网络货运意向企业快速掌握线上服务能力认定有关材料的筹备要求，全力协助企业做好网络货运平台申报工作。引导本地“网络货运”企业组建产业联盟，实行经营分流、有序竞争、产业共建、信息共享，全力推进网络货运产业高质量发展。

（三）推进多式联运发展

着力于优化运输结构，打造多式联运通道网络，丰富多式联运服务产品。大力发展铁路快运，推动冷链、危化品、国内邮件快件等专业化联运发展。培育多式联运市场主体，鼓励港口航运、铁路货运、航空寄递、货代企业及平台型企业等加快向多式联运经营人转型。推动大宗货物运输实现“公转水”“公转铁”，着力加强联运技术装备研发应用。

（四）打造城市绿色货运配送体系

持续加强货运车辆超载超限治理，优化城市配送车辆便利通行政策。大力推进多式联运、悬挂运输等先进货运模式，大力推广电动物流车辆和电动混合动力物流车辆等新能源物流车辆的使用，重点推进共同配送和集中配送模式，促进汽车货物匹配，减少空车返程。深入推进城市绿色货运配送示范工程创建，积极推动标准化周转箱等物流单元循环共用。

（五）科学谋划交通项目建设

扎实做好交通“十四五”规划及重大项目的前期工作，继续发挥好交通运输“先行官”作用和稳增长关键作用，加快构建便捷畅通的现代化综合立体交通体系和连接大湾区的高快速骨干体系，实现阳江市与大湾区“硬联通”。2022 年继续加快年度投资 110 亿元的 38 个重点交通项目建设，加强市级相关部门横向联动和市县纵向协调，在不改变部门职责权限和管理程序的前提下，形成各负其责、齐抓共管、互动有力、运转高效的重大项目推进新格局。

云浮市物流业发展2021年回顾与2022年展望*

一、2021年云浮市物流业发展总体情况

（一）物流业发展水平不断提高

根据《2021年云浮市国民经济和社会发展统计公报》显示，2021年，云浮市交通运输、仓储和邮政业实现增加值44.40亿元，同比增长22.3%。货物运输总量8903.31万吨，同比增长30.6%。其中，公路7594.62万吨，增长36.9%；水路1308.69万吨，增长3.1%。货物运输总周转量101.38亿吨公里，同比增长27.1%。其中，公路运输周转量为674726.02万吨公里，增长40.8%；水路运输周转量为339037.17万吨公里，增长6.4%。2021年，云浮市港口货物吞吐量完成4307.40万吨，同比增长35.2%。其中，外贸货物吞吐量154.60万吨，下降5.3%；内贸货物吞吐量4152.81万吨，增长37.4%。港口集装箱吞吐量21.01万标准箱，同比增长10.9%。邮电业务总量26.43亿元，同比增长26.7%。

（二）农村电商实现跨越式发展

在《云浮市农村电子商务发展规划（2020—2022年）》和《云浮市农村物流建设发展五年规划（2020—2025年）》的指引下，云浮市农村电商创新能力取得突破，实现高效跨越式发展。云浮市邮政打造“互联网+农业”的惠农服务平台，拓宽农村产品上行的渠道，助力电商企业打通产品线下和线上流通的渠道。邮政业智能化程度得到显著提升，“互联网+邮政”得到广泛应用。一是农产品生产（种植、养殖）实行“公司+基地（专业合作社）+农户”模式，并连接精准扶贫。二是农特产品销售采取“实体店+加盟点+网店”模式，开展线上线下同时经营。三是云浮邮政公众号主体开设“人人农村微商城”，打造云浮市“互联网+农业”的为农服务平台，推出“邮政互联网+农业”项目，建设邮政电子商务平台。

---

* 供稿人：陈梓博，广东省现代物流研究院。

（三）港口物流通关效率进一步提升

2021 年云浮市试点“组合港”港口通关模式，进一步提升港口物流通关效率。“组合港”通关模式将蛇口港等海港作为枢纽港，珠江沿江内河码头作为支线港，将支线港视作枢纽港的延伸，实现港口物流一体化运作。整个通关过程中，企业只需办理一次海关手续，通关的货物便可以在湾区各码头间无缝衔接。“组合港”通关模式为云浮市企业大幅压缩整体物流出口时长 2 ~3 天，并减少港口的仓储费等费用。云浮新港—深圳蛇口“组合港”自正式启动以来，出口集装箱 26 个，货物 677. 5 吨。“组合港”通过水路运输，进一步解决公路运输运能不足、运输成本较高等问题，进一步优化运输资源配置，缩短港口群的物流路径，促进江海港口优势互补，以此提升港口群国际竞争力。此外，通过叠加“汇总征税”“提前申报”等通关便利化措施，通关效率将进一步加快，达到“1 +1 >2”的效果。

（四）快递物流稳步推进

根据《2021 年云浮市国民经济和社会发展统计公报》显示，云浮市 2021 年邮政业务总量（按 2020 年不变价计算）6. 01 亿元，同比增长 15. 8%；快递业务量 1214. 73 万件，增长 19. 6%；快递业务收入 3. 18 亿元，增长 16. 5%。云浮市大力发展快递物流产业园，推进云硫电商快递物流产业园一期落地，占地面积约 65000 万平方米，涵盖快递、仓储、物流、餐饮配送等相关行业。目前园区已成功引入韵达、百世汇通、申通、美团、丰网快递、智佳配送等企业，并与京东、天猫等企业进行商务洽谈，未来将规划为规模化、标准化的现代电商快递物流产业园。

二、云浮市物流业发展存在的主要问题

（一）农村物流通道项目推进缓慢

从农村物流通道的建设情况来看，因为资金或用地等问题，国省道及农村公路建设完成情况未如预期，项目整体推进缓慢。“十三五”中期调整规划方案中的 44 个国省道建设项目，按计划推进的项目有 25 个，暂缓建设项目共 13 个，项目按期完成率为 56. 82%；89 个农村公路建设项目中，能按期完工的项目只有 44 个，暂缓建设项目共 39 个，项目按期完成率为 49. 44%。

（二）内河航运发展缺乏导向

目前，云浮市内河航运发展仍落后于经济社会发展，长期存在的“重路轻航”“重海运轻内河”观念影响了内河航运的建设及投资政策走向。一方面，水运发展资金相对匮乏，严重制约了内河航运的发展。资本和资源要素向轨道和高速公路集中，使高

速公路和轨道得到高速发展，而环保、低碳、回报周期长的水运建设由于资金不足、港航基础设施相对薄弱、配套系统不完善、水运与公路及轨道等运输方式衔接仍不够畅顺，导致水运难以发挥整体规模效益。另一方面，现阶段的航运公司规模小、量多质低，部分公司只有两三艘船，而且老旧船舶和小吨位船舶较多，专业化货物运输船舶少，缺乏龙头公司，难以形成合力。

（三）绿色交通观念有待加强

云浮市绿色交通发展进程缓慢，绿色交通整体观念尚未形成。新能源车辆装备尚未广泛推广，高效低耗的重型货车、厢式货车、集装箱车和特种专用车比重依然较低，专业化货物运输船舶数量较少，充电桩、加氢站等配套设施配备不足。受制于综合运输枢纽规划建设进度，甩挂运输和多式联运等运输方式发展缓慢，网络化、规模化、集约化和高效化的物流体系尚未形成规模。互联网技术在交通运输领域的推广应用尚处于起步阶段，交通运输智能化水平有待提高。货运“无缝衔接”有待优化。交通基础设施建设养护中新结构、新工艺、新材料、新节能技术有待推广。运输行业节能减排管理机构和监督力度有待加强。综合交通基础设施用地紧张，尚未形成综合开发多方合作机制，土地集约利用理念未得到有效落实。

三、促进云浮市物流业发展的措施建议

（一）加快推进云浮综合交通运输体系建设

一是继续加大主骨干网络建设力度，打造“三纵三横”高速网络、“一纵三横”铁路网络交通大动脉，着力推进疏港道路“最后一公里”工程，国省道、农村公路升级改造工程，高速公路出入口及衔接道路改扩建工程，“四好农村路”建设工程，疏通综合运输网络中的“毛细血管”，实现云浮市综合运输服务均等化、普惠化。二是注重理顺次干线路网、农村基础路网与主骨干网络之间的联系及与港口、站场、高速公路出入口等运输节点之间的衔接，找出运输网络布局中的薄弱环节并“补短板、强弱项”，建设紧密结合机场、高铁站场、内河港口的运输节点，打造一批现代化、高标准的综合运输枢纽，让云浮市成为面向粤桂经济带、服务粤港澳大湾区的客运枢纽和物流集疏运中心。最终建立由“高速公路快速网、国省道干线网、农村公路基础网”构成的“三张公路网”，有效连接市域内各片区，打造各县行政中心与云浮市区 1 个小时交通圈，全面融入粤港澳大湾区高（快）速路网，融入珠三角“核心经济生活圈”。三是加快推进水陆铁空重点交通融湾工程建设，进一步巩固扩大 2 小时通达珠三角大部分地区、快货物流省内 1 天送达的交通物流优势。加快推进广湛高铁、广州云浮国际物流港、金属智造园区南大道（国道 G324 腰古至茶洞段改线组成路段）等在建项目进度。推动深南高铁、广佛肇云高速、国道 G324 线改线和广昆高速云浮西互通立交

“三路一出口”项目加快动工。加速推进罗岑铁路、云浮（郁南）至阳江（阳西）高速公路、云浮（罗定）机场等项目前期工作，做好项目储备。

（二）创新农村物流新模式

一是努力整合货运、邮政快递、供销商贸等资源，探索“一点多能、一网多用”的农村综合运输服务发展新模式，实现客货同网、资源共享。二是加快构建云浮市农村综合运输物流服务体系，畅通工业品、农产品、保障物资、生活用品等双向流通，推动道路客运和邮政、旅游、电商货运物流等融合发展，提高县、镇、村综合运输服务站点利用效率，解决农村出行和农村货运物流难题，降低运输成本，助力镇域经济发展与乡村振兴。

（三）提升航运枢纽软实力

全面提升西江黄金水道的软实力，优化港口布局，加快内河港口集约化、规模化发展，积极融入粤港澳大湾区世界级港口群建设。继续推动内河高等级航道网络与云浮港、广州（云浮）国际物流港、粤港澳大湾区核心港口圈对接，把云浮市打造成为“珠江—西江经济带”重要内河航运枢纽、粤西北地区江海联运重要枢纽。引进综合实力强的龙头企业投资建设大型综合码头，驱动港口码头经济高质量发展，助力资源经济进入快车道。

（四）推进低碳物流发展

一是适度超前规划建设能源基础设施，多元化配置能源品种，多渠道引入能源资源，鼓励市属能源企业优化重组，做大做强。二是加快市外电力通道、城市电网、农村电网以及市内支撑电源的建设和改造。三是成品油、天然气供应充分利用国际、国内资源，健全能源储备体系，完善应急预案，提高系统保障能力和调节能力。四是在新能源方面强化建设、生产、运输、消费等环节的安全意识。

韶关市物流业发展 2021 年回顾与 2022 年展望*

一、2021 年韶关市物流发展总体情况

（一）快递业快速增长

根据韶关市邮政管理局数据显示，2021 年，韶关市邮政行业业务收入（不包括邮政储蓄银行直接营业收入）累计完成 101600. 94 万元，同比增长 15. 16%；邮政行业业务总量累计完成 87309. 96 万元，同比增长 16. 43%。邮政服务业务总量累计完成 46674. 56 万元，同比增长 7. 58%。快递服务企业业务量累计完成 2837. 25 万件，同比增长 24. 10%；业务收入累计完成 51583. 22 万元，同比增长 28. 52%。其中，异地业务量累计完成 2514. 96 万件，同比增长 37. 46%。

（二）运输组织方式不断丰富

随着物流基础设施不断完善，初步形成了铁、公、水多种运输方式共同发展的现代物流服务体系，韶关市区域性物流枢纽节点地位雏形逐步显现。韶关市综合交通运输体系中的多条铁路，如京港澳高速、南韶高速、乐广高速、国道 G323、国道 G106 及省道 S253 等主要交通线都在韶关市区交汇，这些线路与港区的各作业区相连接，实现公铁、铁水、公水等不同运输方式之间的高效衔接。铁路、水路以运能大、成本低的优点在运输结构中份额逐步扩大，铁水联运对降低运输成本、提高物流效率起到至关重要的作用。据韶关市统计局数据，2021 年全市公路货运量为 5665 万吨，公路货运周转量 80. 8 亿吨公里，分别较 2020 年增长 8. 6%、14. 2%；水路货运量 3695 万吨，水路货运周转量 80. 7 亿吨公里。

（三）交通物流网络格局不断完善

2021 年，韶关市加快交通基础设施建设，韶州大道、莲花大道、武江大道、铜鼓大道、丹霞大道北等一批主干道贯通主城区，武深高速、汕昆高速和韶州大桥、芙蓉隧道建成通车，北江航道实现千吨级船舶直达大湾区，在全省率先完成“四好农村路”

---

* 供稿人：韶关市交通运输局。整理人：王锋，广东省现代物流研究院。

建设任务，乐昌市、南雄市获评国家级“四好农村路”示范县。韶关市交通基础设施项目建设提速，丹霞机场正式通航，雄信高速全线动工，韶新高速、韶州互通建成通车，普通国省道建设完成投资4.7亿元。截至2021年年底，全市公路通车总里程超1.7万公里，其中高速公路773公里，普通国省道2472公里，农村公路1.4万公里；全市内河航道通航里程386公里，其中等级航道通航里程256公里，北江航道濛浬枢纽、孟洲坝枢纽二线船闸建成通航，北江三级航道黄金水道对接融入珠三角世界级港口群；铁路通车里程651公里，其中3条干线铁路通车里程373公里。全市已经初步形成了铁、公、水、空多种运输方式共同发展的综合运输网络布局，基础设施有效供给能力逐步显现。

（四）现代物流建设力度加大

截至2021年，韶关市成功创建省级现代农业产业园21个，居全省首位，实现县（市、区）全覆盖，翁源县兰花现代农业产业园被认定为国家现代农业产业园，韶关市被成功列为全省公共型农产品冷链物流骨干网区域中心城市。成功争取6个国家级、5个省级电子商务进农村综合示范县，数量排全省第一。跨境电商产业园方面，目前，韶关市初步确定了在曲江保税物流中心10层的综合楼内，划定4～9层共6层，建筑面积约4500平方米，加上一楼部分非保税物流仓储，建筑面积共5000平方米的区域作为跨境电商产业园的使用区。此外，韶关市还规划了武江区科创园、浈江区鑫金汇产业园、曲江区亚北冷链物流园3个跨境电商线下集聚区。

二、韶关市物流业发展存在的主要问题

（一）综合交通基础设施建设仍显薄弱

一是综合运输通道能力不足。韶关市对外通道主要包括广州、惠州、清远、郴州、赣州、河源等方向，目前韶关市域内的高等级公路和铁路主要集中在广州、惠州、郴州、赣州4个方向。通往清远、河源的东西向高等级通道缺乏，不利于韶关市作为粤北地区枢纽的地位提升。二是干线网络规模不够。韶关市高速公路密度为3.78公里/百平方公里，明显低于全省5.01公里/百平方公里的平均水平。区域内仅有京广高铁1条高速铁路，缺少城际快速轨道交通。等级航道里程仅占航道总里程的三分之一，制约内河水运优势的发挥。三是农村交通基础设施标准较低。3.5米窄路基农村公路比例很高，农村公路缺少安防设施的现象仍较为普遍，农村客运站普遍在四级及以下，农村交通对巩固脱贫攻坚成果和乡村振兴战略的支撑还需要进一步加强。

（二）物流园区集疏运问题依然突出

公铁、铁水等多式联运货运量占全社会货运量的比例很低，铁路、港口等货运枢

纽普遍存在“最后一公里”衔接不畅的问题。尤其是园区铁路专用线很少，韶关港至今没有铁路与其衔接，主要靠公路开展集疏运制约了物流业降本增效，对交通运输支撑实体经济发展和生态环境治理造成较大影响。

（三）综合交通运输结构不平衡

一是网络区域布局不平衡。韶关市干线交通运输网络大多集中在市区和各县城中心附近，山区乡村网络欠发达，高等级网络连通度较低，线网分布不均衡，综合交通网络体系还不完善，交通运输对经济社会发展先行引导效果不显著。二是运量结构不平衡。铁路和水运在综合运输结构中的比例较低，全社会客货运量仍主要由公路承担，铁路、水运在长距离、大宗货物运输方面的比较优势没有发挥出来，资源要素配置不合理，造成了综合交通运输系统整体效率不高。

（四）交通物流运输信息化建设滞后

当前，韶关市铁路、公路、水路、航空等各个运输部门（环节）虽然都致力于信息化建设，但是在综合运输管理中信息化建设一直滞后，全市尚未建立统一公共物流信息平台，一些物流企业特别是个体工商户还使用原始的电话组织货源方式，物流动作整体效能低。

三、促进韶关市物流业发展的措施建议

（一）科学规划物流枢纽布局

建议相关部门加强沟通衔接，结合韶关市总体规划、土地利用规划、农业发展规划和产业布局规划，按照“整体规划、适度超前、分步推进”的原则，统筹考虑韶关市产业结构布局、环境保护、投资来源、运营组织以及建成后经营效率和效益等因素，科学规划韶关市物流枢纽布局，对货运物流企业用地等进行统筹规划，助力韶关市物流行业健康发展。

（二）与国家和区域战略相互衔接

韶关市交通运输是经济社会的重要基础产业，对强化经济社会战略的实施起到了重要支撑作用。随着交通强国、粤港澳大湾区、深圳先行示范区、“一核一带一区”等国家和区域战略的深入实施，要求韶关市综合交通运输发展更加注重与内地、大湾区的土地空间、生态资源以及旅游、商贸等产业融合发展，促进各种运输方式克服外部约束，精准对接经济社会发展需求，形成“交通＋”融合发展新模式。

（三）加强新技术在交通运输业中的应用

韶关市应加快交通工具革新和运输组织模式变革。一是加大对新技术、新业态、

新模式在韶关市综合交通运输基础设施、运载装备、运输服务、行业监管中的运用，为科技创新提供实践基础。二是突出科技创新引领作用，推动交通运输前瞻性基础研究、引领性原创成果产生重大突破，使韶关市综合交通运输成为科技创新的动力源和试验田。三是积极引导货运枢纽投入信息化建设，规范业务流程，提高货运枢纽运作效率和服务水平。以提升物流信息化水平为契机，结合“互联网+”、大数据推动绿色高效智慧物流项目，打造智慧物流示范城市。

清远市物流业发展2021年回顾与2022年展望*

一、2021年清远市物流业发展总体情况

（一）物流业发展总体情况

1. 基本形成水、陆、空立体交通网络

铁路方面，清远现有京广铁路和武广客运专线过境，广清城际轨道清远至花都段已开通运营，清远至职教城段如期开建，广州经清远至永州高铁前期工作扎实推进。公路方面，普通公路和高速公路通车里程分别为2.1万公里和1045.5公里，高速公路通车里程排全省第三。京珠高速、广清—清连高速、清佛一级公路、广乐高速、汕昆高速、汕湛高速及广清高速扩建已完成，佛清从高速也在建设中。空运方面，清远距离广州白云国际机场仅半个小时车程。水路方面，清远内河航道主要为北江航道，全市通航里程354公里，其中北江三级航道166公里、连江六级航道181公里、琶江七级航道7公里。清远港码头设备完善，北江航道扩能升级目标基本完成，清远新港项目正在建设中。通过北江、连江水运沟通整个珠江水系，水陆货运可直通港澳。

2. 全市物流业保持中高速度发展

根据《2021年清远市国民经济和社会发展统计公报》显示，2021年，全市交通运输仓储与邮政业增加值为44.8亿元，同比增长13.7%。境内公路通车里程2.1万公里，同比增长1.0%，其中高速公路里程1045.5公里，增长23.6%。全年公路货运量15778.1万吨，同比增长32.9%；货运周转量116.4亿吨公里，同比增长12.5%。水路货运量9995.5万吨，同比增长74.8%；货运周转量148亿吨公里，同比增长86.0%。全年港口货物吞吐量4716万吨，同比增长14.3%；集装箱数量16.4万TEU（标准箱），同比增长3.6%。

3. 物流基础建设投资持续增长

2021年，全市交通运输、仓储和邮政业投资同比增长10.2%。全年全市GDP达到2007.4亿元，同比增长8.1%；第三产业增加值909.4亿元，同比增长5.8%。其中，交通运输仓储与邮政业增加值为44.8亿元，同比增长13.7%。物流基础建设投资额增

* 供稿单位：清远市商务局。整理人：朱佳蕾，广东省现代物流研究院。

长迅猛，2021 年，物流基础建设完成固定资产投资同比增长 9.5%。

（二）物流产业发展情况

1. 港口物流发展概况

目前，清远市暂没有空港和陆港的规划，只有内陆港口的规划。根据《清远港清远港区总体规划（2013—2030 年）》，清远市港口基本形成了按行政区划分的总体布局，共分四大港区，分别为清远港区，英德港区、阳山港区、连州港区。全市现有生产性泊位主要集中在清远大桥下游新港作业区，英德市海螺作业区、台泥作业区、英城作业区等区域。截至 2021 年年底，全市共有水路运输企业 78 家（全省排名第二），其中货运企业 66 家、客运企业 10 家。运输船舶 1423 艘（全省排名第一），其中货运船舶 1330 艘，客运船舶 93 艘，共有 7200 个客位，运力 289 万载重吨（全省排名第三）。目前，全市已发证的港口货运码头有 9 家，其中清城区 2 家、清新区 2 家、英德市 5 家。共计泊位 36 个，其中 1000 吨级泊位 24 个，500 吨级泊位 12 个。2021 年全市发证码头吞吐量为 1816 万吨（全省排名第十五），其中煤炭及制品最多，共有 536.75 万吨（占比 29.55%），熟料 446.95 万吨（占比 24.6%），砂、碎石等建筑材料 379.62 万吨（占比 20.9%），水泥 308 万吨（占比 17.0%），剩余 7.95% 主要是金属矿石、非金属矿石、粮食等。

2. 农村物流发展概况

清远市积极推进农村公路、物流节点等方面的建设，为农村物流发展奠定良好基础。一是农村公路建设任务完成情况良好。近两年来，全市已完成“四好农村路”2161 公里的目标任务，完成了通建制村公路单车道改双车道建设 431 公里、村道安全生命防护工程 208 公里、危桥改造 42 座的建设，沿线受益村庄 32 个，通 200 人以上自然村硬化路目标任务 100% 完成，全市 1034 个建制村中具备通行条件的通客车率已达 100%，镇村基础设施和基本公共服务得到显著改善。二是积极打造县域物流配送节点。各县（市、区）积极完善电子商务物流园区建设，成为电子商务、农产品销售、物流、招商企业门店的重要集散地。截至 2021 年年底，已建成全市县级物流配送中心 7 个，镇级农村物流配送节点 80 个，农村物流服务点 1110 个。清远市积极推进“快递进村”工程和农村寄递物流体系建设，邮政、各快递企业充分结合自身实际，主动融入乡村振兴战略，因地制宜开展邮快、快快、快商、电快合作，进一步拓展农村市场，推动邮件快件下乡进村。

3. 快递物流发展概况

一是快递业务规模持续扩大。根据《清远市邮政业统计分析简报》（2021 年第 12 期），2021 年全市邮政行业业务收入（不包括邮政储蓄银行直接营业收入）累计完成 12.51 亿万元，同比增长 27.36%；业务总量累计完成 10.08 亿元，同比增长 32.41%。快递业务量累计完成 4887.13 万件，同比增长 40.79%；业务收入累计完成 8.39 亿元，同比增长 34.63%。二是末端快递网点建设稳步推进。截至 2021 年年底，清远市有邮政普通服务网点 121 处，村邮站 1110 个，圆满完成“乡乡设所，村村建站”目标，实现建制村 100% 通邮。快递企业及备案分支机构 119 家，备案快递末端服务网点 445 个，邮政、顺丰、京东均已实现快递服务 100% 进建制村。

4. 冷链物流业发展概况

近年来，清远市认真贯彻《国务院办公厅关于加快发展冷链物流保障食品安全促进消费升级的意见》（国办发〔2017〕29 号）文件精神，高度重视冷链仓储物流体系的构建，依托本地鲜活农产品资源，建设布局合理、覆盖广泛的冷链仓储物流设施网络，培育出一批综合服务能力强的冷链物流企业，初步构建起“全程温控、绿色安全、应用广泛”的冷链仓储物流服务体系，对保障农产品持续供应、促进乡村产业振兴发挥了重要作用。截至 2021 年下半年，全市各级市场监管部门登记冷链仓储物流业经营企业 1758 户，其中 2021 年新登记的冷链仓储物流业经营企业 279 户。市内登记在案的冷库约 650 个，其中田头冷库超 122 个，容积超 5 万立方米，重点农业企业冷库面积超 10 万平方米，公共冷库面积超 5 万平方米，镇村级农村物流节点（配备冰箱或恒温冷库）300 个；全市在建大型重点冷链仓储物流项目 11 个，在建中小型冷链仓库项目 42 个，在建冷库面积超过 60 万平方米。市区及县重点物流镇、村可调配冷链物流车辆（一小时内到位）300 辆。2021 年，清远市月平均冷链物流额可达 1.1 万吨，每天通过冷链（恒温）物流寄送出市的农产品快递包裹约 4 万个。在清远冷链物流业体系中，第一方、第二方冷链物流占较大比重，清远市政府正大力鼓励扶持第三方冷链物流企业发展，提高生产者的效益，减少损耗量，降低中间商风险，实现整个流程的增值保值。同时促进传统的冷库企业和冷藏运输企业向专业化、能提供冷链集成服务的综合型冷链物流企业转型发展。

（三）重点物流项目概况

1. 中国南部物流枢纽项目

该项目由广州岭南商旅投资集团有限公司投资建设，选址于广清空港现代物流产业新城内。项目总投资 30 亿元，占地面积约 1500 亩，规划建筑面积约 100 万平方米，拟建设集中国南部物流枢纽、中国南部物流信息平台、供应链物流金融示范区、物流企业总部基地、大宗商品交易中心集群、商品交易批发市场、配套商业及住宅等功能为一体的中国南部物流枢纽项目综合体，重点规划建设高端仓储区、电商物流区、公路港区、供应链管理区、冷链物流区、无水港区、公铁联运区、保税物流和配套服务区九大功能区。该项目已于 2018 年列入“广东省重点建设项目”和“广清产业共建重点工程”，项目一期园区成功纳入广东省交通运输厅“省级枢纽站场（交通物流园区）建设项目”。中国南部物流枢纽项目一期占地 204 亩，建筑面积约 8.68 万平方米，配套的现代设施有高净空立体仓库及综合楼，打造电商物流分拨中心和跨境电商清关中心。二期占地228亩，规划建设建筑面积20万平方米的生鲜物流分拨中心。规划建设4栋冷冻库、3栋两层仓、3栋多层综合大楼。三期建设一个集粮油储备、粮油食品加工、粮食中转物流、粮食电子交易、粮食安全科普教育、农业生态旅游等功能于一体的综合性粮油食品综合园区。项目建设粮油总仓，库容约50万吨，配套稻米、面粉生产车间，植物油分装车间以及中央厨房、食品精深加工车间，管理及生活设施。

2. 广东锦邦冷链仓储物流园项目

该项目由广东锦邦冷链仓储物流有限公司投资建设，选址于广清空港现代物流产业新城内，占地面积323亩，总投资10亿元。该项目已于2020年列入“广东省重点建设项目”。该项目规划建设成集冷链仓储、冷藏、冷鲜品交易、公路干线运输、商超配送、第三方及第四方物流总部办公中心、电子商务中心于一体的现代冷链仓储物流园区。园区总建筑面积约31万平方米，其中冷链项目总建筑面积约8万平方米（冷库容量10万吨）、冷链商务配套及停车库约5万平方米、标准仓建筑面积约18万平方米。目前入驻顺丰省际分拣转运中心1个，占地85306平方米，功能定位为一级陆运枢纽，负责集散西北、东北、华北、西南、华中、鲁晋进出干线，配备自动化分拣设备，设计快件处理能力为日均300万件。

3. 城际清远源潭综合物流产业园项目

项目一期用地264亩，建设5栋物流仓库以及配套的动力中心、宿舍楼和门卫室等，总建筑面积约10.8万平方米。拟建设一个以汽车贸易综合服务、电商综合金融服务和冷链贸易O2O综合服务为主的现代化综合服务型平台，辐射华南地区。

4. 湾区农产品期货交割仓库及中央厨房加工配送项目

项目由华壬（广东）供应链管理有限公司投资建设，项目规划总用地面积79038平方米，约118.55亩，总建筑面积158828平方米。一、二期约59334平方米（约89亩），建设粮食仓库、粮食及食品加工车间；三期约18000平方米（约27亩），建设商务、商业建筑。项目的落地将会弥补华南区域农产品期货交割仓库的空白，为区域期货市场的发展提供基础条件。

5. 新中源跨境电商物流产业园

项目总用地面积660937平方米（约991.4亩），总建筑面积为752135平方米，主要建设内容包括仓储物流园区、仓库分拨中心、综合楼及其他配套设施等。项目利用既有土地转型建设，用地条件及基础配套设施成熟，可以更快更高效地促进广清空港新城产业和经济的发展，成为广清空港新城物流发展的排头兵。

6. 粤港澳大湾区“菜篮子”产品清远配送中心项目

项目位于广清经济特别合作区的广清空港现代物流产业新城核心区，占地面积10万平方米，项目预计总投资6亿元，总规划建设面积11万平方米，将建设以冷链物流和中央大厨房为主要功能，交易展示、质量检测、金融服务、商务办公等综合配套一体化的“菜篮子”产品供应链综合体。

二、清远市物流业发展存在的主要问题

（一）物流园区建设进度偏慢

首先，省级扶持政策对项目建设单位的经济指标要求非常高，清远市的物流企业基本很难达到资格申报要求。清远市政府仅出台了《清远市源潭物流园区优惠政策》，没有其他园区或企业的扶持政策，物流企业发展缓慢。其次，源潭镇物流用地指标紧张，难以满足市场对物流的需求，一定程度上制约了清远市物流业的发展。

（二）物流信息化水平不高

清远市尚没有科研机构从事物流信息系统的开发工作，物流信息系统开发和应用薄弱。物流信息化系统应用成熟的邮政公司、烟草公司及各大快递公司，均采用其集团公司的信息系统。小规模物流公司一般较少采用物流信息系统。大部分企业信息化应用管理仍处于初级阶段，各个行业和物流企业间的物流信息缺乏系统有效整合，传统低端的物流管理方式仍然是清远市物流管理方式的主流。

（三）农村地区配套设施不足

近年来，清远市以“电子商务进农村”“快递进村”等项目为抓手，紧握乡村振兴发展机遇，以邮政、快递、商贸、供销、交通运输等物流设施建设为基础，大力推动农村物流建设，但目前农村寄递物流基础设施发展仍较为落后，普遍缺乏现代化设施设备、标准冷库、信息技术人才以及先进的物流信息管理系统，农村物流标准化、信息化水平偏低，智能化、现代化物流设施设备在农村地区推广应用难度较大。

（四）“快递进村”成本偏高

清远市地处粤北山区，农村地域面积大、居住密度低、交通条件有限、进村入户路途遥远，造成快递企业或网点单次派送路线长、时间久、效率低。清远地区的快递业务量少，快件收派比例约为1∶6，快递企业均以派件为主，大部分收入来自派件费。农村网点作为快递服务环节的最末端，派件费经过层层剥离后实际到手的普遍偏低，很难实现盈利，致使大部分企业对“进村”工作望而却步。

三、促进清远市物流业发展的措施建议

（一）充分利用政策引导物流业发展

一是贯彻《清远市国民经济和社会发展第十四个五年规划和2035年远景目标纲要》《清远市农村物流建设发展规划（2019—2025年）》等规划文件精神，围绕清远市

农业生产和交通物流发展布局，结合本地优势农产品冷链需求，建设一批现代物流园区、冷链物流园区、基地和中心，引入产地预冷集配、低温加工仓储配送等设施，逐步建立覆盖全市主要农产品产地和消费地的现代、冷链物流基础设施网络，实现源头冷链错峰上市，提高农产品附加值。二是落实《农业农村部办公厅　财政部办公厅关于全面推进农产品产地冷藏保鲜设施建设的通知》《广东供销公共型农产品冷链物流基础设施骨干网建设总体方案》等政策文件要求，利用政策赋予的补贴资金及产业资源，全力推进省、市供销、农业系统冷链仓储物流设施建设工作任务。三是加快推进清远市省级电子商务进农村综合示范县、国家级电子商务进农村综合示范县的建设工作，通过示范项目的创建带动县、镇、村地域仓储物流业高质量发展。同时，指导各县（市）积极申报国家级县域商业体系建设项目，构建新发展格局，以渠道下沉为主线，以县、乡、村商业网络体系和农村物流配送"三点一线"为重点，加快补齐农村商业设施短板，健全县、乡、村物流配送体系，引导商贸流通企业转型升级，推动县域商业高质量发展。

（二）加强招商引资力度

坚持把招商引资与清远市农村特色产业发展紧密结合，以物流重点企业、重大项目的引进为突破口，在省级现代农业产业园建设中注重引进重要农产品交易市场、农产品物流等农村物流项目，通过完善物流设施打造农村第一、第二、第三产业融合发展的新载体，实现产业承接的链条化、集群化、集约化。把招商引资与清远市乡村振兴发展紧密结合，鼓励源潭物流园、现代农业产业园等园区建设过程中引进大型冷链物流项目，着力做好中国南部物流枢纽、城际清远源潭综合物流产业园，以及广东锦邦冷链仓储物流园等已落户大型冷链仓储物流项目的配套服务。

（三）重点加强物流人才培养

一是由职能部门牵头制定人才引进和激励政策，鼓励企业内部提拔、引进、培育市场急需的物流专门人才。加强高级农产品物流人才的培养，发掘高级人才的管理能力。二是建立物流专家库，凝聚政府、研究机构、高校、协会、企业等人才资源，打造清远市物流智库，为物流业发展提供决策咨询。三是增加适用性物流技术人才的输出，引导物流企业加强与高校和科研机构交流和合作，建立校企合作的物流培训和实验基地，增设冷链物流相关专业或方向，有针对性地扩大培养物流企业需要的技术人才。四是总结宣传农产品市场流通领域的先进人物和感人事迹，营造尊重、支持各类农产品流通主体健康发展的良好社会氛围。

梅州市物流业发展 2021 年回顾与 2022 年展望*

一、2021 年梅州市物流业发展总体情况

（一）货运物流快速发展

根据《2021 年梅州市国民经济和社会发展统计公报》和梅州市交通运输局的数据，公路运输方面，2021 年梅州市公路货运量约为 11207.04 万吨，同比增长 20%；公路货物运输周转量 119.92 亿吨公里，同比增长 34.3%。梅州市公路通车总里程达 20766 公里，公路密度 130.9 公里/百平方公里，同比增长 19.4%；高速公路通车总里程达 712 公里；国省道总里程增加至 3084 公里；普通国道二级以上公路的比重达到 88.6%，普通省道二级以上公路的比重达到 49.9%，干线公路服务能力较大提升。

水路运输方面，2021 年水路货运量约为 4.39 万吨。梅州港口岸线总长约为 554 公里，沿江河岸线开发程度较低，目前无规模化、成片开发港口岸线，绝大部分岸线处于自然状态。梅州辖区暂无港口企业，主要货运码头有松口港区、蓬辣港区。

铁路运输方面，2021 年铁路货运量约为 283.89 万吨，梅州市铁路通车总里程约为 318 公里。

航空运输方面，2021 年共运营航线 9 条，通航 12 个城市，完成飞机起降 6139 架次、旅客吞吐量 44.1 万人次、货邮吞吐量 187.8 吨。目前，梅州机场发展目标是成为粤、闽、赣交界地区重要的支线机场。

网络货运平台方面，梅州市报备省交通运输厅审核通过，并经注册许可的网络货运平台有 1 家。2021 年平台注册车辆 6220 台，网上交易 212761 单，年货运量 560.44 万吨。

（二）快递业务总体保持增长态势

根据梅州市邮政管理局数据，2021 年，全市快递服务企业业务量完成 6481.12 万件，同比增长 47.6%；快递业务收入完成 7.68 亿元，同比增长 18.8%。快递业务收入在行业中占比小幅增长。快递业务收入占行业总收入的比重为 56.6%，比上年提高 4

---

* 供稿人：梅州市交通运输局。整理人：李佳，广东亚太经济指数研究中心。

个百分点。同城快递业务小幅下降。全年同城快递业务量完成 365.34 万件，同比下降 12.6%；实现业务收入 0.29 亿元，同比下降 0.8%。异地快递业务快速增长。全年异地快递业务量完成 6107.37 万件，同比增长 54.5%；实现业务收入 4.56 亿元，同比增长 20.9%。国际/港澳台快递业务明显下降。全年国际/港澳台快递业务量完成 8.41 万件，同比下降 58.6%；实现业务收入 0.06 亿元，同比下降 31.7%。异地快递业务占快递业务的绝大多数。同城、异地、国际/港澳台快递业务量占全部快递业务量的比重分别为 5.6%、94.2% 和 0.1%，业务收入占全部快递业务收入的比重分别为 3.8%、59.4% 和 0.8%。2021 年 12 月，快递与包裹服务品牌集中度指数 CR8 为 86.3。2017—2021 年快递业务量发展情况如图 1 所示。

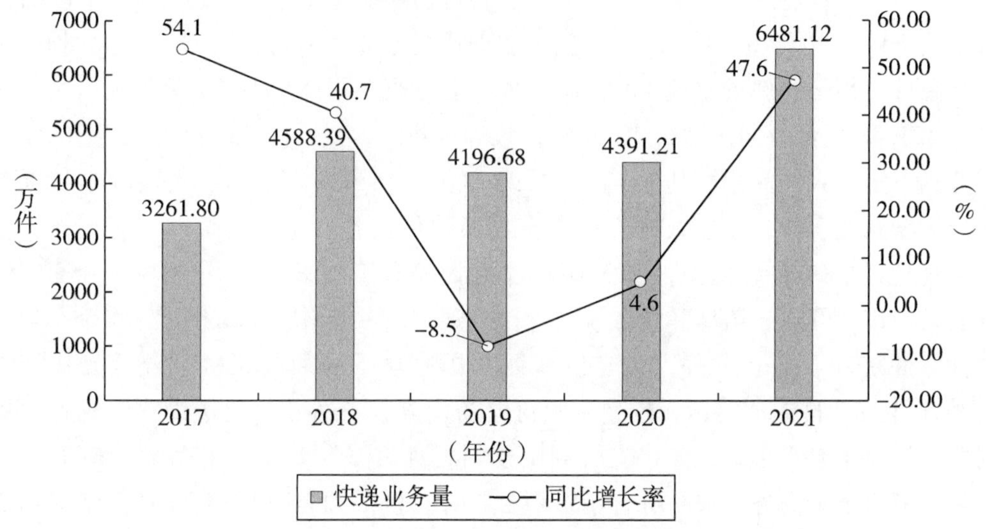

图 1　2017—2021 年快递业务量发展情况

资料来源：梅州市邮政管理局。

（三）物流业服务水平持续增强

2021 年，梅州市物流业整体服务水平持续增强。机构设备方面，全行业拥有各类营业网点 1461 处，其中设在农村的 795 处。快递服务营业网点 1180 处，其中设在农村的 679 处。全市拥有邮政信筒信箱 179 个，比上年年末增加 1 个。全行业拥有汽车 506 辆，比上年年末减少 1.0%，其中快递服务汽车 361 辆，比上年年末减少 0.8%，新能源汽车 8 辆。通信网路方面，2021 年，全市邮政邮路总条数 64 条，比上年年末增加 26 条。邮路总长度（单程）4108 公里，比上年年末增加 1122 公里。全市农村投递路线 263 条，比上年年末减少 3 条；农村投递路线长度（单程）14892 公里，比上年年末减少 154 公里。全市城市投递路线 223 条，比上年年末减少 2 条；城市投递路线长度（单程）6545 公里，比上年年末减少 169 公里。全市快递服务网路条数 202 条；快递服务网路长度（单程）30181 公里。服务能力方面，全行业平均每个营业网点服务面积为 10.90 平方公里；平均每个营业网点服务人口为 0.27 万人。邮政城区每日平均投递 2 次，农村每周平均投递 6.3 次。全市年人均函件量为 0.25 件，每百人订有报刊量为 4.5 份，年人均快递使用量为 16.72 件。年人均用邮支出 349.76 元，年人均快递支出 198.10 元。

（四）农村寄递物流体系建设成效显著

梅州市在打通农村快递“最后一公里”壁垒方面持续发力，加快推进农村寄递物流体系建设，深入实施“快递进村”工程。2021 年，全市 104 个乡镇设立了快递网点，实现了全市乡镇快递网点覆盖率 100%、建制村快递服务覆盖率 100%、3 个以上快递品牌（含 EMS）进村覆盖率 100%，基本实现快递服务“村村通”。2021 年，梅州市农村地区邮件、快件处理量累计 4496.88 万件，业务收入累计 9449.22 万元，其中，快递揽件量 423.48 万件，同比增长 30.76%，投递量 4073.40 万件，同比增长 29.08%，带动工业品下乡和农产品出村进城超过 71.95 亿元。梅州兴宁韵达、大埔顺丰积极与当地交通运输企业合作，通过农村客运班车代运快件至各乡镇及村级网点进行派发，单日业务量超过 5800 件，覆盖兴宁全域 20 个建制镇和茶阳镇 26 个建制村。中国邮政梅州分公司与市区圆通、菜鸟驿站、快递超市开通“邮快合作”共配网点 24 个，累计共配邮件快件超 20 万件。此外，兴宁以获评“国家电子商务进农村综合示范县”为契机，2021 年成功打造“客运 + 快递 + 镇村电商物流服务站点”配送模式，成为“快递进村”工程的成功典型。兴宁市充分利用“村村通客车”优势，有效整合现有客运站点资源，通过电子商务进农村综合示范项目，在市区周边建成超 3000 平方米的物流配送中心。

（五）冷链物流基础设施建设稳步推进

根据党中央关于实施城乡冷链物流设施建设补短板工程的决策部署，省供销社启动广东供销公共型农产品冷链物流基础设施骨干网（以下简称“冷链物流骨干网”）建设，计划用三年时间，总投资 170 亿元，建设“1 个中心 +2 个区域网 +3 个运营平台”的冷链物流基础设施骨干网。截至目前，梅州市已在兴宁、大埔、丰顺、平远、蕉岭、梅县 6 个县（市、区）布局落地 6 个冷链物流项目，总库容量 12 万吨，总投资 11 亿元，是在全省冷链物流骨干网建设中落地项目最多、投资最大、库容量最大的地级市。项目建成后，农产品年分拣加工能力可达到 30 万吨/年，将极大弥补梅州市冷链短板，促进农产品冷链物流服务体系的建设，推动梅州市重要农副产品实现产地预冷、冷链运输、销区冷储、冷链配送，推进农副产品出村进城，辐射带动粤闽赣三省冷链物流行业发展，为粤港澳大湾区、深圳先行示范区“双区”建设提供更加便利的服务，更好推动梅州苏区振兴发展。

二、梅州市物流业发展存在的主要问题

（一）整体物流业发展滞后

物流行业发展与经济发展不成正比，中小物流企业占绝大多数，现代化、规模化的物流企业较少，缺乏大型物流企业。中小物流企业多数由个体工商户发展而来，以提供运输服务为主，业务相对单一，无法满足工业企业储存、加工、包装、装卸、配送和信息处理等物流需求。在拥有较大货物吞吐量、物流需求相对集中的梅州经济开发区，物流问题尤其突出，缺少现代物流业支撑，园区企业物流效率普遍不高。

（二）货运物流配套设施和体系建设有待加快

目前梅州市货运物流基础仍较为薄弱，物流枢纽站场、物流园区、仓储等物流基础设施建设相对滞后，物流标准化和信息化水平低，导致物流成本高、效率低。货运物流企业整体竞争力不强，大多数物流企业业务局限于运输环节，仓储、加工等其他物流环节专业化程度较低，大部分企业以“小、散、弱”形式存在。在邮政方面，县、乡镇物流节点的处理场地和处理能力有限，场地设备有待进一步优化，处理能力有待进一步提升。运输装备标准化、组织化和专业化水平总体不高。运输方式调整缓慢，物流网络不够完善，货运铁路专用线少，公铁联运、公水联运、铁水联运、空陆联运等多式联运方式和机制发展滞后。全市水泥、煤炭、能源等大宗货物运输需求大，但梅州市内河航道等级低，尚未建成三级以上高等级航道，航道电站多且船闸少、水深不够、桥梁净空（宽）限制多、运输时间长，造成水运发展活力不足，未能充分发挥内河运量大、价格低的优势，运输结构不合理。当前，梅州辖区现有游船企业 1 户、游船 4 艘、营运货物运输船舶 6 艘，且全部为个体户。

（三）交通项目建设进程受阻

土地、资金等是梅州交通项目建设中存在的主要问题。项目建设成本上涨，传统建设领域投资收益下行，对社会资本尤其是民间资金吸引力不强，银行贷款筹融资面临较大困难。地方配套资金缺乏，农村公路建设、养护资金压力较大。涉及生态敏感区、保护区等的建设项目推进困难，调规、报批等前期工作耗时长；涉及占用基本农田的项目报批困难，土地指标、耕地水田指标问题难以解决。

（四）农村物流信息化及集成化程度较低

目前梅州市农村从事物流的企业很少，且大部分企业的网络信息技术应用程度较低，农产品的物流信息管理不能完全达到计算机自动处理，且信息管理的系统不健全，

使得农产品的存储和配送之间不能很好地协调配合。而且企业之间数据交换共享的空间有限，再加上资金的限制，使得利用相关系统和技术来实现物流运输优化的企业很少，这些信息化和集成化较低的因素在很大程度上影响了梅州市农村物流配送体系的精确性和便捷性。

三、促进梅州市物流业发展的措施建议

（一）加快物流基础设施及物流体系建设

充分利用互联网，建立城镇第二、第三产业企业产品和服务线上线下交易平台，以提供便利化的商业服务。加快完善县、镇、村三级农村物流体系，改造提升农村寄递物流基础设施，深入推进电子商务进农村和农产品出村进城，推动城乡生产与消费有效对接。完善农村生活性服务业支持政策，发展线上线下相结合的服务网点。推动建设产地冷藏保鲜设施，打通冷链物流“最先一公里”，提升农产品产地仓储保鲜能力，加快对接粤港澳大湾区等主销区冷链配送中心，进一步降低农产品损耗和物流成本。

（二）加强物流业土地支持力度

仓储设施、配送中心、转运中心以及物流园区等物流基础设施占地面积大、资金投入多、投资回收期长，要在加强和改善管理、切实节约土地的基础上，加大土地政策支持力度。科学制定物流园区发展专项规划，提高土地集约利用水平，对纳入规划的物流园区用地给予重点保障。对梅州市区物流业发展规划确定的重点物流项目用地，应在土地利用总体规划修编时纳入规划统筹安排，涉及农用地转用的，可在土地利用年度计划中优先安排。

（三）加强物流信息化建设

信息技术是提高物流效率、实现成本控制的重要保证，应加大在信息技术建设方面的投入。推动企业不断提高物流信息资源的开发利用水平，促进物流信息的科学采集、安全管理、有效利用、深度开发、有序交换和集成应用。推进物流信息资源开放共享，处理好安全与协同的关系，鼓励采取多种方式实现物流信息的互通交换，促进信息流、物流和资金流的协同和联动，提高物流服务效率和经营管理水平。

（四）积极推进运输结构调整

继续走访企业尤其大中型生产企业，深入开展调研座谈，研究处理当前企业调整中的困难、问题，制定相应的政策保障措施。同时加强部门执法和行业管理力度，严厉打击公路运输违法违规、超限超载行为，促使企业尤其是相关大型生产企业调整运

输模式，促进由公路运输转为铁路、水路运输，确保运输结构调整工作向更深层次发展。

（五）优化物流政策环境

物流作为产品集散、销售、流通的技术支撑，既是民生工程也是创收手段。政府应合理、科学规划，建立相应的物流体系，完善相关的物流政策法规，保障现代物流管理模式与物流企业的和谐稳定发展。要加大对物流基础设施的扶持力度，对符合条件的重点物流企业的运输、仓储、配送、信息设施和物流园区的基础设施建设给予必要的资金扶持。积极引导银行业金融机构加大对物流企业的信贷支持力度，加快推动适合物流企业特点的金融产品和服务方式创新，积极探索抵押或质押等多种贷款担保方式，进一步提高对物流企业的金融服务水平。

河源市物流业发展2021年回顾与2022年展望*

一、2021年河源市物流业发展总体情况

（一）交通物流规模增长加快

根据《2021年河源市国民经济和社会发展统计公报》显示，2021年，全市货物运输总量为6548.25万吨，同比增长49.8%，增速较2020年提升55.5个百分点；货物运输周转量为560055.5万吨公里，同比增长53.9%，增速较2020年提升57.2个百分点。其中公路货物运输总量6504.85万吨，同比增长49.9%，水运货物运输总量为43.4万吨，同比增长29.9%；公路货物运输周转量549704.5万吨公里，同比增长54.5%，水运货物运输周转量10351.0万吨公里，同比增长29.4%。

（二）邮政快递业务稳步扩大

根据《2021年河源市邮政行业发展统计公报》显示，2021年河源市邮政行业业务收入（不包括邮政储蓄银行直接营业收入）累计完成9.36亿元，同比增长16.35%；邮政业务总量累计完成7.46亿元，同比增长22.47%。快递业务快速增长。全年快递服务企业业务量累计完成3549.96万件，同比增长39.05%；快递业务收入累计完成6.30亿元，同比增长21.54%。快递业务收入在行业中占比小幅增长。快递业务收入占行业总收入的比重为68%，比上年提高3.52个百分点。全市邮政邮路总条数53条，比上年年末增长9条。邮路总长度（单程）3358公里，比上年年末增加842公里。全市邮政农村投递路线27条，比上年年末增加4条；农村投递路线长度（单程）2383公里，比上年年末增加773公里。全市邮政城市投递路线201条，比上年年末增加10条；城市投递路线长度（单程）7619公里，比上年年末增加2524公里。全市快递服务网路条数155条；快递服务网路长度（单程）18968公里。

（三）物流基础设施加快完善

根据2022年河源市政府工作报告，全市交通设施加快完善，2021年年末全市公路

* 供稿人：李玉玲，广东亚太经济指数研究中心。

通车里程17332.7公里，其中高速公路里程712.4公里，分别较上年增加771.2公里和53.8公里。赣深高铁及汕昆、武深、河惠莞等高速公路建成通车，建设普通国省干线公路510公里，公路网密度从2016年的101.1公里/百平方公里增加到111.1公里/百平方公里，改造普通公路危旧桥（隧）191座，东江航道河源段恢复通航。

（四）农村电商持续发展

根据河源日报报道，2021年12月河源市“E网兴农”农村电商产业园正式开园。“E网兴农”农村电商产业园于2021年1月建成并试运营，6月正式运营。基地建筑面积约3000平方米，可同时容纳50家以上创业个体或创业团队入驻。截至2021年11月，产业园开办17期农村电商“一村一品”带头人提升培训班，持续开展网商运营及网店美工职业技能培训，完成各类技能培训共计11000人次。“深河E家”电商平台运营以来，签约入驻348个优质商家，覆盖河源五县两区的各类种植、养殖、生产加工、贸易等产业，京东、天猫、抖音、小程序等全渠道电商平台交易量突破2.8亿元；东源县依托电子商务进农村综合示范项目，不断优化电商发展环境，完善功能支撑。东源县利用互联网平台，帮助贫困村、贫困户快速建立农产品销售渠道，有效促进了农产品销售和农户脱贫奔康。根据河源市商务局公布数据，据不完全统计，全县农村电商产业链从业人数超过3万人，占全县总人口的5%。其中，直接从事电商业务的超过5000人，从事农产品分选包装、快递物流、冷链仓储等电商相关行业超过3000人。

二、河源市物流业发展存在的主要问题

（一）跨业融合水平有待提升

根据2021年河源城乡交通运输一体化发展水平评估结果公布情况，在交通运输企业与邮政、快递等企业的合作方面，河源市仅有紫金县交通运输企业开展的与邮政合作业务得到满分4分，其他区域的评估得分只有2分；在依托资源产业、生态旅游、电子商务等资源发展农村物流、支撑经济发展情况方面，源城区上村村建设了交通综合一体化服务驿站，东源县建立了东源灯塔物流园，紫金县九和镇金光村依托生态旅游、电子商务等资源发展农村物流，但是连平县、和平县、龙川县、江东新区等区域的相关合作仍有待开发，跨业融合水平有待提升。

（二）运输效率及服务品质仍需提高

货物运输过度依赖公路，货运集疏运体系较为单一，整体运输效率不高，公铁联运、水铁联运等多式联运模式发展滞后。城市货物运输服务水平仍然较低。城乡间运输服务发展仍不平衡，农村货运服务网络深度、广度有待加强，公共服务均等化水平有待提升。运输服务新旧业态发展不平衡，传统业态转型升级步伐缓慢，高品质多样

化服务供给仍不充分。

（三）交通科技和信息化应用水平有待提高

河源市交通运输相关企业存在信息系统建设条块分割、各自管理、自成体系等问题，缺乏信息资源共建共享机制或平台，由于行业信息的采集、加工、存储、传输、发布和终端应用缺乏统一有效的标准规范及安全保障机制，导致同一行业信息系统标准不一，容易出现重复投资、信息资源使用效率低等问题。交通物流信息化统筹管理机制有待完善，交通科技和信息化应用水平需进一步提高。

（四）枢纽网络短板亟须补强

河源市虽处于环湾区位，但对外衔接的高铁通道尚未建成，高快速公路通道数量不足，水运通道能级不足，融深融湾较困难。河源市二级以上公路占比远低于全省平均水平，公路基础网络规模较大，技术等级结构不合理，提升改造速度缓慢。既有火车站、客运站等枢纽服务能力普遍较低，高铁站、机场等综合交通枢纽发展滞后。

三、促进河源市物流业发展的措施建议

（一）加快交通基础建设“硬联通”

按照《河源市产业发展规划（2021—2030）》，优化对接广东省“12312”现代化综合立体交通体系，加快构建全面全域“融湾”“融深”的“水陆空铁”高效联运的现代综合交通运输体系，推动河源市融入大湾区核心城市1小时经济生活圈。完善河源高快速铁路网建设和高速公路网规划建设，打造河源至广州、深圳“2+2+1”高快速通道，加快推进深惠城际延伸至河源，积极融入粤港澳大湾区城际轨道网，提供河源经惠州向广州、深圳的城际轨道服务，形成便捷联系广州、深圳双中心的通路，串联周边的城际轨道网，强化河源—广州、河源—深圳两条交通走廊的功能。依托河源东站、东源站、龙川西站、和平站等铁路综合枢纽建设，锚固高快速铁路线路，实现与赣深、广河、深河、韶关经河源至汕尾铁路等高快速铁路网的衔接。加快东江航道扩能升级，推进河源港现代化港口建设，推动开通河源至深圳、东莞、惠州、汕尾等沿海口岸的海铁联运班列，打通连接海峡西岸经济区和东盟桥头堡的西向快速通道，加强与珠三角港口对接，重点联合盐田港构建集疏运系统，加快实现双港联动、深度融合。提升空运能力，加快河源支线运输机场前期工作，打造“1+3+4+N”的机场体系，推动河源、江东新区、龙川、东源等通用机场规划建设，构建与白云机场、深圳机场、惠州平潭机场形成功能互补的航空服务体系。

（二）优化现代物流规划布局

按照《河源市产业发展规划（2021—2030）》，推进盐田—东源共建现代物流园、

龙川县铁路综合物流园区等项目建设，推动向智慧物流产业园提升，完善园区建设、物流通道、枢纽场站等物流基础设施，积极对接广州、深圳、香港等物流产业优势，培育引进知名物流企业入驻，打造一批区域性物流中心和服务型物流产业新城。优化城乡商贸流通布局，着力承接粤港澳大湾区物流供应链仓储、分拣、集散、加工等分拨功能，大力发展跨境物流、冷链物流、电商物流和第三方物流等物流业态。加强现代物流规划研究，建立多式联运体系，促进“水、公、航空、铁”多种运输方式有效衔接。

（三）加速打造农村公路成网示范

按照《河源市综合交通运输体系发展“十四五”规划》（公众征求意见稿），紧密结合新型城镇化建设和产业园区发展需要，加速农村公路成网，推动农村公路与乡村旅游、特色农业、产业园区等融合发展。鼓励各县区打造“一镇一特色，一县一品牌”，打造“公路+”休闲锻炼、乡村旅游、人文历史、健康养生等地方特色品牌，支撑和服务乡村振兴战略。重点以灯塔盆地作为农村公路成网先行示范，高标准打造“四好农村路”灯塔盆地现代版，把灯塔盆地打造成为引领河源市未来农业农村高质量发展的综合平台。完善灯塔盆地内部路网衔接，重点推进灯塔盆地示范区锦昌路市政道路基础设施、绣富路市政道路基础设施、农业大道公路工程、富民路公路工程等项目建设，增加核心镇与周边镇区连接通道，“串点连线成网”，优化交通出行体验。加强公路与农村经济发展统筹协调，充分发挥公路效益，助力农村经济发展，加强公路对农业产业园、农产品加工业的支撑作用。

（四）加快物流信息技术标准化应用

鼓励快递企业技术创新，鼓励进入乡村的快递企业标准化、规范化发展和不断升级改造，支持乡村快递营业场所标准化、农产品国内快递电商仓配一体化，推广乡村快递智能终端、绿色包装技术和用品等应用，鼓励在以邮快合作、快快合作、驻村设点、交快合作、快商合作及其他合作多种方式推进的快递进村模式中，努力坚持包容共享的发展理念，各类物流专业平台、车货匹配平台等开放数据接口，促进货源、车（船）源和物流服务等信息的高效匹配，畅通资源共享平台，进一步降低成本、提高效益。

第三部分 理论探讨

新发展格局下现代物流与制造业协同发展研究*

——基于大城市内部企业的微观选址行为分析

一、引言

经过改革开放四十多年的发展，我国经济循环具备了较好的基础，但生产、分配、流通、消费等各个环节仍然存在着诸多痛点、堵点与断点。在新发展格局下，现代物流与制造业的联动发展需要从畅通国民经济大循环、提升产业链与供应链现代化水平等方面提出更深层次的协同布局要求[1]。物流体系与产业分工体系的深度融合将有助于推动现代产业体系和现代市场体系的建设，疏通痛点与堵点，实现更高水平的供需动态平衡。长期以来，有关现代物流发展以及物流与制造两业联动的研究更多的是强调国家、省等宏观区域尺度下的协同发展，对于具体生产单元——城市尺度下物流资源的配置，物流与制造的协同布局、共位选址则较少研究。随着新发展格局的提出，城市尺度下制造与物流的协同空间布局成为畅通经济循环体系的“最后一公里”，城市内部物流资源的优化配置、物流与制造的协同空间布局不仅决定了整个城市的经济运行效率，更是在很大程度上影响了区域、国家层面社会再生产体系的效率。基于此，本文将聚焦城市尺度的现代物流集聚分布态势以及物流与制造协同布局特征、机理，运用空间计量模型实证分析现代物流内部不同细分领域以及物流企业与制造业企业之间的空间关系规律，以期对提升产业链现代化水平和加快高质量国内国际循环提供重要的经验证据和决策参考。

二、文献综述

新发展格局对生产和生产体系本身提出了更高要求[2]。进入新发展阶段，我国的社会发展主要矛盾由总量性矛盾转向了结构性矛盾，需要国民经济循环的进一步畅通促进经济协调均衡发展[3]，从而实现生产为起点、消费为终点、分配和交换为中间环节[4]的整个社会再生产体系持续高效运行。自中共十九届五中全会以来，“双循环”格局下的现代物流业发展受到学界的广泛关注。宣昌勇、孙军[5]从我国口岸物流辐射力评价入手，提出新发展格局下口岸物流引领区域协调发展的转型路径。任俊峰[6]从产

* 供稿人：严若谷，广东省社会科学院企业研究所。发表于《贵州社会科学》2021 年第 10 期。

业链协同服务和加快构建大宗商品等现代流通一体化体系方面入手，提出通过产业创新推进国内外流通市场双循环的意见建议。以往研究表明，作为区域经济价值链和供应链的有效载体，我国物流业已基本形成“多主体、多渠道、多业态、多模式”的发展格局[1]。现代物流与其所服务的制造产业之间形成的相互促进集成优化系统，对区域经济与产业链联动发展具有重要影响[7]。物流与制造的协调与集成有助于提高整体运行效率[8]，其两业联动的空间布局将决定着产业联动的国内国际循环空间[9]。

当前，有关现代物流与制造业协同发展的研究主要围绕着现代物流与制造业协同的测度评价、现代物流与制造业协同的模式归纳以及现代物流与制造协同的机理分析三个方面展开。在协同测度评价方面，研究主要从国家、省级层面展开，实证分析表明，近五年来我国制造业与物流业联动利益分配水平呈倍数增长，制造业与物流业“两业联动”的发展格局正在加快形成并呈现逐年上升趋势[10][11]。各省份物流业与制造业存在协同集聚现象，呈现以低—低集聚为主、高—高集聚为辅的空间相关特征[12]。在协同模式方面，研究侧重于从实证出发，总结物流部门与制造业部门协同集聚的类型。如柳坤等[13]对首都机场周边地区进行研究，发现生产性服务业与制造业主要集聚在城市主要交通干线附近及成熟的产业园区。齐长安[14]通过对京津冀都市圈的实证研究，发现制造业与物流业在空间及产业关联上的集聚可以分为产业自身资源和要素的地理集中（专业集聚），以及不同产业之间资源和要素的关联集中（协同集聚）。在协同机理分析方面，传统研究多将物流业置于生产性服务业广角内，探讨专业化集聚和多样化集聚对经济增长的促进机制[15][16][17]。实证研究表明，集聚的外部性对地区经济发展的影响具有动态性[18][19][20]，生产性服务业和制造业的协同集聚度与城市规模之间呈现倒“U”型关系[21]。制造业规模、人力资本、固定资产投资、对外开放都对物流业的发展有正向促进作用[22]。

在研究尺度上，城市尺度的产业协同集聚较少受到学者的关注。国外文献主要围绕城市所有产业部门的多样化集聚展开。如美国丹佛市实证研究发现，较之不同产业部门，同一产业部门之间具有更高的空间自相关共位特征[23]。Timothy 分析美国凤凰城的产业间协同共位关系发现，制造业、批发业以及运输和仓储业之间有较高的共位选址偏好[21]。国内城市研究也反映出了产业集聚的协同性，如 Yuan F 等[25]发现南京市制造业与生产性服务业之间存在协同集聚特征；张大鹏、曹卫东等[26]发现相较于其他类型物流企业，上海大型的市区货代类物流综合服务企业更倾向于通过共位选址实现信息共享。也有研究发现，城市内部的产业协同集聚是介于产业多样化集聚和单一产业专业化集聚的中间平衡态，且有些集聚无论是在规模上还是结构上都是没有效率的[27]。在研究方法上，已有研究重视宏观面的测度分析，协同联动研究主要侧重于利用区域经济产出面板数据进行相关性评价，鲜有对供应链、产业链的实施主体——企业的微观行为机理进行描述。近年来，运用企业大数据地理编码点数据刻画产业集群和生产网络成为学术界关注的热点，如利用 Morans’ I 空间自相关分析、核密度等空间计量方法可以直观量化表征产业集聚形态与趋势[28][29]。与此同时，关联要素之间的协同共位关系成为分析不同产业之间协同集聚联系的一项新研究方法。协同共位（co－location）[24]旨在分析相关联对象之间地理位置的联系程度，可以反映不同产业之间的协同集聚关系。不同于 Ellison 和 Glaeser（E－G）指数[30]、Duranton 和 Overman（D－O）指数[31]的降维共地化处理方法，协同区位分析不受距离参数的限制。

综上，虽然我们从已有文献中获得了诸多有益发现，但如何通过城市尺度的物流资源优化配置促进经济"微循环"畅通，进而推动经济高质量发展的实证研究依然空白。在新发展格局下，经济发展的主要矛盾不再是扩大社会总供给，而是转向突出效率变革、促进供需高水平动态平衡。基于此，物流不仅仅是流通体系的基础载体，也是促进产业链供应链各个环节畅通以及协同升级的功能保障。在城市生产单元内部，物流与制造业的协同布局已经从线性的空间比邻关系向更复杂的供应链协同转型。为满足生产体系高效运行、经济循环畅通有序的新要求，城市尺度下物流业自身的空间分布、物流与生产制造的协同布局会出现哪些新的变化成为本文关注的核心问题。

三、理论分析与假设

（一）理论分析

新发展格局下，物流与制造业的协同不仅是某一生产环节的联动，还必须满足全过程流通和全链条融合需求，以促进生产与消费、国内流通与国际流通的有机衔接[32]。这需要更高层次上的空间耦合与互动，并呈现出细化、融合、共生[33]的新特征。基于此，本文认为城市尺度的现代物流与制造业协同布局应遵循以下理论基础。

1. 基于产业分工理论的协同布局

从国内经济循环看，现代物流是连接生产—消费的重要纽带，物流自身的专业化分工和产业链自身的垂直分解，将有效推动包装、交通基础设施、生产加工、金融服务等关联产业的优化升级。伴随产业分工的深化，物流与制造之间的产业关联从一般物资运输向技术研发、产品设计、运输、仓储、营销等位于产业链"微笑曲线"两端的高附加值部分延伸。物流与制造之间产业关联的横向、纵向深化将对两者的空间联动形成新的影响机制。

从国际循环来看，我国参与国际产业分工主要经历了三个发展阶段，一是在工业化起步期，参与以输出资源能源、初级农产品为主导的生产阶段国际循环；二是在工业化发展期，参与资源、市场"两头在外"的出口加工型国际分工；三是进入当前新发展阶段，加快发挥我国高新技术产业优势，推动生产端向全球产业链高端升级，以及利用国内超大规模市场优势积极参与消费端的国际化。随着我国在国际分工体系地位的上升，服务于出口型经济的口岸物流的业态结构、集聚模式等将呈现新的变化。

2. 基于价值链共生理论的协同布局

具有共同利益和相互依存关系的企业集群组成了一条具有开放性和动态性的价值链。在工业化早期，价值链条仅仅包含相对简单的生产制造、批发零售、物流运输等基本共生单元[34]，物流作为运输媒介主要负责原料、工业中间品、商品等由制造起点向消费终端的空间位置转移。随着技术革命与产业高级化发展，价值链内部各共生单元组织逐渐出现了产业横向细分和产业纵向融合，由此形成更为复杂的交互系统，整条价值链的运作效率将成为更加重要的竞争力。特别是在新发展格局下，共生从“交易费用共生”向能提高价值创造能力的“融通共生”转变。物流业不仅是物质运输的载体，还是作为供应链形式的经济组织，推动资金、信息、技术等要素畅通流动、整合。物流与制造的空间协同布局将更加强调各个链条之间在要素、资源、能力上的匹配，即金融链、创新链、服务链的地理临近将对物流选址产生更为重要的影响。

3. 基于社会网络理论的协同布局

跨组织、跨行业的社会生产网络有助于企业间分享更广泛的信息、知识和资源，社会网络的结构特性包括互惠性、复杂性、正式性、交互性、同质性、地理分散性、方向性。其中，社会生产网络的交互性与地理分散性能够很好地诠释新发展格局下城市内部物流与制造业的协同布局关系。随着我国工业化进程的持续推进、制造业发展以及城市化范围的扩大，制造业与物流业内部各细分领域之间的纵向交互进一步加深。受到资源利用、要素获取、市场占有方面竞争的加强以及交易成本上升的影响，物流业各细分领域之间以及物流企业与制造企业之间存在着“向心”布局与“离心”布局的动态调整过程。

（二）研究假设

新发展格局涉及国民经济循环在供需格局、分配格局、生产格局、贸易格局等方面的系统性变革。这不仅是宏观产业经济层面、国家区域层面对生产关系与生产力的动态调整，更是在具体城市尺度内对以往阻碍经济循环的微观生产单元空间分布格局的优化与重组。本文基于供应链与产业链协同发展、国民经济循环体系畅通的目标导向，提出城市内部现代物流与制造业企业协同布局的三个研究假设。

（1）新发展格局强调各种要素的顺畅流通。物流不再是单一货物运输的载体，而是整合、提升各种“流”价值创造能力的工具。城市尺度下物流业自身的空间分布将不仅要邻近仓储空间、制造业基地、口岸功能区、市场集散地，还要基于长链产业专业化分工的需要，形成新的空间自相关格局。

（2）新发展格局强调国内经济循环与国际经济循环的有机联系。基于深度参与国际产能合作、抢占全球高端产业链价值链的需要，物流不仅是货物贸易进出口的载体，还应成为打通国际贸易壁垒的市场接口。口岸功能区物流集聚业态将出现以货物、集装箱物流运输为主导向以国际货运代理等高等级物流服务功能为主导的迭代升级。

（3）新发展格局强调产业链发展水平的现代化提升。物流与制造的空间协同关系将从基于运输成本、市场规模考量的空间比邻关系向疏通产业上下游关系、优化供应链管理、分享创新知识溢出等更深层次的协同共位关系演化，即城市内部物流企业与制造业企业的协同共位选址将呈现更为明显的网络化布局。

四、数据来源及研究方法

（一）研究方法

1. 核密度评估

本文利用核密度刻画城市内部物流运输、货运代理—物流服务、仓储等不同现代物流企业的空间分布特征。核密度作为常见的非参数点数据空间估计法[35]，重在通过计算每个输出栅格周围点要素密度的数值以反映其空间集聚程度[36]。计算公式如下：

$$f(x) = \frac{\sum_{i=1}^{\infty} \frac{k(x - x_i)}{h}}{nh} \tag{1}$$

式中，n 为城市内部现代物流企业点要素；$x - x_i$为样本点第 i 个物流企业到估计点 x 的距离；h 表示步长。本文设置搜索半径 5km，输出像元大小为 1km × 1km。

2. 空间自相关

本文运用局部自相关性指标识别城市物流各细分领域的分布及空间相关性，即高—高、低—低、高—低、低—高模式。其中，高—高模式意味着空间高度集聚，且周边类似资源分布多。计算公式如下：

$$I_i = z_i \sum_{j=1}^{n} W_{ij} z_j \tag{2}$$

式中，z_i、z_j 表示位置 i 和 j 的观测值的标准化均值；W_{ij}表示空间权重矩阵的线性标准化形式。局部自相关 I_i 可以用于表达地区 i 和其周边地区要素集聚的状态。如果 I_i 显著为正，则表明这个位置上的变量具有正相关关系；如果 I_i 显著为负，则表明该位置上的变量具有负相关性。从微观视角出发，本文将研究区域进行栅格化处理，划分为 1km × 1km 的 2573 个网格单元。关于随机性模型的假设，我们通过产生 99 组随机排列（蒙特卡洛检验）来确定分布的显著性水平。

3. 协同区位商

本文运用协同区位商量化分析城市现代物流内部不同行业间以及物流业与制造业之间的协同集聚关系。协同区位商（Co - Location Quotient，CLQ）是一种探讨两个子集要素之间共同区位选择特征的空间计量方法，其计算原理是区位商法的延伸。与传统双变量 K 函数不同，协同区位商侧重于评价一个分类子集在空间上依赖于另一个分类子集的定量程度[37]。其公式如下：

$$CLQ_{A\rightarrow B} = \frac{C_{A\rightarrow B}/N_A}{N'_B/(N-1)} \tag{3}$$

CLQ 零假设的前提是两个子集分类之间没有空间关联，因此可以通过计算两个子集之间的 CLQ 检验零假设。式中，A、B 为两个要素类别；$CLQ_{A\rightarrow B}$代表 A 类对 B 类的空间吸引力；N 为总体个体数；N_A为 A 类中的总体个体数，N'_B为 B 类中的总体个体数（当 $A \neq B$ 时）；$C_{A\rightarrow B}$为 A 类中最近相邻点为 B 类中点的个数，考虑个体可能会有多个等距的最邻$C_{A\rightarrow B}$点，计算公式为：

$$C_{A\rightarrow B} = \sum_{i=1}^{N_A} \sum_{j=1}^{v} \frac{B_{ij}(1,0)}{v} \tag{4}$$

v 为等距最邻点的数目；i 为 A 类中的点，j 代表第 j 个等距的点；$B_{ij}(1,0)$ 为是否最邻点的 0—1 判断项。若 $CLQ_{A\rightarrow B} > 1$，则说明 A 类别中的个体对 B 类别的个体有空间吸引力；若 $CLQ_{A\rightarrow B} = 2$，说明 A 类别点的最近相邻点在 B 类别中的可能性是随机分布时的两倍；若 $CLQ_{A\rightarrow B} = 1$，说明 A 类别中的个体对 B 类别的个体无空间吸引力，即 A、B 类之间点的分布与随机分布无明显差异。此外，还可通过比较 $CLQ_{A\rightarrow B}$ 与 $CLQ_{B\rightarrow A}$ 得出 A、B 类之间相互的空间吸引力大小情况。

（二）数据获取

本文从微观企业区位选址分析新发展格局下，解决城市内部物流集聚以及物流与制造协同布局问题时，选择合意的先行样本城市显得尤为重要。深圳是城镇化水平、经济密度、创新密度表现突出的先进城市。2020 年，深圳物流业增加值占 GDP 的 10%，已成为亚太地区重要的物流枢纽城市。在经济高速发展的同时，深圳仍然保持了 30% 的工业用地占比，其制造业与物流业均十分发达。以深圳为案例具有较好的代表性，可以为新发展格局下的城市物流与制造业协同布局提供经验研究。

本文数据取自深圳工商企业数据库，根据国家 GB/T 19680—2005 的物流企业分类，结合国内外学界及行业标准，将现代物流企业分为“货运代理—物流综合服务型”“仓储型”“物流运输型”。筛选企业状态为正常经营者，最终获得 1995—2020 年共 29576 条物流企业数据。同时，选取行业代码“3—”开头企业，获取城市制造业企业数据近 10 万条。剔除个体工商户、迁出企业以及参保人数少于 5 人的企业，最终获得制造业企业数据 29535 条。所有企业数据通过地理编码转换为矢量点数据。

五、结果与分析

（一）大城市内部现代物流业集聚特征

核密度分析结果表明，在大城市内部现代物流企业空间分布的多核心集聚特征明显，且物流运输、货运代理—物流综合服务、仓储等不同类型物流企业分布呈现一定的空间差异。

总体来看，随着制造业发展和城市规模的扩大，在大城市内部现代物流企业具有广泛的空间分布，几乎覆盖了所有城市建成区。城市现代物流的强集聚中心与城市政治、文化、商业中心高度重合，并与城市发达商圈、跨境口岸区、物流集散地呈连片分布态势。城市空港经济区、铁—水联运转运集散区属于功能性的次级集聚中心。此外，在部分制造业集聚区也有核密度值大于 112.8 的零星集中布局。

从细分行业领域来看，物流运输企业与货运代理—物流综合服务企业的空间分布格局较为相似。物流运输企业分布与物流集散地有较强的空间关联，如盐田港后方陆域的高密度图斑与国际航运功能密切相关，平湖火车站附近的高密度图斑与铁—铁联运、铁—水转运物流集散功能密切相关，但值得注意的是这两个区域并没有形成货运代理—物流综合服务企业的强集聚。比较而言，货运代理—物流综合服务企业的空间集聚特征更强，且各集聚中心表现出一定的地域分工。主营供港农产品以及香港跨境货运代理的企业主要集聚在罗湖文锦渡、罗湖口岸周边。与国际进出口贸易相关联的航空、海上、陆运代理企业以及从事供应链管理等物流总部型企业偏好于集聚在福田中心区、华强北片区。宝安区福永物流集聚中心由于毗邻深圳国际机场，吸引了更多的揽货、托运、订舱等空运物流支持性服务企业集聚。仓储企业分布与仓储用地分布密切相关，大型物流园区，重要空港、航港区以及专业市场周边成为仓储企业主要集聚区。

（二）大城市内部现代物流业空间相关性分析

空间自相关不仅可以较好地反映区域经济的集聚程度，更能呈现相关要素在空间上的潜在相互依赖性[38]。城市内部现代物流细分行业的空间相关性分析表明，物流运输和货运代理—物流综合服务有明显的高—高集聚区。其中，货运代理—物流综合服务在城市中心、空港区、航运中心以及铁路集散中心出现明显的高—高集聚。比较而言，物流运输有更多的低—高区分布，即物流运输企业的分布相对更加离散。货运代理—物流综合服务业的高—高集聚区主要集中在空港经济区、城市中心区，此外在高新企业集聚区（南山）也有集中布局，说明货运代理—物流综合服务具有更高的集聚性，且更倾向于布局在更为发达、现代服务业更为集中的成熟地区。

（三）城市内部现代物流与制造业企业的协同共位研究

分别对 2002 年及以前、2003—2010 年及 2011—2020 年 3 个时间段的物流企业与制造企业协同区位商分析，共计模拟 9999 次。结果显示物流与制造业的区位共位选择存在 3 种类型。2002—2020 年物流企业与制造企业协同区位商分析如表 1 所示。

表 1　　2002—2020 年物流企业与制造企业协同区位商分析

时期	类别	仓储	货运代理	物流运输	制造业
2002 年及以前	仓储	*	6. 562	2. 803	1. 095
	货运代理	6. 193	1. 688	6. 727	0. 436
	物流运输	18. 25	6. 634	16. 771	0. 617
	制造业	*	0. 314	0. 7	2. 536
2003—2010 年	仓储	1. 464	1. 798	1. 708	0. 45
	货运代理	1. 305	3. 629	1. 517	0. 32
	物流运输	1. 919	1. 41	3. 467	0. 297
	制造业	0. 463	0. 369	0. 34	1. 778
2011—2020 年	仓储	10. 867	2. 025	1. 158	0. 419
	货运代理	1. 971	2. 945	1. 117	0. 339
	物流运输	1. 12	1. 103	1. 991	0. 371
	制造业	0. 418	0. 384	0. 405	1. 722

注：*代表样本量小于可观测值。

首先，物流企业和制造业企业都表现出了较强的空间自相关性，且自相关程度随着物流业、制造业发展出现了积极变化。物流业内部的仓储、货运代理、物流运输以及制造业本身都更倾向于与同类企业比邻。随着时间的推移，物流运输即普通货运、货物专用运输、集装箱运输、货运站经营等传统物流的共位集聚吸引力在下降，CLQ 值从 2002 年及以前的 16. 771 下降到 2003—2010 年的 3. 467，再到 2011—2020 年的 1. 991；货运代理企业共位集聚则经历了低—高—低过程，即 CLQ 值从 2002 年及以前的 1. 688 上升为 2003—2010 年的 3. 629，其后下降为 2011—2020 年的 2. 945；仓储企业则表现出随着时间推移更强的协同区位特征，CLQ 值从 2003—2010 年的 1. 464 上升为 2011—2020 年的 10. 867；制造业企业的共位集聚吸引力呈现出下降趋势，CLQ 值从 2002 年及以前的 2. 536 下降到 2003—2010 年的 1. 778，再到 2011—2020 年的 1. 722。

其次，在物流业内部，物流运输与仓储、物流运输与货运代理之间具有相对更强的共位选址吸引，但这种共位吸引程度随着时间推移在减弱。协同区位商数据显示，2002 年及以前 CLQ（物流运输→仓储）的值为 18. 25，CLQ（物流运输→货运代理）的值为 6. 634，表明物流运输与仓储之间具有更强的聚类倾向。2011—2020 年 CLQ（物流运输→仓储）的值为 1. 12，CLQ（物流运输→货运代理）的值为 1. 103，表明物流运输与仓储、物流运输与货运代理之间的聚类吸引力在下降。值得注意的是仓储与货运代理的共位选址吸引程度经历了高—低—高的变化，即 CLQ 值（仓储→货运代理）从 2002 年及以前的 6. 562 下降为 2003—2010 年的 1. 798，而后上升为 2011—2020 年的 2. 025。

最后，城市内部各类型物流企业与制造业企业表现出较为不同的选址意愿，说明现代物流与制造业的协同布局并不是简单的地理比邻关系。2002 年及以前协同区位商数据显示，CLQ（仓储→制造业）的值为 1.095，表现出仓储对制造业具有一定的共位吸引。但除此之外，三个时间段的物流运输与制造业、货运代理与制造业的 CLQ 值均小于 1。表 2 为 ArcGIS Pro 2.7 平台 Local Colocation Quotient 分析输出的各结果 P 值。其中，2002 年及以前仓储企业数据量小于可观测值；2011—2020 年的 P 值均远小于 0.01。上述结果显示，本文结论稳健。

表 2　2002—2020 年物流企业与制造业企业协同区位商的 P 值检验

时期	类别	仓储	货运代理	物流运输	制造业
2002 年及以前	仓储	1	0.036	0.08	0.58
	货运代理	0.032	0.216	0.012	0.05
	物流运输	0.028	0.018	0	0.096
	制造业	0.046	0.008	0.21	0
2003—2010 年	仓储	0.104	0.294	0.304	0.006
	货运代理	0.688	0	0	0
	物流运输	0.224	0	0	0
	制造业	0.006	0	0	0
2011—2020 年	仓储	0	0	0	0
	货运代理	0	0	0	0
	物流运输	0.006	0	0	0
	制造业	0	0	0	0

六、结论与建议

现代物流资源的高效配置是构建“双循环”发展格局的重要载体，城市内部现代物流与制造业的协同布局是畅通“微循环”的重要途径，对于在区域经济层面提升产业链供应链现代化水平、促进国民经济再生产体系运行具有积极影响。本文基于微观企业选址数据，实证研究城市内部现代物流企业的空间分布格局以及与制造业的协同共位特征，得到如下结论与建议。

（一）主要结论

（1）新发展格局下，城市现代物流业内部不同类型细分行业的区位分布表现出新的空间分异特征。基于制造业发展和城市规模扩张的需要，传统物流运输行业相比于货运代理物流服务业和仓储业具有更为广泛的地域分布特性，其集聚与大型物流园区、城市空港区、城市海港区以及铁路运输集散中心密切相关。仓储企业主要集聚于城市仓储用地集中分布片区。专业化程度较高的物流综合服务更趋向于在中心城区、海关关口、空港经济区、高新区等城市服务更为成熟发达或经济产出更为高附加值的地区集聚。

（2）新发展格局下，城市内部现代物流细分行业的分布具有“向心”布局与“离心”布局的动态调整性。比较而言，物流运输企业的分布更加离散，货运代理等高端物流服务业则更倾向于集中布局。货运代理等高端物流服务业的强集聚中心与高等级专业化服务业集聚区密切相关。随着贸易进出口的转型升级，空港、海港口岸区物流专业化集聚业态正在发生积极变化，出现普通国际货运代理向高端服务型物流转型的趋势。

（3）新发展格局下，物流业与制造业之间的共位选址关系呈现出新的网络化格局。其中，物流企业的区位选址具有较强的自相关性，在物流业内部物流运输与仓储、物流运输与货运代理之间都表现出较强的共位选址吸引，但基于城市化、工业化进程的深入，物流业内部的共位吸引力在减弱。不同于以往原料供给、消费市场空间共享的作用，交易成本、要素流动、知识溢出、产业协同创新成为新一轮推动物流与制造共位布局的主要动因。

（二）主要建议

新发展格局下，城市内部物流资源配置、物流企业与制造企业的空间关系不仅取决于产业链上下游的协同对接，更要通过整个产业链供应链的整合、集成来确认，以提升整体价值创造能力。基于理论分析和实证研究，本文提出如下意见建议。

1. 加强对物流集聚区的分级、分类、分区专业化规划布局

新发展格局下，现代物流与制造业在中间投入和中间产出环节的深层次联动、融合将进一步加剧。以往城市物流集聚区的规划更多遵从于物流与制造基地、口岸区、运输枢纽、专业市场集散地的地理临近，且物流集聚区内部并没有结合物流业内部分工进行专业化布局。为推动传统物流向现代物流采购管理、配送管理、运输管理、物流信息、物流战略等的专业化转型升级，应进一步强调对传统物流集聚区的分级、分类、分区专业化规划布局，以期推动传统物流运输、仓储、物流综合服务、进出口物流、供应链管理咨询等细分领域资源要素的空间优化。

2. 加强物流集聚区与其他价值链要素的协同规划布局

新发展格局下，物流作为供应链的组织网络应当具备整合集成其他价值链要素的能力。即从战略联盟的视角，推动现代物流与物流金融、供应链金融以及创新链管理等领域更加广泛地开展松散型战略合作，即城市内部物流集聚区的发展规划要充分考虑与金融链、创新链等其他价值链的叠加布局，以推动技术推广、保险保理、参股融资等高端要素进入物流行业，提升现代物流对制造环节信息流、产品流、物料流的价值链管理能力。

3. 积极创新与制造业产业集群的多样化协同集聚模式

从培育具有规模优势的主导产业链出发，合理配置平台型物流资源，形成更高水平的区域产业分工协作。依托集群内的知识共享、物流集约化管理提升产业集群的规模经济质量。重点要聚焦专业产业集群形成的派生性物流产业集群[39]，推动物流产业集群与派生方在纵向结构产业链上下游中的专用性合作，同时在横向结构上，与制造业集群内共生企业形成集配送、物流产品设计于一体的集成化物流体系。

本文利用现代物流企业以及制造业企业空间位置信息，揭示城市内部物流业分布格局以及物流业与制造业协同布局的时空演化特征，但基于样本数据的有限性，本文忽略了物流企业区域总部、分公司、一般经营网点等企业规模等级的属性特征，对制造业内部也缺乏更进一步的行业分类，因此没有对比研究不同附加值、不同工业类型、不同生产规模制造企业与物流的协同布局关系。在今后的研究中，可进一步加大数据挖掘，深度解析更细分的物流业态与不同制造业之间的空间逻辑关系，以期为我国城市尺度下现代物流服务新发展格局的发展提供决策参考。

（深圳现代物流企业分布图及空间相关性分析结果）

参考文献

[1] 廖毅，汤咏梅．双循环新发展格局下现代物流业促进区域经济协调发展研究［J］．理论探讨，2021（1）：88－93.

[2] 王海杰，齐秀琳．“双循环”新发展格局的政治经济学逻辑与实现路径［J］．当代经济研究，2021（5）：28－38＋113.

[3] 范欣，蔡孟玉．“双循环”新发展格局的内在逻辑与实现路径［J］．福建师范大学学报（哲学社会科学版），2021（3）：19－29＋171.

[4]《马克思恩格斯选集》（第2卷）［M］．北京：人民出版社，2012.

[5] 宣昌勇，孙军．双循环新格局下口岸物流辐射与区域协调发展［J］．江海学刊，2020（5）：242－247.

[6] 任俊峰．双循环新发展格局下我国大宗商品流通体系的转型升级路径［J］．商业经济研究，2021（8）：16－19.

[7] 董千里．两业联动布局与物流业高质量发展［J］．中国流通经济，2021，35（4）：

3 -12.

[8] JANET Y MURRAY，MASAAKI KOTABE，ALBERT R WILDT. Strategic and Financial Performance Implications of Global Sourcing Strategy：A Contingency Analysis [J]. Journal of International Business Studies，1995，26（1）.

[9] 董千里．集成场视角：两业联动集成创新机制及网链绿色延伸 [J]．中国流通经济，2018，32（1）：27 -37.

[10] 王静．制造业与物流业联动推进产业链治理能力现代化 [J]．郑州大学学报（哲学社会科学版），2021，54（2）：62 -68 +127.

[11] 陈春明，陈佳馨，谷君．我国制造业与物流业联动发展的演化研究 [J]．山东大学学报（哲学社会科学版），2020（2）：73 -81.

[12] 鄢飞．物流业与制造业协同集聚的空间关联与影响因素 [J]．统计与决策，2021，37（7）：113 -117.

[13] 柳坤，申玉铭，刘辉．机场周边地区生产性服务业与制造业空间布局特征——以首都机场为例 [J]．地域研究与开发，2015，34（4）：36 -41.

[14] 齐长安．都市圈城市物流网络空间优化——以京津冀地区为例 [J]．商业经济研究，2020（22）：109 -112.

[15] MARSHALL A. Principles of Economics：an Introductory Volume（Eighth Edition）[M]．London：Palgrave Macmillan，1920.

[16] JACOBS J. The Economy of Cities [M]．New York：Random House，1969.

[17] GLENN ELLISON，EDWARD L. GLAESER. Geographic Concentration in U. S. Manufacturing Industries：A Dartboard Approach [J]．Journal of Political Economy，1997，105（5）.

[18] Regional Industrial Structure Concentration in the United States：Trends and Implications [J]．Economic Geography，2011，87（4）：421 -452.

[19] FRANK NEFFKE，MARTIN HENNING，RON BOSCHMA，et al. The Dynamics of Agglomeration Externalities along the Life Cycle of Industries [J]．Regional Studies，2010，45（1）.

[20] BARBACCIA I，DAVÌ M. Measuring Agglomeration by Spatial Effects：A Proposal [J]．Rivista di economia e statistica del territorio，2015（1）：44 -70.

[21] 豆建民，刘叶．生产性服务业与制造业协同集聚是否能促进经济增长——基于中国285个地级市的面板数据 [J]．现代财经（天津财经大学学报），2016，36（4）：92 -102..

[22] 冯鹏飞，申玉铭．北京生产性服务业和制造业共同集聚研究 [J]．首都经济贸易大学学报，2017，19（2）：49 -59.

[23] STEPHEN B BILLINGS，ERIK B JOHNSON. Agglomeration within an urban area [J].

Journal of Urban Economics，2016，91（Jan.）.

[24] TIMOTHY F LESLIE，BARRY J KRONENFELD. The Colocation Quotient：A New Measure of Spatial Association Between Categorical Subsets of Points [J]. Geographical Analysis，2011，43（3）.

[25] FENG YUAN，JINLONG GAO，LEI WANG，et al. Co – Location of manufacturing and producer services in Nanjing，China [J]. Cities，2017，63.

[26] 张大鹏，曹卫东，姚兆钊，等．上海大都市区物流企业区位分布特征及其演化 [J]. 长江流域资源与环境，2018，27（7）：1478 – 1489.

[27] HELSLEY R W，STRANGE W C. Co – agglomeration，Clusters，and the Scale and Composition of Cities [J]. Journal of Political Economy，2014（5）：1064 – 1093.

[28] 白如山，胡森林，庄良，等．基于细分行业的安徽省创新型企业集聚研究 [J]. 世界地理研究，2020，29（6）：1190 – 1201.

[29] 胡钰，王一凡．我国动漫产业空间分布特征及区域集聚模式比较——基于企业工商大数据视角 [J]. 经济社会体制比较，2020（3）：40 – 47.

[30] GLENN ELLISON，EDWARD L GLAESER. Geographic Concentration in U. S. Manufacturing Industries：A Dartboard Approach [J]. Journal of Political Economy，1997，105（5）.

[31] GILLES DURANTON，HENRY G OVERMAN. Testing for Localization Using Micro – Geographic Data [J]. The Review of Economic Studies，2005，72（4）.

[32] 闵伟琼．新发展格局下现代流通体系建设面临的挑战与对策 [J]. 商业经济研究，2021（9）：15 – 18.

[33] 金晟．生产性服务业与制造业协同发展研究 [D]. 中南财经政法大学，2018.

[34] 苏跃辉，郑小霞．基于共生理论的供应链物流金融服务价值研究 [J]. 物流技术，2013，32（19）：211 – 213.

[35] 王法辉．社会科学和公共政策的空间化和 GIS 的应用 [J]. 地理学报，2011，66（8）：1089 – 1100.

[36] 郭洁，吕永强，沈体雁．基于点模式分析的城市空间结构研究——以北京都市区为例 [J]. 经济地理，2015，35（8）：68 – 74 + 97.

[37] TIMOTHY F LESLIE，CARA L. FRANKENFELD，MATTHEW A. MAKARA. The spatial food environment of the Dc metropolitan area：Clustering，co – location，and categorical differentiation [J]. Applied Geography，2012，35（1 – 2）.

[38] 葛莹，姚士谋，蒲英霞，等．运用空间自相关分析集聚经济类型的地理格局 [J]. 人文地理，2005（3）：21 – 25.

[39] 朱云平．派生性物流产业集群模式探究——以福建泉州为例 [J]. 商业经济研究，2020（15）：162 – 165.

新发展阶段广东推进交通高质量发展策略探讨*

改革开放以来，广东加快大型交通工程与基础设施的建设，连接市县的高速公路或准高速公路的建设已初具规模。到2020年，广东公路里程达221875公里，密度达到12345公里/万平方公里，高速公路里程达10487公里，密度达到584公里/万平方公里，双双位居全国前列。广东已经构建了一个以广州、深圳、香港、珠海、澳门为主枢纽，公路、铁路、水运、港口、航空等多种运输方式相结合，连接省内省外和港澳以及国际的便利快捷安全的交通运输网络。习近平总书记在主持召开中央财经委员会第十一次会议时提出，应全面加强基础设施建设，构建现代化基础设施体系，为全面建设社会主义现代化国家打下坚实基础。广东省第十三次党代会提出，要全面加强现代化基础设施体系建设，支撑广东更高质量发展。随着中国进入新发展阶段，赋予广东的新使命与新要求倒逼广东交通立足长远发展，适时通过战略调整不断进行改革与创新，破解交通发展存在的核心问题，从而实现更高质量、更有效率、更加公平、更可持续和更为安全的发展。

一、新发展阶段广东交通高质量发展的新使命与新要求

广东作为我国改革开放的前沿，在全面建设社会主义现代化国家新征程中承担着走在全国前列，创造新的辉煌的使命任务。广东作为国家新发展格局的战略支点，需要有更大的作为。广东作为双循环交会点，连接世界和内陆，要求生产、分配、流通和消费更加畅通。粤港澳大湾区依托国家战略强化引擎功能，正引领中国实现更高层次的对外开放与改革创新，实现高质量发展。随着粤港澳大湾区加速建设、中央推进两个合作区建设，广东无疑是推进“一国两制”新实践的主战场，将积极推动港澳融入国家发展大局，不断丰富“一国两制”伟大实践。

当前国家双循环发展格局的推进倒逼广东交通发挥支持作用，其中最关键的便是加快现代化交通基础设施建设，共同构建连接内外的贸易、投资、生产、服务网络，引导广东全面深化改革，加大开放力度，在更高层次上获得更好的发展。广东是中国第一经济大省，也是重要科技创新高地，更是国家参与全球中高端竞争的重要战略引

---

* 供稿人：林先扬，中共广东省委党校。谈华丽，广东行政职业学院公共管理学院。发表于《广东经济》2022年第6期。

擎。在新发展阶段，广东国家级战略引擎功能的发挥需要高质量的支撑体系，特别是需要强大的陆海空交通体系作为支撑，才能更好地实现地区平衡可持续的发展。同时，深化粤港澳合作，在交通互连互通特别是口岸互连互通方面，助力港澳及全球资源融入广东，进一步强化粤港澳多层次、全方位的合作。

二、新发展阶段广东交通高质量发展的新诉求与新问题

（一）枢纽体系水平不高，不利于高效组合多种交通方式

全球与区域发展的关联性正在强化，尽管受到逆全球化和地方保护主义的影响，但不可否认，更多的地区都选择更深程度地融入全球发展体系，争取更多的全球要素以寻求更多高层次的发展。全球要素落地的渠道与路径需要有多元的交通方式以及便捷的通道。广东作为新的发展战略平台，能够发挥引领作用，聚集更多优质的要素资源，服务现代产业体系建设，更好地推动区域的转型与升级。对于区域发展而言，集聚集约发展要素离不开重大枢纽的支持。枢纽是以轨道交通和高速公路为骨干、多种交通运输线路与运输方式相互组合的发展新形态。当前广东各地交通基础设施建设都拥有较好的枢纽建设基础条件，但在枢纽建设过程中，各类交通方式组合度不高，造成多种交通之间的转换功能不强、联网与并网程度不高，制约着整体交通枢纽功能的发挥。同时，在高级别的交通枢纽建设上，与其他发达地区还存在着一定的差距，特别是交通枢纽的建设要融合产业、城市与空间发展，增强区域的集聚与扩散功能。目前，枢纽的建设框架已经建立，但深度与广度不足，需要再构建全域交通枢纽体系，共同支撑地区发展。

（二）网络融通度不够，不利于快速通达降低空间成本

目前广东全域主要干线连通已经初步建立，但在高速公路密度上，仅有 7 个城市（广州、深圳、佛山、东莞、珠海、中山和汕头）超过 10 公里/百平方公里，其余的 14 个城市都低于 10 公里/百平方公里；同时，不同城市在次级交通网络的建设规模与质量上还存在一定的差距，如韶关、河源、清远、肇庆等城市主干线较多，但一、二级道路每百平方公里密度较小，不利于区域协同联动发展，因此广东区域内部需要优先完善网络融通。值得肯定的是广东内部与外部的网络连接，在粤港澳大湾区正逐步实现 1 小时、在广东全域基本实现 3 小时的生产与生活配套圈。广东出省通道达 30 条，但受到地形气候影响，在节假日与特殊时段的道路通达管理能力还有待加强。另外，近年来，广东加快推进城乡融合发展，这对乡村道路网络的升级与建设提出了更高的要求，目前广东乡村道路长度达 183162 公里，但广州、珠海、江门、肇庆、清远、韶关、汕尾、河源、云浮等城市的乡村公路密度低于 100 公里/百平方公里。未来这些区域的县区与乡村振兴发展的道路网络支持能力还有待提升。

（三）数字变革尚少，不利于科学合理配置交通资源

2019 年《交通强国建设纲要》中明确提出要大力发展智慧交通，推动新技术与交通行业的深度融合。2020 年交通运输部印发《交通运输部关于推动交通运输领域新型基础设施建设的指导意见》，强调围绕加快建设交通强国总体目标，推动交通基础设施数字转型、智能升级，建设便捷顺畅、经济高效、绿色集约、智能先进、安全可靠的交通运输领域新型基础设施。2021 年交通运输部提出智慧公路、智慧航道、智慧港口、智慧枢纽、交通信息基础设施、交通创新基础设施和标准规范完善建设行动，推动交通基础设施数字转型、智能升级。2021 年《国家综合立体交通网规划纲要》中更是直接提出了“到 2035 年，交通基础设施数字化率要达到 90%”这一量化指标。在 2021 年的“十四五”规划纲要中，强调以数字化转型整体驱动生产方式、生活方式和治理方式的变革。数字化为交通赋能，使其能够更好地服务于地区发展。广东交通基础设施应当更积极地推动数字化升级发展，形成新的发展局面。然而广东智能交通发展仍处在起步阶段，交通网络的不断完善和交通流量的持续增长产生了大量的数据信息，这些数据体量大、类型多，并且大多分散成点的门架数据给数据的收集与处理带来极大压力，目前数字基础设施相对薄弱、数据整合压力加大、数据价值挖掘程度不高，均不利于广东交通运行效率及整体管理效益。

（四）节能环保较弱，不利于绿色低碳服务地区发展

中国碳达峰和碳中和计划正加速地区发展方式绿色转型，广东早在 2010 年就被列为首批国家低碳试点省份，“双碳”行动较早，中央要求广东在实现“双碳”目标上走在全国前列，广东也提出到 2035 年能源利用效率力争达到世界先进水平，这将对广东全面推进交通运输领域节能降碳工作提出更高的要求。当前广东大部分陆地货运依赖公路运输，容易造成交通拥堵和空气污染。相关数据表明广东交通运输行业碳排放量约占总排放量的 1/3，交通减排压力大，传统交通发展方式占比高且增速快，极易造成污染面扩大，给广东交通绿色低碳发展带来巨大的挑战。另外，值得一提的是，这些年广东新能源交通工具保有量快速增长，但除高速公路外，广东县城、乡镇充电网络薄弱，车与桩发展不协调问题较为突出。

三、新发展阶段广东交通高质量发展的新思路与新突破

未来广东交通建设以互联互通、共建共享、协调联动为突破口，全面推进枢纽化、网络化、智能化和低碳化发展，形成更加开放、立体与融合的发展格局，为新一轮广东高质量发展提供战略支撑，助力中国经济实现更大的腾飞。

（一）立足于全球发展要素集散，增强枢纽高效链接与转换

全球竞争格局发生重大变化，各国各地区都在积极吸聚全球范围内更多的发展要素以推动自身发展，这也是中国构建双循环战略的重要抓手，广东有必要集中力量重点建设高级别的交通枢纽，助力形成系列门户枢纽高地。一是以都市圈为核心构建“全球门户”枢纽，强化与全球发展体系的空间联系。以广州都市圈、深圳都市圈、珠江口西岸都市圈、汕潮揭都市圈、湛茂都市圈五大都市圈为突破口，在都市圈内建设便捷高效的城际铁路网，并加快布局建设市域（郊）铁路和城市轨道交通，结合出行发生量优先加大建设四个“全球门户”枢纽（广州、深圳、东莞、佛山），特别是在粤港澳大湾区的都市圈联合港澳共同打造广东世界级制造基地与现代服务业发展高地，并在枢纽功能上加强与东南亚、一带一路沿线国家与地区的联系，争取更高层次的发展。二是构建全域枢纽体系，构筑区域高能发展弹性支点。以广东国家中心城市、地区性中心城市为主体，强化交通枢纽建设，强调多种交通站场与交通方式的组合，共同培育六个“国家门户”枢纽（惠州、汕头、中山、湛江、揭阳、茂名），其他的地级市核心区推进区域性门户枢纽建设，形成全球—国家—地区的三级枢纽体系。三是在沿海经济带布局海陆空一体化交通枢纽。依托大汕头湾区、大红海湾区、环大亚湾湾区、环珠江口湾区、大广海湾区、大海陵湾区以及雷州半岛沿海片区的铁路站场、港口及空港布局海陆空一体化交通枢纽，形成交通枢纽与湾区经济的结合，增强广东沿海经济带枢纽体系的集聚与扩散功能，集聚更多发展要素资源，全面推进沿海经济带工业化与城镇化，实现规模化连片发展。

（二）立足于全域安全快捷连通，加强网络接合与通道强化

广东交通的联网、补网、强链是提升广东交通网络效益的重要抓手，加强网络接合与通道强化，有助于形成全域安全快捷连通。一是突出都市圈组团和区域组团的交通网络连接与发展。在广东加强综合交通枢纽及集疏运体系建设，可以在一些有条件的核心城市提前谋划布局建设支线机场、通用机场和货运机场。二是全面完善次级交通网络。针对一、二级公路网络体系的建设，促进高速公路与一、二级道路体系的有效接合，实现高效转换。三是加快分区、分级、分类推进交通网络建设。在“一核一带一区”框架下，“一核”全面创建铁路、航空、公路、海运等多式联运网络，提升消费者乘坐多种交通方式的便利化程度；“一带”重点通过立体交通设施体系的建设，增强交通对地区产业现代化、人口城市化的推动作用；“一区”突出交通道路体系与县域及乡村振兴、旅游产业融合发展，持续稳步推进建设“四好农村路”。四是打造广东全域内的重要交通廊道。围绕着广东经济发展的战略布局，针对沿海地区多种交通方式融合进行大通道建设，服务于国家海岸经济带。将内陆的出省通道与多种交通方式相结合，稳步升级通道级别，做到有序连接。

（三）立足于全时交通方式融合，推进智能交通与精准管理

当前交通基础设施、交通工具、驾驶系统和交通网络数字化的趋势越来越明显，交通发展正从“运力”时代升级为“算力”时代，强大的算力技术有助于推进广东智能交通与精准管理，实现更高质量的发展。一是加强智能基础设施建设。在原有的道路体系上有序推动数字化改造与升级，形成智能道路、智能电源、智能公交等智能基础设施体系。二是加强智能交通新技术运用。当前广东交通持续加大运用最新大数据、人工智能、云计算等算力技术以及4G/5G、Wi－Fi6、全光网络等连接力技术，更大程度上保障了广东交通数字化发展的安全性、高效性和可持续性。因此，需要进一步加快新一代超算、5G、人工智能、云计算、宽带网络等新型基础设施与交通基础设施的协同发展。三是加快数字孪生技术与交通运管的结合。通过数字孪生技术平台，采集与处理广东交通基础设施体系的交通流、道路与交通事故等数据，实现对道路体系全要素全时空的精细管控。

（四）立足于全面节能减排，强化低碳交通与协同治理

新发展阶段广东加快建立健全绿色低碳循环发展经济体系，除了绿色低碳高效综合交通发展，更需要将全面节能减排降耗理念贯穿于全域交通规划、建设、管理、运营和维护过程，为广东实现真正意义上的绿色发展提供强大的支持。一是确立“双碳”导向型交通发展目标。结合广东“双碳”发展目标，广东需要对整体空运、陆运、海运确立减排目标，逐步增加零排放型汽车、货车、船舶、公共汽车及新型重型车辆等进入市场的数量，减少运输业对化石燃料的依赖。二是加速广东道路客运电子客票推广应用。借助国家道路客运行业智能服务设施设备，为广大消费者提供无接触式、无纸化客运服务，同时，探索、推进、建立广东互联共享的线上电子票务系统，实现货物运输环节无纸化。三是大力推广新能源交通工具。探索以调整碳定价、补贴、税收、路桥费等的方式提高对新能源交通的支持力度，减少化石燃料消费，进一步优化交通能源结构。引导广大消费者选择清洁车辆、城际铁路、高铁等更具可持续性的公共交通方式。同时为了更好地保障新能源交通工具的使用，在广东县城和乡镇政府所在地全面加速建设公共充电基础设施网络，以提高新能源和低碳燃料的比例。四是倡导低碳交通出行方式。进一步提升公共交通比例，逐步推动智能公交覆盖全省县级城市，BRT进入更多的地级城市。引导消费者出行方式多样化，倡导选择开新能源汽车、步行、骑自行车等方式。

双循环战略下构建冷链物流高质量发展新格局*

2020 年 5 月 14 日，中共中央政治局常委会会议首次提出构建国内国际双循环相互促进的新发展格局，双循环战略以内循环为主、外循环赋能[1]，为各行各业提供了必要的政策导向和发展指针，抢抓双循环战略机遇将促使我国冷链物流进入一个崭新的阶段。国家层面和相关部门密集出台政策支持冷链物流产业与互联网行业“两业融合”发展。一方面，中央一号文件连续 15 年提及冷链物流发展的政策导向，同时提出促进互联网等信息技术在物流行业的深度应用以及与其深度融合；另一方面，基于信息技术变革时代大背景下，国内冷链物流行业发展正处于重要的上升发展期。总体而言，国家政策层面、行业技术发展等因素为冷链物流发展提供了重要的战略机遇期。然而我国冷链物流体系不够健全，绝大部分易损易腐产品缺少必要的冷链物流保障措施，导致冷链各环节成本增加、产品价格持续走高，完善冷链物流体系势在必行。

学者们基于双循环视角展开研究。双循环新发展格局的构建符合现实逻辑且具有时代价值，为中国经济发展面临的瓶颈带来新思路、新方法[2]，同时也为“十四五”时期我国经济高质量发展提供新的空间、创立新的平台、赢得新的机遇[3]；面对全球新冠肺炎疫情，我国由原有的国际大循环战略转向双循环战略，构建新型宏观资源配置体制是有效落实双循环战略的重要手段[4]；双循环的新发展格局基于供求端，但并不仅仅局限于简单的供求关系，还延伸至生产、分配、流通、消费各个环节。[5]

冷链物流研究。将冷链物流产业与互联网行业深度融合是疏通冷链物流中堵点的有效手段[6]，有利于保证冷链物流各节点间信息共享，可解决生鲜农产品冷链物流配送成本高、在途时间长等问题[7]；避免因生鲜损坏而降低顾客满意度现象的发生，运用动态多目标车辆的路径优化模型及启发式算法优化冷链物流配送路径[8]；还可以通过构建联合配送—绿色车辆路径模型使冷链物流企业之间通过碳税政策进行合作，共同配送冷链商品，从而降低成本[9]；在优化冷链物流配送路径的同时，要考虑碳排放对环境的污染，从而达到保护环境、减少能耗的目的。[10]

高质量发展研究。长江经济带正构建高质量发展新格局，推动长江经济带工业朝绿色化、质量效率协同并进的方向发展[11]，提高 FDI（外国直接投资）质量和能源效率是经济由高速增长转为高质量发展的重要手段[12]；中国经济高质量发展的区位分布

* 供稿人：王晓、李学工，曲阜师范大学。发表于《供应链管理》2021 年第 11 期。

不均衡，主要呈现东部、中部和东北部、西部依次递减的状况[13]；各区域协同共进是实现中国经济高质量发展的前提，实现经济高质量发展的重要保障是生态的保护，要平衡经济发展与生态发展之间的关系，遵循生态自然观。[14]

综上可知，现有相关文献研究视角相对单一，虽然在双循环战略、冷链物流、高质量发展等方面形成了多层次的研究，但仅从局部阐明了双循环战略的理论内涵，未探讨双循环战略的具体实施领域及实施路径，未从国家双循环战略的层面阐释如何贯彻到冷链物流高质量发展新格局的促进与形成之中。因此本文在学界研究的基础上，探索构建冷链物流高质量发展新格局的现实逻辑、时代价值以及战略目标，聚焦国内大循环和国内国际双循环两个视角，研究冷链物流高质量发展新格局的运行机理，进而探讨构建冷链物流高质量发展新格局的实施路径。

一、构建冷链物流高质量发展新格局的现实逻辑

（一）构建双循环新发展格局的必然之选

构建双循环新发展格局必不可少的环节是构建冷链物流双循环新发展格局，冷链物流产业是国民经济发展的战略性、关键性及基础性产业，冷链物流体系的建设对于双循环战略的落实有重要战略意义。冷链物流作为双循环战略实施进程中的经济新增长点，是我国经济平稳运行的中流砥柱，而构建冷链物流高质量发展新格局将促进冷链物流业的转型升级，推进冷链物流进入快车道。双循环战略下构建冷链物流高质量发展新格局需要明确国内大循环以及国内国际双循环两个视角下的冷链物流高质量发展新格局构建的战略与策略，立足冷链物流现有短板，判明冷链物流组织转型面临的困境、挑战、机遇，一方面冷链物流要夯实国内市场大循环的基础，做强做大自己，率先实现弯道超车，另一方面冷链物流离不开国际市场大环境的考验和洗礼，应加大冷链物流高水平开放的力度和步伐。这一切是我国现阶段冷链物流寻求高质量发展的必然选择，也是双循环战略下冷链物流新发展格局形成的必选之路。

（二）应对错综复杂国际形势的必要之策

在国际形势总体趋于错综复杂的现实背景下，存在诸多不确定性因素，新冠肺炎疫情的暴发使全球政治、经济撕裂得更加严重，单边主义、去全球化倾向抬头，国家从各个层面提升保冷链物流、能源、粮食安全等意识，后疫情时代倒逼冷链物流不断创新，构建冷链物流高质量发展新格局以探寻冷链物流新技术、新模式及新业态是保证复杂国际形势下冷链物流安全稳定发展的压舱石。传统冷链物流侧重于服务质量和链条效率的提高，复杂国际形势下的冷链物流高质量发展新格局的构建宜侧重于链条安全稳定。链条安全稳定包括上下游链条的衔接稳定以及食品的安全稳定，供应商管理以及客户管理是保证链条安全稳定的重要举措。全球贸易形势的不确定导致冷链企

业缺乏稳定的供应链合作伙伴，链条中断的现象时有发生，同时冷链食品的可追溯系统不健全，使客户对国际市场冷链食品的安全性常持怀疑态度，导致需求量降低，必须从冷链物流的顶层设计入手，尽快弥补冷链物流的短板、打通堵点及改善弱项。

（三）推进国内消费市场升级的紧迫之举

国内消费市场的升级加快了消费方式向个性化、多元化方向转变的步伐，传统消费市场结构难以满足消费者的消费需求，对国内消费市场进行转型升级迫在眉睫。冷链物流是冷藏类产品市场流通的必要载体，冷链物流的高质量发展将为消费者提供崭新的消费方式和个性化服务，进而助推国内消费市场步入全新的发展格局。我国是农产品生产和消费的大国，但由于缺乏必要的冷链物流保障设施、设备、信息技术及管理手段，农产品市场面临诸多困境：农产品运输腐损率高，导致流通损耗增加；冷藏设施不足、手段粗放；加工包装比例偏低等。一方面导致农产品价格偏高，另一方面造成农产品腐损及浪费严重，直接导致农产品在冷链环节的增值水平不高，不仅影响了农业生产者的增收，而且阻碍了农业现代化进程。因此，构建冷链物流高质量发展新格局能够为农产品从生产者到消费者的冷链供应链价值转移搭建一条快速通道和桥梁，促进农产品生产、流通及消费结构的全面升级。但国内冷链物流基础设施不够健全，衡量标准不够明确，极易出现断链、产品损坏的情况，国内冷链物流市场亟须进行转型升级。

二、冷链物流高质量发展新格局的时代价值及战略目标

（一）为国内国际双循环发展提供新思路

冷链物流是确保生鲜农产品及保鲜食品完好无损地到达国外市场、参与国际循环的必要途径，冷链物流高质量发展可优化冷链物流服务体系，进而扩大内需、外需体系，为双循环发展创造战略机遇期，为国内国际双循环发展提供新动能、新思路。加速构建具备核心竞争力的冷链物流高质量发展新格局，助推国内国际双循环，高水平开放、高透明度的冷链物流体系将吸引高质量的国际供应链合作伙伴，形成战略联盟，实现全球资源共享并优化资源配置，保障国内国际双循环战略的开展。冷链物流新发展格局不同于传统冷链物流发展格局，新发展格局将区块链、数字经济、人工智能融合于冷链物流中，进而构建国内国际兼容且安全稳定的双循环新发展格局。

（二）为国民经济高质量发展注入新动力

冷链物流新格局的构建为生产与消费的时间间隔和空间间隔问题提供了新的解决途径，促进消费需求和产业升级，增加就业岗位，提供经济增长新模式，从而促进经济高质量发展。冷链物流细分市场正维持良好发展势头，逐步向标准化、规范化迈进。

冷链物流是社会经济发展的重要推动力，其发展水平反映了国家经济的发展水平。经济增长对外部需求过度依赖，使中国的内需不振，且面临严重的国际收支不平衡及外部压力[15]，冷链物流促进生产且拉动消费，加快经济运行和商品流通，为经济由高速增长转变为高质量增长提供新动力。

（三）为冷链物流高水平开放指明新方向

冷链物流的高质量发展促使我国在更高层次上参与国际冷链物流分工，将国内产品运往国际市场，增强国际影响力，促进冷链物流对外高水平开放。冷链物流作为物流行业中的蓝海，总体发展水平较高，但和发达国家相比仍有一定的差距。截至2020年，全球冷链市场份额排名前三的企业均为美国企业，中国冷链腐损率仍高于发达国家平均水平，冷链物流流通率仍低于发达国家平均水平，强化我国冷链物流参与高水平开放的国际循环还需要采取改进措施。“十四五”期间，我国明确提出“建设现代物流体系，加快发展冷链物流，统筹物流枢纽设施、骨干线路、区域分拨中心和末端配送节点建设，完善国家物流枢纽、骨干冷链物流基地设施条件”。基础设施的建设是冷链物流高质量发展、高水平开放的基础，培育国内国际兼容的冷链物流技术是关键。

（四）冷链物流高质量发展新格局形成的战略目标

高质量发展新格局下的冷链物流朝着网络化、数智化、绿色化、可视化、可控化、国际化、标准化趋势演进，目前我国冷链物流正处于从高速发展向高质量发展转型的阶段。高质量发展与高速发展存在一定的区别，高质量发展更注重在发展冷链物流的同时兼顾低碳、绿色及环保建设，是一种可持续高质量的冷链物流发展模式。在以往发展进程中往往以牺牲生态环境为代价，而绿色低碳是经济可持续发展的必然要求，因此发展绿色低碳的冷链物流是冷链物流高质量发展的重要内容，进行质量变革、效率变革、动能变革更是冷链物流高质量发展的重要策略手段。冷链物流高质量发展新格局的构建是长期工程而非短期工程，因此要做好长期应对国际各种不确定性风险的准备。高质量发展目标引领下的冷链园区与冷链产业，行业内部亟须各方资源的全面整合，同时智慧冷链、智慧农批、智慧冷链供应链、冷链食品安全链等应尽快实现弯道超车。

三、双循环战略下促进冷链物流高质量发展新格局的实现途径

聚焦国内大循环和国内国际双循环两个视角，探索双循环战略下促进冷链物流高质量发展新格局的实现途径，如图1所示。

（一）延伸冷链产业链及创新链的战略举措

一是扩大内需与提升冷链高效供给。国际形势动荡不安，正经历百年未有之大变

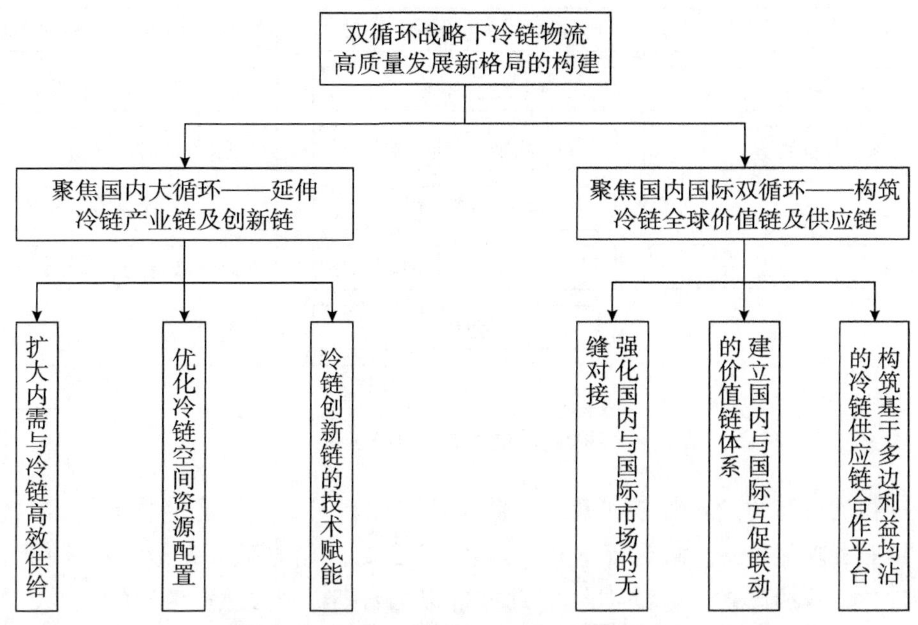

图1　双循环战略下促进冷链物流高质量发展新格局的实现途径

局，外需的不确定性倒逼扩大内需举措的实施。我国地域辽阔，拥有丰富的海陆域资源，具有强大的发展潜力，但地区分布不均，尚存潜在的、未充分挖掘的内需体系。陆域资源总是有限的，宜适度开发海域资源，通过冷链物流将海域产品运输至世界各地。优化冷链物流供给路径，各地适当建立分仓库，保证易腐易损食品在最短的时间内交付给顾客，根据气候变化合理控制运输的温湿度，避免商品损坏导致成本增加，深化冷链物流供给侧结构性改革，同时去除冗杂环节，缩短冷链路径，从而提升冷链高效供给。消除信息不对称导致的牛鞭效应，避免出现供过于求的现象，实现高效供给，面对多变的外部市场环境，冷链物流行业需提高自身的柔性机制，灵活面对多变的市场环境。

二是优化冷链空间资源配置。从冷链物流区域空间上优化产业集聚和集群，形成纵向与横向一体化，覆盖产业上中下游的冷链组织协同发展，以及冷链组织的命运共同体。建设若干国家骨干冷链物流园区，聚集产业链各要素，其中产业链上游包括材料和设备供应，中游包括仓储、运输，下游包括冷链物流应用，如图 2 所示。通过建立冷链物流园区、区域性冷链物流中心等节点优化产业集群以增强区域竞争力，改善冷链物流行业运营分散的现有短板以形成规模效应。我国冷链空间资源分布不均，导致中上游的企业主要聚集于华东及华南两大区域，其他区域聚集度相对较低，颁布优惠政策鼓励聚集度较低的区域积极发展冷链物流并改善冷链空间资源分布不均的状况，是优化冷链空间资源配置的重要举措。

三是搭建冷链创新链。从技术、信息、模式、业态、运营等层面的创新链入手，

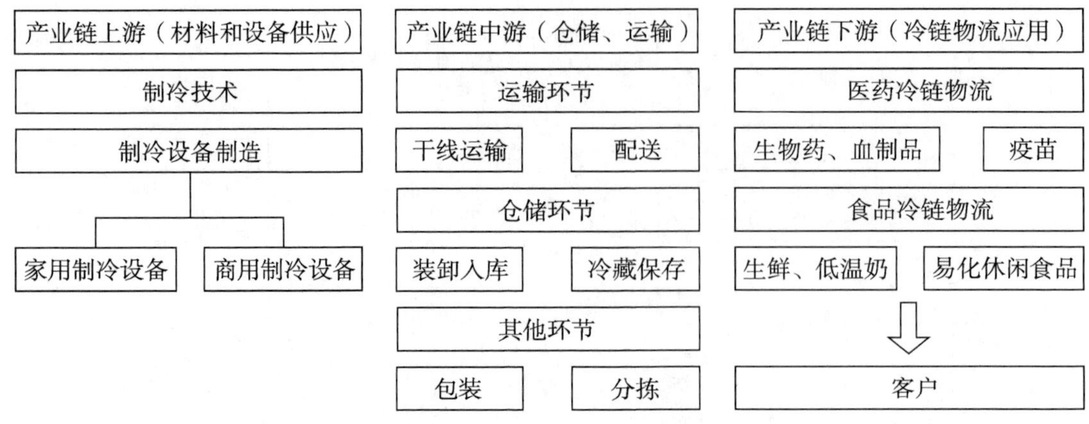

图2　冷链物流产业链全景

弥补冷链物流现有的发展短板和漏洞，搭建冷链创新链。传统冷链物流技术以引进为主，冷链服务功能单一，缺乏信息共享体系；“断链、信息孤岛、信息碎片化”，技术应用零散化，难成体系。冷链创新链宜打造以云计算、大数据、物联网、人工智能、5G、VR、区块链等技术的自主创新为主的技术集成，建设云端冷链公共信息平台，形成集智慧冷链、智能供应链系统、深度学习及机器学习为一体的智慧冷链技术体系。聚焦新技术、新产业、新业态、新模式“四新”，推进产业智慧化、智慧产业化、跨界融合化、品牌高端化“四化”，由此汇聚形成经济发展新动能。应用区块链技术抢占“最先一公里”和竞争“最后一公里”以打造中国特色冷链物流新模式。[16]

（二）构筑冷链全球价值链及供应链的路径选择

一是强化国内与国际市场的无缝对接。在经济及贸易全球化背景下，国内市场国际化是不可逆转的时代潮流，通过冷链物流可以将国内易腐易损产品运往国外市场，或将国外易腐易损产品运往国内市场，使具有区域特色的商品跨国流通，进而使多种资源在不同区域内共享，实现国内与国际市场的无缝对接。我国应发挥自身竞争优势，积极参与冷链物流国际循环，积极参与国际分工，利用国内和国际市场两种资源强化自身冷链物流体系，吸引外资企业，构建协同合作的冷链物流合作伙伴关系。当前虽然我国的新冠肺炎疫情得到有效的控制，但其他国家的疫情控制状况仍不容乐观，因此我国实施双循环战略时面临一定的风险和挑战，在畅通两个市场的资源时，应加强对进口产品的严格检验。

二是建立国内与国际互促联动的价值链体系。在构建冷链物流双循环新发展格局时，积极推进国内冷链物流价值链与国际冷链物流价值链的深度融合，形成全球冷链物流价值链命运共同体。冷链物流价值链体系的构建对冷链物流的高质量发展起到至关重要的作用，冷链产品的采购、生产、销售及服务上的每一个环节都是不断增值的过程，完善冷链物流价值链体系要针对每一环节的不足加以改进，弥补运输、仓储及配送短板，完善冷链服务产品供给，创造顾客服务价值。关键是进行冷链物流价值链创新以达到国际标准，进行冷链新业态创新与培育，尤其是对生鲜食品跨境电商、自由贸易区、海外仓及中央厨房等业态的创新及升级建设，强化冷链跨界综合体等新兴业态的培育，以此作为冷链物流的新动能、新方向及新目标，同时运用区块链、大数据等新兴技术构建全球冷链物流价值链信息共享体系，适时对国际不确定性因素进行风险管理，进行事中控制甚至事前控制，致力于建立中国主导的冷链物流全球价值链体系。

三是构筑基于多边利益均沾的冷链供应链合作平台。构筑冷链物流生态系统，冷链物流利益按贡献分配，实现多边利益均沾，建立冷链供应链合作伙伴关系，共同承担不确定性风险，不仅使多边利益均沾，而且使多边风险共担，形成利益与风险联动机制。建立冷链供应链合作平台，使冷链上下游信息共享，合作伙伴间的信任作为影响冷链供应链上下游合作伙伴链条柔性的重要因素，是实现长期稳定合作关系的基本前提，实现信息透明公开、避免出现信息不对称的现象是信任机制产生的基础。通过构建冷链供应链合作一体化云平台，使仓储、运输、交易订单、客户信息的数据库无阻对接，订单信息快速传输到供应商信息库，供应商根据订单信息进行精益生产，实现零库存，降低交易成本，为顾客提供个性化服务，提高用户的顾客满意度。

四、结论

国家制度安排为建设冷链物流提供了政策导向及基础，大数据、云计算和区块链等信息手段为冷链物流的建设指明新方向，通过研判冷链物流的现实逻辑、时代价值及战略目标，为冷链物流高质量发展新格局的研究奠定理论基础，剖析冷链物流基因裂变的新模式，在双循环战略下以国内大循环为基础，国内国际双循环为辅助，构建冷链物流高质量发展新格局，探索适合我国冷链物流现状的发展路径。

参考文献

［1］江小涓，孟丽君．内循环为主、外循环赋能与更高水平双循环——国际经验与中国实践［J］．管理世界，2021，37（1）：1－19.

［2］蒲清平，杨聪林．构建“双循环”新发展格局的现实逻辑、实施路径与时代价值［J］．重庆大学学报（社会科学版），2020，26（6）：24－34.

［3］沈坤荣，赵倩．以双循环新发展格局推动“十四五”时期经济高质量发展［J］．经济纵横，2020（10）：18－25.

［4］张平，杨耀武．经济复苏、“双循环”战略与资源配置改革［J］．现代经济探讨，2021（1）：1－8.

［5］徐奇渊．双循环新发展格局：如何理解和构建［J］．金融论坛，2020，25（9）：3－9.

[6] 汪旭晖，张其林．基于物联网的生鲜农产品冷链物流体系构建：框架、机理与路径［J］．南京农业大学学报（社会科学版），2016，16（1）：31-41，163.

[7] 姚源果，贺盛瑜．基于交通大数据的农产品冷链物流配送路径优化研究［J］．管理评论，2019，31（4）：240-253.

[8] DE ARMAS J，MELIÁN-BATISTA B. Variable neighborhood search for a dynamic rich vehicle routing problem with time windows［J］. Computers&Industrial Engineering，2015，85：120-131.

[9] G LIU，et al. Vehicle routing problem in cold chain logistics：a joint distribution model with carbon trading mechanisms［J］. Resources，Conservation & Recycling，2020，156.

[10] 鲍春玲，张世斌．考虑碳排放的冷链物流联合配送路径优化［J］．工业工程与管理，2018，23（5）：95-100，107.

[11] 杜宇，黄成，吴传清．长江经济带工业高质量发展指数的时空格局演变［J］．经济地理，2020，40（8）：96-103.

[12] ZENG S L，LIU Y Q，DING J J，et al. An empirical analysis of energy consumption，FDI and high quality development based on time series data of Zhejiang Province［J］. International journal of environmental research and public health，2020，17（9）.

[13] 马茹，罗晖，王宏伟，等．中国区域经济高质量发展评价指标体系及测度研究［J］．中国软科学，2019（7）：60-67.

[14] 徐辉，师诺，武玲玲，等．黄河流域高质量发展水平测度及其时空演变［J］．资源科学，2020，42（1）：115-126.

[15] 余淼杰．“大变局”与中国经济“双循环”发展新格局［J］．上海对外经贸大学学报，2020，27（6）：19-28.

[16] 梅宝林．区块链技术下我国农产品冷链物流模式与发展对策［J］．商业经济研究，2020（5）：97-100.

数字时代物流业的服务转型：基于信息技术替代劳动力视角*

一、引言

产业投入生产要素的变迁，反映出产业结构的转型。进入数字时代，信息技术的发展使得生产要素不再限于劳动、资本、土地等，技术和数据成为新兴的重要生产要素（于立和王建林，2020）。技术在提升劳动生产效率的同时，也对部分劳动力产生替代作用（唐波和李志，2021）。近年来，信息技术和数据生产要素的广泛应用，推动着物流业进入智能时代。物流业从传统的劳动密集型产业，向着资本密集型产业转型。

人类文明的发展进程始终伴随着技术对人力的替代。技术发展史上的重大变革始于第一次工业革命，自此机器开始大规模替代手工劳动（Yin et al.，2018）。从工业文明进入信息文明，技术进步产生的替代效应逐渐由第二产业向第三产业转移（David 和 Dorn，2013）。技术对人力的替代呈现出日益显著的发展趋势。随着智能化广泛运用，信息技术是否会对劳动力就业造成破坏，成为引起广泛争议的问题。虽然技术进步对劳动力就业既有负向的破坏效应，也有正向的创造效应（王君等，2017），但在劳动力的不同层面和领域，技术的影响是不同的（邵文波等，2018）。一方面，智能支撑系统提高了人的劳动生产率（朱巧玲，李敏，2017）；另一方面，智能化也在一些领域开始替代人的工作岗位（张慧，2018）。虽然，截至目前一些来自宏观经济系统的证据显示技术进步并未造成太大的就业问题（Autor et al.，2003；Dauth et al.，2017；Graetz 和 Michaels，2015），但在不同产业和企业的层面，信息技术与劳动力的关系犹待深入分析。

传统物流业是典型的劳动密集型产业。进入数字时代，物流业成为智能化服务转型升级中最具代表性的产业。信息技术的广泛运用提升了物流业的绩效（李丫丫等，2018），物流业的生产服务模式从人力主导向智能控制转型，在集人工智能、物联网技术、计算机技术，以及信息处理等技术为一体的智能物流系统支撑下，无人机、无人车、仓储机器人及智能快递柜等设备被广泛运用到物流的各个环节。生产服务方式的转型重新定义了物流业中人与技术的关系。本文基于信息技术替代劳动力的视角，分

---

* 供稿人：陈曦，云南大学工商管理与旅游管理学院；丁旭，北京交通大学经济管理学院；冯涛，京东集团四川京邦达物流科技有限公司。发表于《产经评论》2022 年 1 月第 1 期。

析数字时代生产要素投入的结构性变迁，以及中美主要物流企业智能化的现状，进而探讨物流业生产服务过程中信息技术对于劳动岗位的替代和催生作用，并提出数字时代物流业服务转型的实施路径。

二、数字时代生产要素投入的结构性变迁

生产要素是生产过程的投入资源（于立和王建林，2020），主要包括劳动、土地、资本、信息四种。随着科技的发展和知识产权制度的建立，技术也作为独立要素投入生产。产业在不同经济发展阶段具有不同的核心要素（李刚和何炼成，2005）。一方面生产要素的投入结构受到技术进步影响，技术进步能降低相对价格较高生产要素的使用比例；另一方面技术进步会改变资源结合方式，从而提升生产效率。

（一）理解数字时代信息技术与劳动力的关系变迁

计算机信息技术的广泛运用驱动着产业进入数字时代。计算机信息技术对于组织运营的影响呈现“自底向上”“从手到脑”“由物及心”，即从低层到高层、从执行层到战略层的发展过程。具体体现为信息系统的迭代更新。如图 1 所示，从事务处理系统（TPS）到管理信息系统（MIS），再到决策支撑系统（DSS）。信息技术对于劳动力的替代关系从替代体力到替代社会连接关系，再到替代脑力，智能系统已经日益接近于人的本质[①]。随着系统日益成熟，信息系统的应用达到社会智能系统阶段，在这个阶段机器开始替代人的心智模式，计算机信息系统相互联通融合成为连接全人类的社会信息系统，具备闭环反馈、自动适应、主动响应三个社会信息协调控制机制（陈曦，2017）。

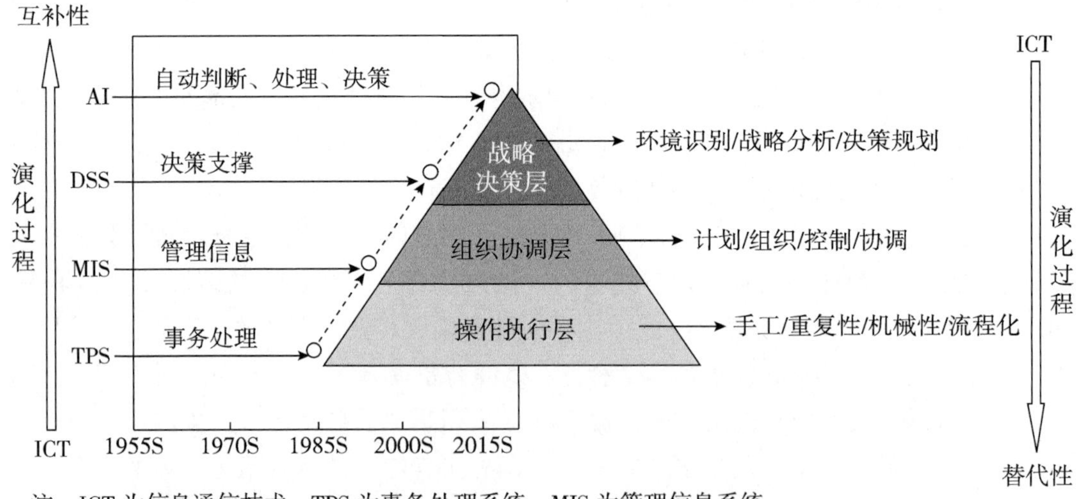

注：ICT 为信息通信技术；TPS 为事务处理系统；MIS 为管理信息系统；DSS 为决策支撑系统；AI 为人工智能

图 1　企业信息系统演进视角下信息技术对于劳动力的替代过程

虽然互利共生是一种最为理想的人机关系，但在复杂的社会系统中，鉴于技术与劳动力的关系在不同领域存在差异，在相对长远的时空范畴，四种范式将会并存。特别是在传统的劳动密集型产业中，信息技术替代劳动力将成为产业升级进程中难以回避的阵痛。

（二）物流业信息技术替代劳动力的时间临界点

生产要素的成本往往随着技术进步和时代发展而演变。当一种要素的单位使用成本高于另一种要素时，就存在用价格较低的要素取代价格较高要素的激励，此时替代性开始显现。社会发展演进趋势表明，技术进步使生产设备成本持续下降，而教育投入的增加导致劳动力成本持续上升（金三林和朱贤强，2013）。因此，企业出于对生产要素投入成本效益的权衡，在同等产出效率的条件下，会使用单位成本较低的生产要素去替代单位成本较高的生产要素。从现实情景来看，一方面中国近年来人口红利下降，人力成本逐年上升，部分劳动密集型企业外迁（原新和金牛，2021）；另一方面工业 4.0 战略广泛推广，国家和企业层面大力投资信息基础设施建设，智能化设备的应用成本逐年降低（Karel et al. ，2021）。

通过建立物流机器人成本函数和物流劳动力成本函数，描述两种生产要素成本随时间变化的轨迹与趋势，以找出替代效应开始显现的时间点。两条曲线相交的交叉点是替代临界点，临界点所对应的时间就是资本单位价格超过劳动力单位价格的时间点，即替代效应开始产生的时间临界点。基于对成本函数的描述与估计，物流机器人成本及物流劳动力成本曲线变化趋势如图 2 所示。

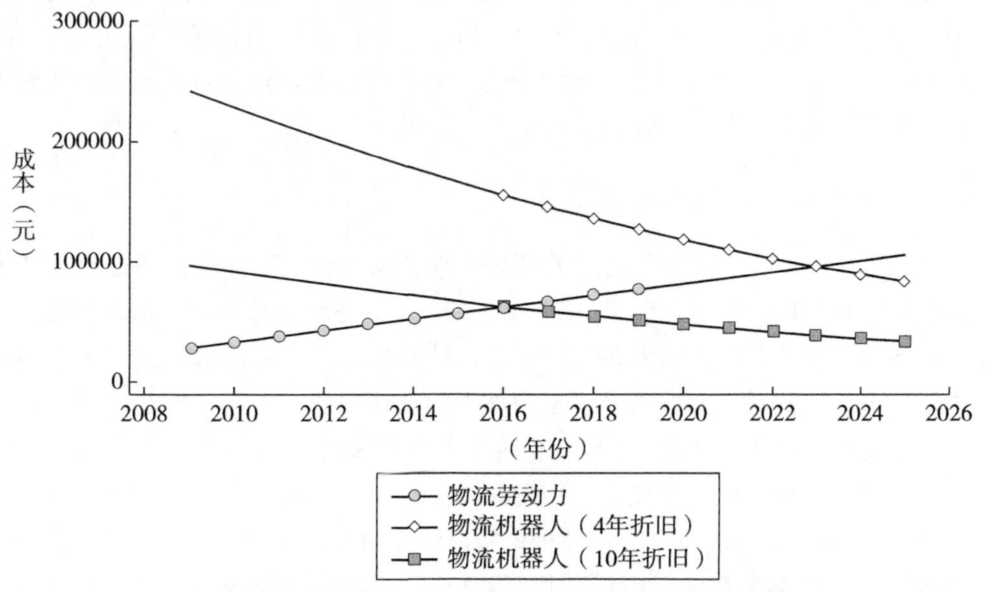

图 2　物流机器人成本及物流劳动力成本曲线变化趋势

资料来源：根据历年统计年鉴和行业研究报告数据呈现并基于拟合曲线进行预测。

当前物流机器人每台成本约70万元[②]，而机器人成本在未来十年内会下降一半[③]。新企业所得税法规定，飞机、火车、轮船、机器、机械和其他生产设备折旧年限为10年，飞机、火车、轮船以外的运输工具为4年。目前业界对物流机器人的所属类别仍存在争议，因此分别按照10年和4年对物流机器人的采购成本进行折旧。若对物流机器人进行10年折旧，物流机器人成本曲线将和物流劳动力曲线在2016年附近相交，此点为物流机器人对物流劳动力产生替代效应的近期临界点。若对物流机器人进行4年折旧，物流机器人成本曲线将和物流劳动力曲线交于2023年前后，此点为物流机器人对物流劳动力产生替代效应的远期临界点。替代时间临界点的到来意味着自该时点开始，物流机器人的平均使用成本将低于劳动力，企业随即产生激励，对智能设备进行更多投资，以替代劳动力。随着时间推移，激励将逐步增强，使得信息技术对于劳动力的替代作用日益显现。

现实情况表明，自2016年以来，物流机器人日益频繁地出现于公众视野，智能物流设备成为各大物流企业争相投资的领域。数据显示，2016年以来仓储类智能机器人的增长率明显提升。2017年中国物流AGV机器人（一种移动运输设备）销量达到1.35万台，比2016年增长101.6%[④]；随着AGV机器人在其他领域的渗透，2018年中国AGV机器人销量已达到2.96万台，比2017年增长119%[⑤]。此外，2017年，顺丰员工总人数及操作类岗位员工数均呈现不同幅度的下降，京东仓储岗位员工数量下降，进一步提供了替代临界时间点已经到来的事实证据。

三、中美代表性物流企业的智能化

产业要素投入结构的变革，也改变了企业的生产服务行为。作为广泛应用智能化的行业，信息技术对于劳动力的替代在不同国家和地区的物流企业中均有体现（Ahmad et al.，2018）。本文从资本对劳动力的替代弹性和物流企业的具体做法两个部分，诠释数字时代中美代表性物流企业智能化发展的现状。

（一）案例企业的替代弹性估计

生产函数可以反映不同要素之间的替代弹性；要素替代弹性描述的是投入要素之间的替代性质和替代能力的大小（Robinson，1953）。在物流企业中，信息技术和生产智能化设备的投资，主要表现为在智能厂房、计算机设备、物流机器人等方面的投入（王洪艳，2013）。物流企业中资本对于劳动力的替代弹性，表明资本和劳动力的关系属于替代性还是互补性，进而可以作为反映企业服务转型的一项指标。

以不变替代弹性生产函数模型（Constant Elasticity of Substitution，CES）作为研究的理论基础（Arrow et al.，1961），该理论被广泛应用于研究技术进步对经济发展及就业的影响（陈登科和陈诗一，2018）。原函数模型假设规模报酬不变，即产出与生产要素的投入等比例增加，未考量企业规模报酬的实际特征。因此，在CES函数模型的基础上引入规模报酬参数 m，当 $m=1$（<1，>1）时，表明研究对象是规模报酬不变（递减，递增）的。案例企业选取三家物流上市企业的数据，中国的京东（JD）、顺丰（SF），以及美国的 UPS（United Parcel Service）。京东和顺丰同为我国现阶段最为消费者耳熟能详的物流服务企业，两家企业同在中国香港上市，公开资料显示，截至 2021 年 5 月 28 日，顺丰和京东为我国市值排名前两位的上市物流公司。

1. 计算模型

在对物流业替代弹性的测度中，采用固定资产和劳动力变动衡量投入，使用企业收入衡量产出。本研究的资料均来自企业公开披露的财务年报，对应科目如表 1 所示，数据不存在因分类标准和统计口径的不统一所带来估算误差偏大的问题。

表 1　　指标、数据来源及计算方法

指标	指标含义	统计口径
Y	营业收入	企业每季度产生的营业收入
K	固定资产净额	固定资产原值 - 累计折旧 - 减值准备
L	员工人数	企业员工人数（年底值）
ΔY	当期营业收入	以每季度为一周期，统计每周期内的发生值
ΔK	周期内固定资产净额变化值	以年初 3 月数据为基期
ΔL	周期内劳动力人数变化值	以年初 3 月数据为基期
$\ln\Delta Y$	回归模型中被解释变量 Y^*	舍弃 ΔY 为负值的样本
$\ln\Delta K$	回归模型中解释变量 X_2	舍弃 ΔK 为负值的样本
$\ln\Delta L$	回归模型中解释变量 X_3	舍弃 ΔL 为负值的样本
$(\ln\Delta K-\ln\Delta L)^2$	回归模型中解释变量 X_4	不存在异常值

注：固定资产中包括企业为生产及经营管理持有的厂房、机器设备、仓库及运输车辆，以及计算机、计算机控制的机器人、数控或程控系统等电子设备。由于员工人数只在企业年报中披露，季度报表并不涉及相关数据，因此员工人数的季度数据通过运用二阶多项式进行估算，并对时间序列数据进行填充。

首先构建计算模型：

$$\ln Y=\ln A+m\delta\ln K+m(1-\delta)\ln L-\frac{1}{2}m\rho\delta(1-\delta)(\ln K-\ln L)^2+\mu \tag{1}$$

通过数据整理及分析发现，中国样本企业中解释变量及被解释变量具有共同的向上变化趋势，为了避免虚假回归，对变量进行一阶差分，使之成为稳定序列，再建立式（2）差分模型；而美国样本企业不存在上述趋势，因此采用式（1）的计量模型。

$$\ln\Delta Y_t=\ln A+m\delta\ln\Delta K_t+m(1-\delta)\ln\Delta L_t-\frac{1}{2}m\rho\delta(1-\delta)(\ln\Delta K_t-\ln\Delta L_t)^2+\nu_t \tag{2}$$

再构建回归模型：

$$Y^*=\beta_1+\beta_2X_2+\beta_3X_3+\beta_4X_4+\varepsilon \tag{3}$$

其中被解释变量 $Y^* = \ln Y$，解释变量 $X_2 = \ln K$，$X_3 = \ln L$，$X_4 = (\ln K - \ln L)^2$，进而得到参数的估计值：

$$A = e^{\beta_1} \tag{4}$$

$$m = \beta_2 + \beta_3 \tag{5}$$

$$\delta = \frac{\beta_2}{\beta_2 + \beta_3} \tag{6}$$

$$\rho = -2\frac{(\beta_2 + \beta_3)\beta_4}{\beta_2\beta_3} \tag{7}$$

$$\sigma = \frac{1}{1 + \rho} \tag{8}$$

最后，通过对计量数据进行回归分析，得到式（3）中 β_{1-4}的值，最终可根据式（8）计算出替代弹性 σ 的估计值。其中，待估参数 A 为效率系数，m 为规模报酬参数，δ 为分配系数，ρ 为替代参数。选择在 $\rho = 0$ 处展开 Taylor 级数，当 $\rho = 0$ 时要素替代弹性 $\sigma = 1$，即模型退化为 C—D 生产函数，因为 C—D 生产函数具有普遍适用性，所以假定 ρ 为接近于 0 的数，当参数估计完成后，根据 ρ 的估计值是否接近于 0 来检验此方法的可用性。

2. 数据说明

对变量进行整理后原始数据的描述性统计特征如表 2 所示。分别收集了子样本京东、顺丰以及 UPS 2016 年第 1 季度至 2019 年第 1 季度财务报表的相关数据，对小部分存在缺失的数据进行舍弃。

表 2　　样本企业原始数据的描述性统计特征

变量	观测值	均值	最小值	最大值	标准差
JD					
营业收入	27	4646. 128	211. 290	5768. 885	1. 405
固定资产净值	27	2823. 544	0. 003	26460. 379	8142. 246
员工数量	9	89084	20153	178000	21198. 547
SF					
营业收入	42	138. 184	0. 786	909. 427	235. 648
固定资产净值	42	31. 287	0. 339	147. 228	52. 817
员工数量	12	132044	124405	136432	6639. 705
UPS					
营业收入	46	3436838	1093800	7186100	1673976
固定资产净值	46	1872609	1677900	2657600	2. 120
员工数量	13	425246	395000	481000	25333. 690

注：营业收入及固定资产净值以亿元（中国）及万美元（美国）为单位，员工数量单位为人。

中国案例企业呈现典型的劳动密集型特征，配送和仓储环节的劳动力占比最高，以京东为例，近五年来，配送和仓储岗位的员工人数占比分别为员工总数的54%和20%。相对于中国企业，美国UPS员工总人数近几年保持稳定。

估计结果。基于计量模型，采用Stata15软件，分别对三家案例企业进行实证数据分析，并计算替代弹性，具体结果如表3所示。

表3　　三家案例企业中资本对劳动力的替代弹性

变量	模型一	模型二	模型三
	JD	SF	UPS
$\ln\Delta K$	1.020***	−0.323**	15.45*
	(0.061)	(0.149)	(8.123)
$\ln\Delta L$	−1.432*	−1.786***	−13.61*
	(1.127)	(0.413)	(7.925)
$(\ln\Delta K-\ln\Delta L)^2$	0.002**	0.0353***	−4.933*
	(0.011)	(0.00842)	(2.666)
常数项	16.730***	36.660***	−21.840**
	(10.026)	(3.154)	(9.332)
观测值	27	42	46
拟合度	0.969	0.945	0.641
替代弹性	1.001	0.795	1.095

注：显著性水平＊＊＊表示 $p<0.01$，＊＊表示 $p<0.05$，＊表示 $p<0.1$

（二）案例企业的智能化程度

（1）领先者：美国物流企业UPS智能化程度较高。

美国物流企业UPS的资本对劳动力替代弹性为1.095，显著大于1，处于替代关系。UPS是世界上最大的快递承运商与包裹递送公司，同时也是运输、物流、资本与电子商务服务领导性的提供者，自2016年前后开始引入AI人工智能物流运输服务系统，并着力打造智慧物流科技，利用现有的庞大数据库支撑经营决策，UPS每年投入超过十亿美元用于人工智能技术产业发展投资，利用智能技术整合供应链，为客户提供更好的服务。

（2）后进者：中国物流企业顺丰智能化相对落后。

顺丰的资本对劳动力替代弹性显著小于1，为0.795。2019年年初，顺丰开始筹资用于物流智能化和数字化建设，新增投入近 4 亿元研发资金以布局下一代物流信息化技术，将智能物流布局分为三个方面：自动分拣、无人机应用以及客户体验。顺丰优势在于高效的运输网络，但相对于其他两家企业，其大力发展智能化起步相对较晚，因此资本对劳动力替代弹性相对低。

（3）追赶者：中国物流企业京东加速智能化进程。

京东物流持续大力向着智能化的方向发展，其资本对劳动力替代弹性为 1.001。2008 年京东建成首个自动化仓库，逐步在存储、拣选、包装、输送、分拣等环节投入自动化技术；2016 年开始探索智能物流，自主研发物流化技术设备，此后，京东无人仓、无人车、无人机不断出现；2017 年开始致力于数字化和智能化的供应链改造；2019 年，京东物流全国首个 5G 智能物流园区正式投入运营，涵盖智能园区、智能枢纽、智能仓储三大领域；同年，京东物流全面投用亚洲规模最大的一体化智能物流中心——东莞亚洲一号，在各个环节均大规模应用了机器人和自动化设备，自主研发的“智能大脑”具备调度、统筹、优化以及数据监控的全方位功能，利用京东物流十几年来积累的复杂订单处理能力和优化算法，极大提高了各环节的运转效率和质量。未来，京东物流还将持续向着运营“无人化”的方向发展。这些事实从客观上印证了京东的资本对劳动力替代弹性近年来的持续上升。

图 3 呈现了近年来中美三家主要物流企业资本对劳动力替代弹性的演化情况。我国物流企业的资本对劳动力替代弹性呈现上升趋势，其中京东由小于 1 逐步上升，于 2019 年超过替代临界点 1。美国物流公司 UPS 也在 2018 年至 2019 年跨越了替代性临界点，从 0.804 上升至 1.095。美国企业整体智能化程度相对较高，但以京东为代表的中国企业正在加快智能化进程。

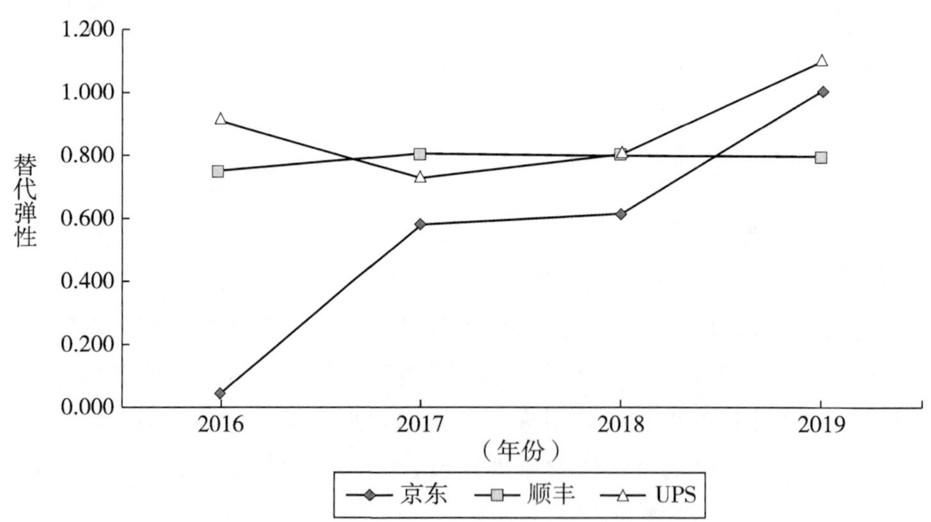

图 3　中美物流企业资本对劳动力替代弹性逐年演变趋势

资料来源：作者根据相关数据计算而得。

四、物流业服务转型的技术应用

总体来看，目前我国物流业发展程度并不均衡，大部分物流企业仍处于从手工向机械化过渡的过程。通过前文分析，可以看出我国物流业在京东、顺丰等龙头企业的带动下，正在迈入智能化深度发展的进程。我国物流业的服务转型进一步表现为信息技术对生产系统和劳动岗位结构的重构。

（一）物流企业智能化服务系统架构

我国物流业的服务模式正在从传统的劳动密集型向技术密集型转型。这期间，智能技术起到了重要的助推作用。智能化进程中，如图4所示，物流业服务转型所采用的信息技术主要包括物联网、区块链、云计算、大数据分析、智能决策、自动化分拣、配送机器人等。这些信息技术推动了物流企业传统服务方式的变革，重塑着物流业服务系统的组织架构。

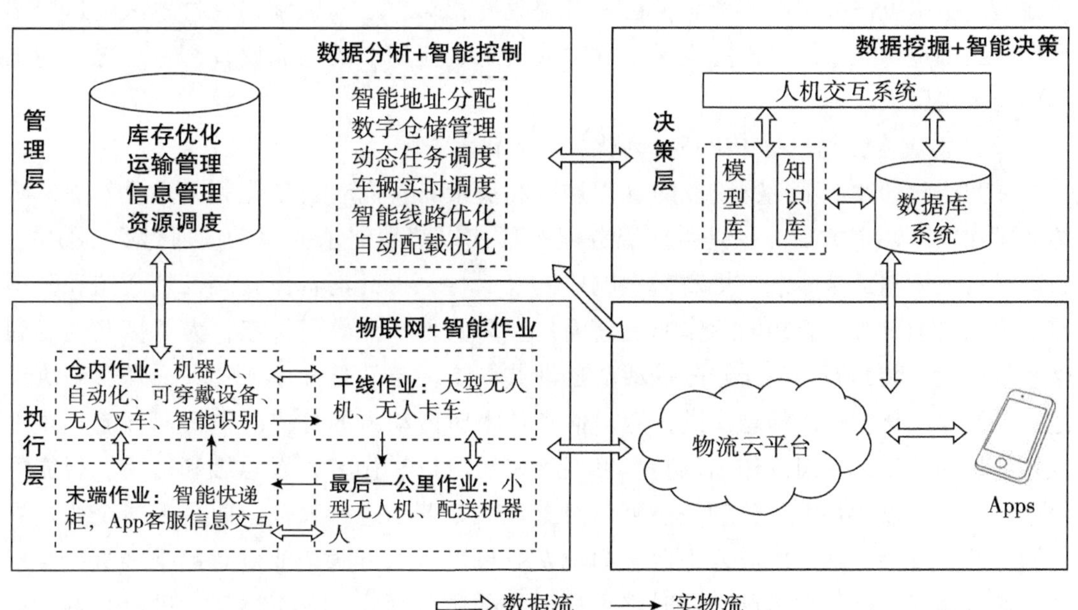

图4　物流企业智能化服务系统架构示意

数据来源：作者绘制。

（1）信息技术重构物流业信息管理的底层逻辑。

信息技术的广泛应用，以重塑信息管理底层逻辑的方式对物流业的生产服务组织形式进行改造，具体体现在以下几个方面：一是确保数据采集的实时与精确，基于物联网技术实现主体间的有效连接和交互。二是提高供应链协同效率，降低信息成本；运用区块链技术保护信息传递和共享的安全。三是确保信息接入的灵活性、弹性以及韧性，采用云计算为供应链节点提供数据接入，满足管理需求。四是提升物流系统的整体响应能力，机器人和自动化设备提高供应链的快速响应能力，依靠人工智能迅速做出智能商业决策。五是精准定位并满足用户需求，运用大数据技术，结合商业数据的收集和全网舆情数据的分析，全方位挖掘用户需求特征，洞察隐性需求，并将隐性需求转化为显性需求，提升服务质量。

（2）物流业执行层的基础工作向着少人化发展。

传统的物流业是典型的劳动密集型产业，在企业的执行层聚集了大量劳动力。进入数字时代，物流业转型最典型的特征在于运用智能化替代手工重复性劳动和体力型劳动，具体体现为将智能化应用于以下几个环节。一是分拣环节。物流分拣日益依靠智能分拣设备、机器人设备、无人设备，以及自动化设备等替代简单劳动。二是干线作业。干线作业的运输活动由大型无人机和无人卡车来实现，物流企业也在不断布局无人驾驶技术，众多企业获批开通无人机物流航线，亚马逊已申请无人卡车的相关专利，而京东也在积极布局物流无人车。三是最后一公里。物流配送的最后一公里作业依赖于小型无人机和3D打印实现。2017年京东成立无人机运营调度中心，标志着无人机在国内基本可进行大规模商用，在人口密集度相对较小的区域如农村地区配送。四是用户接触点。大量使用智能快递柜这种成本低、应用广的智能设备，为配送员的工作职能带来巨大改变。

（3）物流业管理控制和决策自动化、无人化。

在智能化的改造下，物流业的管理控制和决策日益向着自动化和无人化发展，具体体现在以下几个方面。一是生产服务组织形式以消费需求为驱动，通过数据赋能，自动灵活地调整配送体系以提高需求响应的及时性，提升消费体验。二是仓储和分拣作业逐渐走向融合。装卸搬运作业是仓内作业和其他作业的衔接点，为了衔接的便利性和快速性，装卸搬运和仓储分拣活动逐渐共同走向自动化和无人化。三是管理决策过程日益自动化。进入智能化进程后，信息技术对劳动力的替代由进行业务流程重组或再造从而导致部分岗位作出调整，发展到机器可以模仿劳动者思维和行为。智能物流系统不仅可以代替手工劳动，还可以对管理决策劳动进行替代。四是扩展企业边界协同产业上下游。基于物流云平台，物流企业可以和上下游企业进行数据共享，实现了物流业边界的延伸和拓展，同时将重构原有的服务模式、分工体系，进而影响劳动力资源的配置。

（二）物流业关键生产环节中信息技术对劳动力的替代

智能化背景下，物流业服务方式的改变造成各个业务环节中均出现信息技术与劳动力关系的重构。信息技术对部分劳动力造成替代的同时，也催生了新的劳动力需求。物流业的服务环节主要包括运输、仓储、配送、装卸搬运、信息处理等，表4对智能化进程中信息技术替代劳动力的岗位，以及对所催生的新劳动力岗位进行了总结。

表 4　　物流智能化背景下信息技术对劳动力的替代

生产环节	信息技术	对劳动力的重构	
		替代岗位	催生岗位
运输	无人机系统：无人机飞行器，指挥控制子系统、测控与信息传输子系统、发射与回收子系统	飞行员、驾驶员、调度员	5G产品专家、无人机/无人车系统保障与维修人员、前端开发工程师。
	无人车系统：控制器、传感器、控制软件、执行器		
仓储	自动化立体仓库：货架、托盘、巷道堆垛机、输送机系统、AGV系统、自动控制系统、存储信息管理系统	仓储管理人员、装卸组长及装卸人员、叉车司机、统计员、信息员、分拣员	自动化运营管理岗、IoT产品专家、生鲜经理（根据数据分析解决问题）、系统保障维修人员、机械工程师、前端软件工程师
	无人仓无人分拣：高速交叉带分拣机、输送系统、自动防跌落卷帘笼箱和导轨、RFID设备、SVDT可追踪视频监控系统、DCS智能管控系统		
装卸搬运	AGV系统：地面控制系统、车载控制系统、物流上位调度系统	装卸搬运人员、叉车司机	设备维护人员、系统保障与维修人员
配送	配送机器人：控制器、传感器、控制软件、执行器	快递员、配送员	快递客服、拓展管理人员、开发工程师（评价系统、仿真引擎）、系统保障与维修人员、机械工程师
信息管理	物流云平台：硬件、系统软件、应用程序及数据库、商务智能	数据库管理员、信息录入员、单据管理员	云仓招商岗、架构师、系统实施岗、JAVA开发工程师岗、用户研究工程师、大件产品设计岗、算法工程师、大数据平台架构师、数据挖掘师

（1）信息技术对传统物流业劳动力具有显著替代性。

智能化的进程总是伴随着对从业劳动力技能要求的更新与重塑。若原从业人员的知识结构较好，能够较快适应技术进步带来的行业技能需求变化，则技术的替代性较小（钟仁耀等，2013）。传统物流业从业者的主要工作以仓储管理、配送等可重复的体力劳动为主，这部分劳动附加值较低，劳动力面临失业的可能性更高。相对而言，运输和信息处理岗位原有从业人员的知识结构与智能化的需求较为接近，更有可能经过培训而适应智能化的生产方式。

（2）智能化催生的劳动岗位普遍具备更高的附加值。

智能化进程中所催生的劳动岗位分为三类：专业型技术岗位、销售岗位和复合型管理岗位。专业型技术岗位对技术技能要求最高，销售岗位对人际交往技能要求最高，复合型管理岗位不仅要求管理人员具备一定的技术技能和人际交往技能，还需具备相当的概念技能。这些岗位劳动力的知识水平较高，其劳动也具备更高的附加值。

（3）智能化对劳动力进行重塑最终走向人机共生的状态。

智能化拓宽且加深了信息技术对劳动力的影响：传统的机器和自动化设备代替劳动者执行常规任务，进行劳动，解放了“手”；机器人和基于计算机的自动化设备可进行认知与分析，支撑决策制定，辅助了“脑”。基于物流企业智能化服务系统的架构，执行层的从业者有很大可能性被智能化取代；而管理层及决策层通过智能化系统，基于算法和模型指挥企业的运作和管理，技术与劳动力形成互补关系，进入人机共生的状态。在手工操作层面，智能化替代了简单劳动力，而管理决策层面，智能技术成为劳动力的“第二个大脑”，人机交互协同创造价值。

五、数字时代我国物流业服务转型的实施路径

产业经济系统实现有序稳定发展的重要前提是协调好生产要素间的配比关系（栾大鹏和欧阳日辉，2012）。进入数字时代，新兴的信息技术与传统产业深度融合，催生以智能化为代表的第四次工业革命，即工业 4.0，将从根本上改变生产服务方式乃至生活方式（张雍达和宋嘉，2021）。基于前文所论述内容总结出我国物流业服务转型的主要实施路径如下：

（一）从业者劳动力升级：简单重复→技术赋能

传统物流业的服务组织形式是劳动密集型经济下的简单体力重复。数字时代，信息技术的广泛使用驱动着物流业服务转型，其生产服务的组织形式向着自动化、智能化方向发展。物流业传统的劳动力结构无法与智能化相适应。因此，数字时代物流业的服务转型需要以劳动力的升级改造为逻辑起点。物流业要将劳动力结构的优化与提升作为系统性工程，进行长期筹划，促进信息技术赋能劳动力，让技术应用带动劳动力成长。物流业可以从以下几个方面实现劳动生产服务从简单重复到技术赋能的转型：一是有效宣传帮助从业者看清转型趋势，物流业要积极宣传，帮助传统的物流从业者，特别是工作在生产经营一线的体力劳动者，认清智能时代信息技术对劳动力的替代趋势，提前储备相应的知识和技能，持续提升职业技能，扩大自身职业技能与机器能力的异质性，为迎接我国物流业走向机器大规模替代简单重复劳动力的时代做好准备。

二是加强信息技术实操技能培训，面向智能时代的需要，开发适用于帮助传统劳动力尽快适应数字时代变革要求的知识技能培养课程体系，推广科技向善理念，帮助传统岗位从业者适应产业的智能化进程。三是提升劳动力技能结构复合性，提前部署储备，稳步推进物流业劳动力结构整体升级，以适应智能时代物流产业生产服务经营模式的快速变化。通过技术赋能推动劳动力升级，优化劳动力结构，积极推动服务转型，以促进产业优化升级。

（二）关联产业融合推动：被动响应→主动嵌入

服务转型是数字时代重要的议题。伴随着国内要素成本升高，以及疫情后国际环境日趋复杂，我国的传统产业，尤其是传统制造业，亟待升级转型（丁志帆，2020）。中共十九大报告提出："实现互联网、大数据、人工智能同实体经济深度融合，在中高端消费、低碳引领、共享经济、现代供应链、人力资本服务等领域培育新增长点、形成新动能。"可见，在我国数字经济的崛起中，物流业扮演着重要的支撑服务作用。构成世界的三大基本要素是物质、能量和信息。进入数字时代，数字信息成为产业的驱动要素，从而对传统产业链的边界进行了重构。只有信息技术在整个产业经济领域普遍应用并引发产业全面变革时，才真正实现了新型工业化（周振华，2000）。数字化促进了产业合作与融合，大数据通过降低信息不对称性对要素流通的约束，提供更多关于合作者质量的信号（江小涓，2017）。

一体化的产业合作体系，要求产业集群在具备相应规模的基础上，面向全球提升资源整合与创新能力（黄利春和梁琦，2021）。跨界融合是我国产业高质量发展的必要条件（肖旭和戚聿东，2019），而信息化通过跨界融合机制，使得传统产业价值创造的逻辑发生根本性变革（丁志帆，2020）。如图 5 所示，价值创造的过程依赖于现实世界的物质流通，物流业的服务转型同步于信息化对于产业系统的影响，并且从被动响应式的业务提供向着主动嵌入式的服务响应转型。

（三）生产运营数智发展：技术替代→人机共生

我国物流业需要在积极推动生产运营智能化发展的同时，注意信息技术对劳动力替代带来的潜在社会问题。一方面，为了适应数字时代发展需要，物流业需要广泛运用信息技术对生产服务的组织形式进行重构，并且稳步加大对智能化的投资；对于企业而言，智能化的广泛和深入应用将在很大程度上缓解劳动力成本上升的问题，实现生产运营智能化发展，让信息技术更好地支撑劳动力，实现人机共生，特别是对于有挑战性的任务，人机协作的模式在现实中更为可靠（David，2015）。另一方面，物流业在数智化发展的同时，需要维持技术替代以及劳动力升级之间的平衡，政府应采取合理的调控手段。曹静和周亚林（2018）认为对机器人征税将会减缓物流业智能化的速度，作为劳动力岗位转换和再就业的缓冲，这部分税收收入可以用于支持对劳动力

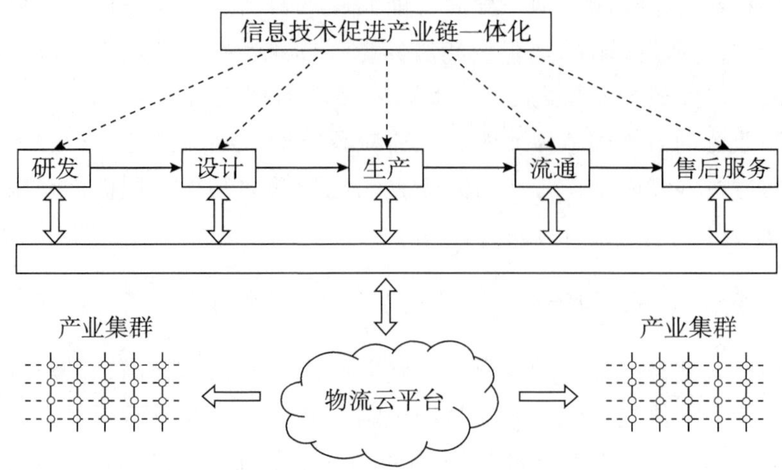

图5　基于信息技术物流业主动嵌入各产业集群

资料来源：作者绘制。

再就业的培训，从宏观上平衡信息技术与劳动力之间的关系。在物流业服务转型的进程中，政府、行业、产业链、企业、从业者等各方需要形成协同关系，防止信息技术对劳动力进行大规模替代导致社会风险出现，调控相应的风险冲击，促使物流业的智能化服务进入人机共生的良性模式。

六 结论与启示

服务转型是数字时代传统产业升级的基本逻辑，其代表性特征就是生产要素投入的变化。伴随着信息技术的广泛应用，物流业的智能化进程正在对生产要素的投入结构产生深远影响。本文围绕数字时代物流业的服务转型，基于信息技术替代劳动力的视角，试图从三个方面诠释数字时代物流业的服务转型：一是分析数字时代生产要素投入的结构性变迁，梳理信息技术进步与劳动力关系的演化过程，进而通过物流机器人和劳动力成本的变化，分析信息技术大规模替代劳动力的时间临界点，而这个时间临界点已经到来；二是梳理中美主要物流企业智能化应用现状，通过计算资本对劳动力的替代弹性发现美国的 UPS、中国的京东和顺丰处于不同的智能化发展阶段，分别属于领先者、追赶者和后进者，中国物流企业正在加大智能化的投入；三是探讨物流业服务转型中信息技术对岗位的影响，面向智能技术应用的具体操作设计层面，分析物流企业智能化生产系统架构，进而通过探讨物流业关键生产环节中信息技术对劳动力的替代，分析劳动力替代的范围与程度。

基于对以上现实问题的分析，发现我国物流业将深化服务转型，向着全面智能化的方向发展，行业整体将逐步加大对于智能设备的投资，总体上走入信息技术逐渐替代简单重复劳动力的进程。虽然相比美国物流企业，我国物流企业的智能化尚有较大提升空间，但也要清醒地意识到目前的发展水平对于我国而言未必是坏事。我国劳动力的知识结构还有巨大成长空间，物流业中存在着大量的体力劳动者，倘若信息技术替代劳动力的速度过快，则会导致结构性失业，给社会系统带来巨大冲击。信息技术应用与创新的目的在于提升劳动力技能水平，而非取代对劳动力的需求（Trajtenberg，2018）。信息对于劳动力的替代节奏需要与社会发展速度、产业承受能力相匹配，否则会导致系统性失衡。因此，数字时代我国物流业服务转型应该从劳动力升级（从简单重复到技术赋能）到重构产业底层逻辑（从被动响应到主动嵌入），在实现生产运营智能化的基础上，推动信息技术与劳动力的关系由相互替代走向人机共生的良性发展。

注释：

①马克思《1844 年经济学哲学手稿》记载“人类的特性恰恰就是自由的自觉的活动”。马克思《关于费尔巴哈的提纲》中指出：“人的本质不是单个人所固有的抽象物，在其现实性上，它是一切社会关系的总和。”

②封面新闻．京东启用送货机器人：造价高达 70 万 配送过程很尴尬．2017－06－17.

③机器人网．机器人的成本曲线在下降，如何让市场规模再扩大十倍．2016－12－09.

④中商产业研究院．中国物流机器人市场现状及发展趋势预测分析．2018－09－17.

⑤中国机器人网．2018 年中国 AGV 机器人销量 29600 台，销售额达 42.5 亿元．2019－02－14.

参考文献

[1] 于立，王建林．生产要素理论新论——兼论数据要素的共性和特性［J］．经济与管理研究，2020，41（4）：62－73.

[2] 唐波，李志．人工智能对人力资源的替代影响研究［J］．重庆大学学报（社会科学版），2021，27（1）：203－214.

[3] YONG YIN，KATHRYN E STECKE，DONGNI LI. The evolution of production systems from Industry 2.0 through Industry 4.0［J］. International Journal of Production Research，2018，56（1－2）：848－861.

[4] DAVID H AUTOR，DAVID DORN. The Growth of Low－Skill Service Jobs and the Polarization of the Us Labor Market［J］. The American Economic Review，2013，103（5）.

[5] 王君，张于喆，张义博，等．人工智能等新技术进步影响就业的机理与对策［J］．宏观经济研究，2017（10）：169－181.

[6] 邵文波，匡霞，林文轩．信息化与高技能劳动力相对需求——基于中国微观企业层面的经验研究［J］．经济评论，2018（2）：15－29.

[7] 朱巧玲，李敏．智能化背景下机器人和人的发展关系探讨［J］．改革与战略，2017，33（3）：12－16.

[8] 张慧．工业机器人替代劳动力的模型分析［J］．智能机器人，2018（3）：58－60.

[9] DAVID H AUTOR，FRANK LEVY，RICHARD J MURNANE. The Skill Content of Re-

cent Technological Change: An Empirical Exploration [J]. The Quarterly Journal of Economics, 2003, 118 (4).

[10] W DAUTH, S FINDEISEN, J SUDEKUM, et al. German Robots - The Impact of Industrial Robots on Workers [R]. CEPR Discussion Papers, 2017.

[11] GRAETZ, G, MICHAELS, G. Robots at Work: The Impact on Productivity and Jobs [R]. Centre for Economic Performance, LSE, 2015.

[12] 李丫丫，王磊，彭永涛．物流产业智能化发展与产业绩效提升——基于 WIOD 数据及回归模型的实证检验 [J]．中国流通经济，2018，32（3）：36-43.

[13] 李刚，何炼成．生产函数中核心要素的演变与经济增长模型重构 [J]．学习论坛，2005（4）：39-42.

[14] 陈曦．论网络治理信息机制的智能化构建 [J]．中州学刊，2017（8）：167-172.

[15] 金三林，朱贤强．我国劳动力成本上升的成因及趋势 [J]．经济纵横，2013（2）：37-42.

[16] 原新，金牛．中国人口红利的动态转变——基于人力资源和人力资本视角的解读 [J]．南开学报（哲学社会科学版），2021（2）：31-40.

[17] KAREL ELOOT，侯文皓，RICHARD KELLY，et al. 后疫情时代的工业 4.0 进程：拐点已现 [J]．机器人产业，2021（02）：103-108.

[18] AHMAD, N, SHAMSUDDIN, A, Aslinda, A S. Industry 4.0 Implications on Human Capital: A Review [J]. Journal for Studies in Management and Planning, 2018, 4 (13): 221-235.

[19] JOAN ROBINSON. The Production Function and the Theory of Capital [J]. The Review of Economic Studies, 1953, 21 (2).

[20] 王洪艳．基于物联网的物流智能化路径 [J]．重庆理工大学学报（社会科学版），2013，27（11）：33-37.

[21] ARROW, K J, CHENERY, H B, MINHAS, B S, et al. Capital - labor Substitution and Economic Efficiency [J]. Review of Economics and Statistics, 1961, 43 (3): 225-250.

[22] 陈登科，陈诗一．资本劳动相对价格、替代弹性与劳动收入份额 [J]．世界经济，2018，41（12）：73-97.

[23] 钟仁耀，刘苇江，刘晓雪，等．科技进步对上海就业影响的实证分析——基于分行业的视角 [J]．人口与经济，2013（2）：78-85.

[24] 栾大鹏，欧阳日辉．生产要素内部投入结构与中国经济增长 [J]．世界经济，2012，35（6）：78-92.

[25] 张雍达，宋嘉．工业 4.0 时代的智能制造 [J]．中国工业和信息化，2021（9）：

32 - 34.

[26] 丁志帆．信息消费驱动下的传统产业变革：基本内涵与内在机制 [J]．经济学家，2020 (3)：87 - 94.

[27] 周振华．信息化改造传统产业：基本内涵及其实现机制 [J]．天津社会科学，2000 (6)：41 - 45.

[28] 江小涓．高度联通社会中的资源重组与服务业增长 [J]．经济研究，2017，52 (3)：4 - 17.

[29] 黄利春，梁琦．基于质量变革视角的产业集群升级路径研究——以顺德世界级家电产业集群为例 [J]．产经评论，2021，12 (1)：104 - 114.

[30] 肖旭，戚聿东．产业数字化转型的价值维度与理论逻辑 [J]．改革，2019 (8)：61 - 70.

[31] DAVID H AUTOR. Why Are There Still So Many Jobs? The History and Future of Workplace Automation [J]. The Journal of Economic Perspectives, 2015, 29 (3).

[32] 曹静，周亚林．人工智能对经济的影响研究进展 [J]．经济学动态，2018 (1)：103 - 115.

[33] TRAJTENBERG, M. Ai as the Next GPT: A Political - economy Perspective [R]. National Bureau of Economic Research, 2018.

第四部分
典型案例

案例一　货多多——水陆多式联运数智化平台*

一、企业概况

广东货多多物流科技股份有限公司成立于2018年，注册资本3168.4万元。公司主要业务类型是道路运输和内河运输，在AI大数据、5G智慧匹配算法、可视化物流管理系统等方面拥有多年经验，平台系统的知识产权及行业专利备案多达36项。公司拥有无船承运人资质+网络货运资质、高新技术企业证书。其“货运江湖”平台打造多式联运新模式，提升物流链货运效率，实现降本增效。

二、平台情况

“货运江湖”是广东货多多物流科技股份有限公司针对大宗散货商品特性开发的水陆多式联运数智化平台。平台基于5G互联网、万物互联、大数据、人工智能、云计算、云存储等核心技术，将水陆运输资源整合优化，实现船货在线撮合交易，物流各环节可视化，电子合同等信息实时可查、可追溯，致力于让传统物流行业适应互联网时代，提高物流运输效益。“货运江湖”构建了完整的信用评价体系，集“合同流、货物流、资金流、发票流、信息流”五流于一体。

运作模式：货主发布货源→生成订单→司机/船东接单→生成运单→装货签到（平台监控）→运输途中（平台监控）→卸货签到（平台监控）→货主签收。平台注册会员免费，平台在承运过程中承担承运人的责任与义务。平台系统为自主开发，系统申请并获取15项软件著作权证书。平台的货源与车辆、船舶匹配规则算法可根据发布货源的货物类型、目的地、车辆/船舶类型向平台用户推送货源信息。使用阿里云ECS服务器，备份策略为每天备份，开启跨地域备份。平台用户主要是砂石、煤炭、钢材、水泥等大宗物资货主及个体司机/船东。系统开放PC货主端、小程序司机/船东端，Android系统、iOS系统、鸿蒙系统货主/司机/船东端给平台会员使用，平台信息资源共享。

平台利用大数据、云计算、卫星定位技术，做到了对平台承运货源的检验，在许可的经营范围内从事经营活动。对实际承运人的车辆/船舶信息、司机/船东信息入网

---

* 供稿单位：广东货多多物流科技股份有限公司。整理人：罗湖桥，广东省现代物流研究院。

前进行资质审核，不符合网络货运经营要求的严禁成为会员。平台通过核心技术对运输、交易全过程进行实时监控和动态管理，杜绝了虚构交易、运输、结算等情况出现。平台采取了信息安全三级保护措施及平台独特的加密算法，加强了对驾驶员、车辆/船舶、托运人等相关信息及涉税资料的保密管理。平台通过系统控制技术，使实际承运司机/船东及车辆/船舶在超限超载时不能接单，杜绝了不合规的运输作业发生。平台系统已做到了信息审核、签订合同、运输过程监控、交付验收、运费结算、信息上传、保险理赔、投诉处理、信用评价及相关的安全生产管理工作。平台已对接广东省信息监测系统，并按要求实时上传车辆及驾驶员基本信息、驾驶员及车辆位置信息，及时上传运单及交易完成后的资金流水单。

三、平台介绍

（一）在线找船找车找货

货主在“货运江湖”平台发布货源，司机/船东可在平台发布空车/吉船期，平台将通过大数据和云计算，在线匹配货源和所需船舶信息，并进行智能推送。司机/船东亦可在货源大厅查找合适的货源进行接单。平台利用大数据、云计算、车载 GPS/北斗系统、船舶 AIS 定位技术，做到了对平台承运货源的检验，在许可的经营范围内从事经营活动。此外，平台自有信用评价系统，从运输效率、运输安全、服务质量和满意度 4 个方面，让驾驶员和货主双方对运单进行评价，一旦信用综合评级在 3 星以下，平台会限制企业发单、司机/船东接单等，直至企业或司机/船东进行整改。司机/船东卸货后，企业确认无误在平台签收，款项自动转入司机/船东账户。

（二）运单轨迹追踪

公司拥有无船承运人资质 + 网络货运资质，平台系统为自主开发，货源与车辆/船舶匹配规则算法可根据发布货源的货物类型、目的地、车辆/船舶类型向平台用户推送货源信息。运输订单开启后，“货运江湖”平台将通过车载 GPS/北斗系统、船舶 AIS 系统动态监控运输全流程，实现物流可视化管理和实时监控。另外，平台还设置了跟单审核机制，当出现运单风险如脱离航道、长时间滞留等时会自动预警，方便货主实时掌控运单异常情况。

（三）平台运作模式

自营模式：全程交易结束后，平台将根据真实的物流运输轨迹以及交易数据，为司机/船东代缴个税、增值税、附加税等。无船、无车承运业务中平台作为承运人，销项开具 9% 的运输费增值税专用发票给货主。

撮合模式：撮合业务中平台仅为货主提供平台会员运力信息，不承担承运人的责任与义务，货主与司机/船东在平台匹配的业务完成后，平台代小规模司机会员开具3%的运输费增值税专用发票给货主。

（四）增值服务

加油服务：目前已与部分水上加油站签订合作协议，通过价格优惠引导船舶去指定加油站加油。

保险服务：已与中国人民财产保险股份有限公司广西壮族自治区分公司达成合作协议，提供价格优惠的保险费率，与运费合并开票，实现客户在线投保，降低客户保费成本。

此外，“货运江湖”平台还增加了八大功能，分别是物资交易、船舶买卖、船闸信息、船闸电话、每日水情信息、行业资讯、气象水文、船舶定位，方便用户使用。物资交易和船舶买卖的信息均是免费发布，平台会安排专人进行信息的审核与跟踪。若有意向，双方可直接进行沟通交流，平台不会收取任何中间费用。

四、未来规划

未来，随着平台用户数量的增加，通过深入挖掘用户大数据，将逐步发展完善供应链综合服务平台、数字信用服务平台，从而形成覆盖物流服务、数据服务、金融服务以及其他增值服务的数字物流与供应链生态圈。

案例二　一链通——数字化综合物流交易平台*

一、企业概况

广州一链通互联网科技有限公司（以下简称“一链通科技”）创立于2016年，以“让物流交易变得更简单”为使命，致力于依托产业互联网及新一代信息技术，实现传统航运物流产业的平台化、数字化与智能化。公司于2018年荣获国家级高新技术企业证书，于2021年荣获国家级专精特新小巨人企业资质。一链通科技依托自主研发运营的“数字化综合物流交易平台”，以内贸集装箱海运自营产品为核心，为行业、客户及合作伙伴降低成本、提高效率、提升服务、创造价值，共同构建数字物流生态圈。公司注重技术研发投入，拥有一支专业的IT技术团队，并与中山大学、华南理工大学等科研院校联合成立课题研究组，努力攻克物流数字平台的关键核心技术，填空白补短板，如云计算与大数据实时分析处理技术、电子围栏与物流地图技术、智能订单处理技术、多式联运整合技术、区块链与物流供应链金融创新技术等关键技术，推动海运、集卡、整车、铁路、驳船多式联运的数字化与智能化。

二、平台模式

一链通数字化综合物流交易平台（见图1）以内贸海运集装箱为核心，延伸覆盖海运集卡、内河驳船、铁路集装箱、公路整车、公路零担等综合物流服务，同时提供金融、保险、燃油等配套增值服务，形成了一体化的物流服务平台。平台提供商户进驻、用户注册、产品搜索、订单管理、支付结算、全程可视化跟踪、大数据分析等综合功能，为客户提供一站式物流服务。主要专注于内贸集装箱海运市场中的交易环节，利用互联网及新一代信息技术，将交易环节、交易过程全部线上化、透明化，并通过平台来实现精细化运营，推动物流行业的平台化、数字化、智能化发展。一链通数字化综合物流交易平台技术架构如图2所示。

在此技术的支撑下，一链通科技打造了数字化、智能化、平台化的物流生态圈，提供了物流相关产品和方案，吸引了超过4000家用户及商户进驻。

---

* 供稿单位：广州一链通互联网科技有限公司。整理人：张艳平，广东省现代物流研究院。

图 1　一链通数字化综合物流交易平台界面

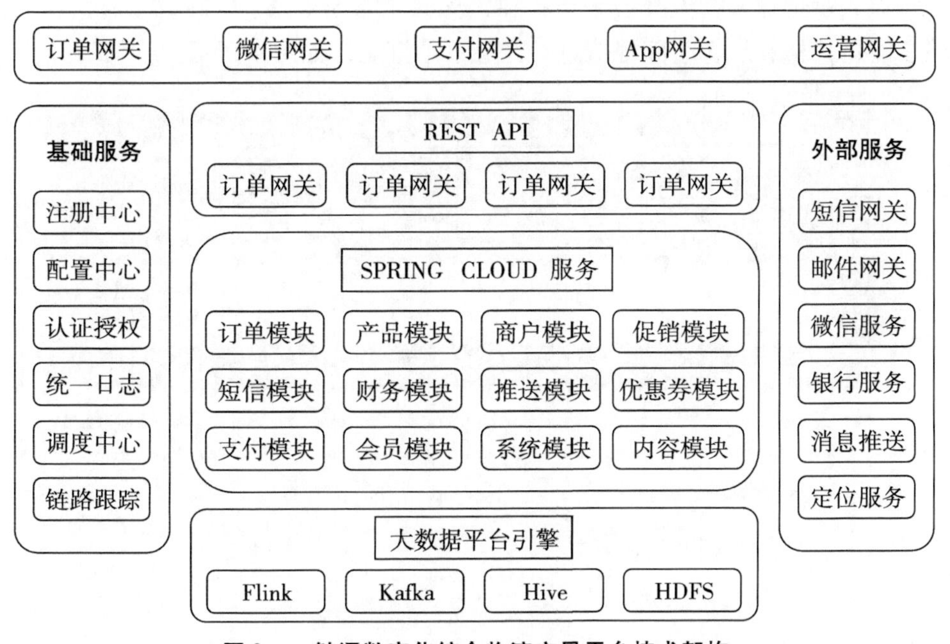

图 2　一链通数字化综合物流交易平台技术架构

一链通数字化综合物流交易平台生态圈（见图 3）以物流公司、物流人、货代公司为主要切入点，将这三类公司吸纳进平台，整合包括集装箱海运、集卡、仓库、铁路运输、装卸、散装船、公路整车、公路零担等业务，完善产品物流循环，并由此继续深入，引进工厂和贸易商，组成供应链闭环。一链通数字化综合物流交易平台逐步完善数据收集与信用体系构建功能，目前已经在智能单证、批量处理、数据分析、智能预警、实时跟踪、电子围栏、保险保障、金融产品等方面给平台用户提供服务。

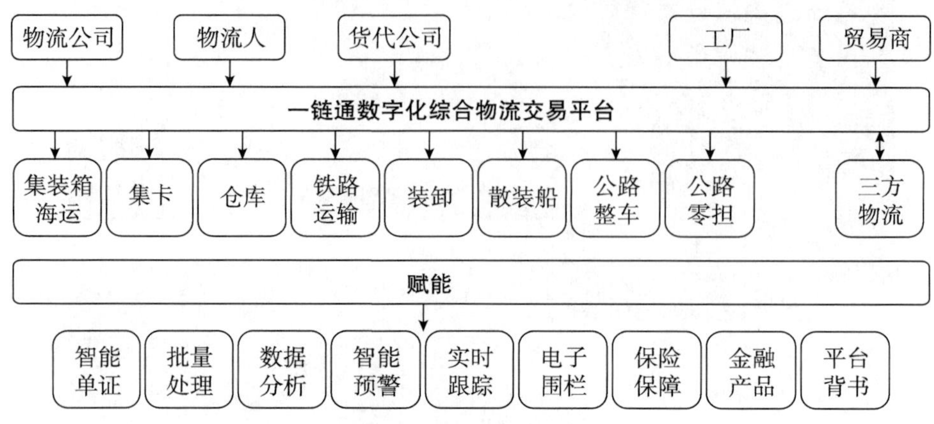

图 3　一链通数字化综合物流交易平台生态圈

三、主要做法

1. 海运订舱服务

一链通数字化综合物流交易平台提供海运订舱服务，客户可以在平台直接查询航运线路、航运价格和航行时间等信息，并且下单订舱，如图 4 所示。

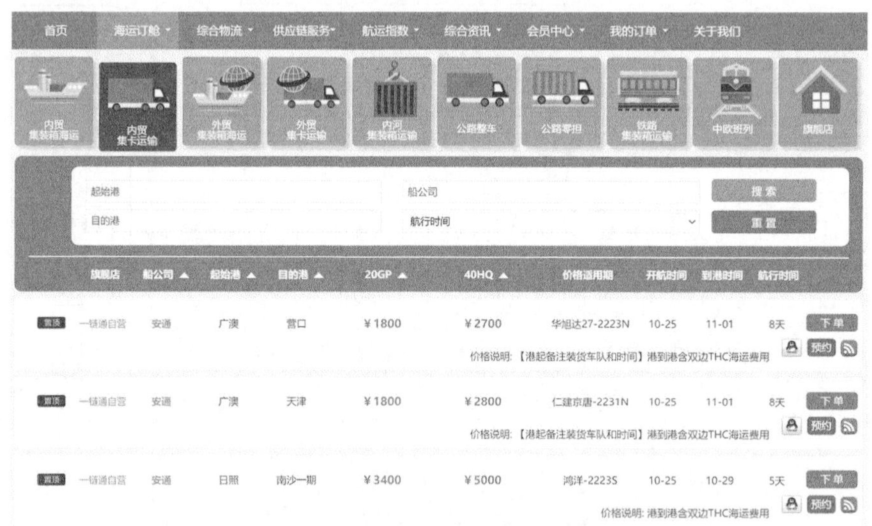

图 4　一链通数字化综合物流交易平台海运订舱服务板块

2. 综合物流服务

一链通数字化综合物流交易平台提供综合物流服务，包括展品运输、仓储配送、公路整车、公路零担、公路快运、铁路运输、铁路集卡、中欧班列等。例如，广州到柳州的公路零担运输需求，可直接在平台下订单购买运输服务，如图 5 所示。

图 5　一链通平台综合物流服务板块

3. 旗舰店

平台设立了旗舰店板块，物流供应链相关企业可在平台注册开店，推出自己的物流供应链相关服务，且在平台上可以直接交易，如图 6、图 7 所示。

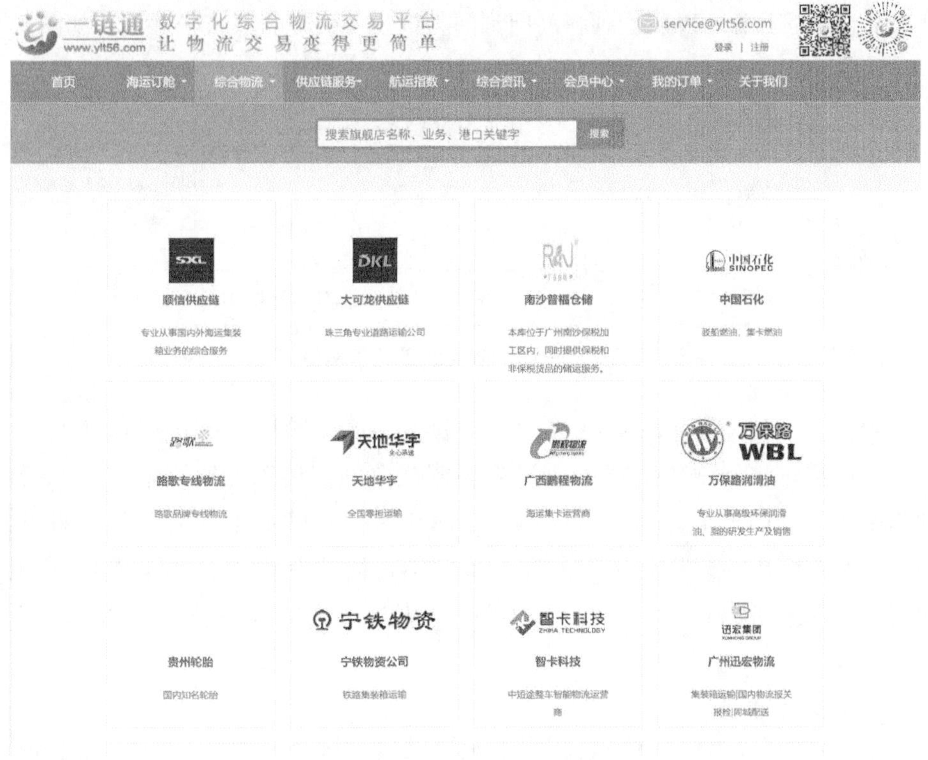

图 6　旗舰店板块页面

图 7　个体旗舰店服务商品

4. 开展多式联运业务

（1）多式联运模式。

一链通数字化综合物流交易平台整合海运、内河、公路、铁路等运输方式资源，开展水公铁多式联运业务。以昆明到青岛门到门为例，一链通的多式联运流程如图 8 所示。

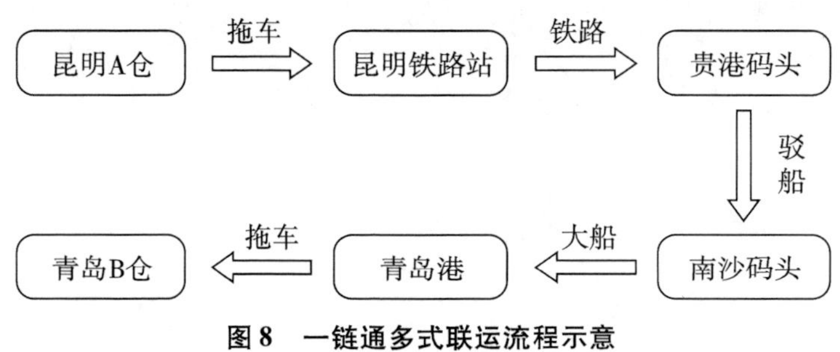

图 8　一链通多式联运流程示意

昆明到青岛门到门多式联运共分为五个阶段，第一阶段是一链通在接受货主运输请求后，派遣拖车将货物从昆明 A 仓拉到昆明铁路站，属于公路运输；第二阶段是由昆明铁路站将货物用火车运输到贵港码头，属于铁路运输；第三阶段是在贵港码头将货物用驳船运输到南沙码头，属于水路运输；第四阶段是由南沙码头将货物用大船运输到青岛港，属于水路运输；最后一阶段是从青岛港用拖车将货物运输到青岛 B 仓，属于公路运输。

（2）多式联运单证。

通过多方结合，一链通建立起多式联运的业务结构后，形成了“一张运单、一次托运”的多式联运单据。委托人只需要和一链通签一张订单，填写清楚发货地址、收货地址、货物类型、货物名称、重量、箱型、联系人、货物价值、保险单即可。运输流程则由一链通组织协调，客户只需要签收即可，客户可以在一链通的网站上查看货物的相关移动轨迹，随时跟踪货物运输状态。

				运单编号：	AGNAHIK220619173
运输条款：	DOOR/DOOR	起运港/站：	广澳	目的港/站：	海口
委托人(全称)：	广州一链通互联网科技有限公司			手机：	177********
发货人(全称)：	广州*****物流有限公司			手机：	133********
发货地址：	广东,汕头市,濠江区,广澳街道			联系人：	汤**
收货人(全称)：	杨**			手机：	133********
收货地址：	海南,省直辖县级行政区划,文昌市			联系人：	杨**

货物名称	箱型及箱量	毛重（kg）	体积（m^3）	包装类型及标志	打印时间
PBT塑料颗粒	1*40HQ	26000	0	普通袋装	2022-10-23

种类	☑普通　塑料类　备注
	☐冷藏品　冷藏温度___F___℃　通风口____备注

双方货物保险约定	1）货物价值：人民币　4　万元　保险费率：__元/箱 **2）如委托人未如实声明货物价值，受托人将按第1）款列明的货物价值进行投保。如由于委托人未如实声明货物价值导致不足额投保，则由此产生的损失概由委托人及收货人自行承担，除非委托人办理保价运输，否则，在依法应承担赔偿责任的情况下，受托人和承运人对于运输过程中所产生的货物毁损、灭失的赔偿责任限额以第1）款列明的货物价值为限。** 3）免赔额：500元/柜,由委托人承担。	受托人收款账户	收款户名： [illegible]公司 开户行： [illegible]营业部 收款账号： 5959[illegible]
费用合计（元）：	¥ 5245.0		

图9　一链通多式联运运单示例

5. 航运指数

在引入众多物流公司特别是航运集装箱运输公司后，根据航运价格变化情况，遵循“公平、公正、公开”原则，围绕“维护物流市场公平、规范物流交易行为、促进物流良性竞争”三大核心，一链通科技在一链通综合物流商城设立了航运运价变化指数，使客户可以直观观察当前航运价格的变化情况。同时，随着平台生态的进一步完善，铁路、公路运输价格指数也会逐步增加，使多式联运价格更加透明化，需求方可根据自身业务需求自主选择运输方式组合。航运指数示例如图10所示。

6. 金融赋能

要实现与用户、商户之间的友好连接，金融是其中最重要的手段之一，为了更好地建设一链通平台物流生态圈，一链通数字化综合物流交易平台引入了中国银行、中信银行、浦发银行、长沙银行、平安银行、邮储银行、浙商银行、广州银行、广州农商行等银行，合力打造了合作贷、账期宝、运费宝等金融产品，保障用户、商户的资金流，进而让物流不间断。

首页
海运订舱
综合物流
供应链服务
航运指数
综合资讯
会员中心
我的订单
关于我们
东北线（珠三角驳船 - 营口）
中远海-20GP
中远海-40HQ
安通-20GP
安通-40HQ
2022-06-27
中远海-20GP : 2,766
中远海-40HQ : 3,646
安通-20GP : 2,797
安通-40HQ : 3,594
东北线（黄埔/南沙本港 – 营口）

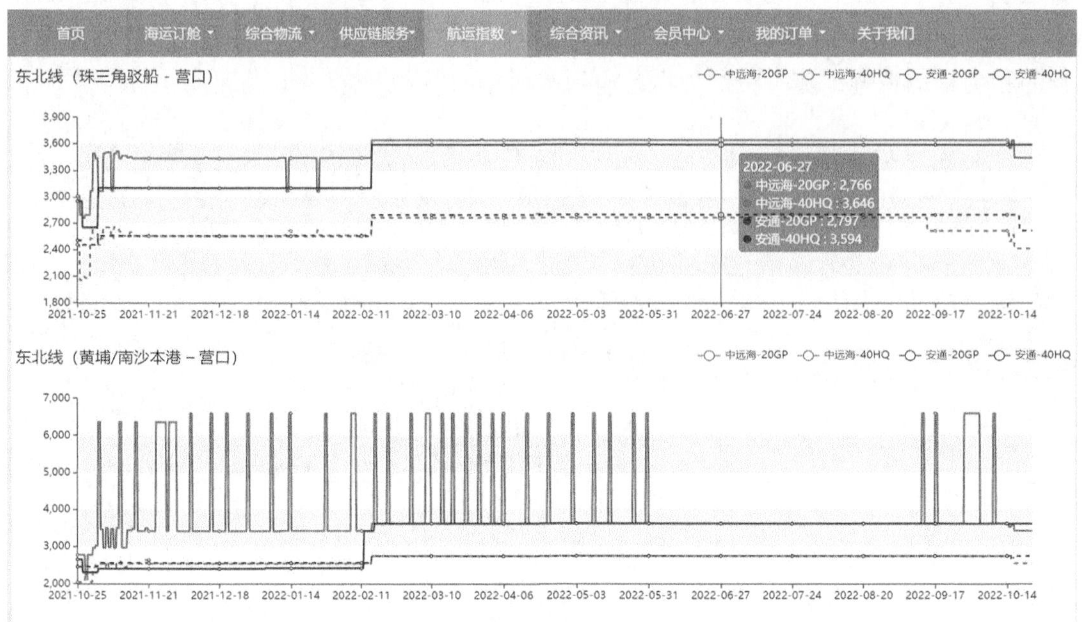

图 10　航运指数示例

第五部分
政策资料

国家物流业主要政策文件

国务院关于加快建立健全绿色低碳循环发展经济体系的指导意见

国发〔2021〕4号

各省、自治区、直辖市人民政府，国务院各部委、各直属机构：

建立健全绿色低碳循环发展经济体系，促进经济社会发展全面绿色转型，是解决我国资源环境生态问题的基础之策。为贯彻落实党的十九大部署，加快建立健全绿色低碳循环发展的经济体系，现提出如下意见。

一、总体要求

（一）指导思想

以习近平新时代中国特色社会主义思想为指导，深入贯彻党的十九大和十九届二中、三中、四中、五中全会精神，全面贯彻习近平生态文明思想，认真落实党中央、国务院决策部署，坚定不移贯彻新发展理念，全方位全过程推行绿色规划、绿色设计、绿色投资、绿色建设、绿色生产、绿色流通、绿色生活、绿色消费，使发展建立在高效利用资源、严格保护生态环境、有效控制温室气体排放的基础上，统筹推进高质量发展和高水平保护，建立健全绿色低碳循环发展的经济体系，确保实现碳达峰、碳中和目标，推动我国绿色发展迈上新台阶。

（二）工作原则

坚持重点突破。以节能环保、清洁生产、清洁能源等为重点率先突破，做好与农业、制造业、服务业和信息技术的融合发展，全面带动一二三产业和基础设施绿色升级。

坚持创新引领。深入推动技术创新、模式创新、管理创新，加快构建市场导向的绿色技术创新体系，推行新型商业模式，构筑有力有效的政策支持体系。

坚持稳中求进。做好绿色转型与经济发展、技术进步、产业接续、稳岗就业、民生改善的有机结合，积极稳妥、韧性持久地加以推进。

坚持市场导向。在绿色转型中充分发挥市场的导向性作用、企业的主体作用、各类市场交易机制的作用，为绿色发展注入强大动力。

（三）主要目标

到2025年，产业结构、能源结构、运输结构明显优化，绿色产业比重显著提升，基础设施绿色化水平不断提高，清洁生产水平持续提高，生产生活方式绿色转型成效显著，能源资源配置更加合理、利用效率大幅提高，主要污染物排放总量持续减少，碳排放强度明显降低，生态环境持续改善，市场导向的绿色技术创新体系更加完善，法律法规政策体系更加有效，绿色低碳循环发展的生产体系、流通体系、消费体系初步形成。到2035年，绿色发展内生动力显著增强，绿色产业规模迈上新台阶，重点行业、重点产品能源资源利用效率达到国际先进水平，广泛形成绿色生产生活方式，碳排放达峰后稳中有降，生态环境根本好转，美丽中国建设目标基本实现。

二、健全绿色低碳循环发展的生产体系

（四）推进工业绿色升级

加快实施钢铁、石化、化工、有色、建材、纺织、造纸、皮革等行业绿色化改造。推行产品绿色设计，建设绿色制造体系。大力发展再制造产业，加强再制造产品认证与推广应用。建设资源综合利用基地，促进工业固体废物综合利用。全面推行清洁生产，依法在“双超双有高耗能”行业实施强制性清洁生产审核。完善“散乱污”企业认定办法，分类实施关停取缔、整合搬迁、整改提升等措施。加快实施排污许可制度。加强工业生产过程中危险废物管理。

（五）加快农业绿色发展

鼓励发展生态种植、生态养殖，加强绿色食品、有机农产品认证和管理。发展生态循环农业，提高畜禽粪污资源化利用水平，推进农作物秸秆综合利用，加强农膜污染治理。强化耕地质量保护与提升，推进退化耕地综合治理。发展林业循环经济，实施森林生态标志产品建设工程。大力推进农业节水，推广高效节水技术。推行水产健康养殖。实施农药、兽用抗菌药使用减量和产地环境净化行动。依法加强养殖水域滩涂统一规划。完善相关水域禁渔管理制度。推进农业与旅游、教育、文化、健康等产业深度融合，加快一二三产业融合发展。

（六）提高服务业绿色发展水平

促进商贸企业绿色升级，培育一批绿色流通主体。有序发展出行、住宿等领域共享经济，规范发展闲置资源交易。加快信息服务业绿色转型，做好大中型数据中心、网络机房绿色建设和改造，建立绿色运营维护体系。推进会展业绿色发展，指导制定行业相关绿色标准，推动办展设施循环使用。推动汽修、装修装饰等行业使用低挥发性有机物含量原辅材料。倡导酒店、餐饮等行业不主动提供一次性用品。

（七）壮大绿色环保产业

建设一批国家绿色产业示范基地，推动形成开放、协同、高效的创新生态系统。加快培育市场主体，鼓励设立混合所有制公司，打造一批大型绿色产业集团；引导中小企业聚焦主业增强核心竞争力，培育“专精特新”中小企业。推行合同能源管理、合同节水管理、环境污染第三方治理等模式和以环境治理效果为导向的环境托管服务。进一步放开石油、化工、电力、天然气等领域节能环保竞争性业务，鼓励公共机构推行能源托管服务。适时修订绿色产业指导目录，引导产业发展方向。

（八）提升产业园区和产业集群循环化水平

科学编制新建产业园区开发建设规划，依法依规开展规划环境影响评价，严格准入标准，完善循环产业链条，推动形成产业循环耦合。推进既有产业园区和产业集群循环化改造，推动公共设施共建共享、能源梯级利用、资源循环利用和污染物集中安全处置等。鼓励建设电、热、冷、气等多种能源协同互济的综合能源项目。鼓励化工等产业园区配套建设危险废物集中贮存、预处理和处置设施。

（九）构建绿色供应链

鼓励企业开展绿色设计、选择绿色材料、实施绿色采购、打造绿色制造工艺、推行绿色包装、开展绿色运输、做好废弃产品回收处理，实现产品全周期的绿色环保。选择100家左右积极性高、社会影响大、带动作用强的企业开展绿色供应链试点，探索建立绿色供应链制度体系。鼓励行业协会通过制定规范、咨询服务、行业自律等方式提高行业供应链绿色化水平。

三、健全绿色低碳循环发展的流通体系

（十）打造绿色物流

积极调整运输结构，推进铁水、公铁、公水等多式联运，加快铁路专用线建设。加强物流运输组织管理，加快相关公共信息平台建设和信息共享，发展甩挂运输、共

同配送。推广绿色低碳运输工具，淘汰更新或改造老旧车船，港口和机场服务、城市物流配送、邮政快递等领域要优先使用新能源或清洁能源汽车；加大推广绿色船舶示范应用力度，推进内河船型标准化。加快港口岸电设施建设，支持机场开展飞机辅助动力装置替代设备建设和应用。支持物流企业构建数字化运营平台，鼓励发展智慧仓储、智慧运输，推动建立标准化托盘循环共用制度。

（十一）加强再生资源回收利用

推进垃圾分类回收与再生资源回收“两网融合”，鼓励地方建立再生资源区域交易中心。加快落实生产者责任延伸制度，引导生产企业建立逆向物流回收体系。鼓励企业采用现代信息技术实现废物回收线上与线下有机结合，培育新型商业模式，打造龙头企业，提升行业整体竞争力。完善废旧家电回收处理体系，推广典型回收模式和经验做法。加快构建废旧物资循环利用体系，加强废纸、废塑料、废旧轮胎、废金属、废玻璃等再生资源回收利用，提升资源产出率和回收利用率。

（十二）建立绿色贸易体系

积极优化贸易结构，大力发展高质量、高附加值的绿色产品贸易，从严控制高污染、高耗能产品出口。加强绿色标准国际合作，积极引领和参与相关国际标准制定，推动合格评定合作和互认机制，做好绿色贸易规则与进出口政策的衔接。深化绿色“一带一路”合作，拓宽节能环保、清洁能源等领域技术装备和服务合作。

四、健全绿色低碳循环发展的消费体系

（十三）促进绿色产品消费

加大政府绿色采购力度，扩大绿色产品采购范围，逐步将绿色采购制度扩展至国有企业。加强对企业和居民采购绿色产品的引导，鼓励地方采取补贴、积分奖励等方式促进绿色消费。推动电商平台设立绿色产品销售专区。加强绿色产品和服务认证管理，完善认证机构信用监管机制。推广绿色电力证书交易，引领全社会提升绿色电力消费。严厉打击虚标绿色产品行为，有关行政处罚等信息纳入国家企业信用信息公示系统。

（十四）倡导绿色低碳生活方式

厉行节约，坚决制止餐饮浪费行为。因地制宜推进生活垃圾分类和减量化、资源化，开展宣传、培训和成效评估。扎实推进塑料污染全链条治理。推进过度包装治理，推动生产经营者遵守限制商品过度包装的强制性标准。提升交通系统智能化水平，积极引导绿色出行。深入开展爱国卫生运动，整治环境脏乱差，打造宜居生活环境。开

展绿色生活创建活动。

五、加快基础设施绿色升级

（十五）推动能源体系绿色低碳转型

坚持节能优先，完善能源消费总量和强度双控制度。提升可再生能源利用比例，大力推动风电、光伏发电发展，因地制宜发展水能、地热能、海洋能、氢能、生物质能、光热发电。加快大容量储能技术研发推广，提升电网汇集和外送能力。增加农村清洁能源供应，推动农村发展生物质能。促进燃煤清洁高效开发转化利用，继续提升大容量、高参数、低污染煤电机组占煤电装机比例。在北方地区县城积极发展清洁热电联产集中供暖，稳步推进生物质耦合供热。严控新增煤电装机容量。提高能源输配效率。实施城乡配电网建设和智能升级计划，推进农村电网升级改造。加快天然气基础设施建设和互联互通。开展二氧化碳捕集、利用和封存试验示范。

（十六）推进城镇环境基础设施建设升级

推进城镇污水管网全覆盖。推动城镇生活污水收集处理设施“厂网一体化”，加快建设污泥无害化资源化处置设施，因地制宜布局污水资源化利用设施，基本消除城市黑臭水体。加快城镇生活垃圾处理设施建设，推进生活垃圾焚烧发电，减少生活垃圾填埋处理。加强危险废物集中处置能力建设，提升信息化、智能化监管水平，严格执行经营许可管理制度。提升医疗废物应急处理能力。做好餐厨垃圾资源化利用和无害化处理。在沿海缺水城市推动大型海水淡化设施建设。

（十七）提升交通基础设施绿色发展水平

将生态环保理念贯穿交通基础设施规划、建设、运营和维护全过程，集约利用土地等资源，合理避让具有重要生态功能的国土空间，积极打造绿色公路、绿色铁路、绿色航道、绿色港口、绿色空港。加强新能源汽车充换电、加氢等配套基础设施建设。积极推广应用温拌沥青、智能通风、辅助动力替代和节能灯具、隔声屏障等节能环保先进技术和产品。加大工程建设中废弃资源综合利用力度，推动废旧路面、沥青、疏浚土等材料以及建筑垃圾的资源化利用。

（十八）改善城乡人居环境

相关空间性规划要贯彻绿色发展理念，统筹城市发展和安全，优化空间布局，合理确定开发强度，鼓励城市留白增绿。建立“美丽城市”评价体系，开展“美丽城市”建设试点。增强城市防洪排涝能力。开展绿色社区创建行动，大力发展绿色建筑，建立绿色建筑统一标识制度，结合城镇老旧小区改造推动社区基础设施绿色化和既有建筑节能改造。建立乡村建设评价体系，促进补齐乡村建设短板。加快推进农村人居环境整治，因地制宜推进农村改厕、生活垃圾处理和污水治理、村容村貌提升、乡村绿化美化等。继续做好农村清洁供暖改造、老旧危房改造，打造干净整洁有序美丽的村庄环境。

六、构建市场导向的绿色技术创新体系

（十九）鼓励绿色低碳技术研发

实施绿色技术创新攻关行动，围绕节能环保、清洁生产、清洁能源等领域布局一批前瞻性、战略性、颠覆性科技攻关项目。培育建设一批绿色技术国家技术创新中心、国家科技资源共享服务平台等创新基地平台。强化企业创新主体地位，支持企业整合高校、科研院所、产业园区等力量建立市场化运行的绿色技术创新联合体，鼓励企业牵头或参与财政资金支持的绿色技术研发项目、市场导向明确的绿色技术创新项目。

（二十）加速科技成果转化

积极利用首台（套）重大技术装备政策支持绿色技术应用。充分发挥国家科技成果转化引导基金作用，强化创业投资等各类基金引导，支持绿色技术创新成果转化应用。支持企业、高校、科研机构等建立绿色技术创新项目孵化器、创新创业基地。及时发布绿色技术推广目录，加快先进成熟技术推广应用。深入推进绿色技术交易中心建设。

七、完善法律法规政策体系

（二十一）强化法律法规支撑

推动完善促进绿色设计、强化清洁生产、提高资源利用效率、发展循环经济、严格污染治理、推动绿色产业发展、扩大绿色消费、实行环境信息公开、应对气候变化等方面法律法规制度。强化执法监督，加大违法行为查处和问责力度，加强行政执法机关与监察机关、司法机关的工作衔接配合。

（二十二）健全绿色收费价格机制

完善污水处理收费政策，按照覆盖污水处理设施运营和污泥处理处置成本并合理盈利的原则，合理制定污水处理收费标准，健全标准动态调整机制。按照产生者付费原则，建立健全生活垃圾处理收费制度，各地区可根据本地实际情况，实行分类计价、计量收费等差别化管理。完善节能环保电价政策，推进农业水价综合改革，继续落实好居民阶梯电价、气价、水价制度。

（二十三）加大财税扶持力度

继续利用财政资金和预算内投资支持环境基础设施补短板强弱项、绿色环保产业发展、能源高效利用、资源循环利用等。继续落实节能节水环保、资源综合利用以及合同能源管理、环境污染第三方治理等方面的所得税、增值税等优惠政策。做好资源税征收和水资源费改税试点工作。

（二十四）大力发展绿色金融

发展绿色信贷和绿色直接融资，加大对金融机构绿色金融业绩评价考核力度。统一绿色债券标准，建立绿色债券评级标准。发展绿色保险，发挥保险费率调节机制作用。支持符合条件的绿色产业企业上市融资。支持金融机构和相关企业在国际市场开展绿色融资。推动国际绿色金融标准趋同，有序推进绿色金融市场双向开放。推动气候投融资工作。

（二十五）完善绿色标准、绿色认证体系和统计监测制度

开展绿色标准体系顶层设计和系统规划，形成全面系统的绿色标准体系。加快标准化支撑机构建设。加快绿色产品认证制度建设，培育一批专业绿色认证机构。加强节能环保、清洁生产、清洁能源等领域统计监测，健全相关制度，强化统计信息共享。

（二十六）培育绿色交易市场机制

进一步健全排污权、用能权、用水权、碳排放权等交易机制，降低交易成本，提高运转效率。加快建立初始分配、有偿使用、市场交易、纠纷解决、配套服务等制度，做好绿色权属交易与相关目标指标的对接协调。

八、认真抓好组织实施

（二十七）抓好贯彻落实

各地区各有关部门要思想到位、措施到位、行动到位，充分认识建立健全绿色低碳循环发展经济体系的重要性和紧迫性，将其作为高质量发展的重要内容，进一步压实工作责任，加强督促落实，保质保量完成各项任务。各地区要根据本地实际情况研究提出具体措施，在抓落实上投入更大精力，确保政策措施落到实处。

（二十八）加强统筹协调

国务院各有关部门要加强协同配合，形成工作合力。国家发展改革委要会同有关部门强化统筹协调和督促指导，做好年度重点工作安排部署，及时总结各地区各有关

部门的好经验好模式，探索编制年度绿色低碳循环发展报告，重大情况及时向党中央、国务院报告。

（二十九）深化国际合作

统筹国内国际两个大局，加强与世界各个国家和地区在绿色低碳循环发展领域的政策沟通、技术交流、项目合作、人才培训等，积极参与和引领全球气候治理，切实提高我国推动国际绿色低碳循环发展的能力和水平，为构建人类命运共同体作出积极贡献。

（三十）营造良好氛围

各类新闻媒体要讲好我国绿色低碳循环发展故事，大力宣传取得的显著成就，积极宣扬先进典型，适时曝光破坏生态、污染环境、严重浪费资源和违规乱上高污染、高耗能项目等方面的负面典型，为绿色低碳循环发展营造良好氛围。

国务院

2021 年 2 月 2 日

国务院办公厅转发国家发展改革委等单位关于进一步做好铁路规划建设工作意见的通知

国办函〔2021〕27号

各省、自治区、直辖市人民政府，国务院各部委、各直属机构：

国家发展改革委、交通运输部、国家铁路局、中国国家铁路集团有限公司《关于进一步做好铁路规划建设工作的意见》已经国务院同意，现转发给你们，请认真贯彻落实。

国务院办公厅

2021年3月15日

（此件公开发布）

关于进一步做好铁路规划建设工作的意见

国家发展改革委 交通运输部 国家铁路局 中国国家铁路集团有限公司

铁路是关系国计民生的重要基础设施。党的十八大以来，我国铁路快速发展，取得了显著成就，为支撑和引领经济社会发展发挥了重要作用，成为国家现代化建设的重要引擎。与此同时，在铁路规划建设工作中，一些地方存在片面追求高标准、重高速轻普速、重投入轻产出等情况，铁路企业也面临经营压力较大、债务负担较重等问题。为进一步做好铁路规划建设工作，推动铁路高质量发展，现提出以下意见。

一、总体要求

坚持以习近平新时代中国特色社会主义思想为指导，全面贯彻党的十九大和十九届二中、三中、四中、五中全会精神，坚持新发展理念，坚持稳中求进工作总基调，以推动高质量发展为主题，以深化供给侧结构性改革为主线，科学有序推进铁路规划建设，防范化解债务风险，全面增强铁路安全质量效益、服务保障能力和综合发展实力。到2035年，使铁路网络布局结构更加优化完善，铁路债务规模和负债水平处于合理区间，为加快建设交通强国当好先行，为全面建设社会主义现代化国家提供有力支撑。

二、加强规划指导

根据国家经济社会发展和军民融合需要，综合考虑铁路与公路、水运、民航、城市交通等关系，加强与国土空间规划、区域发展规划的统筹衔接，科学编制铁路发展规划，形成分层分类、功能互补的规划体系。

国家级铁路发展规划包括铁路中长期规划和铁路五年发展规划。铁路中长期规划主要明确发展战略、网络骨架、通道功能等，确定基础设施空间布局，为铁路长远发展留出空间。铁路五年发展规划主要明确发展任务、项目安排、建设标准等，安排铁路规划建设阶段性工作。国家级铁路发展规划要合理布局现代综合交通枢纽，优化高速铁路与普速铁路结构，促进客运与货运协调发展。加快推动铁路进港口、物流园区和大型工矿企业，推动大宗及中长途货物运输向铁路转移。严格控制建设既有高铁的平行线路，既有高铁能力利用率不足 80% 的，原则上不得新建平行线路。新建铁路项目要严格按照国家批准的规划实施，规划内项目不得随意调整功能定位、建设时序和建设标准，未列入规划的项目原则上不得开工建设。

各地要根据国家级铁路发展规划，按照需求导向、效益为本的原则，编制城际、市域（郊）等区域性铁路发展规划并按程序报批。建立健全铁路建设规划管理机制，科学论证项目建设时机和方案。加强与国家铁路企业的沟通协调，统筹推进干线铁路、城际铁路、市域（郊）铁路和城市轨道交通多网融合、资源共享、支付兼容，具备条件的线路尽快实现安检互信、票制互通。严禁以新建城际铁路、市域（郊）铁路名义违规变相建设地铁、轻轨。

三、合理确定标准

规划建设贯通省会及特大城市、近期双向客流密度 2500 万人次/年以上、中长途客流比重在 70% 以上的高铁主通道线路，可采用时速 350 公里标准。规划建设串联规模较大的地级以上城市、近期双向客流密度 2000 万人次/年以上、路网功能较突出的高铁线路，可预留时速 350 公里条件。规划建设近期双向客流密度 1500 万人次/年以上的高铁区域连接线，可采用时速 250 公里标准。规划建设城际铁路线路，原则上采用时速 200 公里及以下标准。除此之外，规划建设中西部地区路网空白区域铁路新线一般采用客货共线标准。有关单位要加强对客流密度等技术指标的论证审核，对数据造假等行为依法依规严肃问责。

高速铁路运营后要尽快按照设计标准达速运行，普速铁路要充分用好通道资源，提高货物运输能力和集装箱多式联运比例，有富余资源的铁路可按照市场化方式适当开行城际列车和市域（郊）列车。

四、分类分层建设

干线铁路由中央与地方共同出资，中国国家铁路集团有限公司发挥主体作用，负责项目建设运营，效益预期较好的项目要积极吸引社会资本参与。城际铁路、市域（郊）铁路、支线铁路及铁路专用线以有关地方和企业出资为主，项目业主可自主选择建设运营方式。中国国家铁路集团有限公司要为项目业主办理与国家铁路接轨手续提供便利条件，及时开展评估论证，在开工前办完接轨手续。

五、有效控制造价

严把铁路建设项目审核关，做深做细前期工作，强化技术经济比选，合理确定建设标准、征拆范围和补偿标准，除国家重大战略需求外，要满足财务平衡的要求，避免盲目攀比、过度超前或重复建设。加强项目管理，鼓励采用自主化技术装备，优化施工组织，严禁擅自增加施工内容、提高标准或扩大规模，需增加中央财政出资的，要履行有关报批程序。新建城际铁路、市域（郊）铁路的功能定位、建设标准等发生重大变化，或线路里程、直接工程费用（扣除物价上涨因素）等与建设规划相比增幅超过20%的，要履行建设规划调整程序。

六、创新投融资体制

全面开放铁路建设运营市场，深化铁路投融资体制改革，分类分步推进铁路企业股份制改造和优质资产上市。制定公开透明、公平合理的路网使用、车站服务、委托运输等费用清算和收益分配规则，保障路网资源统筹配置、公平共享，确保投资者参与项目决策、建设、运营的合法权益。借鉴城市轨道交通开发模式，加强土地综合开发，既有可开发用地可依法依规变更用途，通过转让、出租等方式加快盘活，新增铁路综合开发用地要遵循国土空间规划，与城市建设统一规划、统筹建设、协同管理。

七、防范化解债务风险

妥善处理存量债务，严格控制新增债务。通过多种渠道增加铁路建设资本金来源，确保中西部铁路项目权益性资本金比例原则上不低于50%。中国国家铁路集团有限公司要用好铁路建设基金，增强出资能力。创新铁路债券发行方式，提高直接债务融资比例，有效降低融资成本。进一步理顺铁路运价体系，完善客运票价浮动机制，健全货运价格形成机制。各地要更好发挥地方政府专项债券作用，带动社会资本投资，保障铁路项目合理融资需求。国家有关部门要进一步调整中央预算内投资结构，加大对中西部铁路项目的支持力度。涉及西藏和四川、云南、甘肃、青海涉藏州县以及南疆、重点沿边地区的国家铁路项目，原则上以中央出资为主。科学研究界定铁路公益性运输范围并建立核算和补贴机制。建立健全铁路债务风险监测预警机制，加强地方项目出资能力、运营补亏能力等审核，合理控制债务负担较重、超出财政承受能力地区的铁路建设。

各地区、各有关单位要认真落实本意见要求，加强规划衔接、政策协同、资源统筹，强化联动协调，形成工作合力，共同推动铁路高质量发展。国家发展改革委会同交通运输部、国家铁路局、中国国家铁路集团有限公司等有关部门和单位建立健全工作机制，持续开展跟踪督导，适时组织阶段评估。

国务院办公厅关于加快农村寄递物流体系建设的意见

国办发〔2021〕29号

各省、自治区、直辖市人民政府，国务院各部委、各直属机构：

农村寄递物流是农产品出村进城、消费品下乡进村的重要渠道之一，对满足农村群众生产生活需要、释放农村消费潜力、促进乡村振兴具有重要意义。近年来，农村寄递物流体系建设取得了长足进步，与农村电子商务协同发展效应显著，但仍存在末端服务能力不足、可持续性较差、基础设施薄弱等一些突出问题，与群众的期待尚有一定差距。为加快农村寄递物流体系建设，做好“六稳”、“六保”工作，经国务院同意，现提出如下意见。

一、指导思想

以习近平新时代中国特色社会主义思想为指导，深入贯彻党的十九大和十九届二中、三中、四中、五中全会精神，认真落实党中央、国务院决策部署，立足新发展阶段、贯彻新发展理念、构建新发展格局，坚持以人民为中心的发展思想，健全县、乡、村寄递服务体系，补齐农村寄递物流基础设施短板，推动农村地区流通体系建设，促进群众就业创业，更好满足农村生产生活和消费升级需求，为全面推进乡村振兴、畅通国内大循环作出重要贡献。

二、原则目标

坚持以人民为中心、惠及民生。提升农村寄递服务能力和效率，聚焦农产品进城“最初一公里”和消费品下乡“最后一公里”，助力农民创收增收，促进农村消费升级。

坚持市场主导、政府引导。有效市场和有为政府紧密结合，以市场化方式为主，主动打通政策堵点，引导各类市场主体创新服务模式，积极参与农村寄递物流体系建设。

坚持完善体系、提高效率。强化顶层设计，发挥寄递物流体系优势，促进线上线下融合发展，进一步畅通农村生产、消费循环。

坚持资源共享、协同推进。支持邮政、快递、物流等企业共建共享基础设施和配送渠道，与现代农业、电子商务等深度融合，因地制宜打造一批协同发展示范项目，引领带动农村地区寄递物流水平提升。

到2025年，基本形成开放惠民、集约共享、安全高效、双向畅通的农村寄递物流体系，实现乡乡有网点、村村有服务，农产品运得出、消费品进得去，农村寄递物流供给能力和服务质量显著提高，便民惠民寄递服务基本覆盖。

三、体系建设

（一）强化农村邮政体系作用

在保证邮政普遍服务和特殊服务质量的前提下，加强农村邮政基础设施和服务网络共享，强化邮政网络节点重要作用。创新乡镇邮政网点运营模式，承接代收代办代缴等各类农村公共服务，实现“一点多能”，提升农村邮政基本公共服务能力。发挥邮政网络在边远地区的基础支撑作用，鼓励邮政快递企业整合末端投递资源，满足边远地区群众基本寄递需求。支持邮政企业公平参与农村寄递服务市场竞争，以市场化方式为农村电商提供寄递、仓储、金融一体化服务。（国家邮政局牵头，国家发展改革委、财政部、商务部、国家乡村振兴局、中国邮政集团有限公司等相关单位及各地区按职责分工负责）

（二）健全末端共同配送体系

统筹农村地区寄递物流资源，鼓励邮政、快递、交通、供销、商贸流通等物流平台采取多种方式合作共用末端配送网络，加快推广农村寄递物流共同配送模式，有效降低农村末端寄递成本。推进不同主体之间标准互认和服务互补，在设施建设、运营维护、安全责任等方面实现有效衔接，探索相应的投资方式、服务规范和收益分配机制。鼓励企业通过数据共享、信息互联互通，提升农村寄递物流体系信息化服务能力。（商务部、交通运输部、国家邮政局牵头，国家发展改革委、农业农村部、国家乡村振兴局、供销合作总社、中国邮政集团有限公司等相关单位及各地区按职责分工负责）

（三）优化协同发展体系

强化农村寄递物流与农村电商、交通运输等融合发展。继续发挥邮政快递服务农村电商的主渠道作用，推动运输集约化、设备标准化和流程信息化，2022年6月底前在全国建设100个农村电商快递协同发展示范区，带动提升寄递物流对农村电商的定制化服务能力。鼓励各地区深入推进“四好农村路”和城乡交通运输一体化建设，合理配置城乡交通资源，完善农村客运班车代运邮件快件合作机制，宣传推广农村物流服务品牌。（交通运输部、商务部、国家邮政局、中国邮政集团有限公司等相关单位及各地区按职责分工负责）

（四）构建冷链寄递体系

鼓励邮政快递企业、供销合作社和其他社会资本在农产品田头市场合作建设预冷保鲜、低温分拣、冷藏仓储等设施，缩短流通时间，减少产品损耗，提升农产品流通效率和效益。引导支持邮政快递企业依托快递物流园区建设冷链仓储设施，增加冷链运输车辆，提升末端冷链配送能力，逐步建立覆盖生产流通各环节的冷链寄递物流体系。支持行业协会制定推广电商快递冷链服务标准规范，提升冷链寄递安全监管水平。邮政快递企业参与冷链物流基地建设，可按规定享受相关支持政策。（国家发展改革委、财政部、交通运输部、农业农村部、商务部、国家邮政局、国家乡村振兴局、供销合作总社、中国邮政集团有限公司等相关单位及各地区按职责分工负责）

四、重点任务

（一）分类推进“快递进村”工程

在东中部农村地区，更好发挥市场配置资源的决定性作用，引导企业通过驻村设点、企业合作等方式，提升“快递进村”服务水平。在西部农村地区，更好发挥政府推动作用，引导、鼓励企业利用邮政和交通基础设施网络优势，重点开展邮政与快递、交通、供销多方合作，发挥邮政服务在农村末端寄递中的基础性作用，扩大“快递进村”覆盖范围。引导快递企业完善符合农村实际的分配激励机制，落实快递企业总部责任，保护从业人员合法权益，保障农村快递网络可持续运行。（国家邮政局牵头，国家发展改革委、财政部、人力资源社会保障部、交通运输部、商务部、供销合作总社、中国邮政集团有限公司等相关单位及各地区按职责分工负责）

（二）完善农产品上行发展机制

鼓励支持农村寄递物流企业立足县域特色农产品和现代农业发展需要，主动对接家庭农场、农民合作社、农业产业化龙头企业，为农产品上行提供专业化供应链寄递服务，推动“互联网＋”农产品出村进城。发挥农村邮政快递网（站）点辐射带动作用，2022年6月底前建设300个快递服务现代农业示范项目，重点支持脱贫地区乡村特色产业发展壮大，助力当地农产品外销，巩固拓展脱贫攻坚成果。（农业农村部、商务部、国家邮政局牵头，供销合作总社、中国邮政集团有限公司等相关单位及各地区按职责分工负责）

（三）加快农村寄递物流基础设施补短板

各地区依托县域邮件快件处理场地、客运站、货运站、电商仓储场地、供销合作社仓储物流设施等建设县级寄递公共配送中心；整合在村邮政、快递、供销、电商等资源，利用村内现有公共设施，建设村级寄递物流综合服务站。鼓励有条件的县、乡、村布设智能快件（信包）箱。推进乡镇邮政局（所）改造，加快农村邮路汽车化。引导快递企业总部加大农村寄递网络投资，规范管理农村寄递网点，保障网点稳定运行。

统筹用好现有资金渠道或专项政策，支持农村寄递物流基础设施改造提升。（国家发展改革委、财政部、交通运输部、农业农村部、商务部、国家邮政局、国家乡村振兴局、供销合作总社、中国邮政集团有限公司等相关单位及各地区按职责分工负责）

（四）继续深化寄递领域“放管服”改革

简化农村快递末端网点备案手续，取消不合理、不必要限制，鼓励发展农村快递末端服务。修订《快递市场管理办法》和《快递服务》等标准，规范农村快递经营行为，鼓励探索符合农村实际的业务模式。鼓励电商企业、寄递企业和社会资本参与村级寄递物流综合服务站建设，吸纳农村劳动力就业创业。加强寄递物流服务监管和运输安全管理，完善消费者投诉申诉机制，依法查处未按约定地址投递、违规收费等行为，促进公平竞争，保障群众合法权益。支持有条件的地区健全县级邮政快递监管工作机制和电商、快递协会组织，加强行业监管和自律。（国家邮政局及各地区按职责分工负责）

五、组织落实

各地区、各相关部门和单位要充分认识加快农村寄递物流体系建设的重要意义，强化责任落实、加强协调配合，按照本意见提出的要求，结合实际研究制定配套措施，及时部署落实。各地区要将农村寄递物流体系建设纳入相关规划和公共基础设施建设范畴，落实地方财政支出责任，支持村级寄递物流综合服务站建设，认真抓好任务落实。各相关部门要建立工作协调机制，研究出台相应支持政策，及时总结推广典型经验做法。国家邮政局要加强工作指导和督促检查，重大情况及时报告国务院。

国务院办公厅

2021 年 7 月 29 日

（此件公开发布）

国务院办公厅关于印发“十四五”冷链物流发展规划的通知

国办发〔2021〕46号

各省、自治区、直辖市人民政府，国务院各部委、各直属机构：

《“十四五”冷链物流发展规划》已经国务院同意，现印发给你们，请认真贯彻执行。

国务院办公厅

2021年11月26日

（此件公开发布）

“十四五”冷链物流发展规划

冷链物流是利用温控、保鲜等技术工艺和冷库、冷藏车、冷藏箱等设施设备，确保冷链产品在初加工、储存、运输、流通加工、销售、配送等全过程始终处于规定温度环境下的专业物流。推动冷链物流高质量发展，是减少农产品产后损失和食品流通浪费，扩大高品质市场供给，更好满足人民日益增长美好生活需要的重要手段；是支撑农业规模化产业化发展，促进农业转型和农民增收，助力乡村振兴的重要基础；是满足城乡居民个性化、品质化、差异化消费需求，推动消费升级和培育新增长点，深入实施扩大内需战略和促进形成强大国内市场的重要途径；是健全“从农田到餐桌、从枝头到舌尖”的生鲜农产品质量安全体系，提高医药产品物流全过程品质管控能力，支撑实施食品安全战略和建设健康中国的重要保障。按照党中央、国务院决策部署，根据《中华人民共和国国民经济和社会发展第十四个五年规划和2035年远景目标纲要》，制定本规划。

一、现状形势

近年来，我国肉类、水果、蔬菜、水产品、乳品、速冻食品以及疫苗、生物制剂、药品等冷链产品市场需求快速增长，营商环境持续改善，推动冷链物流较快发展，但仍面临不少突出瓶颈和痛点难点卡点问题，难以有效满足市场需求。我国进入新发展阶段，人民群众对高品质消费品和市场主体对高质量物流服务的需求快速增长，新冠肺炎疫情防控常态化对冷链物流提出新的更高要求，冷链物流发展面临新的机遇和挑战。

（一）发展基础

行业规模显著扩大。近年来，我国冷链物流市场规模快速增长，国家骨干冷链物流基地、产地销地冷链设施建设稳步推进，冷链装备水平显著提升。2020 年，冷链物流市场规模超过 3800 亿元，冷库库容近 1.8 亿立方米，冷藏车保有量约 28.7 万辆，分别是“十二五”期末的 2.4 倍、2 倍和 2.6 倍左右。

发展质量不断提升。初步形成产地与销地衔接、运输与仓配一体、物流与产业融合的冷链物流服务体系。冷链物流设施服务功能不断拓展，全链条温控、全流程追溯能力持续提升。冷链甩挂运输、多式联运加快发展。冷链物流口岸通关效率大幅提高，国际冷链物流组织能力显著增强。

创新步伐明显加快。数字化、标准化、绿色化冷链物流设施装备研发应用加快推进，新型保鲜制冷、节能环保等技术加速应用。冷链物流追溯监管平台功能持续完善。冷链快递、冷链共同配送、“生鲜电商 + 冷链宅配”、“中央厨房 + 食材冷链配送”等新业态新模式日益普及，冷链物流跨界融合集成创新能力显著提升。

市场主体不断壮大。冷链物流企业加速成长，网络化发展趋势明显，行业发展生态不断完善。市场集中度日益提高，冷链仓储、运输、配送、装备制造等领域形成一批龙头企业，不断延伸采购、分销、信息等供应链服务功能，资源整合能力和市场竞争力显著提升。

基础作用日益凸显。冷链物流衔接生产消费、服务社会民生、保障消费安全能力不断增强，在调节农产品跨季节供需、稳定市场供应、平抑价格波动、减少流通损耗中发挥了重要作用。特别是在抗击新冠肺炎疫情中，冷链物流对保障疫苗等医药产品运输、储存、配送全过程安全作出重要贡献。

但同时，我国冷链物流发展不平衡不充分问题突出，跨季节、跨区域调节农产品供需的能力不足，农产品产后损失和食品流通浪费较多，与发达国家相比还有较大差距。从政策环境看，缺少统筹规划，东中西部、南北方和城乡间冷链物流基础设施分布不均，存在结构性失衡矛盾；冷链物流企业用地难、融资难、车辆通行难问题较为突出；冷链物流监管制度不全、有效监管不足，全链条监管体系有待完善。从行业链条看，产地预冷、冷藏和配套分拣加工等设施建设滞后；冷链运输设施设备和作业专业化水平有待提升，新能源冷藏车发展相对滞后；大中城市冷链物流体系不健全，传统农产品批发市场冷链设施短板突出。从运行体系看，缺少集约化、规模化运作的冷链物流枢纽设施，存量资源整合和综合利用率不高，行业运行网络化、组织化程度不够，覆盖全国的骨干冷链物流网络尚未形成，与“通道 + 枢纽 + 网络”的现代物流运行体系融合不足。从发展基础看，冷链物流企业专业化、规模化、网络化发展程度不高，国际竞争力不强；信息化、自动化技术应用不够广泛；冷链物流标准体系有待完善，强制性标准少，推荐性标准多，标准间衔接不够紧密，部分领域标准缺失，标准统筹协调和实施力度有待加强；冷链专业人才培养不足，制约行业发展。

（二）面临形势

产业升级和扩大内需开拓冷链物流发展新空间。我国已转向高质量发展阶段，产业加快迈向全球价值链中高端，现代农业、食品工业、医药产业、服务业全面升级，对高品质、精细化、个性化的冷链物流服务需求日益增长。“十四五”时期随着城乡居民消费结构不断升级，超大规模市场潜力将加速释放，为冷链物流提高供给水平、适配新型消费、加快规模扩张奠定坚实基础，创造广阔空间。

冷链产品安全和疫情防控强化冷链物流新要求。冷链产品安全关系人民群众身体健康和生命安全。当前，我国冷链物流“断链”、“伪冷链”等问题突出，与此相关的产品质量安全隐患较多，特别是新冠肺炎疫情发生以来，冷链物流承担着保障疫苗安全配送和食品稳定供应的艰巨任务，要求提高冷链物流专业服务和应急处置能力，规范市场运行秩序，完善全程追溯体系，更好满足城乡居民消费安全需要。

科技创新和数字转型激发冷链物流发展新动力。伴随新一轮科技革命和产业变革，大数据、物联网、第五代移动通信（5G）、云计算等新技术快速推广，有效赋能冷链物流各领域、各环节，加快设施装备数字化转型和智慧化升级步伐，提高信息实时采集、动态监测效率，为实现冷链物流全链条温度可控、过程可视、源头可溯，提升仓储、运输、配送等环节一体化运作和精准管控能力提供了有力支撑，有效促进冷链物流业态模式创新和行业治理能力现代化。

实行高水平对外开放创造冷链物流发展新机遇。坚持实施更大范围、更宽领域、更深层次对外开放，特别是深入推进共建“一带一路”和推动构建面向全球的高标准自由贸易区网络将进一步优化区域供应链环境，有效发挥我国超大规模市场优势，深化与相关国家贸易往来，扩大食品进出口规模，推动国内国际冷链物流标准接轨，借鉴推广先进冷链物流技术和管理经验，促进冷链物流高质量发展。

碳达峰碳中和对冷链物流低碳化发展提出新任务。冷链物流仓储、运输等环节能耗水平较高，在实现碳达峰、碳中和目标背景下，面临规模扩张和碳排放控制的突出矛盾，迫切需要优化用能结构，加强绿色节能设施设备、技术工艺研发和推广应用，推动包装减量化和循环使用，提高运行组织效率和集约化发展水平，加快减排降耗和低碳转型步伐，推进冷链物流运输结构调整，实现健康可持续发展。

二、总体要求

（一）指导思想

以习近平新时代中国特色社会主义思想为指导，深入贯彻党的十九大和十九届二中、三中、四中、五中、六中全会精神，增强“四个意识”、坚定“四个自信”、做到“两个维护”，立足新发展阶段，完整、准确、全面贯彻新发展理念，以推动高质量发展为主题，以深化供给侧结构性改革为主线，以改革创新为根本动力，以满足人民日益增长的美好生活需要为根本目的，统筹发展和安全，结合我国国情和冷链产品生产、流通、消费实际，聚焦制约冷链物流发展的突出瓶颈和痛点难点卡点，补齐基础设施短板，畅通通道运行网络，提升技术装备水平，健全监管保障机制，加快建立畅通高效、安全绿色、智慧便捷、保障有力的现代冷链物流体系，提高冷链物流服务质量效率，有效减少农产品产后损失和食品流通浪费，扩大高品质市场供给，保障食品和医药产品安全，改善城乡居民生活质量，为构建以国内大循环为主体、国内国际双循环相互促进的新发展格局提供有力支撑。

（二）基本原则

市场驱动，政府引导。充分发挥市场在资源配置中的决定性作用，强化企业的市场主体地位，激发市场竞争活力；更好发挥政府作用，到位不缺位，有为不越位，在规范行业运行秩序、营造良好营商环境等方面重点发力。引导资金、人才、技术等要素更多向冷链物流基础薄弱环节配置，集中力量补短板、强弱项，夯实行业发展基础。

统筹推进，分类指导。坚持系统观念，加强前瞻性思考、全局性谋划、战略性布局、整体性推进，统筹冷链物流运行、服务、监管、支撑体系建设，优化冷链物流设施布局与运行网络结构。针对产运销各主要环节、冷链产品重点品类冷链物流运作特点，因势利导，精准施策，系统推动不同地区、不同品类冷链物流高质量发展。

创新引领，提质增效。坚持创新发展，注重科技赋能，促进各类创新要素向企业集聚，着力推动冷链物流系统优化与集成创新，激发内生发展动力。推进冷链物流技术工艺、业态模式、经营管理、监管方式创新，提高服务品质和价值创造能力，提升行业运行效率和发展效能。

区域协同，联动融合。统筹东中西部、南北方和城乡协调发展，密切农产品优势产区和大中消费市场联系，促进城市群、都市圈冷链物流资源优化整合和一体化运作。加强冷链物流与现代农业、冷链产品加工、商贸流通等产业融合发展，有效扩大中高端冷链物流服务供给，支撑带动相关产业做大做强做优。

绿色智慧，安全可靠。顺应绿色生产生活方式发展趋势和推进碳达峰、碳中和需要，把绿色发展理念贯穿到冷链物流全链条、各领域，以数字化转型整体驱动冷链物流运行管理和治理方式变革，提升行业绿色智慧发展水平。坚守安全底线，压实各方责任，强化行业监管，加强冷链风险预警防控机制和应急处置能力建设，提高冷链产品安全保障水平。

（三）发展目标

到2025年，初步形成衔接产地销地、覆盖城市乡村、联通国内国际的冷链物流网络，基本建成符合我国国情和产业结构特点、适应经济社会发展需要的冷链物流体系，调节农产品跨季节供需、支撑冷链产品跨区域流通的能力和效率显著提高，对国民经济和社会发展的支撑保障作用显著增强。

——基础设施更加完善。依托农产品优势产区、重要集散地和主销区，布局建设100个左右国家骨干冷链物流基地；围绕服务农产品产地集散、优化冷链产品销地网络，建设一批产销冷链集配中心；聚焦产地“最先一公里”和城市“最后一公里”，补齐两端冷链物流设施短板，基本建成以国家骨干冷链物流基地为核心、产销冷链集配中心和两端冷链物流设施为支撑的三级冷链物流节点设施网络，支撑冷链物流深度融入“通道＋枢纽＋网络”现代物流运行体系，与国家物流网络实现协同建设、融合发展。

——发展质量显著提高。冷链物流规模化组织效率大幅提升，成本水平显著降低。精细化、多元化、品质化冷链物流服务能力显著增强，形成一批具有较强国际竞争力的综合性龙头企业。冷链物流技术装备水平显著提升，冷库、冷藏车总量保持合理稳定增长，区域分布更加优化、功能类型更加完善。冷链物流标准化、智慧化、绿色化水平明显提高。冷链物流温度达标率全面提高，国家骨干冷链物流基地冷库设施温度达标率达到国际一流水平。肉类、果蔬、水产品产地低温处理率分别达到85%、30%、85%，农产品产后损失和食品流通浪费显著减少。

——监管水平明显提升。冷链物流监管法律法规进一步完善，“政府监管、企业自管、行业自律、社会监督”的监管机制基本建立，贯穿冷链物流全流程的监测监管体系初步形成。冷藏车、冷藏箱、重点冷链产品全程监控基本实现全覆盖。医药产品冷链追溯体系进一步完善，广覆盖、高效率、低成本、安全可靠的医药产品冷链物流网络基本形成。

展望2035年，全面建成现代冷链物流体系，设施网络、技术装备、服务质量达到世界先进水平，行业监管和治理能力基本实现现代化，有力支撑现代化经济体系建设，有效满足人民日益增长的美好生活需要。

三、现代冷链物流体系总体布局

（一）打造“321”冷链物流运行体系

完善国家骨干冷链物流基地布局，加强产销冷链集配中心建设，补齐两端冷链物流设施短板，夯实冷链物流运行体系基础，加快形成高效衔接的三级冷链物流节点；依托国家综合立体交通网，结合冷链产品国内国际流向流量，构建服务国内产销、国际进出口的两大冷链物流系统；推进干支线物流和两端配送协同运作，建设设施集约、运输高效、服务优质、安全可靠的国内国际一体化冷链物流网络。“三级节点、两大系统、一体化网络”融合联动，形成“321”冷链物流运行体系。

专栏1　三级冷链物流节点建设工程
国家骨干冷链物流基地建设工程。综合考虑冷链产品生产、流通、消费空间格局，稳步推进国家骨干冷链物流基地建设，加强与国家物流枢纽联动对接。串联整合存量冷链物流设施资源，加强功能性设施建设，突出产业引领、产地服务、城市服务、中转集散、生产加工、口岸贸易等需求特点，打造冷链物流集群。引导国家骨干冷链物流基地间、国家骨干冷链物流基地与产销冷链集配中心间加强功能与业务对接，支撑构建冷链物流骨干通道。 产销冷链集配中心建设工程。建设一批集集货、预冷、分选、加工、冷藏、发货、检测、收储、信息等功能于一体的产地冷链集配中心，提高农产品产后集散和商品化处理效率。建设一批集仓储、分拣、包装、配送、半成品加工等功能于一体的销地冷链集配中心，完善销地城市冷链物流系统，提高区域分拨配送效率。 两端冷链物流设施补短板工程。聚焦农产品产地“最先一公里”冷链物流设施短板，结合实际需要在田间地头建设一批具备保鲜、预冷等功能的小型、移动仓储设施。面向城市“最后一公里”消费需求，引导农贸市场、商超、便利店、药店、生鲜电商、快递企业等完善城市末端冷链物流设施。

（二）构建冷链物流骨干通道

结合我国冷链产品流通和进出口主方向，串接京津冀、长三角、珠三角、成渝、长江中游等城市群与西北、西南、东南沿海、中部、华东、华北、东北等农产品主产区，建设北部、鲁陕藏、长江、南部等“四横”冷链物流大通道，以及西部、二广、京鄂闽、东部沿海等“四纵”冷链物流大通道，形成内外联通的“四横四纵”国家冷链物流骨干通道网络（见附件），发挥通道沿线国家骨干冷链物流基地、产销冷链集配中心基础支撑作用，提升相关口岸国内外冷链通道衔接和组织能力。提高国家骨干冷链物流基地间供应链协同运行水平，推动基地间冷链物流规模化、通道化、网络化运行。引导冷链物流要素和上下游产业沿通道集聚发展，加强设施联动、信息联通、标准衔接，推动形成冷链物流产业走廊。

（三）健全冷链物流服务体系

聚焦“6+1”重点品类（肉类、水果、蔬菜、水产品、乳品、速冻食品等主要生鲜食品以及疫苗等医药产品），分类优化冷链服务流程与规范，提升专业化冷链物流服务能力。完善仓储、运输、流通加工、分拨配送、寄递、信息等冷链服务功能，强化一体化服务能力，打造运转顺畅的供应链，支撑冷链产品产销精准高效对接。丰富数字化、智慧化技术应用场景，深化冷链物流与相关产业融合发展，推动冷链物流业态、模式、组织与技术创新，提升协同化、平台化服务水平，拓展上下游产业价值空间。

（四）完善冷链物流监管体系

加快建设全国性冷链物流追溯监管平台，完善全链条监管机制，针对冷链物流环境、主要作业环节、设施设备管理等重点，规范实时监测、及时处置、评估反馈等监管过程，逐步分类实现全程可视可控、可溯源、可追查。创新监管手段，加大现代信息技术和设施设备应用力度，强化现场和非现场监管方式有机结合。借鉴新冠肺炎疫情防控期间进口冷链食品检验检测检疫经验做法，优化完善工作机制，建立科学、可靠、高效的冷链物流检验检测检疫体系。

（五）强化冷链物流支撑体系

推动第三方冷链物流企业专业化发展、规模化经营和数字化转型，着力培育具有较强国际竞争力的龙头企业。加大冷链物流关键技术和先进装备研发力度，鼓励节能环保技术应用。推动建立冷链物流统计评价体系，准确掌握冷链物流基础要素底数，及时客观反映行业发展情况。完善冷链物流标准体系，强化国内国际标准对接。加大复合型冷链物流专业人才培养力度，壮大多层次冷链物流人才队伍。

四、夯实农产品产地冷链物流基础

（一）完善产地冷链物流设施布局

完善冷链源头基点网络。适应不同农产品冷链物流要求，引导家庭农场、农民合作社、农村集体经济组织等在重点镇和中心村，结合实际需要分区分片合理集中建设产地冷藏保鲜设施。发展产地冷链物流设施设备租赁等社会化服务，探索发展共享式“田头小站”等移动冷库，提高产地源头冷链物流设施综合利用效率。

建设产地冷链集配中心。结合新型城镇化建设，依托县城、重点镇布局建设一批产地冷链集配中心，改善产地公共冷库设施条件，强化产地预冷、仓储保鲜、分级分拣、初加工、产地直销等能力，提高农产品商品化处理水平，减少产后损失，实现优质优价。服务本地消费市场，拓展产地冷链集配中心中转集散、分拨配送功能，优化完善县乡村冷链物流服务。

（二）构建产地冷链物流服务网络

优化农产品田头集货组织。鼓励各类农业经营主体和冷链物流企业加强合作，提高“最先一公里”冷链物流服务能力，满足源头基点网络储运需求。培育一批产地移动冷库和冷藏车社会化服务主体，发展设施巡回租赁、“移动冷库＋集配中心（物流园区）”等模式，构建产地移动冷链物流设施运营网络，提高从田间地头向产地冷藏保鲜设施、移动冷库等的集货效率，缩短农产品采后进入冷链物流环节的时间。

提高农产品出村进城效率。引导专业冷链物流企业适应农产品产地多点布局和小批量、多批次运输需求特点，开展从冷链源头基点到冷链集配中心、国家骨干冷链物流基地的干支衔接运输组织，构建稳定、高效、低成本运行的农产品出村进城冷链物流网络。鼓励电商、快递企业利用既有物流网络，整合产地冷链物流资源，拓展农产品出村进城冷链物流服务渠道，提高网络利用效率。

（三）创新产地冷链物流组织模式

促进农产品产地直供发展。加强产地到销地直达冷链物流服务能力建设，支撑农产品流通模式创新，推动新型农业经营主体发展农超对接、农批对接、农企对接、农社对接等农产品流通模式。鼓励产地冷链集配中心开展净菜、半成品加工，为餐饮企业、学校、机关团体等终端大客户提供直供直配服务。

助力打造产地农产品品牌。围绕特色农产品优势产区，拓展产地冷链集配中心、国家骨干冷链物流基地的交易展示、安全检测、溯源查询、统仓统配等功能，增强农产品品控能力，完善绿色食品、有机农产品、地理标志农产品等认证配套，着力打造特色鲜明、品质一流的农产品品牌。

专栏2　农产品产地冷链物流设施补短板工程
产地保鲜设施建设工程。支持各类农业生产经营主体和企业结合实际需要，在农产品主产区和特色农产品优势产区建设田头小型冷藏保鲜设施，健全农产品主产区村级物流（寄递）服务点、农村电商服务站点、益农信息社配套冷链物流设施。 移动冷库推广应用工程。研究制定移动冷库建设标准。选择部分农产品主产区开展试点示范，推广一批适应产地需求、通用性强、标准化程度高的移动冷库。

五、提高冷链运输服务质量

（一）强化冷链运输一体化运作

推动干线运输规模化发展。充分发挥国家骨干冷链物流基地等大型冷链物流设施资源集聚优势，开展规模化冷链物流干线运输，提高冷链物流去程回程均衡发展水平。大力发展公路冷链专线、铁路冷链班列等干线运输模式，进一步提高铁路、水运、航空在中长距离冷链物流干线运输中的比重。规范平台型企业发展，提高冷链物流信息共享水平，集聚整合货源、运力、仓储等冷链资源，提高冷链物流干线运输组织化、规模化水平。

促进干线支线有机衔接。完善国家骨干冷链物流基地等的集疏运体系，发展中转换装、区域分拨，推动冷链物流干线运输与区域分拨配送业务高效协同。以产销冷链集配中心为支撑，高效衔接国家骨干冷链物流基地和两端冷链物流设施，构建干支线运输和两端集配一体化运作的区域冷链物流服务网络。鼓励物流企业延伸业务链条，强化综合服务能力，提供“干线运输＋区域分拨＋城市配送”冷链物流服务。

（二）推动冷链运输设施设备升级

提高冷藏车发展水平。严格冷藏车市场准入条件，加大标准化车型推广力度，统一车辆等级标识、配置要求，推动在车辆出厂前安装符合标准要求的温度监测设备等，加快形成适应干线运输、支线转运、城市配送等不同需求的冷藏车车型和规格体系。研究制定标准化冷藏车配置方案，引导和规范不同容积车辆选型。有计划、分步骤淘汰非标准化冷藏车。加强冷藏车生产、改装监管，严厉打击非法改装。加快推进轻型、微型新能源冷藏车和冷藏箱研发制造，积极推广新型冷藏车、铁路冷藏车、冷藏集装箱。

促进运输载器具单元化。鼓励批发、零售、电商等企业将标准化托盘、周转箱（筐）作为采购订货、收验货的计量单元，引导冷链运输企业使用标准化托盘、周转箱（筐）、笼车等运载单元以及蓄冷箱、保温箱等单元化冷链载器具，提高带板运输比例。加强标准化冷链载器具循环共用体系建设，完善载器具租赁、维修、保养、调度等公共运营服务。鼓励企业研发应用适合果蔬等农产品的单元化包装，推动冷链运输全程“不倒托”、“不倒箱”，减少流通环节损耗。

（三）发展冷链多式联运

完善冷链多式联运设施。鼓励国家骨干冷链物流基地等完善吊装、平移等换装转运专用设施设备，加强自动化、专业化、智慧化冷链多式联运设施建设。因地制宜增强国家物流枢纽、综合货运枢纽冷链物流服务功能，推进港口、铁路场站冷藏集装箱堆场建设和升级改造，配套完善充电桩等设施设备。

优化冷链多式联运组织。培育冷链多式联运经营人，统筹公路、铁路、水运、航空等多种运输方式和邮政快递，开展全程冷链运输组织，积极发展全程冷链集装箱运输。依托具备条件的国家骨干冷链物流基地等开展中长距离铁路冷链运输，串接主要冷链产品产地和销地，发展集装箱公铁水联运。依托主要航空枢纽、港口，加强冷链卡车航班、专线网络建设，提高多式联运一体化组织能力。大力发展冷链甩挂运输，鼓励企业建立“冷藏挂车池”，有机融入公路甩挂运输体系，完善冷藏车和冷链设施设备共享共用机制，提高冷链甩挂运输网络化发展水平。鼓励现有多式联运公共信息平台集聚整合运输企业、中介等的冷链物流相关信息，拓展完善冷链物流服务功能，提高货源、运力、仓储等冷链资源供需匹配效率。

增强冷链国际联运能力。提升中欧班列冷链物流服务水平，强化多式联运组织能力，畅通亚欧陆路冷链物流通道。依托中国—东盟多式联运联盟基地，拓展西部陆海新通道海铁联运、国际铁路联运、跨境公路班车国际冷链物流业务。鼓励具备实力的企业布局建设冷链海外仓，提升跨境冷链物流全程组织能力。大力发展面向高端生鲜食品、医药产品的航空冷链物流，提高公空、空空联运效率。鼓励主要农产品进出口口岸城市积极发展国际冷链物流多式联运，打造一批国际冷链物流门户枢纽。

专栏3　冷链运输提质增效降本工程
冷链干线运输规模提升工程。在具备条件的国家骨干冷链物流基地间试点开行小编组直达冷链班列和公路冷链专线。在高附加值特色农产品集中上市季节，开通连接优势产区与主要消费市场的冷链航空货运临时加班绿色通道和铁路冷链快运。 冷链物流多式联运示范工程。以西部陆海新通道海铁联运班列等为重点，在冷链物流领域积极探索建设多式联运示范工程，打造精品联运线路，开展品牌化运营，加强不同运输方式规则、单据对接，探索应用“一单制”。 冷链标准化载器具推广应用工程。依托国家骨干冷链物流基地、产销冷链集配中心等，围绕产地集货、干线运输、城市配送等冷链物流重点环节，扩大标准化托盘、周转箱（筐）、周转袋、冷藏集装箱等应用范围。依托各类物流标准化冷链载器具循环共用平台，引导冷链物流、设备生产、设备租赁等企业加强协作，提高标准化冷链载器具共享利用水平。

六、完善销地冷链物流网络

（一）加快城市冷链物流设施建设。

推进销地冷链集配中心建设。在消费规模和物流中转规模较大的城市新建和改扩建一批销地冷链集配中心，集成整合流通加工、区域分拨、城市配送等功能。在符合规划的前提下，研究利用绕城高速公路沿线可开发地块等建设“近城而不进城”的销地冷链集配中心，提高冷链干线与支线衔接效率。密切销地冷链集配中心与存量冷链设施业务联系，引导冷库等设施向销地冷链集配中心集中，推进城市冷链设施布局优化。

加快商贸冷链设施改造升级。推动农产品批发市场冷库改造，配套建设封闭式装卸站台等设施，完善流通加工、分拨配送、质量安全控制等功能。鼓励商超、生鲜连锁店加大零售端冷链设施改造升级力度，提高冷链物流服务能力。引导城市商业街区、商圈、农贸市场共建共享小型公共冷库。淘汰关停不合规不合法冷库。

完善末端冷链设施功能。加大城市冷链前置仓等“最后一公里”设施建设力度。鼓励移动冷库、智慧冷链自动售卖机、冷链自提柜等在城市末端配送领域广泛应用。推动末端冷链配送服务站点建设改造，完善新能源冷藏车充电设施布局，扩大城市冷链网络覆盖范围。

（二）健全销地冷链分拨配送体系。

强化区域分拨功能。扩大国家骨干冷链物流基地分拨服务范围，重点完善面向区域内销地冷链集配中心、冷链配送网点的区域分拨服务网络，以及销地冷链集配中心面向大型商超、农贸市场等的分拨服务网络。推动城市群、都市圈销地冷链集配中心共用共营，构建高效分拨服务圈。

提升末端配送效能。鼓励销地冷链集配中心、中央厨房等整合“最后一公里”配送资源，面向商超、生鲜连锁店、酒店餐饮、学校、机关团体等开展农产品集中采购、流通加工、多温共配。鼓励城市群、都市圈建立统一规划、统一平台、统一标准、统一管理的同城化冷链配送体系，补齐停靠接卸设施短板，加强城市通行政策协同，便利冷藏车装卸通行。

（三）创新面向消费的冷链物流模式。

培育冷链物流配送新方式。依托国家骨干冷链物流基地和销地冷链集配中心搭建城市冷链智慧公共配送平台，整合冷链运力资源，动态优化城市配送路径，提升城市冷链配送效率。鼓励物流企业规模化集并城市冷链和常温货物配送，加大多温区配送车、蓄冷保温箱和保温柜等推广应用力度，推动多种形式多温共配发展。积极推广“分时段配送”、“无接触配送”、“夜间配送”，发展与新消费方式融合的冷链配送新业态、新模式。鼓励物业服务企业开展冷链末端配送业务。深化城乡冷链配送网络协同发展，共享共用末端设施网点和配送冷藏车，提高存量网络资源利用率。

鼓励发展生鲜农产品新零售。支持快递企业加强冷链物流服务能力建设，支持农产品流通企业、连锁商业、电商企业等拓展生鲜农产品销售渠道，扩大辐射范围和消费规模。加强城市冷链即时配送体系建设，支持生鲜零售、餐饮、体验式消费融合创新发展，满足城市居民个性化、品质化消费需求。

专栏4　销地冷链物流提升工程
城市冷链物流设施升级工程。支持农产品批发市场老旧冷库改造升级，使用环境友好型制冷剂，降低能耗水平，减少温室气体排放，鼓励建设公共冷库、净菜加工车间等设施。支持国家骨干冷链物流基地和销地冷链集配中心建设流通型冷库、中央厨房等设施。

城市冷链末端配送提效工程。引导冷链物流企业建立城市群、都市圈共同配送联盟，组建冷链运输车队，搭建公共配送平台，开展多温共配，培育一批冷链配送品牌。鼓励冷链物流企业以人口规模较大和密度较高的大型社区为重点，与商超、社区菜店等合作开展“一周一配”、“一周多配”、“一日一配”、“一日多配”等定时冷链配送服务，实现冷链到家。

七、优化冷链物流全品类服务

（一）肉类冷链物流

加快建立冷鲜肉物流体系。顺应畜禽屠宰加工向养殖集中区域转移需要，适应消费升级新趋势，加快构建“集中屠宰、品牌经营、冷链流通、冷鲜上市”的肉类供应链体系。完善规模屠宰、预冷排酸、低温分割、保鲜包装、冷链储运链条，加强全程温控和监管追溯。鼓励冷鲜肉生产、流通企业对接农贸市场、连锁超市、社区生鲜店铺、生鲜电商等流通渠道，拓展直营零售网点，健全冷鲜肉生产、流通和配送体系，提高冷鲜肉在肉类消费中的比重。促进肉类冷链物流与上下游深度融合创新，推动发展“牧场＋超市”、“养殖基地＋肉制品精深加工＋超市”等新模式。

升级肉类冷链物流设施。加强生猪、肉羊、肉牛、肉禽优势产区冷链物流设施建设，构建畜禽主产区和主销区有效对接的冷链物流基础设施网络。鼓励屠宰企业建设标准化预冷和低温分割加工车间、配套冷库等设施。支持肉类公共冷库改扩建、智慧化改造及配套设施建设。适应减少畜禽活体跨区域运输要求，积极推广应用挂肉冷藏车等专用设施设备。

（二）果蔬冷链物流

完善果蔬冷链物流设施设备配套条件。结合我国果蔬优势产区分布以及南菜北运、西果东输、果蔬进出口等流向特征，因地制宜建设经济适用、节能环保、绿色高效的仓储保鲜设施，延长销售周期，提高反季节销售水平。加强配套冷链设施建设，推动构建反季节蔬菜、高原夏菜、热带水果等从优势产区到主销区的全流程果蔬冷链物流体系。推广移动冷库、预冷设施应用，合理配套布局插电装置，加强移动冷链设施设备与产地冷链集配中心高效联动，合理设置田头停车、换装场地，完善果蔬“最先一公里”冷链配套设施。支持适合果蔬特点的可循环利用包装、载器具以及零售末端保鲜柜等设备使用。

提升农产品产地商品化处理水平。新建或改造产地预冷设施，配备果蔬清洗、分级、分拣、切割、包装等设施设备。鼓励广泛使用冷链设施开展果蔬保鲜，大幅减少保鲜药物使用。推进商品化包装与冷链包装一体化，完善脱水干制、称量包装、检验检测、低损输送、质量管控等配套功能，提高果蔬产地商品化处理能力，减少流通损耗。

（三）水产品冷链物流

强化水产品产地保鲜加工设施建设。完善鱼塘、渔船、渔港预冷保鲜设施装备，建设速冻、冷藏、低温暂养等配套设施。推动建设一批冷藏加工一体化的水产品产地冷链集配中心，引导水产品就近加工。完善覆盖养殖捕捞、到岸装卸、加工包装、仓储运输、质量管控等环节的冷链物流设施装备，支持冷链全链条无缝对接和安全温控数据共享。

健全支撑水产品消费的冷链物流体系。加强水产品产地销地冷链物流对接，加快提升销地冷链分拨配送能力，推动沿海、重要江河流域等优势产区构建辐射全国的冷链物流网络。鼓励活鱼纯氧高密度冷链等鲜活水产品冷链配送技术创新，适应和满足持续扩大的高品质水产品消费需求。完善水产品进口相关冷链配套设施，提高进口水产品冷链物流服务与快速检验检测检疫能力。支持口岸机场建设具有国际货运、冷链仓储、报关、检验检测检疫等功能的水产品航空货运冷链物流服务通道。

（四）乳品冷链物流

推进奶业主产区冷链物流设施建设。重点支持东北、华北、中原、西北等奶业主产区冷链物流设施建设。鼓励规模化奶业企业升级冷链物流设备，支持牧场、奶农合作社、养殖小区、生鲜乳收购站等建设生乳冷却设施，配备生乳专用恒温运输槽车，提高生乳冷却、储存、运输一体化运作效率和温度质量管控水平。

加强低温液态奶冷链配送体系建设。发挥龙头乳品企业以及电商、连锁超市等流通渠道作用，完善从生产厂商至消费者的低温液态奶全程冷链物流系统，规范销售终端温度控制管理。推动传统奶站改造升级，加强服务社区的低温液态奶宅配仓建设，推广新型末端配送冷藏车等设施设备，发展网格化、高频率配送到家服务，提高低温液态奶末端配送时效性。

（五）速冻食品冷链物流

推动冷链物流与速冻食品产业联动发展。在吉林、黑龙江、河南、山东等速冻食品生产大省，引导速冻食品产业集聚区、龙头生产企业对接国家骨干冷链物流基地和产销冷链集配中心，打通原材料采购、产品销售的全流程冷链服务链条，促进速冻食品产业规模化、集约化发展。构建速冻食品冷链过程质量快速检测体系，完善冷链物流服务追溯体系。

提升冷链物流对速冻食品消费保障能力。顺应城市快节奏生活方式和城乡居民对速冻食品日益增长的消费需求，加强冷链物流服务保障，提升末端配送服务品质，支撑速冻食品流通渠道由线下为主向线上线下多渠道拓展。适应连锁餐饮、团餐等标准化、流程化经营要求，依托产销冷链集配中心、中央厨房等设施，加快发展速冻类标准食材、食材半成品供应链，提高品控能力。

（六）医药产品冷链物流

完善医药产品冷链物流设施网络。鼓励医药流通企业、药品现代物流企业建设医药物流中心，完善医药冷库网络化布局及配套冷链设施设备功能，提升医药产品冷链全程无缝衔接的信息化管理水平。推动医药流通企业按《药品经营质量管理规范》要求配备冷藏冷冻设施设备，支持疾控中心、医院、乡镇卫生院（室）等医疗网点提高医药产品冷链物流和使用环节的质量保障水平。加强医药物流中心与冷链末端的无缝衔接，鼓励发展多温共配、接力配送等模式，探索发展超低温配送，构建广覆盖、高效率、低成本、安全可靠的医药产品冷链物流网络。

提升医药产品冷链物流应急保障水平。研究将医药产品冷链物流纳入国家应急物资保障平台，整合行业医药冷库、车辆、标准化载器具等资源，健全应急联动服务及统一调度机制，提高医药产品冷链应急保障能力。完善全国统一的医药产品冷链物流特别管理机制，保障紧急状态下疫苗及其他医药产品冷链运输畅通和物流过程质量安全。

专栏 5　医药产品冷链物流提质工程
医药产品冷链物流集配中心建设工程。依托医药物流中心建设集约化医药产品冷链物流集配中心，集聚疫苗、生物制剂等医药产品生产企业、药品现代物流企业等冷链物流资源，整合疾控中心、医院、血站、药店等的冷链物流需求，提升医药产品冷链物流供需精准对接水平和规模化发展能力。 医药产品冷链物流追溯体系建设工程。加强疫苗、生物制剂等医药产品生产企业、医药产品批发零售企业、药品现代物流企业、医药物流中心及疾控中心、医院、乡镇卫生院（室）冷链物流追溯管理系统建设和应用，配套完善设施设备。规范医药产品生产、运输、分销、终端使用各环节温湿度等监控信息上传管理，加强部门协同，建立健全医药产品冷链物流追溯体系。

八、推进冷链物流全流程创新

（一）加快数字化发展步伐

推进冷链设施数字化改造。推动冷链物流全流程、全要素数字化，鼓励冷链物流企业加大温度传感器、温度记录仪、无线射频识别（RFID）电子标签及自动识别终端、监控设备、电子围栏等设备的安装与应用力度，推动冷链货物、场站设施、载运装备等要素数据化、信息化、可视化，实现对到货检验、入库、出库、调拨、移库移位、库存盘点等各作业环节数据自动化采集与传输。构建全国性、多层级数字冷链仓库网络。开展数字化冷库试点工作，推动形成一批可复制可推广的经验。

完善专业冷链物流信息平台。支持国家骨干冷链物流基地建设运营主体搭建专业冷链物流信息平台，广泛集成区域冷链货源、运力、库存等市场信息，通过数字化方式强化信息采集、交互服务功能，为冷链干线运输、分拨配送、仓储服务、冷藏加工等业务一体化运作提供平台组织支撑。鼓励商会协会、骨干企业等搭建市场化运作的冷链物流信息交易平台，整合市场供需信息，提供冷链车货匹配、仓货匹配等信息撮合服务，提高物流资源配置效率。推动专业冷链物流信息平台间数据互联共享，打通各类平台间数据交换渠道，更大范围提高冷链物流信息对接效率。

（二）提高智能化发展水平

推动冷链基础设施智慧化升级。围绕国家骨干冷链物流基地、产销冷链集配中心等建设，加快停车、调度、装卸、保鲜催熟、质量管控等设施设备智慧化改造升级。鼓励企业加快传统冷库等设施智慧化改造升级，推广自动立体货架、智能分拣、物流机器人、温度监控等设备应用，打造自动化无人冷链仓。

加强冷链智能技术装备应用。推动大数据、物联网、5G、区块链、人工智能等技术在冷链物流领域广泛应用。鼓励冷链物流企业加快运输装备更新换代，加强车载智能温控、监控技术装备应用。推动冷库“上云用数赋智”，加强冷链智慧仓储管理、运输调度管理等信息系统开发应用，优化冷链运输配送路径，提高冷库、冷藏车利用效率。推动自动消杀、蓄冷周转箱、末端冷链无人配送装备等研发应用。

（三）加速绿色化发展进程

提高冷链物流设施节能水平。鼓励企业对在用冷库以及冻结间、速冻装备、冷却设备等低温加工装备设施开展节能改造，推广合同能源管理、节能诊断等模式。研究制定冷库、冷藏车等能效标准，完善绿色冷链物流技术装备认证及标识体系，逐步淘汰老旧高能耗冷库和制冷设施设备。支持国家骨干冷链物流基地、产销冷链集配中心等加强公共充电桩、加气站建设。新建冷库等设施严格执行国家节能标准要求，鼓励利用自然冷能、太阳能等清洁能源。提高冷库、冷藏车等的保温材料保温和阻燃性能。

加大绿色冷链装备研发应用。研究制定绿色冷链技术及节能设施设备推广目录，鼓励使用绿色、安全、节能、环保冷藏车及配套装备设施。加快淘汰高排放冷藏车，适应城市绿色配送发展需要，鼓励新增或更新的冷藏车采用新能源车型。研发应用符合冷链物流特点的蓄冷周转箱、保温包装、保温罩等。研究加强冷链物流全流程、全生命周期碳排放管理，加强低温加工、冷冻冷藏、冷藏销售等环节绿色冷链装备研究应用，鼓励使用绿色低碳高效制冷剂和保温耗材，提高制冷设备规范安装操作和检修水平，最大限度减少制冷剂泄漏，推动制冷剂、保温耗材等回收和无害化处理。

专栏6　冷链物流创新低碳发展工程
冷链物流数字化发展工程。支持具备条件的物流企业开展数字化改造建设试点，推进数字化技术装备应用、数字化管理模式创新、数字化网络协同。建立深度感知智能仓储系统，实现冷库存、取、管全程智慧化，提高作业效率和仓储管理水平。 冷链物流设施绿色改造工程。支持冷链物流企业、农产品批发市场、生产加工企业等对冷库、中央厨房、低温车间等建筑物围护结构、制冷系统、照明设备等实施节能改造，支持具备条件的建筑物屋顶安装太阳能光伏发电设施，推动新型节电、节水设施设备应用。 新能源城市配送冷藏车更新工程。结合城市绿色货运配送示范工程，完善城市配送车辆选型指南，加强城市配送冷藏车车型、安全、环保等方面技术管理，健全完善相关配套设施，大力推广应用新能源冷藏车。

（四）提升技术装备创新水平

加强冷链物流技术基础研究和装备研发。聚焦冷链物流相关领域关键和共性技术问题，部署国家级技术攻关，加强冷链产品品质劣变腐损的生物学原理及其与物流环境之间耦合效应、高品质低温加工、高效节能与可再生能源利用、环保制冷剂及安全应用、冷链安全消杀等基础性研究，夯实冷链物流发展基础。在“十四五”国家重点研发计划中支持冷链物流相关技术研发，从源头提升我国冷链技术装备现代化水平。

完善冷链技术创新应用机制。强化企业创新主体地位，打造以企业为主体、市场为导向、产学研用深度融合的冷链物流技术装备创新应用体系。支持企业与高等院校、科研机构、行业协会等共建冷链技术装备创新应用平台，结合市场需求，聚焦果蔬预冷、速冻、冷冻冷藏、冷藏运输与宅配、冷链信息化智慧化等应用场景，集中优势力量，开展冷链装备研发和产业化应用。

专栏7　冷链物流设备更新工程
引导国家骨干冷链物流基地、产销冷链集配中心等优先推广应用新型分级预冷装置、大容量冷却冷冻机械。鼓励冷链物流企业使用节能环保多温区冷藏车，推广新型保鲜减震包装材料、多温区陈列销售设备，提高冷链物流技术装备现代化水平。

（五）打造消费品双向冷链物流新通道

畅通高品质农产品上行通道。在现有农产品出村进城通道基础上，适应现代农业规模化、产业化发展趋势，发挥冷链物流对高品质农产品生产、流通、减损的支撑保障作用，按照“一村一品”、“一县一品”、“多品聚集”，发展“平台企业＋农业基地”、“生鲜电商＋产地直发”等新业态新模式，推动形成产销密切衔接、成本低、效率高的农产品出村进城新通道，促进冷链惠农、品牌兴农、特色富农。

完善高品质生鲜消费品下行通道。结合新型城镇化建设，促进消费品下乡进村通道升级，推动冷链物流服务网络向中小城镇和具备条件的农村地区下沉，加快推进“快递进村”工程，鼓励供销、邮政快递、交通运输、电商等企业共建共用冷链物流设施，打通高品质生鲜消费品下乡进村新通道，扩大生鲜等高品质消费品供给。

推动城乡冷链网络双向融合。鼓励大型生鲜电商、连锁商超等企业统筹建设城乡一体冷链物流网络，加大对中小城镇和农村冷链物流设施建设投入力度，加强城乡冷链设施对接，打造“上行下行一张网”，提高设施利用效率，促进城乡冷链物流双向均衡发展。建立城乡冷链网络协同机制，提高资源共享与优化配置效率。

专栏8　供销系统农产品冷链物流体系建设工程
聚焦农产品优势产区，依托供销系统县域城乡融合综合服务平台，按照“1个中心＋N个田头保鲜仓”模式，建设600个县域产地冷链物流中心，建设200个以中央厨房、生鲜电商等业务为重点的城市销地冷链物流中心，全面对接国家骨干冷链物流基地、产销冷链集配中心等，建立供销系统公共农产品冷链物流服务网络。

（六）构建产业融合发展新生态

培育冷链物流产业生态。以国家骨干冷链物流基地、产销冷链集配中心为核心，吸引商贸流通、农产品加工产业集聚发展，深化产业链上下游联动整合，强化农产品全产业链组织功能，打造冷链物流与产业融合发展生态圈。推进冷链物流计量测试中心建设。优化“冷链物流＋”产业培育和发展环境，创新“冷链物流＋种养殖”、“冷链物流＋农产品加工”、“冷链物流＋新零售”等新生态、新场景。

构建生鲜食品供应链生态。鼓励龙头冷链物流企业、生鲜食品商贸流通企业加强战略合作，推动业务领域相互渗透，对接上游生产和终端消费，为客户提供集中采购、流通加工、共同配送全链条一站式服务。推动企业利用大数据发掘消费潜力、赋能上游生产，开展精准营销和个性化供应链服务，辅助生鲜食品生产加工企业和农产品生产主体合理安排计划、精准组织生产，推动生产、流通和冷链物流企业在融合发展中同步升级、同步增值、同步受益。

九、强化冷链物流全方位支撑

（一）培育骨干企业

支持冷链物流企业做大做强。积极培育发展第三方冷链物流企业，开展品牌创建工作，打造一批知名冷链物流服务品牌。鼓励冷链物流企业通过兼并重组、战略合作等方式优化整合资源，拓展服务网络，培育龙头冷链物流企业，提升市场集中度。鼓励大型生产、流通企业整合开放内部冷链物流资源，开展社会化服务。依法合规推动冷链物流平台企业发展，扩大冷链资源要素组织规模和范围，提升冷链物流组织化、规模化运营能力。

促进冷链物流企业网络化专业化发展。支持企业构建干支仓配一体的冷链物流服务网络，扩大业务覆盖范围，提升运行效率。鼓励大型综合物流企业发挥网络运营优势，对标国际先进水平，提升冷藏运输、冷藏保鲜、冷冻储存等基础服务专业化水准。围绕冷链细分领域、特定场景培育专业化冷链物流企业，提高精益化管理、精细化服务能力，满足不同冷链产品个性化、多元化冷链物流需求。

提升冷链物流企业国际竞争力。推动龙头冷链物流企业深度参与全球冷链产品生产和贸易组织，强化境内外冷链物流、采购分销等网络协同，延伸跨境电商、交易结算等服务，提升国际供应链管理能力和国际竞争力。鼓励冷链物流企业与贸易企业等协同“出海”，围绕全球肉类、水果、水产品等优势产区，积极布局境外冷链物流设施，依托远洋海运、国际铁路联运班列、国际货运航空等开展国际冷链物流运作，构建国内外衔接的物流通道网络，提升冷链物流企业国际化发展水平。

专栏9　骨干冷链物流企业培育工程
研究制定支持冷链物流企业发展的政策措施，支持符合条件的大型冷链物流企业开展国内国际资源整合、全链条冷链物流运作，培育一批具有较强国际竞争力的冷链物流企业集团。围绕冷链运输、仓储、配送等主要环节，以及肉类、水产品、乳品、医药产品等细分领域，培育一批专业化运作能力强的领军企业。鼓励冷链产品生产、流通和物流企业跨界融合，创新业态模式，优化供应链，延伸产业链，提升价值链，培育一批特色鲜明、创新发展的标杆企业。

（二）健全标准体系

加强冷链物流标准制修订。加强冷链基础通用标准和冷链基础设施、技术装备、作业流程、信息追溯等重点环节以及冷链物流绿色化、智慧化等重点领域标准制修订，加快填补标准空白。制定一批强制性国家标准，守好冷链产品安全底线。加强冷链物流推荐性国家标准、行业标准推陈出新，支持地方因地制宜制定符合发展需要的地方标准，鼓励高起点制定团体标准和企业标准。积极参与冷链物流国际标准化活动，推动国内国际标准接轨。

加强标准评估和执行力度。系统梳理现行冷链物流标准体系，加强评估和复审，及时修订或废止不适应经济社会发展需要、行业发展要求、技术进步趋势的标准，推动解决标准不统一、不衔接等问题。严格落实冷链物流强制性国家标准，强化推荐性国家标准、行业标准支撑与引导作用。充分发挥有关标准化技术委员会、行业协会、龙头企业作用，加强冷链物流标准宣贯，推动协同应用，提高推荐性标准采用水平。开展冷链物流标准监督检查和实施效果评价，充分发挥标准支撑冷链物流高质量发展作用。

专栏 10　冷链物流标准体系建设工程
研究建立冷链物流标准制修订工作机制，加强部门协调和政企沟通，2022 年底前完成现行冷链物流国家标准、行业标准、地方标准集中梳理工作，提出废止或制修订建议。结合标准梳理工作，在冷链物流设施、装备、载器具、标识、流程、管理与服务等领域，补充完善一批企业和行业急需的标准，形成全链条有机衔接的冷链物流标准体系。

（三）完善统计体系

加强行业统计监测。开展冷链物流行业调查，全面掌握市场规模、行业结构、人员设施设备等情况。研究建立冷链物流行业统计制度，科学制定统计分类标准和指标体系，根据实际需要开展冷链物流统计试点。探索开展冷链物流行业普查调查。依托国家骨干冷链物流基地、产销冷链集配中心、龙头冷链物流企业、冷链物流平台企业等，加强行业日常运行监测和分析研判。研究编制冷链物流发展综合性指数，科学、及时、全面反映行业发展现状和趋势，为政府部门政策制定和企业经营管理提供参考。

（四）加强人才培养

完善专业人才培养体系。支持有条件的普通本科院校和职业院校开设冷链物流相关专业或课程，重点培养冷链产品供应链管理、冷链物流系统规划、冷链物流技术和企业运营等方面的专业人才。鼓励高等院校深入对接行业需求，以应用为导向发展冷链物流继续教育。完善政产学研用结合的多层次冷链物流人才培养体系。开展多层次、宽领域国际交流合作，培养具有全球视野和国际供应链运作经验的高层次冷链物流人才。

健全专业技能培养培训模式。鼓励职业院校加强与冷链物流相关企业、行业协会合作，通过实训基地、订单班、新型学徒制培养、顶岗实习及建立产业学院等方式，强化冷链物流人才实践能力及创新创业能力培养。鼓励高等院校、行业协会分级分类开设冷链物流培训课程，促进从业人员知识更新与技能提升。

十、加强冷链物流全链条监管

（一）健全监管制度

加强法律制度建设。完善冷链物流监管法律法规，从准入要求、技术条件、设施设备、经营行为、人员管理、监督执法等方面明确各类市场主体权利、义务及相关管理部门职责要求，确保冷链物流各领域、各环节有法可依、有法必依。按照食品安全法、药品管理法、疫苗管理法等相关法律法规要求，细化配套规章和规范性文件，落实冷链物流全链条保温、冷藏或冷冻设施设备使用和运行要求。

健全政府监管机制。建立统一领导、分工负责、分级管理的冷链物流监管机制，发挥政府监管的主体作用，进一步明确各有关部门监管职责，强化跨部门沟通协调，加大督促检查力度，确保各项监管制度严格执行到位。推动冷链产品检验检测检疫在生产、流通、消费全过程及跨区域信息互通、监管互认、执法互助。完善主管部门行政监管制度，分品类建立完善日常巡查、专项检查、飞行检查、重点检查、专家审查等相结合的检查制度，依法规范冷链物流各类市场主体经营活动。严格执行农产品、食品入市查验溯源凭证制度，不得收储无合法来源的农产品、食品。

（二）创新行业监管手段

推进冷链物流智慧监管。引导企业按照规范化、标准化要求配备冷藏车定位跟踪以及全程温度自动监测、记录设备，在冷库、冷藏集装箱等设施中安装温湿度传感器、记录仪等监测设备，完善冷链物流温湿度监测和定位管控系统。研究建立冷链道路运输电子运单管理制度。加强冷链物流食品品质监测、仓储运输过程温湿度智能感知、卫星定位技术的应用，形成冷链物流智慧监测追溯系统，实现各环节数据实时监控和动态更新。加快区块链技术在冷链物流智慧监测追溯系统建设中的应用，提高追溯信息的真实性、及时性和可信度。逐步完善冷链追溯、运输监管等重要领域信息资源体系，基本掌握食品药品生产经营企业、冷库企业、运输企业、食用农产品批发市场、商场超市、生鲜电商等市场主体及资源底数。推动海关、市场监管、交通运输等跨部门协同监管和数据融合，依托全国进口冷链食品追溯监管平台形成全链条追溯体系，提升冷链监管效能。

建立以信用为基础的新型监管机制。发挥行业协会、第三方征信机构和各类信息平台作用，完善冷链物流企业服务评价体系。以冷链食品追溯为突破，形成以责任主体为核心的追溯闭环，对跨部门、跨地域的全链条追溯数据进行大数据分析，为信用评价提供数据支撑。依托全国信用信息共享平台，加强冷链物流企业信用信息归集和共享，通过“信用中国”网站和国家企业信用信息公示系统依法向社会公开。加大公共信用综合评价、行业信用评价、市场化信用评价结果应用力度，推广信用承诺制，推进以信用风险为导向的分级分类监管，依法依规实施联合惩戒。

强化冷链物流社会监督。发挥社会媒体舆论监督作用，加大对冷链物流领域违规违法典型案件的曝光力度，强化警示作用。支持行业协会建立行业自律规范，引导企业共同打造和维护诚信合规的市场环境，推动行业规范有序发展。畅通消费者投诉举报渠道，建立举报人奖励机制，引导和鼓励群众参与冷链物流监督，营造社会共治氛围。

专栏 11　全国冷链食品追溯监管体系建设工程
依托现有全国进口冷链食品追溯管理平台，逐步将内贸冷链食品流通纳入追溯管理范围，同步完善地方进口冷链食品追溯管理平台功能，推动国家级、省级平台以及各类市场化平台间数据交换和信息共享，到 2025 年建成覆盖冷链产品重点品类、流通全链条、内外贸一体化的全国冷链食品追溯管理平台，形成各有关部门业务联动、协同处置和共治共享的冷链物流监管体系，实现多层次、多系统、跨区域冷链物流追溯闭环。

（三）强化检验检测检疫

健全检验检测检疫体系。适应不同农产品检验检测检疫要求，完善覆盖从种养殖、加工到销售终端全链条以及冷链物流包装、运载工具、作业环境等全要素的检验检测检疫体系。加强检验检测检疫设施建设和设备配置，完善应急检验检测检疫预案，实行闭环式疫情防控管理，防范非洲猪瘟、新冠肺炎、禽流感等疫情扩散风险，提高重大公共卫生事件等应急处置能力。

提升检验检测检疫能力。围绕主要农产品产销区、集散地、口岸等，优化检验检测检疫站点布局，提高装备配备水平，增强冷链检验检测检疫能力。依托各地食品安全重点实验室，加强国家级、地区级食品安全专业技术机构冷链物流检验检测检疫能力建设。严格检验机构资质认定管理、跟踪评价和能力验证，强化冷链检验检测检疫专业技能培训。深化国际技术交流合作。

优化检验检测检疫流程。围绕农产品进出口，优化提升口岸/属地检查、检疫处理、实验室检验等流程，鼓励企业提前申报，依托国际贸易“单一窗口”，推行检疫处理、检测结果无纸化传递。按照分类监管原则，针对不同监管对象和产品特点，优化放行模式，提高查验效率。支持农产品批发市场、冷链物流企业、屠宰加工企业等建设快检实验室，提升就近快速检测水平。推动各地冷链产品检验检测检疫信息共享、结果互认。

筑牢疫情外防输入防线。完善口岸城市防控措施，建立多点触发的监测预警机制，严格执行高风险岗位人员核酸检测等规定，切实做到闭环管理。针对冷链等可能引发的输入性疫情，排查入境、仓储、加工、运输、销售等环节，建立健全进口冻品集中监管制度，压实行业主管部门责任，健全进口冷链食品检验检疫制度，加强检验检疫结果、货物来源去向等关键数据共享，做到批批检测、件件消杀，全程可追溯、全链条监管，堵住疫情防控漏洞。

专栏 12　进口冷链食品预防性消毒优化工程
按照“安全、有效、快速、经济”原则开展口岸查验、交通运输、掏箱入库、批发零售等环节预防性全面消毒工作，推进全流程闭环管控可追溯。优化口岸冷链资源配置，依据冷链物流特点，在进口冷链食品首次与我境内人员接触前实施预防性全面消毒处理。加强部门协同配合，全力保障口岸通关效率，对进口冷链食品装载运输工具和包装原则上只进行一次预防性全面消毒，避免重复消毒，避免专为消毒作业实施掏箱、装箱，避免增加不必要的作业环节和成本，避免货物积压滞港影响物流和市场供应。推动冷链物流自动消杀设施设备、冷链安全消毒剂等研发和应用，创新消毒方式方法，优化消毒流程，提高消杀效率，保证受检进口冷链食品品质。

十一、实施保障

（一）加强组织协调

国家发展改革委要会同有关部门建立冷链物流发展协调推进工作机制，统筹推进重点工程落地，完善支撑政策，强化评估督导，协调解决跨部门、跨区域问题，保障规划有序实施。各省级人民政府要按照本规划确定的主要目标和重点任务，结合发展实际，统筹制定本地区冷链物流发展规划或实施方案。规划实施中涉及的重要政策、重大工程、重点项目要按程序报批。重大问题及时向国务院报告。

（二）强化政策支持

通过现有资金支持渠道，加强国家骨干冷链物流基地、产销冷链集配中心等大型冷链物流设施建设。物流企业冷库仓储用地符合条件的，按规定享受城镇土地使用税优惠政策。拓展冷链物流企业投融资渠道，鼓励银行业金融机构等对符合条件的冷链物流企业加大融资支持力度，完善配套金融服务。在严格落实永久基本农田、生态保护红线、城镇开发边界三条控制线基础上，大中城市要统筹做好冷链物流设施布局建设与国土空间等相关规划衔接，保障合理用地需求。严格落实鲜活农产品运输“绿色通道”政策。落实农村建设的保鲜仓储设施用电价格支持政策，鼓励各地因地制宜出台支持城市配送冷藏车便利通行的政策。

（三）优化营商环境

各地区、各有关部门要按照“放管服”改革要求，在确保行业有序发展、市场规范运行基础上，深化体制机制改革，简化涉企事项审批流程，进一步简并资质证照，全面推广资质证照电子化，完善便利服务。在冷链物流领域探索推行“一照多址”，支持冷链物流企业网络化发展。

（四）发挥协会作用

鼓励冷链物流相关行业协会发挥桥梁纽带作用，开展冷链物流发展调查研究和政策宣贯，及时向有关政府部门反馈行业发展共性问题。支持行业协会统筹冷链物流不同领域、不同环节市场主体需求，开展业务技能培训，提高行业发展质量。鼓励行业协会深入开展冷链物流行业自律建设，倡导诚信规范经营，树立良好行业风气。

（五）营造舆论环境

加强冷链物流理念宣传和冷链知识科普教育，提高公众认知度、认可度，培养良好消费习惯和健康生活方式。提高冷链企业和从业人员产品质量安全意识，严格遵守冷链物流相关法律法规和操作规范，筑牢冷链产品质量安全防线。宣传推介一批冷链物流企业诚信经营、优质服务典型案例，营造行业发展良好环境。

附件："四横四纵"国家冷链物流骨干通道网络布局示意图（略）

交通运输部办公厅　国家发展改革委办公厅　工业和信息化部办公厅　农业农村部办公厅　商务部办公厅　市场监管总局办公厅　国家邮政局办公室　中华全国供销合作总社办公厅关于做好标准化物流周转箱推广应用有关工作的通知

交办运〔2021〕30号

各省、自治区、直辖市、新疆生产建设兵团交通运输厅（局、委）、发展改革委、经信委（工信委）、农业农村厅、商务厅、市场监管局、邮政管理局、供销社：

为深入贯彻落实2020年中央经济工作会议和中央财经委第八次会议精神，按照《国务院办公厅转发国家发展改革委等部门关于加快推进快递包装绿色转型意见的通知》（国办函〔2020〕115号）有关要求，加快推进物流包装绿色转型，着力构建现代物流体系，为服务构建新发展格局提供有力支撑，现决定在全国推广应用标准化物流周转箱。有关事项通知如下：

一、充分认识推广应用标准化物流周转箱的重要意义

标准化物流周转箱是指具有可折叠、可循环反复使用、技术性能好、质量高且符合国家标准的小型箱式集装器，可广泛应用于农副产品、商超配送、邮政快递等多个领域。近年来，随着物流业的持续快速发展，物流包装材料使用量不断增加，造成大量资源消耗和环境污染，且包装标准不统一，严重影响了物流运输和流通效率。标准化物流周转箱循环共用可以有效替代现有纸箱、塑料袋、泡沫箱等传统包装材料，大幅减少一次性包装物用量，实现物流包装可循环、减量化，有利于改善市场环境、推进生态文明建设。同时，物流周转箱作为标准化包装和装载单元，可以实现模块化作业、集装化运输、智能化分拣，是推进物流业实现绿色化、模块化、机械化作业的关键要素。加快推广物流周转箱循环共用，对降低货物损耗、提高流通效率，支撑物流业高质量发展具有重要意义。各地区、各有关部门要按照市场主导、政府引导的原则，加强部门协同联动和政策支持，充分调动市场主体的积极性，切实采取有效措施，健全标准体系、完善基础设施、扩大应用范围，加快构建标准化物流周转箱循环共用体系。

二、建立健全物流周转箱标准规范体系

（一）推动健全完善物流周转箱标准体系

加快制定发布果蔬类周转箱（600mm×400mm 模数）尺寸系列、循环共用管理规范等国家标准，发挥标准规范引领作用，面向果蔬产品流通领域加大标准化物流周转箱推广应用力度。持续健全完善农副产品、商超配送、邮政快递等领域周转箱相关标准，加大标准宣贯力度，促进标准规范的有效实施，推进各物流领域周转箱的循环共用。

（二）开展物流周转箱绿色产品认证

深入实施快递包装绿色产品认证制度，按照可重复使用型快递包装产品类别，对物流周转箱产品开展绿色产品认证，对通过认证的物流周转箱产品加施绿色产品标识。鼓励生产企业申请物流周转箱绿色产品认证，引导采购方选购使用获得绿色认证的物流周转箱产品。

（三）推进物流包装塑料污染治理

按照《国家发展改革委　生态环境部关于进一步加强塑料污染治理的意见》（发改环资〔2020〕80 号）等文件精神，减少使用不可降解的塑料包装袋、一次性包装箱，加强对塑料制品生产企业监督检查，督促其严格执行有关法律法规，生产符合国家标准要求的塑料制品，不得违规添加对人体、环境有害的化学添加剂，加强可循环、易回收产品研发，有效增加绿色产品供给。

三、加快完善物流周转箱循环共用体系

（四）推进物流周转箱循环共用试点示范

各地交通运输部门要将标准化物流周转箱循环共用列入交通强国建设试点、城市绿色货运配送示范工程、农村物流服务品牌创建的重要内容，推动标准化物流周转箱循环共用在试点省份、示范城市、试点项目中先行先试。通过推广应用标准化车辆、标准化托盘、标准化周转箱，提高运输装备的现代化、标准化水平。要积极引导相关企业不断优化仓储、运输等环节作业管理，实现农产品从产地采摘到销地销售的“零倒箱”作业，在仓储、中转环节减少手工劳动，实现机械化、自动化装卸搬运，大幅度提高物流效率，降低物流成本。不断总结试点示范工作经验，加快典型模式的复制推广，逐步建立标准化物流周转箱的全国周转体系，推动由区域向全国布局发展，提高使用效率、降低使用成本。

（五）充分发挥龙头骨干企业示范引领作用

鼓励和引导交通运输、连锁商超、大型集贸市场、物流仓储、电商及邮政快递、农资流通等龙头骨干企业，推广使用标准化物流周转箱，提高物流周转箱循环共用的应用比例，逐步建立生产—仓储—中转—消费之间的循环使用体系，逐步从点对点的小循环扩大到多个网点之间的大循环，使周转箱在物流领域的广泛应用更好地服务和支撑社会生产、流通、消费的国民经济大循环。鼓励企业使用商品和物流一体化包装，建立可循环物流配送器具回收体系，实现标准化物流周转箱快速高效循环周转。

（六）推进供应链上下游企业联营合作

采取有效措施，引导生产制造、商贸流通、物流配送、邮政快递等上下游企业加强合作，推动建立标准化物流周转箱产业联盟，促进供应链各主体间、各要素间、各环节间的一体化运营、协同化共用，培育壮大生态圈，做大做强产业链，共同培育做大标准化物流周转箱生产研发、循环共用市场。鼓励有条件的企业开展标准化物流周转箱租赁服务业务。

四、加大信息技术应用和配套设施建设

（七）加大信息技术推广应用

积极引导物流周转箱生产流通企业搭建物流周转箱信息系统，加强对物流周转箱使用的动态监测与管理。鼓励物流周转箱采用物联网、5G、射频识别（RFID）等先进技术，完善货物收发、运输等流通环节配套设施设备，实现果蔬等产品从生产到最终消费全链条的监控与可追溯，确保食品安全。

（八）逐步健全物流周转箱配套设施

各地在物流园区、货运场站、冷链设施、农产品产地仓储设施规划建设时，应统筹考虑标准化物流周转箱应用的需求，完善相关配套设施，拓展各类服务功能，满足物流周转箱仓储、装卸、维修、消毒以及预冷等各项服务需求，保障物流周转箱的清洁卫生，为标准化物流周转箱的推广应用提供有效支撑。

五、加强政策支持和宣传引导

各地相关部门要高度重视标准化物流周转箱的推广应用工作，将其作为构建现代物流体系、推进物流业降本增效、加快绿色发展转型、支撑构建新发展格局的有力抓手，并纳入“十四五”相关专项规划，落实责任分工，采取鼓励支持政策，符合鲜活农产品运输“绿色通道”政策要求的标准化周转箱运输车辆免收车辆通行费，引导标

准化物流周转箱的推广应用。要充分发挥中国物流与采购联合会、中国道路运输协会、中国快递协会、中国仓储与配送协会、中国包装联合会、中国集装箱行业协会、中国果品流通协会、中国循环经济协会等行业协会作用，加强对标准化物流周转箱推广应用的宣传培训，创新应用场景，扩大应用范围，为标准化物流周转箱的推广应用创造有利的政策和市场环境。

交通运输部办公厅
国家发展改革委办公厅
工业和信息化部办公厅
农业农村部办公厅
商务部办公厅
市场监管总局办公厅
国家邮政局办公室
中华供销合作总社办公厅
2021 年 4 月 1 日

商务部等9部门关于印发《商贸物流高质量发展专项行动计划（2021—2025年）》的通知

商流通函〔2021〕397号

各省、自治区、直辖市、计划单列市及新疆生产建设兵团商务、发展改革、财政、自然资源、住房城乡建设、交通运输、市场监管、邮政主管部门，各直属海关：

为贯彻落实党中央、国务院关于畅通国民经济循环和建设现代流通体系的决策部署，推进商贸物流高质量发展，商务部、发展改革委、财政部、自然资源部、住房城乡建设部、交通运输部、海关总署、市场监管总局、邮政局联合制定了《商贸物流高质量发展专项行动计划（2021—2025年）》，现印发给你们，请结合实际认真组织实施。

商务部　发展改革委　财政部

自然资源部　住房城乡建设部　交通运输部

海关总署　市场监管总局　邮政局

2021年8月6日

商贸物流高质量发展专项行动计划（2021—2025年）

商贸物流是指与批发、零售、住宿、餐饮、居民服务等商贸服务业及进出口贸易相关的物流服务活动，是现代流通体系的重要组成部分，是扩大内需和促进消费的重要载体，是连接国内国际市场的重要纽带。推进商贸物流高质量发展，有利于更大范围把生产和消费联系起来，提高国民经济总体运行效率。为贯彻落实党中央、国务院关于畅通国民经济循环和建设现代流通体系的决策部署，加快提升商贸物流现代化水平，促进商贸物流降本增效，服务构建新发展格局，制定本行动计划。

一、总体要求

（一）指导思想

以习近平新时代中国特色社会主义思想为指导，全面贯彻党的十九大和十九届二中、三中、四中、五中全会精神，立足新发展阶段，贯彻新发展理念，深化供给侧结构性改革，注重需求侧管理，加快提升商贸物流网络化、协同化、标准化、数字化、智能化、绿色化和全球化水平，健全现代流通体系，促进商贸物流提质降本增效，便利居民生活消费，推动经济高质量发展，为形成强大国内市场、构建新发展格局提供有力支撑。

（二）基本原则

市场主导，政府引导。充分发挥市场在资源配置中的决定性作用，激发商贸物流企业内生动力和发展活力；更好发挥政府作用，加强商贸物流规划引导，完善激励和保障政策，推动有效市场和有为政府更好结合。

创新驱动，转型升级。坚持发挥创新在商贸物流高质量发展中的引领作用，积极推动技术创新、业态创新和模式创新，促进商贸服务业和物流业深度融合，提升商贸物流运行效率和服务质量。

因地制宜，有序推进。综合考量各地商贸物流发展水平和基础条件，对标国内国际先进，补短板、强弱项，着力缩小城市与农村、东中西部、我国与发达国家商贸物流发展差距。

（三）发展目标

到 2025 年，初步建立畅通高效、协同共享、标准规范、智能绿色、融合开放的现代商贸物流体系，培育一批有品牌影响力和国际竞争力的商贸物流企业，商贸物流标准化、数字化、智能化、绿色化水平显著提高，商贸物流网络更加健全，区域物流一体化加快推进，新模式新业态加快发展，商贸物流服务质量和效率进一步提升，商贸服务业和国际贸易物流成本进一步下降。

二、重点任务

（四）优化商贸物流网络布局

加强商贸物流网络与国家综合运输大通道及国家物流枢纽衔接，提升全国性、区域性商贸物流节点城市集聚辐射能力。统筹推进城市商业设施、物流设施、交通基础设施规划建设和升级改造，优化综合物流园区、配送（分拨）中心、末端配送网点等空间布局。加强县域商业体系建设，健全农村商贸服务和物流配送网络。（商务部、发展改革委、交通运输部、自然资源部、住房城乡建设部按职责分工负责）

（五）建设城乡高效配送体系

强化综合物流园区、配送（分拨）中心服务城乡商贸的干线接卸、前置仓储、分拣配送能力，促进干线运输与城乡配送高效衔接。鼓励有条件的城市搭建城乡配送公共信息服务平台，推动城乡配送车辆“统一车型、统一标识、统一管理、统一标准”。引导连锁零售企业、电商企业等加快向农村地区下沉渠道和服务，完善县乡村三级物流配送体系，实施“快递进村”工程，促进交通、邮政、商贸、供销、快递等资源开放共享，发展共同配送。（商务部、交通运输部、邮政局、供销合作总社按职责分工负责）

（六）促进区域商贸物流一体化

围绕国家区域重大战略、区域协调发展战略实施，支持京津冀、长三角、粤港澳大湾区、成渝地区双城经济圈等重点区域探索建立商贸物流一体化工作机制，提升区域内城市群、都市圈商贸物流规划、政策、标准和管理协同水平。优化整合区域商贸物流设施布局，加强功能衔接互补，减少和避免重复建设，提高区域物流资源集中度和商贸物流总体运行效率。（商务部、发展改革委、交通运输部、自然资源部、住房城乡建设部按职责分工负责）

（七）提升商贸物流标准化水平

加快标准托盘（1200mm × 1000mm）、标准物流周转箱（筐）等物流载具推广应用，支持叉车、货架、月台、运输车辆等上下游物流设备设施标准化改造。应用全球统一编码标识（GS1），拓展标准托盘、周转箱（筐）信息承载功能，推动托盘条码与商品条码、箱码、物流单元代码关联衔接。鼓励发展带板运输，支持货运配送车辆尾板改造。探索构建开放式标准托盘、周转箱（筐）循环共用体系，支持托盘、周转箱（筐）回收网点、清洗中心、维修中心等配套设施建设。积极推荐标准化工作成绩突出的商贸物流企业及个人参与国家标准化工作有关表彰和激励。（商务部、交通运输部、住房城乡建设部、市场监管总局、邮政局按职责分工负责）

（八）推广应用现代信息技术

推动5G、大数据、物联网、人工智能等现代信息技术与商贸物流全场景融合应用，提升商贸物流全流程、全要素资源数字化水平。探索应用标准电子货单。支持传统商贸物流设施数字化、智能化升级改造，推广智能标签、自动导引车（AGV）、自动码垛机、智能分拣、感应货架等系统和装备，加快高端标准仓库、智能立体仓库建设。完善末端智能配送设施，推进自助提货柜、智能生鲜柜、智能快件箱（信包箱）等配送设施进社区。（商务部、交通运输部、住房城乡建设部、邮政局按职责分工负责）

（九）发展商贸物流新业态新模式

鼓励批发、零售、电商、餐饮、进出口等商贸服务企业与物流企业深化合作，优化业务流程和渠道管理，促进自营物流与第三方物流协调发展。推广共同配送、集中配送、统一配送、分时配送、夜间配送等集约化配送模式，完善前置仓配送、门店配送、即时配送、网订店取、自助提货等末端配送模式。支持家电、医药、汽车、大宗商品、再生资源回收等专业化物流发展。（商务部、交通运输部、邮政局按职责分工负责）

（十）提升供应链物流管理水平

鼓励商贸企业、物流企业通过签订中长期合同、股权投资等方式建立长期合作关系，将物流服务深度嵌入供应链体系，提升市场需求响应能力和供应链协同效率。引导传统商贸企业、物流企业拓展供应链一体化服务功能，向供应链服务企业转型。鼓励金融机构与商贸企业、物流企业加强信息共享，规范发展供应链存货、仓单、订单融资。（商务部、发展改革委、人民银行、银保监会按职责分工负责）

（十一）加快推进冷链物流发展

加强冷链物流规划，布局建设一批国家骨干冷链物流基地，支持大型农产品批发市场、进出口口岸等建设改造冷冻冷藏仓储设施，推广应用移动冷库、恒温冷藏车、冷藏箱等新型冷链设施设备。改善末端冷链设施装备，提高城乡冷链设施网络覆盖水平。鼓励有条件的企业发展冷链物流智能监控与追溯平台，建立全程冷链配送系统。（发展改革委、商务部、交通运输部、供销合作总社按职责分工负责）

（十二）健全绿色物流体系

鼓励使用可循环利用环保包材，减少物流过程中的二次包装，推动货物包装和物流器具绿色化、减量化、可循环。大力推广节能和清洁能源运输工具与物流装备，引导物流配送企业使用新能源车辆或清洁能源车辆。发展绿色仓储，支持节能环保型仓储设施建设。加快构建新型再生资源回收体系，支持建设绿色分拣中心，提高再生资源收集、仓储、分拣、打包、加工能力，提升再生资源回收网络化、专业化、信息化发展水平。（商务部、发展改革委、交通运输部、邮政局按职责分工负责）

（十三）保障国际物流畅通

支持优势企业参与国际物流基础设施投资和国际道路运输合作，畅通国际物流通道。推动商贸物流型境外经贸合作区建设，打造国际物流网络支点。引导和支持骨干商贸企业、跨境电商平台、跨境物流企业等高质量推进海外仓、海外物流中心建设，完善全球营销和物流服务网络。积极培育有国际竞争力的航运企业，持续增强航运自主可控能力。（商务部、发展改革委、交通运输部、国资委按职责分工负责）

（十四）推进跨境通关便利化

深入推进口岸通关一体化改革，巩固压缩整体通关时间成效。全面推进“两步申报”“提前申报”等便利化措施，提高通关效率。推进经认证的经营者（AEO）国际互认合作，鼓励符合条件的企业向注册地海关申请成为AEO企业。（海关总署、商务部、交通运输部按职责分工负责）

（十五）培育商贸物流骨干企业

支持和鼓励符合条件的商贸企业、物流企业通过兼并重组、上市融资、联盟合作等方式优化整合资源、扩大业务规模，开展技术创新和商业模式创新。在连锁商超、城乡配送、综合物流、国际货运代理、供应链服务、冷链物流等领域培育一批核心竞争力强、服务水平高、有品牌影响力的商贸物流骨干企业。（商务部、发展改革委、交通运输部、国资委、证监会按职责分工负责）

三、保障措施

（十六）构建良好营商环境

深化物流领域“放管服”改革，全面推行运输领域资质证照电子化、线上签注。全面推广高速公路差异化收费，坚决整治违规设置妨碍货车通行的道路限高限宽设施和检查卡点，深入整治交通运输执法领域乱收费、滥罚款等问题。改善城市配送货车通行和停靠条件，落实配送货车通行差异化管理措施，综合解决配送货车“通行难、停靠难、装卸难”等问题。（交通运输部、公安部、住房城乡建设部、商务部按职责分工负责）

（十七）加大政策支持力度

完善物流设施用地规划，促进城市物流规划与国土空间规划相衔接，保障商贸物流基础设施用地需求。鼓励地方政府合理设置物流用地绩效考核指标，多渠道整合盘活存量土地资源用于商贸物流设施建设。鼓励有条件的地方政府加大财政支持力度，引导社会资金投入商贸物流高质量发展项目建设。引导银行业金融机构规范发展供应链金融、普惠金融，加大对中小微商贸物流企业的信贷支持。（自然资源部、财政部、人民银行、银保监会按职责分工负责）

（十八）完善重点企业联系制度

建立商贸物流重点联系企业名单，加强与重点企业日常工作联系，实施动态管理。支持名单内企业参与供应链创新与应用、物流标准化等商贸物流相关试点示范工作。鼓励银行业金融机构在风险可控的基础上，按照市场化、商业可持续原则，提高对名单内企业的金融服务效率。（商务部、人民银行、银保监会按职责分工负责）

（十九）发挥行业组织作用

支持批发、零售、仓储、运输、物流、供应链管理、国际货运代理等行业协会加强自身建设，完善政府购买行业协会服务制度，充分发挥有关行业协会在行业统计监测、标准拟定与宣传贯彻、课题研究、咨询服务、资质认证、人才培训等方面积极作用，引导行业健康发展。支持行业协会围绕商贸物流高质量发展组织召开举办全国性、区域性的会议、展会及论坛。（各有关部门按职责分工负责）

（二十）加强商贸物流行业统计

完善社会物流统计报表制度，研究建立物流重点行业统计分类标准，加强商贸物流领域统计分析。完善地方商贸物流统计监测制度，依托重点行业协会和重点联系企业，加强商贸物流运行监测及信息发布工作。（发展改革委、商务部、统计局、中国物流与采购联合会按职责分工负责）

各地区、各有关部门要坚持以习近平新时代中国特色社会主义思想为指导，坚决贯彻党中央、国务院决策部署，充分认识提升商贸物流现代化水平、加快建设现代流通体系的重大意义，注重加强与国家出台各项物流政策措施衔接配套落实，扎实推进专项行动，加大政策支持力度，持续优化商贸物流发展环境，推动各项政策措施落地见效。

各省级商务主管部门要加强组织协调，结合本地实际情况，会同相关部门研究制定商贸物流高质量发展专项行动工作方案，确定重点任务和落实举措，提出可量化、可考核的工作目标，制定工作台账。同时，要加强和改进对本地商贸物流重点企业的联系沟通与服务，并推荐一批企业作为商务部重点联系的商贸物流企业。工作台账（模板见附件1）和重点联系企业推荐表（附件2）请于8月31日前报商务部（流通业发展司）。工作进展实行半年报制度，上半年和全年结束15天内分别将半年和全年工作进展报商务部（流通业发展司）。对工作推进过程中的阶段性成效和好经验好做法，及时总结并报商务部（流通业发展司）。

联系方式：

商务部流通业发展司

电 话：010－85093754 85093757

传 真：010－85093788

邮 箱：wudonghui@ mofcom. gov. cn

zhouyilt@ mofcom. gov. cn

附件 1

商贸物流高质量发展专项行动工作台账（模板）

重点任务	落实举措	预期目标	完成时限	工作进展
1. 优化商贸物流网络布局	（1）推动新建或升级改造一批综合物流园区、配送（分拨）中心、末端配送网点	物流园区、配送（分拨）中心、末端配送网点各达到 ____ 个、____ 个、____个。	2025 年底	
	（2）…			
2. 提升商贸物流标准化水平	（1）推广应用标准托盘（1200mm × 1000mm）、标准物流周转箱（筐）	标准托盘约有____万片，标准物流周转箱（筐）约有____万个，使用标准物流载具的商贸物流企业比率达到____%。	2025 年底	
	（2）…			
…				
…				

注：各省级商务主管部门结合行动计划主要任务和本地实际情况，提出落实举措、预期目标和完成时限。

附件 2

重点联系商贸物流企业推荐表

注：各省（区、市）推荐的重点联系商贸物流企业不少于 10 家。

<table>
<tr><td colspan="4">一、企业基本信息</td></tr>
<tr><td colspan="2">统一社会信用代码：
尚未领取统一社会信用代码的填写原组织机构代码：
□□□□□□□□□ - □</td><td>单位详细名称</td><td></td></tr>
<tr><td>企业主要负责人</td><td></td><td>电话</td><td></td></tr>
<tr><td>法人代表</td><td></td><td>注册资本（金）</td><td>万元人民币</td></tr>
<tr><td>注册地址</td><td colspan="3"></td></tr>
<tr><td>登记注册类型</td><td colspan="3">□国有□民营□外资□其他</td></tr>
</table>

续　表

<table>
<tr><td>企业主要业态
（可多选）</td><td colspan="3">□商贸流通企业（有自营物流的）：
□便利店　□超市　□购物中心　□仓储会员店　□批发企业　□餐饮企业
□电子商务企业　□进出口企业（含跨境电商）　□再生资源回收企业
□其他
□第三方物流企业：
□综合物流　□城乡配送　□快递物流　□餐饮配送　□即时配送
□冷链物流　□快消品物流
□农产品物流　□医药物流　□汽车物流　□大宗商品物流　□其他
□物流辅助企业：
□物流园区　□供应链管理　□物流包装　□信息服务平台　□国际货运代理
□其他</td></tr>
<tr><td>主要业务</td><td colspan="3"></td></tr>
<tr><td>职工人数（人）</td><td></td><td>网点数量
（物流园区、配送中心、末端网点等）</td><td>______家物流园区 + ______家配送中心 + ______家末端配送网点</td></tr>
<tr><td>仓储面积
（平方米）</td><td></td><td>智能立体库面积
（平方米）</td><td></td></tr>
<tr><td>运输车辆（辆）</td><td></td><td>新能源或清洁能源运输车辆
（辆）</td><td></td></tr>
<tr><td>标准托盘数量
（自有/租赁）</td><td></td><td>标准物流周转箱（筐）数量（自有/租赁）</td><td></td></tr>
</table>

续　表

二、经营情况			
指标名称	计量单位	本期	去年同期
营业收入	万元		
物流费用	万元		
其中：保管费用（仓储、装卸搬运、加工包装、货物损耗等货物保管环节产生的费用）	万元		
运输费用（基础运费、杂费、代理费等货物运输环节产生的费用）	万元		
管理费用（物流管理产生的人员薪酬、办公支出、教育培训等费用）	万元		
物流费用率（物流费用/营业收入）	%		
配送总量	万吨		
库存周转次数（配送总量/平均库存量）	次/年		

安全生产有关情况：

企业在物流方面的主要困难和问题：

相关政策建议：

1.

2.

联系人：　　　　　　　　固定电话：　　　　　　　　手机：

商务部　中国银行关于支持冷链物流发展的通知

商流通函〔2021〕513号

各省、自治区、直辖市、计划单列市及新疆生产建设兵团商务主管部门，中国银行各一级分行、直属分行：

冷链物流对提升商贸物流专业化水平、保障食品农产品质量安全、促进居民消费升级意义重大。为深入贯彻党的十九届五中全会精神，落实党中央、国务院关于加快发展冷链物流决策部署，深化金融供给侧结构性改革，商务部与中国银行将加大对冷链物流的金融支持力度，补齐冷链物流发展短板，创新金融服务实体经济路径，推动商贸物流高质量发展。现就有关事项通知如下：

一、总体目标

按照“政府引导、市场运作、产融互促、银企互动”的基本原则。自印发通知之日起三年内，中国银行将提供1000亿元的专项融资额度支持冷链物流发展，重点完善冷链物流基础设施，大力发展食品、农产品冷链物流，优化冷链物流专业服务，提升冷链物流标准化、数字化、绿色化水平，构建从生产到消费、从田园到餐桌的全程冷链体系，助力实施乡村振兴战略，着力建设现代流通体系，培育新兴消费市场，服务构建新发展格局。

二、重点支持方向

（一）冷链物流基础设施设备建设

聚焦冷链物流“最先一公里”和“最后一公里”，支持三级冷链物流网络布局，在重要枢纽和物流节点建设或改造冷链物流园区、基地；建设区域性冷链物流集散、配送、分拨中心；建设末端冷链物流预冷、配送网点。支持建设或改造多温层、多功能现代化冷库，支持应用恒温冷藏车、保温箱等冷链设备，支持增设社区智能冷柜、冷链自动售卖机等自助设备。

（二）农产品冷链物流建设

支持构建从产地到销地的全程农产品冷链体系，在农产品产地建设冷链设施设备，提升农产品商品化处理能力；支持农产品批发市场老旧冷库改造升级，鼓励建设公共冷库、净菜加工车间等设施，支持国家骨干冷链物流基地和集散地低温配送中心建设流通型冷库、中央厨房等设施；围绕完善销地城市冷链物流体系，支持建设集仓储、分拣、包装、配送、半成品加工等功能于一体的销地冷链集配中心；面向城市终端消费支持连锁超市、农贸市场、菜市场、生鲜电商等完善城市冷链物流和配送设施。鼓励冷链物流企业建立共同配送联盟，开展多温区共同配送和定时冷链配送服务。

（三）专业品类冷链物流建设

根据肉类、乳品、水产品、速冻食品等主要冷链物流品类特点，支持建设或改造肉类低温加工、冷链仓储设施，完善冷鲜肉源头采购、运输、末端零售、监控追溯等链条冷链体系；支持建设奶源地生乳冷却、储运设备，完善低温液态奶全程冷链系统，加强社区低温液态奶自助冷柜等建设；支持建设水产品冷藏、速冻、低温暂养、就近加工等配套设施，支持鲜活水产品冷链运输配送体系建设；支持速冻食品生产、冷链集配中心建设，完善配送、销售、监测、追溯等体系。

（四）国际冷链物流建设

支持在口岸、边境地区等建设或改造冷冻冷藏仓储设施。支持骨干商贸企业、跨境电商平台、跨境物流企业等建设冷链海外仓、冷链物流分销中心，围绕肉类、蔬果、水产品等高品质境外冷链商品，发展航空冷链物流。

（五）冷链物流标准化、绿色化建设

支持使用标准托盘（1200mm×1000mm），加快冷藏箱、保温箱、冷藏车等与标准托盘的衔接，支持标准周转箱（筐）等在果蔬等物流配送过程中的应用。支持标准冷藏集装箱推广应用。支持对冷库进行节能改造，使用低能耗冷链装置；支持应用新能源冷藏车，以及绿色低碳高效制冷剂和保温耗材。

（六）冷链物流数字化、智能化改造

支持应用全球统一编码标识（GS1）、无线射频（RFID）、智能标签、电子温度传感器、车辆定位跟踪等技术和设备，建设全程温度自动监测控制系统、冷链物流智能监控平台；支持与“全国冷链流通公共信息服务平台”对接，进行冷链设施设备数字认证，应用冷链流通“信息码”“零售码”，建立集“产品防伪、源产地溯源、过程追溯”为一体的全程冷链追溯体系；支持对冷库进行智能化改造，应用自动导引车（AGV）、自动码垛机、感应货架等技术装备。

三、组织实施

（一）加强工作对接

商务部、中国银行按照《关于建立合作机制的协议》加强工作对接，充分发挥商务部组织协调优势和中国银行国际化、综合化经营优势，共同研究金融支持冷链物流方向和政策。各地商务主管部门与中国银行各分行开展相应对接，做好政策和行业信息分析、沟通，结合当地实际，提出创新性政策和金融支持思路、举措。

（二）组织项目推荐

各地商务主管部门根据冷链物流相关规划和金融支持方向，建立金融支持冷链物流发展重点项目库，定期向商务部推荐资金需求大（3000 万元以上）、预期成效明显的重大优质项目；对于其他常规性项目可自主对接当地分行予以支持。请各地在 2021 年 10 月底前，将第一批冷链物流金融需求重点项目（附件 1）报送商务部（流通业发展司）。此后，每季度结束后 15 日内报送新一批重点项目。

（三）推动项目落地

商务部汇总收集各地推荐项目并提供中国银行总行，中国银行总行组织、指导、协助相关分行跟进具体项目金融需求。各相关分行与地方商务主管部门、项目实施单位做好沟通衔接，按照独立审贷原则，自主负责对项目主体、建设内容、规模、可行性研究报告、资本金、市场分析和信用结构等进一步评审，确定拟支持项目，推动项目落地。

（四）创新金融支持

中国银行各分行应按照金融服务方案（附件 2），积极探索金融产品和服务，分类解决不同规模、性质的企业金融服务需求，对于确定的重大项目，各分行应按照“优先受理、优先尽责、优先审批”原则加快内部审批时效；同等条件下在贷款规模分配方面予以倾斜并给予利率优惠；如重大项目符合“乡村振兴”或“绿色发展”等方向，将享受贷款利率白名单政策（具体优惠措施以中国银行总行最新政策为准）。

（五）跟踪项目进展

各地商务主管部门要加强与中国银行各分行协同配合，协调推动解决项目执行过程中存在的问题和困难。商务部将会同中国银行，及时了解各地在项目推进过程中产生的产融结合新经验新业态新模式，详细评估项目预期目标完成情况和经济、社会效益，打造全周期重点项目库，为冷链物流发展提供完整全面的数据、案例支撑，推动形成冷链物流发展的机制性安排。

（六）做好宣传总结

各地商务主管部门、各分行要密切工作配合，综合利用政策解读、媒体宣传、平台发布等方式，做好金融支持冷链物流相关工作的宣传推广，进一步扩大金融支持政策覆盖范围。要加强收集金融支持冷链物流的优秀案例和先进经验，注重复制典型模式。要加强工作总结，每年12月15日前将有关建设项目进展情况、经验做法、存在问题及有关建议等分别报商务部（流通业发展司）和中国银行（总行公司金融部），重大项目、重要情况和进展及时报送。

联系方式：

商务部流通业发展司　武冬辉

电话：010—85093754

中国银行总行公司金融部　韩槊

电话：010—66591791

附件：

1. 冷链物流金融需求重点项目推荐表（略）
2. 中国银行支持冷链物流体系建设金融服务方案（略）

交通运输部　国家铁路局　中国民用航空局　国家邮政局 中国国家铁路集团有限公司关于加快推进冷链物流运输高质量发展的实施意见

交运发〔2022〕49号

各省、自治区、直辖市、新疆生产建设兵团交通运输厅（局、委）、邮政管理局，各地区铁路监督管理局，各民航地区管理局，各铁路局集团公司：

为深入贯彻党中央、国务院决策部署，认真落实《“十四五”冷链物流发展规划》，进一步推动冷链物流运输（以下简称冷链运输）高质量发展，更好满足人民日益增长的美好生活需要，服务加快构建新发展格局，提出如下意见。

一、总体要求

以习近平新时代中国特色社会主义思想为指导，全面贯彻落实党的十九大和十九届历次全会精神，完整、准确、全面贯彻新发展理念，以推动冷链物流高质量发展为主题，以深化供给侧结构性改革为主线，以改革创新为根本动力，以满足人民日益增长的美好生活需要为根本目的，着力完善冷链运输基础设施，提升技术装备水平，创新运输服务模式，健全冷链运输监管体系，推进冷链运输畅通高效、智慧便捷、安全规范发展，为保障食品流通安全、减少食品流通环节浪费、推动消费升级和培育新增长点、构建新发展格局提供有力支撑。

二、加快完善基础设施网络

（一）优化枢纽港站冷链设施布局

结合国家冷链物流骨干通道网络建设，依托农产品优势产区、重要集散地和主要销区所在地货运枢纽、主要港口、铁路物流基地、枢纽机场，统筹冷链物流基础设施规划布局，推动铁路专用线进入物流园区、港口码头，完善干支衔接、区域分拨、仓储配送等冷链运输服务功能，提升冷链运输支撑保障能力。

（二）完善产销冷链运输设施网络

支持有条件的县级物流中心和乡镇运输服务站拓展冷链物流服务功能，为农产品产地预冷、冷藏保鲜、移动仓储、低温分拣等设施设备提供运营场所，改善农产品产地“最初一公里”冷链物流设施条件。依托城市绿色货运配送示范工程，在冷链产品消费和中转规模较大的城市，推进建设销地冷链集配中心，研究设置冷链配送车辆卸货临时停车位，推动出台冷链配送车辆便利通行政策，提升城市冷链配送服务质量。鼓励生鲜电商、寄递物流企业加大城市冷链前置仓等“最后一公里”设施建设力度，在社区、商业楼宇等设置智能冷链自提柜等，提升便民服务水平。

三、推动技术装备创新升级

（三）推进冷链运输工具专业化发展

加强冷链运输车辆技术管理，冷链运输车辆应当按规定配备符合标准要求的制冷和温度监测设备，并保持功能良好。强化冷链运输车辆相关标准引导作用，推广应用多温层、新能源冷链运输车辆，支持城市冷链配送车辆安装使用尾板。加快铁路机械冷藏车更新升级，加大货车轴端发电、机车供电、电网取电等技术攻关力度，研发和制造适应小批量、多批次、高时效运输需求的铁路冷藏车型。

（四）促进冷链运载单元标准化发展

推广应用标准化周转箱、托盘、笼车等运载单元以及冷藏集装箱、蓄冷箱、保温箱等单元化冷链载器具，提高带板运输比例。鼓励企业研发应用适合果蔬等农产品的单元化包装，推动冷链运输全程“不倒托”“不拆箱”，减少运输环节损耗。加强冷藏集装箱检验检测，大力发展国际海运标准冷藏集装箱，推动和规范海运冷藏集装箱在道路运输等其他运输方式中的使用。

（五）推广应用智能化温控设施设备

加强温湿度监测设备、卫星定位装置、视频监控设备、电子围栏等在冷链运输车辆、保温箱、集装箱的推广应用，鼓励企业建立完善冷链运输温度监测管理信息系统，实现对冷链运输过程的温湿度实时监测、自动调节、远程控制等，促进冷链运输上下游企业温控信息共享，提升冷链运输过程智能温控管理水平。开展基于区块链和物联网的冷藏集装箱港航服务提升行动，鼓励重点海运企业安装配备冷藏集装箱物联网设备，实现海运企业、代理企业、货主等各方对冷藏集装箱实时跟踪、智能温控、全程可溯。

四、创新运输组织服务模式

（六）创新冷链运输组织模式

依托多式联运示范工程，积极推进冷链物流多式联运发展。鼓励铁路企业开行冷链班列，推动冷链班列与冷链海运直达快线无缝衔接，积极发展“海运＋冷链班列”海铁联运新模式。推动冷链陆空联运发展，支持发展冷鲜航班和冷链卡车航班网络，探索机场异地货站模式，提升一体化组织服务能力。大力发展面向高端生鲜食品、医药产品的航空冷链物流，支持口岸机场建设具有国际货运、冷链仓储、报关、检验检测检疫等功能的航空货运冷链物流服务通道，提升航空冷链运输效率。

（七）培育冷链运输骨干企业

组织开展冷链运输服务品牌宣传推广工作，宣传推广服务优质、组织高效、安全规范的冷链运输服务模式，打造一批知名冷链运输服务品牌。引导冷链运输企业加强与果蔬、水产、肉类等生产加工企业的联盟合作，积极发展公路冷链专线、多温区共同配送、“生鲜电商＋冷链宅配”、“中央厨房＋食材冷链配送”、“水产品深加工＋冷链运输”等新模式。支持冷链物流企业建设网络货运平台，优化整合产品、冷库、冷链运输车辆等资源，培育龙头冷链物流企业，提升市场集中度。

（八）增强跨境冷链物流服务能力

支持国际物流企业通过合资合作、自建网络、兼并收购等方式，延伸境外地面服务网络，提升跨境冷链物流全程组织能力，培育一批具有较强国际竞争力的现代冷链物流企业。推进国际物流企业与跨境电商平台战略合作，充分发挥海运在跨境冷链物流服务中的优势作用，促进供应链上下游企业协同发展。提升中欧班列集结中心冷链物流服务水平，畅通亚欧陆路冷链物流通道。扩展西部陆海新通道等海铁联运、国际铁路联运、国际道路冷链物流业务。

五、健全完善运输监管体系

（九）建立健全法规标准体系

研究制定道路冷链运输管理规定，健全完善冷链运输监管体系。规范道路冷链运输车辆及从业人员管理，加强食品安全、温控管理等专业知识和技能培训。研究完善冷链物流细分领域运输服务标准规范，加大宣贯力度，提升标准规范应用水平。借鉴国际先进冷链运输行业管理标准和经验，积极参与、倡导国际冷链运输标准制定。

（十）提升数字化监管能力

以进口冷链食品为重点，研究建立道路冷链运输追溯管理制度，依托现有信息系统健全完善道路冷链运输信息追溯管理功能，实现冷链运输车辆、驾驶员、货物、温湿度以及流向信息的动态采集，强化冷链运输过程跟踪监测。依托国家综合交通运输信息平台，与全国进口冷链食品追溯管理平台实现系统对接和信息共享，推动跨部门协同联动，实现冷链物流源头可溯、过程可控、去向可查。

（十一）强化运行监测与统计分析

加强冷链运输市场动态运行监测，定期发布冷链设施、运力装备、运价水平等信息，引导资源合理配置。支持第三方机构开展冷链运输企业服务质量评价，探索建立企业服务质量与行业管理联动工作机制，将评价结果纳入信用体系，引导市场公平竞争、规范发展。建立健全冷链运输统计机制与指标体系，建立涵盖经营业户、冷链设施、运输工具、从业人员等基础数据库。

六、强化政策支持保障

（十二）强化政策支持

利用现有资金渠道和政策，对具有冷链物流功能的综合货运枢纽给予补助。继续严格执行鲜活农产品运输“绿色通道”政策，对整车合法装载运输全国统一的《鲜活农产品品种目录》内产品的车辆，免收车辆通行费。鼓励鲜活农产品车辆通过安装使用 ETC 和预约通行，进一步提升通行效率。

（十三）加强行业自律

鼓励冷链物流相关行业协会发挥桥梁纽带作用，及时向有关政府部门反馈行业发展共性问题，积极开展冷链物流法规标准、冷链知识的宣传普及，推动行业自律、规范发展、诚信经营。支持行业协会统筹冷链物流不同领域、不同环节市场主体需求，推动冷链物流上下游企业产销对接、供需对接，提高行业发展质量。

（十四）注重人才培养

充分发挥职业院校作用，鼓励支持职业院校开展冷链物流相关专业人才培养，优化专业和课程设置，积极创新校企合作、工学结合等人才培养模式。充分发挥企业人才培养的主体作用，搭建创新开放的人才发展平台和培训基地，强化从业人员继续教育和专业技术技能培训，为冷链物流发展提供高素质人才。

交通运输部　国家铁路局　中国民用航空局

国家邮政局　中国国家铁路集团有限公司

2022 年 4 月 7 日

广东省物流业主要政策文件

广东省人民政府办公厅印发关于促进农村消费提质升级若干政策措施的通知

粤府办〔2021〕42号

各地级以上市人民政府，省政府各部门、各直属机构：

《关于促进农村消费提质升级的若干政策措施》已经省人民政府同意，现印发给你们，请认真组织实施。实施过程中遇到的问题，请径向省农业农村厅反映。

广东省人民政府办公厅

2021年11月10日

关于促进农村消费提质升级的若干政策措施

为筑牢新发展格局战略基点，促进我省农村消费提质升级，持续释放农村发展活力和内需潜力，改善农村居民生产生活条件，切实增强广大农民获得感、幸福感，制定以下政策措施。

一、指导思想

以习近平新时代中国特色社会主义思想为指导，全面贯彻党的十九大和十九届二中、三中、四中、五中、六中全会精神，深入贯彻习近平总书记对广东系列重要讲话和重要指示批示精神，以推动高质量发展为主题，以供给侧结构性改革为主线，把扩大农村消费需求与提升农村消费能力有机结合起来，充分挖掘广东农村巨大内需潜力，统筹谋划农村投资、消费与农民增收，在前一阶段开展汽车、家电等下乡的基础上，创新实施激励政策措施，聚焦农房外立面改造、乡村民宿提升、田头智慧小站建设、农贸市场升级改造等方面，发挥农民主体作用，调动各类市场主体、社会各界参与，多措并举促进农村消费提质升级，不断增强对经济增长的拉动效应，为全面实施乡村振兴战略提供有力支撑。

二、推进农房外立面改造消费

1. 以全省重要高铁、高速公路、省际边界沿线村庄和旅游风景区周边村庄以及圩镇等为重点，全域推进村庄农房外立面改造，连线连片提升乡村风貌带所在圩镇、村庄农房建筑风貌，推动全省农村建筑整体风貌明显改善。尊重农民主体地位，激发农村群众改善提升居住品质积极性，带动适合农村的新型建材、家具、家电等耐用消费品生产销售，充分释放农村住房家居投资消费潜力。（省农业农村厅、住房城乡建设厅、商务厅、乡村振兴局按职责分工负责，各地级以上市人民政府落实）

2. 鼓励支持市县统筹用好地方政府债券、涉农资金、乡村振兴驻镇帮镇扶村资金、土地出让收入等，对农房外立面改造予以奖补、补贴或贷款贴息。（省财政厅、农业农村厅、乡村振兴局等按职责分工负责，各地级以上市人民政府落实）

3. 各类市场主体、社会组织参与连线连片农房外立面改造，按规定落实小微企业税收减免、小规模纳税人免征增值税等政策，对符合条件的公益性捐赠支出可以税前扣除。（省税务局负责）

三、支持乡村民宿提升消费

4. 依托特色精品村、历史文化名村、渔港渔村以及美丽乡村示范带、乡村休闲旅游精品线路等，推进乡村民宿特色化、集群化、规范化、品牌化发展，打造高品质乡村民宿，培育一批管理规范、手续完善、特色鲜明的乡村示范民宿，促进乡村农文旅融合发展，释放美丽经济动能。（省文化和旅游厅、农业农村厅、乡村振兴局等按职责分工负责，各地级以上市人民政府落实）

5. 用好用足现有乡村振兴用地保障政策，涉农市县各级应安排不少于 10% 的计划指标用于保障乡村振兴新增建设用地需求，并优先保障乡村民宿、乡村旅游项目。鼓励和支持对农村闲置宅基地、农房、村集体仓库、学校、文化场所等，通过挖潜盘活、依法流转，为乡村民宿招商提供必要土地。（省自然资源厅、文化和旅游厅等按职责分工负责，各地级以上市人民政府落实）

6. 支持银行保险机构因地制宜推广“美丽乡村风貌贷”“村居贷”“民宿贷”等信贷产品，探索乡村民宿安全保险。（人民银行广州分行、广东银保监局等按职责分工负责，各地级以上市人民政府落实）

7. 乡村民宿（包括农家乐、休闲农业）企业符合条件的，享受增值税小规模纳税人减免增值税、小型微利企业所得税优惠、个体工商户经营所得减半征收个人所得税等税收优惠政策。（省税务局负责）

8. 引导城市人群下乡消费，鼓励各级工会组织会员到乡村民宿开展职工疗休养活动并按规定报销相关费用。（省总工会负责）

四、鼓励田头智慧小站建设消费

9. 依托全省农产品仓储保鲜冷链物流骨干网，分阶段分步骤在全省重要农产品主产地建设推广集仓储保鲜、加工包装、直播电商等功能于一体的田头智慧小站，打造一批先行试点县。建立配套完善、布局合理、运行高效、可持续运营的农产品产地冷链物流体系，推进鲜活农产品重点县（市、区）田头智慧小站建设，解决农产品出村进城的保鲜储藏等“最初一公里”问题，提升农产品品质，促进农民增产增收。（省农业农村厅、供销社等按职责分工负责，各地级以上市人民政府落实）

10. 将符合设施农业用地规定的田头智慧小站及其辅助设施用地纳入设施农业用地管理，田头冷链快递物流设施符合规定的纳入点状供地范围统筹安排。（省自然资源厅等负责，各地级以上市人民政府落实）

11. 支持银行保险机构参与共建田头智慧小站，支持省级农业信贷担保机构为田头智慧小站提供融资担保业务。（人民银行广州分行，广东银保监局，省财政厅等按职责分工负责）

12. 将田头智慧小站建设纳入农机购置补贴范围，田头智慧小站移动冷链车纳入固定的冷藏保鲜设备补贴范围。（省农业农村厅、财政厅等按职责分工负责，各地级以上市人民政府落实）

五、推动农贸市场升级改造消费

13. 按照“设施达标、功能完善、运营规范”的思路，分级分类精准施策治理，推动已办理营业执照登记的农贸市场硬件设施改造和软件设施升级，培育一批优秀示范标杆农贸市场，全面优化农贸市场环境，提升经营管理服务水平，促进农产品销售，激发农村消费动力。科学规划农贸市场布局，明确不同区域农贸市场升级改造的建设规模和标准，鼓励有条件的地区加大投入力度。（省市场监管局、商务厅等按职责分工负责，各地级以上市人民政府落实）

14. 引导市县在用好用足现有各级财政资金基础上，通过申报政府债券项目、综合运用 PPP 等多种方式，支持农贸市场升级改造，统筹推进农产品批发市场、农产品公共配送中心建设改造。（省财政厅、市场监管局、农业农村厅等按职责分工负责，各地级以上市人民政府落实）

15. 支持利用集体经营性建设用地建设农贸市场。对列入农贸市场专项规划的新建农贸市场，优先保障土地供应。对列入农贸市场专项规划的现有老旧农贸市场，符合条件的可按照“三旧”改造政策处理用地问题。（省自然资源厅、市场监管局等按职责分工负责，各地级以上市人民政府落实）

16. 支持银行保险机构开发推出针对入驻农贸市场商户的信贷产品和服务。农贸市场（包括自有和承租）、农产品批发市场专门用于经营农产品的房产、土地，免征房产税、城镇土地使用税，蔬菜和部分鲜活肉蛋产品免征流通环节增值税。（人民银行广州分行、广东银保监局、省税务局等按职责分工负责）

六、加大支持保障力度

17. 充分发挥财政投入的引导作用，区分公益性、准公益性和经营性项目，探索贴息、补贴、设立风险池等多种方式，拓宽资金筹措渠道。加大涉农资金整合力度，允许县级在确保完成中央考核事项前提下，优化整合涉农资金用于促进农村消费提质升级。鼓励工商企业、外出乡贤等支持参与，引导“6·30”广东扶贫济困日、“10·17”国家扶贫日等活动筹集资金优先支持农村消费提质升级。（省财政厅、农业农村厅、乡村振兴局等按职责分工负责，各地级以上市人民政府落实）

18. 农村消费提质升级涉及的村庄建设项目，适用简易审批程序的实行简易审批。各地要结合实际优化项目审批流程，小型村庄建设项目可依法委托乡镇政府审批，提升综合审批效能。鼓励推广实施以工代赈方式，对于采取该方式的农业农村基础设施项目，按照招标投标法和村庄建设项目施行简易审批的有关要求，可以不进行招标。对依法可不进行招标的项目，要建立健全监督机制，加强项目建设管理，确保质量。（省发展改革委、住房城乡建设厅、农业农村厅、乡村振兴局等按职责分工负责，各地级以上市人民政府落实）

19. 各地在不形成地方政府隐性债务的前提下，可统筹涉农资金进行贴息、设立风险补偿资金池，支持农村消费提质升级。强化金融服务创新，严格管控风险，建立完善农村信贷担保机制，扩大农村有效担保物范围，满足促进农村消费的合理金融需求。（省财政厅、地方金融监管局，人民银行广州分行，广东银保监局，省农信联社，广东恒健投资控股有限公司等按职责分工负责，各地级以上市人民政府落实）

20. 优化农村营商环境和消费环境，加强农村和城乡接合部市场治理，严厉打击假冒伪劣产品和虚假广告宣传，建立健全农村消费维权机制，畅通投诉举报渠道。加强对农村消费相关政策的宣传和解读，普及消费知识，发布警示提示，引导和支持广大农民群众科学、理性、安全消费。（省市场监管局、农业农村厅、乡村振兴局等按职责分工负责，各地级以上市人民政府落实）

七、加强责任落实

21. 各地要高度重视农村消费提质升级工作，主要负责同志要亲自抓，分管负责同志具体抓，健全完善领导体制和工作机制。各地级以上市政府要加强督促指导，统筹推进本地促进农村消费提质升级工作，确保政策落实落地。各县（市、区）政府要履行主体责任，制定具体工作方案，负责促进农村消费提质升级政策落实、资金筹措和统筹使用、项目实施、进度安排等事项。（各地级以上市人民政府负责）

22. 省有关部门要坚持问题导向，根据职责分工，提高指导、服务和保障能力，强化促进农村消费提质升级的政策供给。要针对促进农村消费、扩大农村内需的困难和障碍，研究制定实施财政、金融、用地、用水、用电以及人才下乡、审批制度改革等领域的政策措施，实化量化细化工作任务，指导推动市县落实。各级农业农村部门要发挥牵头抓总作用，加强组织实施、综合协调和督促检查，推动相关部门资源下沉、政策衔接。（省有关部门按职责分工负责）

23. 将农村消费提质升级工作纳入省推进乡村振兴战略实绩考核范围，强化考核结果运用。省各牵头部门要加强日常监测调度，适时督导评估，根据工作成效予以表扬激励或批评约谈。（省委农办，省农业农村厅、文化和旅游厅、市场监管局、乡村振兴局等按职责分工负责）

农房外立面改造、田头智慧小站建设工作方案由省农业农村厅牵头印发，乡村民宿提升工作方案由省文化和旅游厅牵头印发，农贸市场升级改造工作方案由省市场监管局牵头印发。

广东省人民政府办公厅印发关于促进城市消费若干政策措施的通知

粤府办〔2021〕36号

各地级以上市人民政府，省政府各部门、各直属机构：

《关于促进城市消费的若干政策措施》已经省人民政府同意，现印发给你们，请认真组织实施。实施过程中遇到的问题，请径向省商务厅反映。

广东省人民政府办公厅

2021年10月23日

关于促进城市消费的若干政策措施

为落实全省贸易高质量发展大会精神，推进粤港澳大湾区国际消费枢纽建设，加快培育完整内需体系，进一步优化消费供给，释放消费潜力，增强消费动能，提振消费信心，全面促进消费，制定以下政策措施。

一、壮大市场主体

1. 积极培育优质零售、电商平台、品牌运营企业和邮政快递龙头企业，设立全球总部、地区总部、功能型总部、采购中心、结算中心、航空快递货运枢纽、大型快件分拨中心、独立核算子公司达到一定规模的，按新增零售额的一定比例给予奖励。对纳入国家重大项目清单的项目或纳入省级人民政府重大项目清单的单独选址产业项目由国家土地利用计划指标保障。鼓励各地制定支持措施。（省商务厅、财政厅、自然资源厅，省邮政管理局，各地级以上市人民政府按职责分工负责）

2. 各地要鼓励品牌经营店铺转为企业法人，企业所在市有条件的，可给予一定支持。鼓励公有物业管理单位采取市场评估价等方式对公有物业租金适时调整，减轻市场主体租金压力。（各地级以上市人民政府，省国资委按职责分工负责）

3. 鼓励餐饮个体工商户转为企业，食品经营等许可事项未发生变化的，监管部门应当做好服务，引导市场主体及时做好许可变更事宜，对未能及时变更的，应按包容审慎原则进行处理。监管部门按变更后商事主体名称和统一社会信用代码便利办理许可证变更手续。（省市场监管局等负责）

二、鼓励连锁经营

4. 经评审认定符合条件且已取得食品经营许可的连锁企业设立直营门店，探索推行“申请人承诺制”，具体操作细则由省市场监管局另行制订。（省市场监管局负责）

5. 推进城市一刻钟便民生活圈建设，鼓励大型连锁企业拓展社区市场，零售、餐饮连锁企业直营门店达到一定规模的，给予相关宣传发布。（省商务厅负责）

6. 在对货运车辆施行市区通行管控的城市，允许符合条件要求的连锁商超按需申领并按规定使用城市配送专用标识，为其提供配送服务的车辆可在禁行时段、禁行路段通行和临时停靠点上卸货物，保障民生商品配送车辆优先便利通行。鼓励使用新能源车配送。具体操作细则由各地另行制订。（各地级以上市人民政府，省交通运输厅、公安厅、商务厅按职责分工负责）

三、提升商圈消费

7. 在国土空间规划中统筹优化区域内商业空间格局，结合当地实际将商业用地需求纳入当地年度国有建设用地供应计划，保障商业配套用地。对涉及民生的农产品批发市场、中央大厨房、分拨中心、配送中心、邮政快递以及消费集聚区停车场所、社区商业服务设施等商业配套基础设施，各地要优先安排用地指标。（各地级以上市人民政府，省自然资源厅、商务厅按职责分工负责）

8. 各地结合实际打造一批餐饮集聚区、老字号集聚区、夜间消费集聚区、高速公路服务区消费集聚区，支持符合条件的地区创建国家级夜间文化和旅游消费集聚区，优化供给提升质量，活跃特色商业和市场。（各地级以上市人民政府，省商务厅、交通运输厅、文化和旅游厅按职责分工负责）

9. 加快推动广州北京路二期、深圳东门步行街改造提升，评选认定一批省级示范特色步行街（商圈），鼓励各地培育一批重点步行街（商圈）。各地加强对步行街（商圈）的整体规划、软硬件设施改造、市政配套、运营管理和宣传促销，并给予政策支持。在街区 1 公里半径内，加快规划建设旅游车辆停车场所、景观绿化、灯光照明、电信设施、公共卫生间、公共交通环线等市政配套设施，解决违建等历史遗留问题，优化街区环境，提高商业质量，打造智慧街区，增强文化底蕴，规范管理运营，推动差异化、品质化、多元化发展。对确定为全国示范步行街、省级示范特色步行街（商圈）的，省财政对所在县（市、区）政府给予一次性支持。（省商务厅、财政厅、自然资源厅、住房城乡建设厅、文化和旅游厅，各地级以上市人民政府按职责分工负责）

四、扩大汽车消费

10. 逐步放宽广州、深圳汽车上牌指标限制，释放消费需求。大力推广节能车、新能源车使用，2021—2022 年，广州市配置节能小汽车增量指标增加至 8 万个；深圳市

进一步放宽新能源小汽车指标申请条件，取消社保条件等限制，促进新能源小汽车销售。（广州、深圳市人民政府负责）

11. 完善汽车销售网点布局，鼓励新能源汽车、高端进口汽车网点进入核心商圈布点，引导汽车生产经营企业下沉县域等三、四线城市市场。加快构建城乡一体化的汽车销售和售后服务网络，探索汽车超市、线上购车模式，拓展维修、改装市场，培育汽车后市场消费。鼓励汽车服务商与经销商合作，积极探索住行一体化消费模式，打造集餐饮、购物、住宿、休闲、文旅等延伸服务为一体的汽车驿站，培育汽车文旅消费。（省商务厅、发展改革委、工业和信息化厅、交通运输厅、文化和旅游厅，各地级以上市人民政府按职责分工负责）

五、激活餐饮消费

12. 统筹疫情防控和餐饮业发展，加强分区分级精细化管理，低风险地区原则上不限制餐饮堂食；中风险地区根据疫情防控需要暂停大厅堂食的，大力推广自提、外卖、无接触配送方式。鼓励各地帮助餐饮业市场主体购买停业险。（各地级以上市人民政府，省商务厅、卫生健康委、市场监管局、疾控中心按职责分工负责）

13. 各地支持餐饮商户有效延长营业时长，加大夜间消费保障力度，完善夜间交通线路，经公安、城市管理等部门评估后，放开夜间非高峰期占道停车，对商圈、商业街、餐饮集聚区试点夜间分时段步行，增加餐位供应，打造具有“烟火气”的消费氛围。（各地级以上市人民政府，省公安厅、住房城乡建设厅按职责分工负责）

14. 鼓励企业自建集点餐、优惠派送、资讯发布、结账于一体的消费平台、配送平台，推动数字化营销，实现线上线下融合发展，打造与文化旅游跨界融合的情景式餐饮消费新体验。搭建餐饮产业促进平台和综合服务平台，推动农业生产、食品加工、厨房设备、旅游休闲、健康养生、冷链物流等产业与餐饮业联动发展，促进餐饮业采购和服务水平提升。（省商务厅、交通运输厅、农业农村厅、文化和旅游厅、卫生健康委，各地级以上市人民政府按职责分工负责）

六、促进时尚消费

15. 拓展消费新供给。加快培育本土品牌，实施增品种、提品质、创品牌“三品”战略。推动老字号品牌“进机场”“进高铁”“进服务区”“进社区”“进免税店”“进展会”，支持老字号企业做精做强，提升老字号品牌影响力。大力发展时尚创意、绿色智能消费，积极推动参展进博会、服贸会、广交会、中博会、消博会、加博会等展会的优质企业、项目、产品在步行街（商圈）展示或落地，多渠道扩大优质商品和服务消费。积极引进国内外优质品牌企业在珠三角地区开设高端旗舰店、概念店、体验店，增强全球知名消费品牌集聚度。（省工业和信息化厅、交通运输厅、商务厅按职责分工负责）

16. 引领消费新潮流。大力发展首店经济、首发经济，有条件的市要出台相关支持政策，加快推动相关市场主体引进首店，推动国际国内品牌举办新品首发、首秀活动，全力打造一批新品集聚地、地标性载体。（各地级以上市人民政府，省商务厅按职责分工负责）

17. 塑造消费新场景。推动传统购物中心、百货店、家居市场等向体验、时尚、社交综合场景转型，加快调整业态结构，创新经营机制，拓展车展、家装、旅游等跨行业服务功能，打造商文旅体、吃住行娱跨界融合的消费场景。鼓励电商平台企业与各地产业集群、专业镇、生产企业加强合作，引导生产企业通过直播电商、社交电商等新模式进行营销推广，帮助生产企业通过网络营销提升品牌运营能力。（省商务厅、工业和信息化厅、文化和旅游厅、体育局，各地级以上市人民政府按职责分工负责）

七、加强文旅消费

18. 加强文旅平台建设。推进国家文化和旅游消费示范城市、区域文化和旅游消费中心城市建设，大力发展粤式夜间文化和旅游经济，引导各地开展“粤夜粤美”夜间文化和旅游消费主题活动，推动博物馆、美术馆延长开放时间，丰富夜间演出市场，鼓励有条件的旅游景区开展夜间游览服务，优化文化和旅游场所的夜间餐饮、购物、演艺服务，实现强强结合。（省文化和旅游厅，各地级以上市人民政府按职责分工负责）

19. 加大文旅消费促销。开展“广东人游广东”活动，举办广东文化和旅游消费季，鼓励酒店、民宿、旅行社、景区、文娱企业等开展各种促销活动。（省文化和旅游厅，各地级以上市人民政府按职责分工负责）

20. 促进商旅文体融合。鼓励旅行社将商圈、商业街纳入旅游线路规划，联合演艺票务与周边商场、酒店产品开展针对性推广营销，联手打造资源共享、更具影响力的“游购广东”主题线路、产品。鼓励各地结合当地资源推出特色鲜明的健身休闲产品和服务，打造“南粤古驿道定向大赛”等系列精品赛事，带动体育企业策划举办活动和赛事，支持各地打造或承办品牌赛事。（省文化和旅游厅、商务厅、体育局，各地级以上市人民政府按职责分工负责）

八、优化消费环境

21. 优化户外活动审批手续。鼓励在商圈、商业街举办促销、宣传、推广等活动，预计参加人数达到1000人以上的大型群众性活动，在落实疫情防控措施的前提下，建立健全当地公安机关牵头，城市管理、卫生健康等部门协同配合的快速审批制度，实施主题商贸活动安全许可“一门受理”“一次办理”“一网通办”。（各地级以上市人民政府，省公安厅、住房城乡建设厅、卫生健康委按职责分工负责）

22. 鼓励餐饮和零售业促消费。按分区分级精细化管理要求，低风险地区原则上不限制促销活动举办。最大限度放开餐饮和零售业夜间、闲时外摆管制。（各地级以上市人民政府，省公安厅、住房城乡建设厅、卫生健康委按职责分工负责）

23. 大力培育国际消费中心城市、区域消费中心城市，充分调动各地积极性，鼓励各地结合实际出台促进消费的奖补政策。对发展总部经济、平台经济、品牌经济、首店首发经济、免退税经济及绿色商场创建、商贸流通领军企业培育、步行街（商圈）建设、消费集聚区打造、消费促进活动举办等方面促进消费工作突出、成效显著的市，省级财政分级分档给予资金奖励。具体操作方案由省商务厅牵头另行制订。（省商务厅、财政厅按职责分工负责）

九、加强宣传促销

24. 积极打造消费节庆品牌活动。省市联动开展“4 + N”全省或全国性消费促进主题活动，重点推出春季汽车消费节、夏季“家520”购物节、秋季“食在广东”、冬季“123”买年货四季消费节和汽车、餐饮、家电、家居、服饰、美妆、玩具等行业促消费活动。各地联合行业商协会、企业，结合当地实际举办各类促消费活动，鼓励企业在活动期间开展优惠促销，城市管理等部门按包容审慎原则管理，各地协调商圈、商业街户内外大屏分时段向参加活动企业免费开放，增加企业曝光度，最大限度激发市场主体积极性。（省商务厅、住房城乡建设厅、文化和旅游厅，省委宣传部，各地级以上市人民政府按职责分工负责）

25. 拓展多元化促销渠道。积极开展线上促销，支持各地挖掘一批品牌好、品质好的优特产品，结合产业实际开展线上促消费活动，积极开展“双品网购节”“双十一”“双十二”“618”等线上促销活动，满足消费者多样化购物需求，提升消费者线上购物体验。举办出口转内销贸易促进活动，组织优质出口企业与线上线下采购商进行供采对接，支持和推动更多外贸企业扩大内销市场。（省商务厅、工业和信息化厅，各地级以上市人民政府按职责分工负责）

26. 支持跨界促销。视情在全省发放消费券。鼓励商贸、文化、旅游相关企业与金融机构、支付机构合作发放消费券，以二维码、小程序、APP、单张等形式汇集消费优惠券、消费促销活动信息，在机场、车站、码头、口岸、高速公路收费站/服务区等窗口宣传派发。绘制多语种电子旅游消费地图，标注零售、餐饮、娱乐、离境退税等各类消费门店、消费地标、消费集聚区、商圈、商业街，在省市各级文旅、商务官方网站、微信公众号持续发布。（省商务厅、财政厅、交通运输厅、文化和旅游厅、地方金融监管局，人民银行广州分行，各地级以上市人民政府按职责分工负责）

上述政策措施实施至2022年12月31日。各地、各有关部门落实情况于当年12月底前报送省商务厅，由省商务厅汇总报告省政府。

广东省人民政府办公厅关于以新业态新模式引领新型消费加快发展的实施意见

粤府办〔2021〕34号

各地级以上市人民政府，省政府各部门、各直属机构：

为深入贯彻落实《国务院办公厅关于以新业态新模式引领新型消费加快发展的意见》（国办发〔2020〕32号）要求，顺应消费升级趋势，培育壮大新型消费，经省人民政府同意，现结合我省实际提出如下实施意见。

一、推动线上线下消费有机融合

（一）培育壮大新型零售

拓展无接触式消费体验，鼓励办公楼宇、住宅小区、商业街区、旅游景区、高速公路服务区布局建设智慧超市、智慧商店、智慧餐厅、智慧驿站、智慧书店。开展便利店品牌化连锁化三年行动。指导地市和行业协会每年举办不少于50场线上线下深度融合的促销活动，并组织省相关电商平台及企业积极参与。（省工业和信息化厅、交通运输厅、商务厅、文化和旅游厅、政务服务数据管理局按职责分工负责）

（二）构建智慧餐饮新生态

推动餐饮公域+私域外卖融合发展，加快团体预约式外卖平台建设，逐步形成全域外卖生态。支持餐饮数字化接口开放标准与平台建设，培育智慧示范餐厅标杆企业。鼓励餐饮行业供应链共享平台建设，推动广东餐饮联合采购、央厨联盟、仓配共享、前置云仓等供应链信息化平台孵化，支持开展餐饮采购线下展览和线上交易，以“粤菜师傅”工程产业化发展为抓手，打通农餐对接渠道，建立订单农业机制。加快广东餐饮产业集约化发展，通过产业资源整合、智能科技赋能、文化创意孵化等措施，推动我省由餐饮消费大省向餐饮供应链产业大省转变。鼓励餐饮消费券多样化置换融资平台建设。鼓励建设粤菜博物馆，运用数字化、智能化方式弘扬粤菜文化。（省工业和信息化厅、人力资源社会保障厅、农业农村厅、商务厅、文化和旅游厅、政务服务数据管理局按职责分工负责）

（三）积极发展“互联网+医疗”

出台省互联网医疗服务监管平台接入管理办法，构建远程医疗服务体系，支持实体医疗机构从业医务人员在互联网医院和诊疗平台多点执业。出台电子处方流转指导性文件，支持医院、药品生产流通企业、药店和符合条件的第三方机构共同参与处方流转、药品物流配送。制定药品第三方现代物流标准，支持符合条件的药品三方物流企业从事药品三方物流业务，打通药品线上线下流通渠道。推动智慧医疗、智慧服务、智慧管理三位一体的智慧医院建设，构建线上线下一体化的现代医院服务模式。建立全省统一的医保数据管理标准，构建数据共享交换体系。支持医保定点机构实现医保线上支付，推进医保智能监管体系建设。研究探索利用互联网开展国际诊疗服务。（省卫生健康委、医保局、政务服务数据管理局、药监局按职责分工负责）

（四）深入发展“互联网+文化旅游”

制定全省公共数字文化建设三年计划，推动公共数字文化融合创新发展。推动网络文化产品内容和形式创新，鼓励支持国产原创网络动漫、音乐制作，增强优秀网络文化产品供给能力。加大公共文化消费扶持力度，鼓励公共场所引入电子图书馆、网络课堂、群众文艺、社区教育、非遗传习等公共文化服务。鼓励和引导A级旅游景区开展智慧化建设，支持有条件的单位积极运用5G、大数据、云计算、人工智能等新技术提供无接触式服务、智能导游导览等智慧化服务，完善分时预约、流量预警、科学分流等智慧化管理机制。（省文化和旅游厅牵头负责）

（五）有序发展“互联网+教育”

加快教育网络设施建设，推动数字校园、智慧校园和智慧课室发展，形成开放协同的现代化校园生态。建设完善“粤教翔云”教育资源公共服务平台，实现省、市、县（市、区）教育资源互联互通。利用大数据、云计算、人工智能、区块链、5G通信等新技术加强课程质量监测，推进互联网环境下的课程和教学改革。（省教育厅牵头负责）

（六）大力发展“互联网+体育”

支持举办国内首个2B+2C的线上赛事活动“湾区运动汇”。鼓励体育企业利用大数据、云计算、人工智能、5G、区块链等新技术，发展数字体育、在线健身、线上培训等新业态。依托我省现有体育电视频道、新媒体、平面媒体和省体育总会资源，对接国际体育单项协会，争取国际知名赛事转播权在广东落地，打造具有影响力的体育传媒品牌。加快发展体育动漫、体育游戏、电子竞技、运动在线指导等体育新兴产业，重点培育一批体育与文化融合发展的骨干企业。（省体育局牵头负责）

二、加快新型消费基础设施和载体建设

（七）健全数字化商品流通体系

积极创建供应链创新与应用示范城市、示范企业。支持有关企业规范经营网络平台道路货运业务。加大新型寄递服务供给，发展仓配一体化、即时直递、大件快递、冷链快递、逆向快递等服务。推广使用冷藏冷冻食品质量安全追溯系统“冷库通”，实现对进口冷链食品从离开口岸到食品生产经营环节的全过程数字化闭环管理及全链条追溯。组建广东省农产品仓储保鲜冷链物流联盟。建设县级公共配送中心，在县域合理布设智能快件箱。通过产地仓、统仓共配等方式协助地方建设电商服务中心以及县乡村三级物流网络，为农产品、海产品上行提供物流通道。推动农村客货邮融合发展，创建“一点多能、一网多用、功能集约、便利高效”的农村运输服务发展新模式。（省发展改革委、交通运输厅、农业农村厅、商务厅、市场监管局、政务服务数据管理局、供销社，海关总署广东分署、省邮政管理局按职责分工负责）

（八）支持商贸平台建设

鼓励各地市打造直播带货基地。推动电商平台设立绿色产品销售专区。加快推进跨境电商综试区线上综合服务平台和线下产业园区建设。推进跨境电商海外仓建设，鼓励海外仓企业在“一带一路”沿线国家和地区布局。举办中国（广东）－RCEP成员国跨境电商合作交流会，指导相关地市和行业协会开展10场以上大型跨境电商对接交流活动。开展“粤贸全国”“粤贸全球”品牌工程，每年举办线上线下展会100场，用好“粤省事”“粤商通”等“粤系列”平台，提升服务水平，推进贸易数字化。推动广交会线上线下融合，进一步提升展会能级。（省商务厅、工业和信息化厅、政务服务数据管理局按职责分工负责）

（九）加强信息基础设施建设

加快5G网络建设，支持基础电信企业以5G SA（独立组网）为目标，加快建成5G SA核心网，扩大700MHz频段广电5G网络在广州、深圳等地的试验和建设规模。加快推动城市信息模型（CIM）基础平台建设，支持城市规划建设管理多场景应用，促进城市基础设施数字化和城市建设数据汇集。加快全省地理信息三维数据库建设，为智慧自然资源、智慧城市建设提供数字化、智慧化的信息基础设施和应用支撑。建立完善智慧城市领域标准体系，推动智慧城市领域标准化工作。（省委网信办，省发展改革委、教育厅、工业和信息化厅、自然资源厅、住房城乡建设厅、市场监管局、政务服务数据管理局，省通信管理局按职责分工负责）

（十）支持新装备新设备应用

有序推动无人配送、无人驾驶相关应用标准的制定工作。推动大数据、人工智能、无人化装备等领域应用的先行先试，支持城市场景、海岛场景、支线物流场景无人机创新应用及无人机起降场地建设，打造无人机投递示范区。将智能快件箱、快递末端综合服务场所等设施纳入城乡公共服务设施建设规划，制定快递末端综合服务场所建设标准，推动新建（在建）和老旧小区、园区、楼宇加强相关配套建设，原则上新建居住社区要建设使用面积不小于15平方米的邮政快递末端综合服务站，既有居住社区要因地制宜建设智能快件箱（信包箱）、快递末端综合服务场所。（省委网信办，省发展改革委、自然资源厅、住房城乡建设厅、交通运输厅、市场监管局、广电局、政务服务数据管理局，省通信管理局、邮政管理局按职责分工负责）

（十一）推动车联网和充电桩（站）建设

开展车联网电信业务商用试验，加快全省优势地区车联网先导区建设，支持车联网（智能网联汽车）产业发展和规模部署。指导各地评估网约车政策落实情况，加快网约车合规化进程。开展巡网融合出租汽车改革试点。适应新能源汽车和寄递物流配送车辆需求，优化社区、街区、商业网点、旅游景区、度假区等周边地面及地下空间利用，完善充电电源配置和布局，加大充电桩（站）建设力度。（省发展改革委、工业和信息化厅、自然资源厅、住房城乡建设厅、交通运输厅，省通信管理局、南方电网公司按职责分工负责）

（十二）提升新型消费网络节点布局建设水平

结合城市群、都市圈发展规划，统筹布局建设多层级消费中心，支持广州、深圳市建设国际消费中心城市，支持珠海、汕头、佛山、东莞、湛江市建设区域消费中心城市，鼓励发展首店首发经济、夜间经济等。积极发展“智慧街区”“智慧商圈”，完善社区便民消费服务圈。鼓励有条件的地市因地制宜打造文旅、商务、康养等产业融合发展的新型消费集聚区。（省发展改革委、工业和信息化厅、财政厅、住房城乡建设厅、农业农村厅、商务厅、文化和旅游厅、卫生健康委、市场监管局按职责分工负责）

三、加大新型消费政策支持

（十三）加强财税金融支持

积极扶持新型零售业、服务业的中小微型市场主体做大做优做强。继续抓好高新技术企业、技术先进型服务企业、研发费加计扣除等税收优惠政策落实。研究推行政府购买优质在线教育服务，并将相关服务纳入地方政府购买服务指导性目录。引导银行机构创新开发各类线上信贷产品。持续推进港澳版云闪付APP、微信及支付宝香港钱包、澳门通及中银澳门跨境钱包等移动支付工具在粤港澳大湾区互通使用，推动日韩短期入境游客境内移动支付便利化试点在广州落地实施。组织支付服务市场主体大力推进消费电子支付市场建设，减免商户交易手续费和支付终端费。（省发展改革委、财政厅、地方金融监管局，省税务局、人民银行广州分行、广东银保监局按职责分工负责）

（十四）鼓励社会资本参与

鼓励新型消费领域企业通过发行新股、公司债券、可转债及新三板挂牌等方式融资，不断提升企业治理和发展水平。支持我省消费龙头企业申请消费金融牌照。引导商业银行、网络小额贷款公司等与互联网机构规范合作，针对家电、农机具等耐用消费品开展“三农”领域消费金融业务。发挥省中小企业融资平台、广东股权交易中心等既有要素平台资源优势，探索设立有利于推动新型消费的专属业务板块。推动私募股权投资基金和创业投资企业在支持新型消费发展方面发挥更大作用。（省发展改革委、地方金融监管局，人民银行广州分行、广东银保监局、广东证监局按职责分工负责）

（十五）加强面向新业态新模式人才培养

结合新业态模式发展需求，加强我省职业院校（含技工院校）电子商务等相关专业建设。鼓励职业院校与企业共建实训基地，开展新业态技能人才评价工作，为新业态经济发展提供技能人才支持。允许企业结合生产经营需要，依据国家职业分类大典和新发布的职业（工种），自主确定评价职业（工种）范围。对职业分类大典未列入但实际存在的技能岗位，按照相邻相近原则对应职业分类大典内职业（工种）实施评价。（省教育厅、人力资源社会保障厅按职责分工负责）

（十六）完善劳动就业保障

研究制定灵活就业人员参加失业保险办法，探索将灵活就业人员纳入失业保险参保范围。大力组织网络招聘活动，提供线上供求对接匹配服务。建立重点用工企业和服务专员工作对接机制，支持企业间开展共享用工。实施灵活就业特定人员单项参加工伤保险办法，按国家部署开展新业态从业人员职业伤害保障试点，妥善化解职业伤害风险。（省人力资源社会保障厅牵头负责）

四、提升新型消费发展环境

（十七）优化行政审批

加快推行新型消费领域涉企经营许可事项告知承诺制。电子商务经营者申请登记

为个体工商户的，允许其将电子商务平台提供的网络经营场所作为经营场所进行登记。（省市场监管局牵头负责）

（十八）强化监管服务

建立健全以信用为基础的消费领域新型监管机制，推动各部门对消费领域失信行为依法依规实施惩戒。依托“信用广东”网站和国家企业信用信息公示系统（广东）公示消费领域信用信息。制定出台诚信消费商圈培育实施方案，培育全省首批诚信消费市场主体，积极争取国家信用消费试点城市落户广东，打造以信用为基础的商贸流通新秩序。探索发展消费大数据服务。加大平台经济反垄断力度。完善不正当竞争行为网络监测机制，组织开展反不正当竞争执法重点行动。加快推动《广东省知识产权保护条例》出台，压实电子商务平台经营者知识产权保护责任。探索制订数据流通规则制度，打通传输应用堵点，提升消费数据共享商用水平。（省委网信办，省发展改革委、工业和信息化厅、商务厅、市场监管局、政务服务数据管理局按职责分工负责）

（十九）完善新型消费标准体系

开展电子文件、数据安全、机器代人辅助施工等重点通用标准研制，推动建筑产业互联网及智能建造相关标准研制，完善新型基础设施等新一代信息技术标准体系。制定自助售货、网络零售平台管理、零售直播等标准。加快制定并推动实施大数据、云计算、人工智能、区块链等领域相关标准，加强规范新技术金融应用。支持行业组织和企业开展直播电商等新业态、新模式的标准规范研究。开展《粤菜围餐服务规范》《粤式菜系餐厅星级评价规范》《粤菜食材通用要求》等地方标准编制工作。（省委网信办，省工业和信息化厅、住房城乡建设厅、商务厅、市场监管局，人民银行广州分行按职责分工负责）

（二十）加强新型消费统计监测

加强新型消费相关数据的共享。加强对我省限额以上单位网络零售额及重点网络零售企业的统计监测。继续推进服务消费试算。积极开展重点零售企业监测工作，深化与网上交易平台等第三方机构合作。（省统计局牵头负责）

各地各部门要按照党中央、国务院的决策部署和省委、省政府的工作要求，进一步统一思想认识，强化组织保障，务实推进各项工作。任务牵头部门要建立工作台账，压实压细责任分工，各职责部门要密切配合形成合力，确保各项任务及时落地见效，推动我省新型消费健康有序发展，促进消费扩容提质。

广东省人民政府办公厅

2021 年 10 月 17 日

广东省人民政府印发关于推进广东省邮政快递业高质量发展实施方案的通知

粤府〔2021〕30 号

各地级以上市人民政府，省政府各部门、各直属机构：

现将《关于推进广东省邮政快递业高质量发展的实施方案》印发给你们，请认真组织实施。实施过程中遇到的问题，请径向省邮政管理局反映。

广东省人民政府

2021 年 4 月 24 日

关于推进广东省邮政快递业高质量发展的实施方案

邮政快递业是国家重要的社会公用事业，是推动流通方式转型、促进消费升级的现代化先导性产业。邮政快递体系是国家竞争力的重要组成部分，对加快构建以国内大循环为主体、国内国际双循环相互促进的新发展格局具有重要作用。我省是邮政快递业大省，推进邮政快递业高质量发展是加快建设现代化经济体系、服务粤港澳大湾区建设、促进居民消费、打造新发展格局战略支点的重要举措。为推进广东邮政快递业高质量发展、加快建设邮政强省、满足人民日益增长的美好生活用邮需要，制定本实施方案。

一、总体要求

（一）指导思想

以习近平新时代中国特色社会主义思想为指导，坚定不移贯彻新发展理念，以推动高质量发展为主题，以深化供给侧结构性改革为主线，以开展快递业“两进一出”工程为抓手，充分发挥我省邮政快递业既有优势，加强规划引导和政策支持，坚持政府推动、市场拉动、创新驱动、示范带动，着力完善基础设施、培育骨干企业、健全网络体系、加强科技应用、深化联动融合，大力推进广东邮政快递业高质量发展。

（二）发展目标

坚持数字化、智能化、绿色化、国际化发展方向，推动行业产业集聚，将广东打造成为全国邮政快递业创新发展引领区、融合发展示范区、绿色发展样板区、开放发展试验区。到 2023 年，全省邮件快件业务量达到 380 亿件，业务收入达到 3400 亿元，培育 1 家超千亿元级、2 家以上 500 亿元级快递网络企业，建成快速高效的城市末端投递网络和便捷通达的农村末端服务网络。到 2025 年，全省邮件快件业务量达到 500 亿件，业务收入达到 4500 亿元，培育 2 家超千亿元级、3 家以上 500 亿元级快递网络企业，业务量和收入全国占比持续领先，新创建 2 个中国快递示范城市，邮政快递业先进技术应用和自主创新能力显著增强，绿色低碳的用邮方式和企业运营模式基本确立，国际服务网络更加完善，跨境寄递进一步发展，行业安全生产水平和治理能力明显提升。

二、重点任务

（一）促进行业管理服务改革

1. 简化快递企业开设手续。全面落实快递企业在同一登记机关管辖范围内“一照多址”登记改革要求。进一步优化国际快递业务经营许可流程，总结中国（广东）自由贸易试验区范围内国际快递业务（代理）经营许可审批事项下放试点经验，有序复制推广到粤港澳大湾区内地九市。（省市场监管局、省自贸办、省邮政管理局等按职责分工负责；各地级以上市政府落实，下同）

2. 推动行业实现绿色转型。强化源头管控，严控电商产品过度包装，推动全面实现电商快件不再二次包装。促进快递包装标准化、减量化和可循环，全面推广使用“瘦身胶带”、循环中转袋，推动全省邮政、快递网点设置标准包装废弃物回收装置。加强包装研发创新，支持寄递企业、科研院所、生产企业研发适用于邮政快递业的绿色产品、绿色技术、绿色模式，有效增强行业绿色供给，推广应用环保封装用品。鼓励将邮政快递业包装绿色治理纳入生活垃圾分类治理体系和无废城市建设范畴，督促邮政、快递企业落实绿色环保要求。（省邮政管理局、省生态环境厅、省科技厅、省住房城乡建设厅、省商务厅等按职责分工负责）

3. 优化规范车辆通行管理。各地要保障邮政、快递配送车辆便捷通行，鼓励引导企业使用符合城市运输作业和环保要求的新能源车辆。对按邮政管理部门要求喷涂统一专用标识的邮政、快递运输车辆需通过禁行禁停（含限号）路段的，在保障道路交通安全畅通有序的前提下可适当予以通行、停靠便利。支持邮政、快递企业依法选用符合国家标准的电动三轮车，按照统一外观标识、统一车辆编号、统一规范管理要求开展收投邮件快件业务，满足“最后一公里”作业需要。（省公安厅、省交通运输厅、

省邮政管理局等按职责分工负责）

（二）强化行业基础设施建设

4. 加强规划用地支撑保障。县级以上人民政府要将邮政快递业发展纳入本级国民经济和社会发展规划，并与国土空间、综合交通运输体系等规划相衔接，统筹考虑跨境电子商务产业园、邮政快递园区、邮件快件处理中心等基础设施用地需求。把快递业基础设施建设纳入综合交通建设投融资政策体系，在商业区、开发区、移民区、住宅区以及机场、高铁站、港口、汽车站等较大交通枢纽站点或者实施旧城区改造时，支持以新建或租赁方式配套邮政快递服务设施。对邮政快递业建设项目符合法定划拨范围的，可以划拨供地；对快递企业入驻符合现代物流业发展规划的物流园区、物流配送中心等的项目用地，可按规定享受工业用地政策。按照“一核一带一区”区域发展格局布局建设国家级、省级快递物流园区，构建形成以航空寄递枢纽为核心、邮政快递物流园区为节点、县级邮件快件转运中心为通道、多种服务末端为支撑的全省邮政快递业空间布局。（省发展改革委、省自然资源厅、省交通运输厅、省邮政管理局等按职责分工负责）

5. 强化运输保障能力建设。完善邮政快递绿色通道及接驳场所建设，深化邮政、快递企业同运输企业的合作，推行邮政快递设施通用标准，形成高效便捷的邮件快件航空、铁路、公路、水路综合运输通道。支持机场快递设施建设，推动新建或扩建机场合理分配空侧场地资源，为航空邮件快件中转分拨及运输提供所需场地，实现中转、海关监管、安检、航空板箱装卸一体化操作。完善航空邮件快件绿色通道，发挥广州、深圳等国际枢纽机场优势和其他干线、支线及通用机场作用，大力推动邮件快件航空运输。支持发展高铁快递和电商快递班列，推广甩挂运输、多式联运，推进公路客运班车代运邮件快件，多措并举提升运输保障能力，辐射带动相关产业聚集。支持在有条件的山区、海岛、边远地区布局无人机起降场地，保障寄递服务通达与时效。（省发展改革委、省交通运输厅、省自然资源厅、民航中南管理局、省邮政管理局、广州铁路监管局等按职责分工负责）

6. 完善农村设施网络布局。推进农村地区邮政服务网点、危旧局所改造，提高乡村邮政服务水平。全面实施“快递进村”工程，支持农村快递发展与“四好农村路”建设、农业农村经济信息体系建设、农村电子商务发展等紧密结合，支持邮政、快递企业参与电子商务进农村、信息进村入户和“互联网＋”农产品出村进城等工程，推进邮政快递下乡与电商服务站点、农村信息服务平台等对接，构建农产品寄递网络，促进农产品出村进城，解决农村电商“最初一公里”和“最后一公里”问题，打造“快递＋”品牌项目。支持邮政、快递企业到乡村设立服务网点，加快完善粤东西北农村偏远地区网络布局。支持邮政、快递企业加强与农业、供销、商贸、电信等企事业单位的合作，共建共享网点服务资源，打通“工业品下乡”和“农产品进城”双向流通渠道。将农村快递发展纳入各地民生工程和农村物流体系规划，支持打造广东供销公共型农产品冷链物流基础设施骨干网，鼓励农村客运、邮政、快递等企业开展合作，完善县、镇、村快递物流体系，对共建共享且在邮政管理部门备案的农村班线，当地财政可统筹现有交通事业发展资金予以支持。鼓励邮政、快递企业加大力度收寄当地特色农产品和名优产品，在制定电商扶持政策时视情将与电商重点关联的邮政快递企业纳入支持范围。支持智能投递终端“下乡”，加快推进村邮站建设，实现行政村快递服务站建设全覆盖，各级财政可统筹安排资金，积极推动全面实现快递服务直投到村。（省邮政管理局、省农业农村厅、省发展改革委、省财政厅、省交通运输厅、省商务厅、省供销社、省通信管理局等按职责分工负责）

7. 升级城市末端服务网络。鼓励邮政、快递企业通过自建或与第三方合建等形式，建设邮政、快递综合便民服务站，与商业机构、社区、园区、商务中心、机关、高等院校、专业第三方企业开展多种形式的投递服务合作，提升末端寄递服务能力。鼓励机关事业单位、企业、院校、景区、住宅小区管理单位等为邮政、快递企业收投邮件快件提供场地及临时停车、代收保管、免费通行等便利。支持推动传统信报箱升级改造为智能信包箱，将智能投递终端纳入公共服务设施建设规划和便民服务、民生工程等项目统一建设，重点在园区、机关事业单位、高校、住宅小区、商业中心、交通枢纽以及人口密集区进行布设；鼓励邮政、快递企业或者第三方投资设置智能投递终端，建立统一的投递服务平台，共同解决好邮件快件投递难题。（省邮政管理局、省住房城乡建设厅、省教育厅、省商务厅、省文化和旅游厅等按职责分工负责）

（三）引进培育壮大市场主体

8. 培育重点企业总部经济。推动龙头骨干快递企业、省属重点交通企业组建国际快递骨干企业。大型快递企业在我省设立国际国内和区域总部以及供应链、快运、云仓等专业总部的，优先列入省重点项目，各地优先保障用地需求。对总部、航空快递货运枢纽、大型快件分拨中心设在我省的快递企业和对省内邮政快递业转型升级作出重要贡献的企业，按“一事一议”的方式研究给予政策支持。（省邮政管理局、省商务厅、省发展改革委、省财政厅、省自然资源厅等按职责分工负责）

9. 支持跨境寄递企业发展。实施“快递出海”工程，加强与港澳邮政快递业交流合作，配合跨境电商出口多元化需求，推动邮政、快递企业加快“走出去”，支持寄递企业加快国际网络布局，培育构建国际快递智能骨干网，做大做强国际业务。支持有条件的城市建设国际邮件互换局和快件监管中心，提升粤港澳大湾区内地九市国际邮件互换局、交换站服务能力，打造粤港澳大湾区世界级寄递枢纽。支持快递企业在自贸区内建设跨境快件物流中心，在“一带一路”沿线国家和重点国际市场建设海外仓。

促进海关、外汇管理、税务、商务、市场监管、公安、邮政管理等部门间数据互通和信息共享，对依法开展跨境寄递业务的企业给予相应政策支持。（省邮政管理局、省商务厅、省公安厅、省自然资源厅、省市场监管局、省政务服务数据管理局、海关总署广东分署、国家外汇局广东省分局等按职责分工负责）

10. 促进产业联动融合发展。推进“互联网 + 邮政快递”服务，加快邮政快递业、制造业、旅游业、现代农业、电子商务联动发展，推动邮政综合服务平台建设，促进政邮、警邮、税邮、医邮合作。推动“快递进厂”，加快构建工业互联快递服务网，鼓励发展“工厂 + 电子商务 + 快递”模式，支持制造业企业联合邮政、快递企业研发智能立体仓库，将邮政快递网打造成为现代制造业的移动仓库和移动工厂。支持邮政、快递企业服务“广交会”。支持邮政快递物流园区与电商园区协同建设，在规划建设电商园区时，可在园区内或周边安排能满足需求的邮政、快递、仓配用地，邮政、快递企业入驻园区享有与电商企业同等优惠政策。（省邮政管理局、省工业和信息化厅、省公安厅、省财政厅、省农业农村厅、省商务厅、省文化和旅游厅、省卫生健康委、省税务局等按职责分工负责）

11. 推动行业科技创新应用。鼓励邮政、快递企业推广应用北斗导航、区块链、物联网、云计算、大数据、5G 通信等现代信息技术及智能终端、自动分拣装备，提升运营管理效率，拓展协同发展空间，推动服务模式变革，加快向综合性物流运营商转型。推进智慧城市平台向邮政、快递企业开放，实现基础平台与数字政府及相关业务系统的互联互通。支持具备条件的邮政快递企业申报建设省级工程技术研究中心和新型研发机构。（省邮政管理局、省科技厅、省交通运输厅、省政务服务数据管理局等按职责分工负责）

（四）建设高素质行业人才队伍

12. 加强行业职业技能培训。将邮政快递业纳入全省职业技能提升行动范围，支持邮政、快递企业开展职工岗位技能培训。加强邮政快递业从业人员培训，按规定给予职业技能培训补贴。推动快递工程技术人才职称评审继续教育体系建设。组织邮政快递业特种设备作业人员开展安全技能培训，严格执行从业人员安全技能培训合格后上岗制度。（省邮政管理局、省财政厅、省人力资源社会保障厅等按职责分工负责）

13. 保障从业人员合法权益。重视邮政、快递企业在解决就业方面的作用，维护邮政、快递从业人员合法权益，努力打造关爱、尊重快递员的良好社会氛围，提高快递员群体的获得感、幸福感和安全感。全面落实从业人员依法参加社会保障和享受社会保险待遇，按照国家部署开展职业伤害保障制度试点工作。将符合住房保障条件的邮政、快递从业人员统一纳入住房保障范围。对邮政、快递从业人员子女落实以居住地为主要依据的随迁子女义务教育入学政策。优化邮政、快递从业人员工作环境，完善邮政、快递网点建设标准，改善卫生条件和服务功能，在劳动权益、生活帮扶等方面为邮政、快递从业人员提供支持。将邮政、快递从业人员纳入行业典型及劳模评选范围。（省邮政管理局、省教育厅、省人力资源社会保障厅、省住房城乡建设厅、省卫生健康委、省医保局、省总工会、团省委、省妇联等按职责分工负责）

（五）构建推动行业高质量发展社会共治格局

14. 完善安全监管机制。根据国家对邮政快递业发展及安全管理要求，健全市、县邮政快递业安全监管及保障体系，加强工作力量，加快构建寄递安全环境。各级邮政管理部门要加强与公安等有关部门协同联动，推动构建齐抓共管、协同高效的邮政快递安全监管工作机制。完善省、市两级邮政快递业安全监管平台建设，提升寄递安全监管信息化水平。（省邮政管理局、省公安厅、省政务服务数据管理局等按职责分工负责）

15. 加强行业自律和规范建设。快递行业协会要深化行业诚信建设，督促业内企业强化内控管理、规范业务经营，严格落实快递服务各项行业标准和规定，维护消费者合法权益。引导行业龙头企业发挥示范带头作用，自觉承担社会责任，推广服务承诺制，重点提升偏远地区服务质量。（省邮政管理局、省市场监管局、省快递行业协会等按职责分工负责）

三、保障措施

（一）加强组织协调

各地要落实“双重管理”有关要求，完善属地管理和双重保障机制，建立健全推进邮政快递业高质量发展的工作机制，加强对邮政快递业相关规划、政策制定和快递物流园区、重大项目建设以及资金整合等方面的统筹协调，抓好政策落实。省有关部门要结合职责分工，加强对邮政快递业的支持指导，形成工作合力；省邮政管理局要履职尽责、主动作为，及时协调解决工作中遇到的问题，积极推广好的经验做法，推动各项措施落实到位。

（二）加强政策扶持

根据我省邮政领域财政事权与支出责任划分安排，为全省各级邮政管理部门履行职能提供必要经费保障。各地、各有关部门可结合本地、本部门实际，进一步出台推动邮政快递业高质量发展的政策措施。鼓励各地级以上市政府加大对邮政快递业发展的扶持力度，统筹安排资金，用于加强安全管理、完善基础设施、优化发展环境等，支持邮政快递业进一步做强做优做大。

（三）加强服务管理

深入贯彻《中华人民共和国邮政法》《快递暂行条例》《广东省快递市场管理办法》，认真落实市场准入、安全保障、服务管控、公平竞争、依规统计等管理要求，加强行业预警监测与分析，保持末端网点经营和从业人员队伍总体稳定，不断提高对邮政快递业的政务服务和监督管理水平。

广东省商务厅等8部门关于印发广东省加快建设农村物流服务体系工作方案的通知

粤商务建字〔2021〕2号

各地级以上市商务、发展改革、交通运输、农业农村、扶贫、市场监管、供销、邮政管理部门：

为进一步落实《广东省农村物流建设发展规划（2018—2022年）》，加快完善我省农村物流服务体系，畅通“工业品下乡、农产品上行”双向流通，助力我省乡村振兴发展，结合我省当前实际，广东省商务厅、发展改革委、交通运输厅、农业农村厅、扶贫办、市场监管局、供销合作社、邮政管理局联合制定本工作方案。现印发给你们，请认真贯彻落实。

广东省商务厅、广东省发展和改革委员会、广东省交通运输厅、广东省农业农村厅、广东省扶贫开发办公室、广东省市场监督管理局、广东省供销合作联社、广东省邮政管理局

2021年3月4日

公开方式：主动公开

广东省加快建设农村物流服务体系工作方案

一、任务目标

实施《广东省农村物流建设发展规划（2018—2022年）》。加快物流配送中心、专业批发市场、冷链仓储物流等设施建设，加强农产品运输绿色通道建设。推动县域助农综合平台和镇村助农服务中心建设。鼓励推广农村物流新模式，建设“互联网+”订单农业益农服务平台。落实农村物流设施用电实行农业生产用电价格政策。

二、工作措施

（一）推进落实农村物流建设发展规划

指导督促未完成农村物流规划的地市按照《广东省农村物流建设发展规划

（2018—2022 年）》目标任务要求，根据本地区农村物流发展现状、特色产业、存在问题、行业诉求等，编制本地区农村物流规划，并推进规划的组织实施。（省商务厅）

（二）推进农村产业融合发展

建设现代农业产业园，依托农业龙头企业、物流企业，发展规模化种养，提供社会化加工及冷储服务，支持农产品就地深加工。支持各类市场主体推进农业生产、加工和流通的融合发展，延伸产业链、提升产品价值、延长保鲜期、改变运输状态，引导农产品集中上市向全季节流通转变，降低农产品上行成本。以中心镇为基础，推进农村产业融合发展，千方百计提高农民收入水平，夯实农村物流体系发展基础，保障镇村级服务站点可持续运营。（各地人民政府、省农业农村厅、省供销社、省商务厅）

（三）完善农村物流网络体系

以中心镇为单位，推动构建以县级农村物流中心、乡镇农村物流综合服务站、村级农村物流服务点为支撑的县乡村三级农村物流网络布局。县（区）选择交通便利的地点或依托批发市场、电子商务公共服务中心及电商产业园等，建设或升级改造县级农村物流中心，整合县级商贸流通市场、干线物流、邮政快递、农资配送等资源，强化县域农村物资下行配送和农副产品上行的物流服务能力。乡镇以商超、邮政、农村综合服务中心、客运站点、快递集聚点等为依托，设立乡镇农村物流综合服务站，整合乡镇快递收发、农村电子商务、农资代购、农产品代销等资源，打造上接县、下联村的中间物流节点，支撑农村各类物资的中转仓储和分拨配送。行政村以农村综合服务中心、电商服务站点、邮政快递及供销服务点、便利店、客运站点等为依托，建设村级农村物流服务点。（各地人民政府、省交通运输厅、省农业农村厅、省供销社、省邮政管理局、省商务厅）

（四）完善农产品供应链体系

推进农商互联，完善农产品供应链体系，促进农产品流通创新增效，发挥财政资金引导作用，推动降低传统农贸市场零售占比，大力发展社区生鲜零售渠道，引导基地直采配送，减少流通环节。畅通农产品上行通道，发展本地化物流，支持鼓励中大型快递物流企业与本地企业联合发展镇村级农村物流网络体系。支持社区连锁菜店龙头企业完善分拨中心建设，扩大末端销售网点。加强与东西部扶贫协作地区农村物流服务体系共建，推进双方物流市场互联互通和合作发展，共同构建农产品运输绿色通道，促进双方农产品顺畅通行。（各地人民政府、省商务厅、省农业农村厅、省邮政管理局）

（五）加强农产品流通节点建设

提高粤东西北地区产地预冷比例，鼓励和支持企业购置冷藏车辆，完善冷链配送设施设备，发展全程冷链配送。加强粤东粤西粤北地区农产品主产区预冷库、重要物流节点冷链仓储建设，提高农产品产地预冷比例。推动农产品保鲜技术与蓄冷装备的推广普及，鼓励建设低耗节能型冷库，提高农产品预冷、保鲜加工与包装技术水平。加大对冷链运力明显不足的农产品主产区扶持。推动在粤东粤西粤北地区建设完善农产品、水产品加工和交易、仓储集散中心，加快推进建设广东供销公共型农产品冷链物流基础设施骨干网。（省商务厅、省农业农村厅、省供销社）

（六）加强防疫物资和农产品运输绿色通道建设的政策支持

贯彻落实交通运输部、农业农村部、商务部等部门有关切实保障疫情防控应急物资、农产品运输绿色通道顺畅通行的通知要求，协调相关物流配送力量，保障防疫物资和生活必需品的快速配送，确保农产品农村到城市的上行渠道畅通，保障重要生活物资及时进村进镇。（省交通运输厅、省发展改革委、省农业农村厅、省商务厅、省供销社按职能分工落实）

（七）加快助农服务体系建设

选取发展基础较好、有产业基础、对周边具备较强辐射能力的中心镇重点推进，在中心镇所在地区建设100个县域助农服务平台、1000个镇村助农服务中心，融合快递收发、代销代购、信息服务等功能，建设综合便民服务点。（省供销社、省农业农村厅、省邮政管理局）

（八）推进农产品产销衔接

引导以销定产，推进产销衔接。促进农产品批发市场交易大厅、信息结算电子化。引导农业经营主体积极开展电商化改造，实现线上线下融合发展。发展订单农业，加强种养市场供需信息宣传发布，引导以销定产。在农产品集中上市期，组织开展对接会、展览会、交易会、洽谈会等多种形式的产销对接活动，依托大型批发市场、连锁超市、农业龙头企业、农民合作社、电商平台、餐饮企业、大单位饭堂等流通、消费主体，对接农业种养主体，推动随机松散的买卖关系转变为长期稳定的合作关系，推动解决农产品“卖难、买贵”问题。统筹整合供销系统农产品生产服务、冷链物流、销售渠道等资源，打造“省级运营平台＋区域配送中心＋直供基地”的广东供销放心农产品直供配送网络。加强广东与东西部扶贫协作地区建设农村物流服务体系互学互鉴，推进双方物流市场互联互通和合作发展，共同构建农产品运输绿色通道，促进双方农产品顺畅通行。（省商务厅、省农业农村厅、省扶贫

办、省供销社按职能分工落实）

（九）加强农产品公共品牌建设

依托市场有需求、本地有优势的特色产品，培育、扶持本地区农产品流通龙头企业，发挥龙头企业示范带动作用，扶强一批区域公用品牌、提升一批企业品牌、精炼一批产品品牌，推动区域公用品牌、企业品牌、产品品牌“新三品”融合发展。以品牌带动质量、创新、管理和效益的提升，提高特色农产品产业化、数字化、品牌化程度。（各地人民政府、省农业农村厅）

（十）推动农村物流发展模式创新

整合村级各类服务站点，推动物流服务和农村生活综合服务中心、益农服务站等功能融合，保障物流末端的可持续经营。充分发挥电子商务整合碎片化产品需求和物流需求的能力，鼓励大型电子商务、快递物流企业与本地中小商贸流通、物流企业进行商业合作，整合线路网点，探索定时、定点、定线统一配送模式，提高农村地区商品流通及物流效率。持续推进电商与快递物流协同发展，通过举办农产品电商促销活动、鼓励电子商务平台企业设立助农扶贫专区等措施，提高农村地区尤其是相对贫困地区的电商快递业务量，进而推动快递物流企业加速节点布局，降低农村地区快递物流成本。（各地人民政府、省交通运输厅、省商务厅、省农业农村厅、省供销社）

（十一）落实在农村建设的保鲜仓储设施用电执行农业生产电价政策

各地及电网企业应严格执行《广东省发展改革委关于执行农业生产电价有关问题的通知》（粤发改价格函〔2020〕419号）及《广东省发展改革委关于进一步明确有关行业及机构执行水电气价格政策等问题的通知》（粤发改价格函〔2020〕1270号）等文件规定，推动落实在农村建设的保鲜仓储设施用电执行农业生产电价等政策，“保鲜仓储设施”是指具备冷藏、冷冻、保温等温度控制功能的恒温库及冷库。涉农市县各级每年安排一定比例的用地指标，保障保鲜仓储设施建设用地需求，按实际需要提高农业设施用地指标比例。（各地人民政府、省发展改革委、省农业农村厅、省商务厅）

（十二）实施“一品一链”食用农产品追溯工程

加快全省肉菜中药材等重要产品追溯体系改造和布局，引导和支持全省农产品供应链企业建立统一的信息化追溯平台，接入全省重要产品追溯综合管理平台，构建来源可查、去向可追、责任可究的全链条追溯管理体系，营造安全透明放心的农产品消费环境。以推进“粤字号”农业知名品牌建设为契机，优选全省食用农产品重点品牌，实时采集、准确记录食用农产品从种养植、生产、加工、流通、仓储到销售等环节的信息化追溯信息，打造以追溯为重点的广东名优食用农产品安全品牌。改造升级全省肉类中药材等重要产品追溯综合管理平台，建设粤港澳大湾区猪肉等重要食用农产品追溯子系统。探索建立粤港澳大湾区食用农产品信息化追溯的标准和规范，推动“一品一链”追溯工程全面落地。（省商务厅、省农业农村厅、省市场监管局）

广东省重要物流企业名单

2021年评选的A级物流企业名单（广东省）

序号	所属城市	等级	企业名称	备注
1	阳春	AAAA级（52家）	阳春洪盛物流有限公司	
2	珠海		珠海港航运有限公司	
3	佛山		广东盛丰物流有限公司	3A升4A
4	深圳		深圳市泰博国际货运代理有限公司	
5	深圳		深圳市飞力士捷运物流有限公司	
6	深圳		深圳市德锐物流有限公司	
7	深圳		深圳市聚盟物流有限公司	
8	深圳		深圳市地上铁新能源汽车运营有限公司	
9	广州		广州递壹时国际货运代理有限公司	
10	广州		伟世博货运（广州）有限公司	
11	广州		广州中加物流有限公司	
12	深圳		深圳市畅航物流有限公司	
13	深圳		深圳市英达速国际物流科技有限公司	3A升4A
14	深圳		深圳市联合运通国际货运代理有限公司	
15	深圳		深圳市美誉达国际货运代理有限公司	
16	深圳		深圳市宇环国际物流有限公司	
17	深圳		深圳市中通现代物流有限公司	
18	深圳		深圳市汇嘉信供应链有限公司	
19	深圳		深圳市中邮国际货运代理有限公司	
20	深圳		蓝玛特供应链管理（深圳）有限公司	
21	深圳		深圳市美时美刻国际物流有限公司	

续 表

序号	所属城市	等级	企业名称	备注
22	深圳	AAAA 级（52 家）	深圳市联程达物流有限公司	
23	深圳		深圳市驿东国际物流有限公司	
24	深圳		深圳市壹号专线供应链有限公司	3A 升 4A
25	深圳		深圳商壹国际物流有限公司	1A 升 4A
26	深圳		深圳市越航物流有限公司	3A 升 4A
27	深圳		深圳市众鑫邦国际货运代理有限公司	3A 升 4A
28	深圳		深圳市海光国际物流有限公司	
29	深圳		深圳市鼎创富供应链有限公司	
30	深圳		深圳市晶达丰国际货运代理有限公司	
31	广州		广州市岐山物流有限公司	3A 升 4A
32	茂名		广东瑞高海运物流有限公司	
33	广州		广州市昊链信息科技股份有限公司	
34	深圳		深圳前海骏鹏供应链集团有限公司	
35	广州		翁智国际物流代理（广州）有限公司	
36	广州		广州凯森云供应链管理有限公司	
37	广州		广州市凯晨供应链管理有限公司	
38	深圳		深圳市世联国际货运代理有限公司	
39	佛山		南储仓储管理集团有限公司	
40	东莞		东莞港集装箱港务有限公司	
41	深圳		深圳市车夫网物流科技有限公司	
42	潮州		广东彩丰物流有限公司	
43	东莞		广东时捷物流有限公司	
44	深圳		深圳市宇达物流有限公司	
45	深圳		深圳市海港龙物流有限公司	
46	深圳		深圳市锦鑫物流有限公司	
47	深圳		深圳市鼎辰国际物流有限公司	
48	广州		广州市广百物流有限公司	
49	广州		中捷通信有限公司	
50	佛山		佛山市南海金叶物流有限公司	
51	广州		广州中远海运航空货运代理有限公司	
52	湛江		湛江中远海运物流有限公司	

续　表

序号	所属城市	等级	企业名称	备注
53	广州	AAA 级（34 家）	广州捷晟物流服务有限公司	
54	茂名		茂名市晋和物流有限公司	2A 升 3A
55	珠海		珠海强竞农业有限公司	
56	珠海		广东诚通物流有限公司	
57	深圳		深圳市力拓国际物流有限公司	
58	深圳		深圳市堡森三通物流有限公司	
59	深圳		深圳泛亚运通国际货运代理有限公司	
60	深圳		深圳市聚音供应链管理有限公司	
61	深圳		深圳市越洋达供应链有限公司	
62	深圳		深圳市南北之星物流有限公司	
63	深圳		深圳市瑞秋国际物流有限公司	
64	深圳		深圳市百路驰供应链管理有限公司	
65	深圳		深圳市昱特国际货运代理有限公司	
66	深圳		深圳市联集国际货运代理有限公司	
67	深圳		深圳市万集国际物流有限公司	
68	深圳		深圳市凯特国际货运代理有限公司	
69	广州		广东珠江国际货运代理有限公司	
70	深圳		深圳嘉里盐田港物流有限公司	
71	深圳		苏宁物流（深圳）有限公司	
72	深圳		深圳市中海通供应链管理有限公司	
73	深圳		深圳市益嘉物流有限公司	
74	深圳		深圳市环国运物流股份有限公司	
75	深圳		深圳市理想物流有限公司	
76	深圳		深圳市东胜物流有限公司	
77	深圳		深圳市讯鸟流通科技有限公司	
78	深圳		深圳市鼎恒国际物流有限公司	
79	深圳		深圳易欣物流有限公司	
80	广州		广州市广石物流有限公司	
81	广州		广州长运冷链服务有限公司	
82	广州		广州广汽木村进和仓储有限公司	
83	广州		广州和力物流有限公司	

续 表

序号	所属城市	等级	企业名称	备注
84	广州	AAA 级（34 家）	广州凯沣物流有限公司	
85	广州		广州市畅翔物流有限公司	
86	中山		中山海慧科企物流（集团）有限公司	
87	珠海	AA 级（3 家）	珠海绿兴冷链物流有限公司	
88	珠海		珠海横琴远桥供应链管理有限公司	
89	深圳		深圳市星辰现代物流有限公司	

资料来源：中国物流与采购联合会 http：//www. chinawuliu. com. cn/lhhzq/202203/19/573256. shtml

2021 年度中国物流企业 50 强排名

排名	企业名称	物流业务收入（万元）	排名变化情况
1	中国远洋海运集团有限公司	26286247	未变化
2	厦门象屿股份有限公司	21612887	未变化
3	顺丰控股股份有限公司	15174316	未变化
4	中国外运股份有限公司	8453684	未变化
5	京东物流股份有限公司	7337472	新进入
6	中国物资储运集团有限公司	4954200	下降 1
7	中铁物资集团有限公司	3670160	上升 2
8	圆通速递股份有限公司	3490704	上升 2
9	上海韵达货运有限公司	3350043	新进入
10	百世物流科技（中国）有限公司	3000000	下降 4
11	德邦物流股份有限公司	2750345	未变化
12	中通快递股份有限公司	2521429	下降 6
13	建发物流集团有限公司	2484059	新进入
14	上汽安吉物流股份有限公司	2296199	下降 2
15	申通快递有限公司	2156605	下降 2
16	全球国际货运代理（中国）有限公司	1539786	上升 3
17	嘉里物流（中国）投资有限公司	1516138	上升 5
18	日日顺供应链科技股份有限公司	1403623	上升 3
19	中铁铁龙集装箱物流股份有限公司	1396654	下降 4
20	准时达国际供应链管理有限公司	1347909	上升 5
21	一汽物流有限公司	1209000	下降 5
22	上海天地汇供应链科技有限公司	1049088	上升 2
23	上海中谷物流股份有限公司	1041918	未变化
24	物产中大物流投资集团有限公司	867306	新进入

续 表

排名	企业名称	物流业务收入（万元）	排名变化情况
25	湖南和立东升实业集团有限公司	801196	上升 3
26	四川安吉物流集团有限公司	752319	上升 4
27	湖北交投物流集团有限公司	741475	未变化
28	云南能投物流有限责任公司	739639	上升 1
29	日通国际物流（中国）有限公司	739125	上升 5
30	江苏苏宁物流有限公司	720000	下降 16
31	全球捷运物流有限公司	693221	上升 1
32	包头钢铁（集团）铁捷物流有限公司	659068	上升 16
33	深圳越海全球供应链股份有限公司	595495	上升 11
34	中都物流有限公司	587921	上升 1
35	林森物流集团有限公司	583762	上升 2
36	云南省物流投资集团有限公司	556046	未变化
37	九州通医药集团物流有限公司	543620	上升 2
38	建华物流有限公司	536421	上升 12
39	湖南一力股份有限公司	516685	新进入
40	中创物流股份有限公司	515389	上升 3
41	广州发展能源物流集团有限公司	514317	新进入
42	四川省港航投资集团有限责任公司	495495	新进入
43	湖南星沙物流投资有限公司	492278	下降 3
44	利丰供应链管理（中国）有限公司	489079	上升 3
45	上海则一供应链管理有限公司	483737	未变化
46	安通控股股份有限公司	483471	新进入
47	重庆长安民生物流股份有限公司	473858	新进入
48	中通服供应链管理有限公司	441526	上升 1
49	河南能源化工集团国龙物流有限公司	415812	新进入
50	北京长久物流股份有限公司	406441	下降 9

资料来源：中国物流与采购联合会。

2021 年评选的物流企业信用评价 A 级信用企业名单（广东省）

序号	所属城市	等级	园区名称	备注
1	广州	AAA	广东高捷航运物流有限公司	二十九批

“十四五”首批国家物流枢纽建设名单

所在地	国家物流枢纽名称
天津市	天津空港型国家物流枢纽
河北省	石家庄陆港型国家物流枢纽
内蒙古自治区	呼和浩特商贸服务型国家物流枢纽
辽宁省	沈阳生产服务型国家物流枢纽
吉林省	珲春陆上边境口岸型国家物流枢纽
黑龙江省	黑河陆上边境口岸型国家物流枢纽
江苏省	连云港港口型国家物流枢纽
浙江省	温州商贸服务型国家物流枢纽
浙江省	金华生产服务型国家物流枢纽
安徽省	合肥陆港型国家物流枢纽
福建省	福州商贸服务型国家物流枢纽
江西省	南昌陆港型国家物流枢纽
山东省	日照港口型国家物流枢纽
河南省	安阳陆港型国家物流枢纽
河南省	商丘商贸服务型国家物流枢纽
湖北省	武汉陆港型国家物流枢纽
湖南省	衡阳陆港型国家物流枢纽
广西壮族自治区	柳州生产服务型国家物流枢纽
重庆市	重庆空港型国家物流枢纽
四川省	达州商贸服务型国家物流枢纽
西藏自治区	拉萨陆港型国家物流枢纽
陕西省	西安空港型国家物流枢纽
新疆维吾尔自治区	霍尔果斯陆上边境口岸型国家物流枢纽
新疆生产建设兵团	石河子生产服务型国家物流枢纽
深圳市	深圳港口型国家物流枢纽

资料来源：国家发展和改革委员会。

附 录

附录一 2021 年广东省全社会交通运输邮电主要统计指标

附表 1　　2021 年广东省全社会交通运输邮电主要统计指标情况对比

指标名称	单位	2021 年	2020 年	同比增长率（%）
一、货运量	万吨	398420	356221	11.8
铁路	万吨	9919	7845	—
公路	万吨	267489	231171	—
水路	万吨	107206	103759	—
民航	万吨	240	238	—
管道	万吨	13564	13209	—
二、货物周转量	亿吨公里	28388.06	27575.18	2.9
铁路	亿吨公里	356.53	278.44	—
公路	亿吨公里	2980.46	2524.20	—
水路	亿吨公里	24688.52	24404.83	—
民航	亿吨公里	92.35	85.93	—
管道	亿吨公里	270.20	281.78	—
三、客运量	万人次	62126	87777	-29.2
铁路	万人次	23977	22609	—
公路	万人次	27567	54946	—
水路	万人次	1580	1345	—
民航	万人次	9002	8878	—
四、旅客周转量	亿人公里	2352.19	2617.23	-10.1
铁路	亿人公里	670.39	630.33	—
公路	亿人公里	265.96	556.31	—
水路	亿人公里	4.51	4.27	—
民航	亿人公里	1411.33	1426.32	—

续 表

指标名称	单位	2021 年	2020 年	同比增长率（%）
五、港口货物吞吐量	万吨	209600	202226	3. 6
六、港口旅客吞吐量	万人次	1849. 17	1699. 27	8. 8
七、邮电业务总量	亿元	4954. 59	20833. 11	26. 5
邮政	亿元	3021. 10	5807. 81	—
电信	亿元	1933. 49	15025. 30	—

注：1. 邮电业务总量 1988 年及以前按 1980 年不变价格计算，1989—2000 年按 1990 年不变价格计算，2001—2010 年按 2000 年不变价格计算，2011—2016 年按 2010 年不变价格计算。2017 年起，电信业务总量按 2015 年不变价格计算，邮政业务总量仍按 2010 年不变价格计算。2021 年起，按 2020 年不变价计算。增长速度按可比价格计算。

2. 2017 年起，铁路客运量和货运量改为按发送量计算，客运量和货运量数据与往年不可比。增长速度按可比口径计算。

3. 从 2019 年起，港口统计数据采集方式改为企业一套表联网直报，统计范围是辖区内各港口，增长速度按可比口径计算。

4. 由于统计原因，全省合计数据与各地市加总数不一致，本表保持与统计年鉴数据一致。

资料来源：《广东统计年鉴 2022》。

附录二　2021 年广东省各市货运量完成情况

附表 2　　2021 年广东省各市货运量完成情况对比

地市	货运量（万吨）		货物周转量（亿吨公里）	
	2021 年	2020 年	2021 年	2020 年
合计	398420	356221	28388.06	27575.18
广州	93968	89191	21760.26	21525.32
深圳	43657	41150	2169.88	1987.07
珠海	7947	7575	459.28	442.37
汕头	8651	7704	83.43	78.41
佛山	27128	23779	295.92	238.96
韶关	9358	10298	161.56	187.06
河源	6548	4372	56.01	36.39
梅州	11211	9310	119.92	89.27
惠州	24483	21387	409.37	375.63
汕尾	3662	2260	31.23	20.58
东莞	17449	17139	507.04	528.77
中山	10661	10666	82.26	74.55
江门	18568	17921	157.17	158.20
阳江	7415	5499	47.88	37.08
湛江	20726	18652	461.70	398.17
茂名	13236	10303	279.39	227.90
肇庆	9705	8096	80.94	67.78
清远	25774	17594	264.47	183.13
潮州	2775	2795	111.81	168.69
揭阳	2870	2422	28.11	23.96
云浮	8903	6817	101.38	79.77
不分地区	23724	21291	719.08	646.15

注：分市数据仅含公路和水路运输，铁路、民航和管道运输在“不分地区”反映。

资料来源：《广东统计年鉴 2022》。

附录三　2021 年广东省各市客运量完成情况

附表 3　　2021 年广东省各市客运量完成情况对比

地市	客运量（万人次）		旅客周转量（亿人公里）	
	2021 年	2020 年	2021 年	2020 年
合计	62126	87777	2352. 19	2617. 23
广州	6731	18063	66. 86	180. 69
深圳	4636	5266	31. 85	60. 08
珠海	1003	1406	8. 60	22. 60
汕头	305	1133	6. 80	17. 02
佛山	2000	1448	18. 76	16. 53
韶关	1173	2934	5. 91	15. 38
河源	992	783	10. 93	11. 10
梅州	340	863	5. 53	12. 17
惠州	889	926	8. 95	10. 01
汕尾	537	514	6. 03	6. 79
东莞	899	831	9. 49	11. 46
中山	624	523	5. 55	8. 75
江门	1360	5127	9. 88	33. 12
阳江	266	532	3. 37	4. 13
湛江	2674	3729	20. 76	37. 75
茂名	1419	5783	21. 20	56. 27
肇庆	813	1245	7. 41	6. 36
清远	1182	2390	10. 95	20. 26
潮州	156	797	3. 21	11. 13
揭阳	658	1381	4. 03	12. 33
云浮	489	619	4. 39	6. 63
不分地区	32979	31487	2081. 72	2056. 65

注：1. 分市数据仅含公路和水路运输，铁路和民航运输在“不分地区”反映。

2. 由于统计原因，全省合计数据与各地市加总数不一致，本表保持与统计年鉴数据一致。

资料来源：《广东统计年鉴 2022》。

附录四　2021年广东省各市港口货物吞吐量完成情况

附表4　　2021年广东省各市港口货物吞吐量完成情况对比

地市	港口货物吞吐量（万吨）	
	2021年	2020年
合计	209600	202226
广州	65130	63643
深圳	27838	26506
珠海	12826	13367
汕头	4138	3351
佛山	9341	9285
韶关	291	299
河源	—	—
梅州	—	—
惠州	9644	9636
汕尾	1666	1274
东莞	18896	19857
中山	1434	1312
江门	10510	10698
阳江	3403	3350
湛江	25555	23391
茂名	2887	2683
肇庆	4657	4789
清远	2570	1864
潮州	1737	1366
揭阳	2768	2370
云浮	4307	3186

注：由于统计原因，全省合计数据与各地市加总数不一致，本表保持与统计年鉴数据一致。
资料来源：《广东统计年鉴2022》。

附录五　2021 年广东省港口货物和集装箱吞吐量完成情况

附表 5　　2021 年广东省港口货物和集装箱吞吐量完成情况对比

港口	港口货物吞吐量（万吨）		港口集装箱吞吐量（万 TEU）	
	2021 年	2020 年	2021 年	2020 年
合计	209600	202226	7078. 20	6728. 95
沿海港口	181604	175499	6428. 94	6027. 89
广州港	62367	61239	2417. 96	2317. 10
湛江港	25555	23391	140. 47	122. 54
汕头港	4138	3351	179. 99	159. 38
深圳港	27838	26506	2876. 76	2654. 79
内河港口	27996	26726	649. 25	701. 05

注：从 2019 年起，港口统计数据采集方式改为企业一套表联网直报，统计范围是辖区内各港口。

资料来源：《广东统计年鉴 2022》。

附录六　2021 年广东省各市邮电业务总量完成情况

附表 6　　2021 年广东省各市邮电业务总量完成情况对比

地市	邮电业务总量（亿元）	
	2021 年	2020 年
合计	4954. 59	20833. 11
广州	1298. 94	4707. 38
深圳	1273. 12	4917. 38
珠海	71. 55	403. 91
汕头	210. 94	735. 30
佛山	288. 80	1336. 25
韶关	35. 74	219. 63
河源	35. 02	217. 26
梅州	46. 91	255. 72
惠州	137. 20	786. 86
汕尾	33. 69	184. 88
东莞	521. 90	2562. 96
中山	141. 22	784. 05
江门	80. 23	462. 90
阳江	43. 43	216. 27
湛江	85. 91	580. 50
茂名	68. 30	441. 01
肇庆	60. 55	342. 96
清远	47. 94	301. 45

续 表

地市	邮电业务总量（亿元）	
	2021 年	2020 年
潮州	70.47	272.79
揭阳	305.00	830.84
云浮	25.90	164.37
不分地区	71.83	108.45

注：1. 邮电业务总量 1988 年及以前按 1980 年不变价格计算，1989—2000 年按 1990 年不变价格计算，2001—2010 年按 2000 年不变价格计算，2011—2016 年按 2010 年不变价格计算。2017 年起，电信业务总量按 2015 年不变价格计算，邮政业务总量仍按 2010 年不变价格计算。2021 年起，按 2020 年不变价计算。

2. 统计范围是辖区内全社会所有从事电信运营的企业和国家邮政企业，以及获得快递业务经营许可的快递服务企业。

资料来源：《广东统计年鉴 2022》。

深圳市神驼科技有限公司
Acecamel Technology (ShenZhen) Co., Ltd.

深圳市神驼科技有限公司成立于2019年2月20日，将互联网信息技术深度运用于港口集装箱公路运输市场，解决传统集装箱运输行业痛点。以智能硬件及信息技术手段为基础，致力于为港口公路运输行业提供标准化、可视化、智慧化的技术解决方案。

神驼科技团队汇聚了传统集装箱行业的优秀人才以及国内先进的科研实验团队，在传统集装箱运输行业积累了大量的运营实战经验，借助于信息技术手段，通过高效、卓越的运营理念实现行业资源共享、降本增效的目标。

目前服务网络主要分布于深圳、广州、厦门、宁波、胡志明（越南）、河内(越南）等港口城市，努力发展成为中国及东南亚主要港口集装箱智慧化多式联运运营管理服务平台。

企业规模/主营业务

集装箱运输行业唯一获得网络货运平台运营许可的企业（广东省交通运输厅批准）

注册资金：
807万元

融资规模：
完成天使轮Pre-A、A轮融资

业务规模：
32万TEU/年

运力规模：
6000台次

产品核心功能简介

自动化运营 AUTOMATION

作为港口运输行业数字化建设的推动者，实现全流程场景的数据化，提供实时询价、即时下单、自动审单、自动转单、智能计划、智能调度、智能跟进、智能结算功能，让客户实时掌握订单的运作状态，并向客户提供7×24在线专业咨询服务，实现港口运输全流程自动化运营。

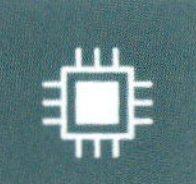

智能报价系统 QUOTATION

智能报价系统以营运成本为基础，结合线路特征，通过数据算法分析，建立报价测算模型，实现报价透明、真实、合理。

订单跟踪 ORDER TRACKING

神驼科技自研AIOT智能硬件设备，运用车载位置定位、运动态势感知、货柜重量变化感知等技术方案，满足复杂的集装箱运输场景，免费为客户提供订单管理SaaS平台，实现实时掌握车辆行驶路线以及提柜、到厂、装货、离厂、还柜、结算等关键作业节点情况动态监控，让客户订单管理更轻松、更高效！

九大智能模块

自动化办单　智能报价　智能计划
智能跟进　智能审单　财务自动化
智能收付　资产管理　会员管理

全国销售电话：400-993-5503
联系邮箱：VIP@acecamel.com
官网：www.acecamel.com
地址：深圳市盐田区海景二路1025号
盐田总部创新中心17层1703-1706号

扫码关注-官网　扫码关注-公众号

[纯电动货运平台]

微信公众号

App

✆ 400-003-6767

东莞市马帮信息科技有限公司

东莞市马帮信息科技有限公司是一家“大城配+新能源+互联网”的公司，于2017年7月11日登记注册，总部设在东莞市高埗镇百茂物流城信息中心二楼，是东莞市物流行业协会常务副会长单位。2017年被中国交通运输协会评为“2017年中国城市物流配送诚信企业”。

公司自主研发“马帮城配”App运力管理平台，购置和租用全国各大新能源车企的新能源货车，为全国优秀司机搭建绿色同城配送的创业平台，为广大运力需求客户解决货物配送问题。“马帮城配”是公司运营平台的品牌，公司秉承古代镖局的诚信、保障等服务理念和积极响应国家的新能源环保及万众创业的倡导。目前购置和租用的新能源货箱车车辆达到1000多台，平台签约合伙人司机达到800多名，计划在2025年6月前达3000名。软件高级研发和管理人员达到120多人。公司在莞、深、惠、佛已设立近20个场站，并成立深圳分公司、惠州分公司、佛山分公司等。公司还将不断发展壮大，计划2023年下半年贯通大珠江三角洲城市的绿色同城配送，利用两到三年的时间布局全国一、二、三线城市。

搭建运力平台是为解决用车工厂、企业、单位等用车难、收费不规范、服务质量差、货物无保障等同城物流现状问题，解决司机群体的稳定就业问题。通过投入大量的新能源货运车辆降低城市车辆尾气污染的排放，通过高效自动车、货匹配的App物流管理软件大大提升管理时效、降低空载，减少城市交通拥堵和资源浪费，真正为企业的经营降本增效。

公司发展目标

1. 搭建受人尊重的创业平台
2. 缔造标准化物联网同城配送
3. 构建智慧城市理想居住环境

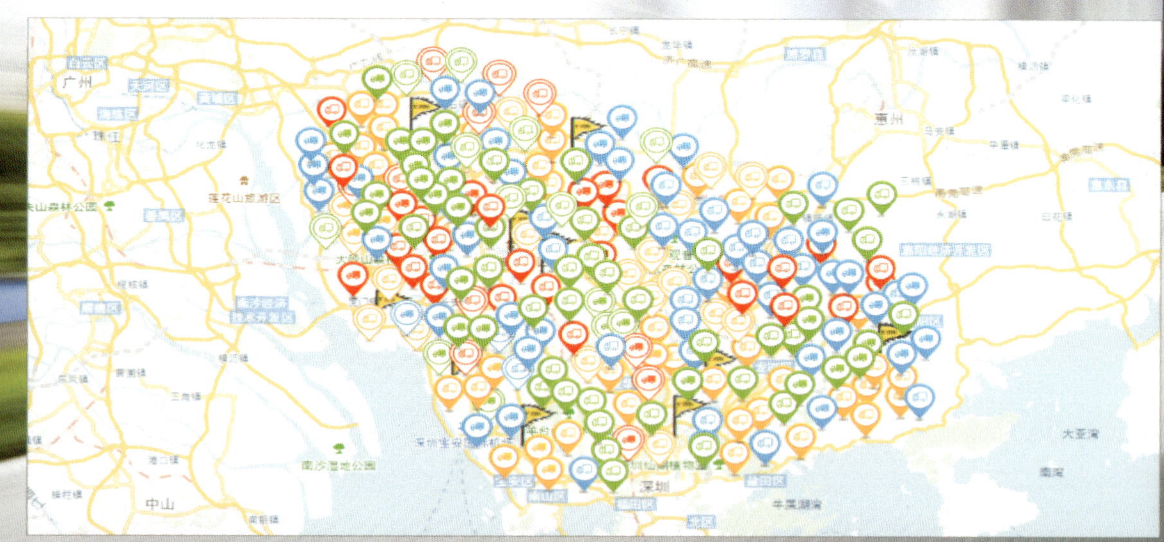

合作客户（部分）

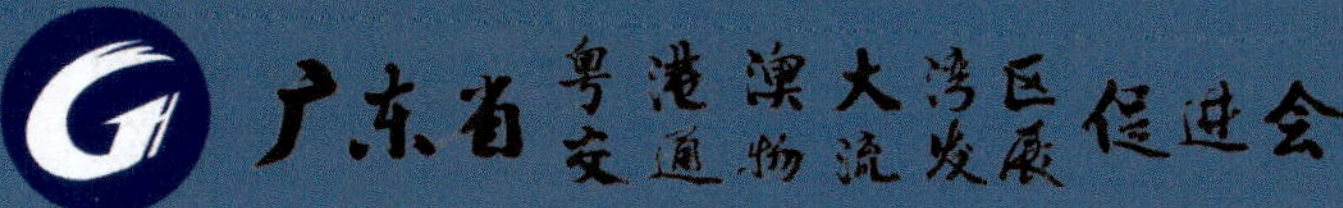

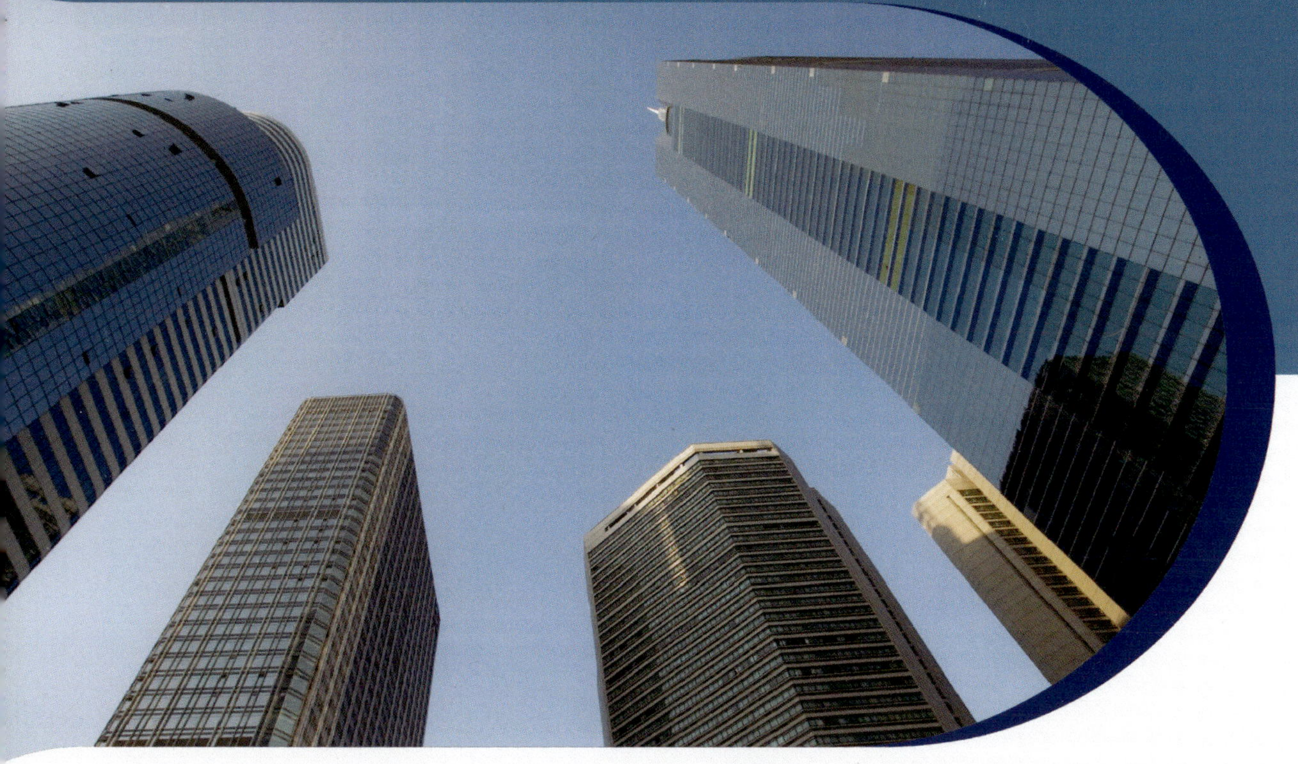

广东省粤港澳大湾区交通物流发展促进会（以下简称“促进会”）是由广东省交通运输厅主管的，由广东省内有关从事交通运输、物流行业和投融资业务的企业、物流与供应链研究机构、相关社会团体主要利用社会资源、自愿举办、从事非营利性社会服务活动的社会组织。

促进会于2021年11月23日成立，目前拥有一百多家会员企业和三十多名个人会员。促进会自成立以来，不断加强自身建设，为会员企业提供多项服务，包括团体标准（于2022年取得了开展团体标准化工作的资质）、湾区物流品牌评价、物流服务师、展会服务等。促进会迄今举办了“粤港澳大湾区交通物流高质量发展峰会暨网络货运诚信经营签约大会”和多场科学技术成果评价会，作为联合主办方，举办了“2022中国（广州）国际物流装备与技术展览会”。

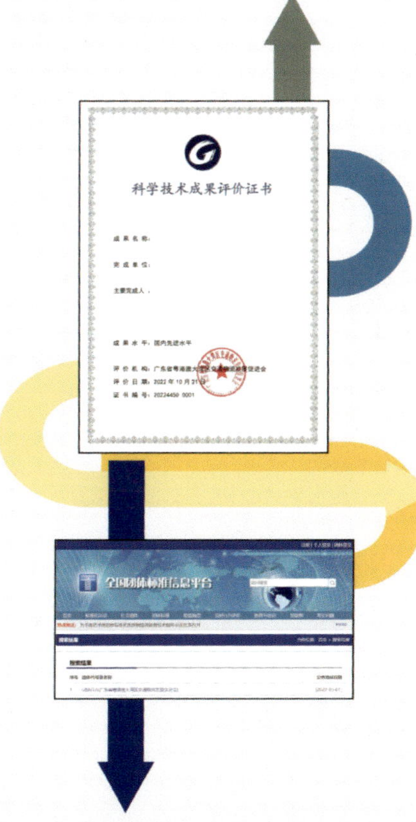

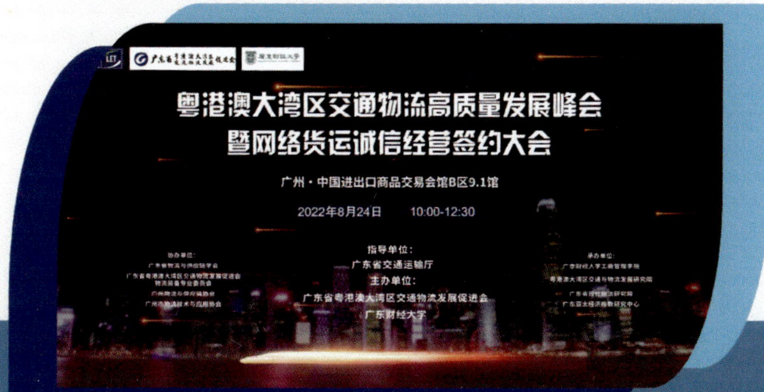

广东省现代物流研究院

Guangdong Provincial Institute of Modern Logistics

广东省现代物流研究院成立于2009年4月17日，是根据中共中央政治局常委、原广东省委书记、现任全国政协主席汪洋关于促进物流业发展的批示，在广东省政府相关职能部门指导下组建成立的，由广东省民政厅主管的5A级民办非企业单位。广东省现代物流研究院已建设成为一个既能为政府提供宏观决策依据，又能为企业提供物流与供应链管理解决方案和技术创新支持，在国内物流与供应链领域达到领先水平的研究机构，致力于打造我国现代物流与供应链研究和技术推广的高水平、跨学科、开放式平台。

（时任广东省副省长佟星为广东省现代物流研究院成立揭牌）

广东亚太电子商务研究院

ASIA-PACIFIC E-COMMERCE INSTITUTE

广东亚太电子商务研究院是在广东省商务厅等有关部门的指导下，于2015年5月26日在广东省民政厅登记成立，具备法人资格的独立第三方智库。发展目标：立足广东，致力成为面向亚太地区的一流电商智库。发展定位：电子商务发展的智慧高地，电子商务新模式和新业态的推动者，“互联网+传统产业”的交流平台，互联网高端人才培育与服务基地。广东亚太电子商务研究院聚焦于电子商务研究、电商培训、电商论坛展会等业务领域，已成功承办四届中博会跨境电商展。

广东亚太经济指数研究中心

ASIA-PACIFIC ECONOMIC INDEX CENTER

广东亚太经济指数研究中心(ASIA-PACIFIC ECONOMIC INDEX CENTER)成立于2016年3月，是独立的第三方指数研究民间智库(民办非企业法人单位)。指数中心以客观、科学和个性化需求为工作原则，深耕于工业经济、生产服务业、电子商务、物流等领域，研究分析先行指数与经济数据的关系，致力于先行指数的研究、编制、发布、应用和咨询等服务；满足政府、行业和企业对数据服务、经济运行分析的需求，以采集、加工、整理、发布经济数据、指数及编制分析报告为主要任务，并做好政策咨询及研企合作项目。

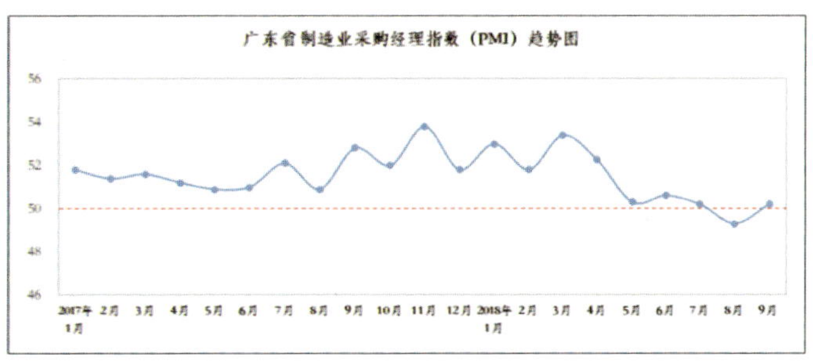

（广东省制造业PMI，广东亚太经济指数研究中心参与编制和发布）

2022年度广东省中小企业运行监测数据处理分析工作合同

2021年度广东省中小企业运行监测数据处理分析工作合同

广州市中小微企业生产经营运行监测项目（2022）

广州市中小企业智能化改造和质量提升的对策研究（2020）

白云区十三五招商引资及重点项目产业监管绩效评估合同（2021）

番禺区保产业链供应链稳定工作方案和企业情况综合数据分析报告（2020）

关于黄埔区、广州开发区工业互联网创新研究应用情况调研项目（2020）

广东省物流与供应链学会

SOCIETY OF GUANGDONG LOGISTICS & SUPPLY CHAIN

广东省物流与供应链学会成立于2014年1月，是由广东省不同种经济性质的物流与供应链服务企业以及有关联的事业单位、社会团体或热爱本行业的专家和学者自愿组成的非营利性社会团体组织，是广东物流与供应链学术研究的重要集聚中心。

2022年经广东省科学技术厅、广东省科学技术奖评审委员会批准，学会成功申请并设立了“广东省物流与供应链学会科学技术奖”。此奖项是广东省科学技术厅认定授权并登记备案的广东省内物流与供应链领域唯一的社会力量奖项。每年奖励一次，旨在充分调动业内企业和从业人员的积极性和创造性，深入贯彻落实创新驱动发展战略，促进我省和我国物流与供应链行业高质量发展。

广东省科学技术厅

粤科奖字〔2022〕4号

广东省科学技术奖评审委员会办公室关于公布2022年度社会科技奖励第一批备案情况的通知

各有关单位：

我办近期收到广东省建设工程绿色与装配式发展协会科学技术奖等14项社会科技奖励的备案申请，经审查，共13项社会科技奖励符合《广东省科学技术厅关于进一步鼓励和规范广东省社会力量设立科学技术奖的实施意见（试行）》（以下简称《广东省社会力量设奖意见》）相关要求，现向社会各界公开并接受监督。

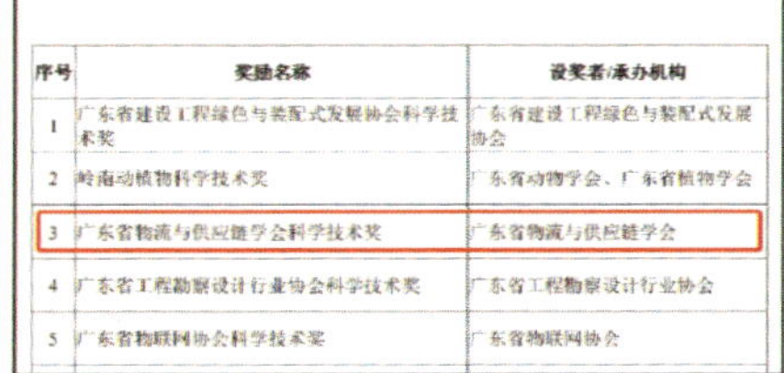

广东省建设工程绿色与装配式发展协会科学技术奖等13项社会科技奖励名单

序号	奖励名称	设奖者/承办机构
1	广东省建设工程绿色与装配式发展协会科学技术奖	广东省建设工程绿色与装配式发展协会
2	岭南动植物科学技术奖	广东省动物学会、广东省植物学会
3	广东省物流与供应链学会科学技术奖	广东省物流与供应链学会
4	广东省工程勘察设计行业协会科学技术奖	广东省工程勘察设计行业协会
5	广东省物联网协会科学技术奖	广东省物联网协会

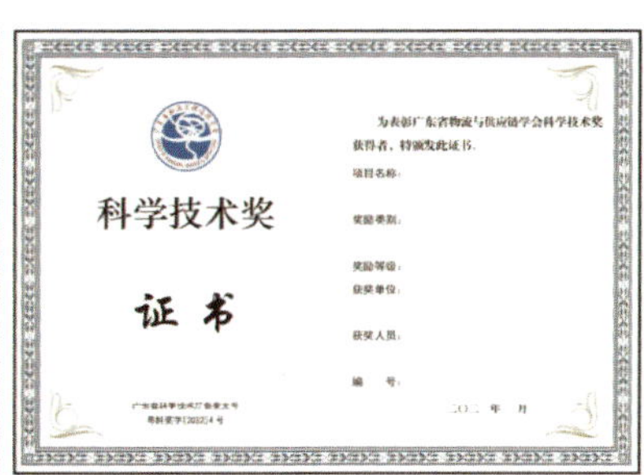